Hagenmüller/Jacob · Der Bankbetrieb

Professor Dr. Karl Friedrich Hagenmüller
Dr. Adolf-Friedrich Jacob

Der Bankbetrieb

Band I

Strukturelemente des Bankbetriebs
Einlagen und Einlagensurrogate

5., völlig überarbeitete Auflage

GABLER

CIP-Kurztitelaufnahme der Deutschen Bibliothek

Hagenmüller, Karl Fr.:
Der Bankbetrieb / Karl Friedrich Hagenmüller; Adolf-Friedrich Jacob. – Wiesbaden: Gabler
Früher verf. von Karl Fr. Hagenmüller. – Früher mit d. Verl.-Angabe: Betriebswirtschaftl. Verl. Gabler, Wiesbaden
NE: Jacob, Adolf-Friedrich:
Bd. 1. Hagenmüller, Karl Fr.: Strukturelemente des Bankbetriebs, Einlagen und Einlagensurrogate. – 1987

Hagenmüller, Karl Fr.:
Strukturelemente des Bankbetriebs, Einlagen und Einlagensurrogate / Karl Friedrich Hagenmüller; Adolf-Friedrich Jacob. – Wiesbaden: Gabler, 1987.
(Der Bankbetrieb / Karl Friedrich Hagenmüller; Adolf-Friedrich Jacob; Bd. 1)
ISBN 3-409-42016-9
NE: Jacob, Adolf-Friedrich:

Druck: Wilhelm & Adam, Heusenstamm
Buchbinderei: Osswald & Co., Neustadt/Weinstr.

Printed in Germany

ISBN 3-409-42016-9

Vorwort zur ersten Auflage

Der Tätigkeitsbereich der Kreditinstitute hat sich in den letzten Jahrzehnten erheblich ausgeweitet und ist auch weiterhin in steter Entwicklung begriffen. Mit der Zunahme der Geschäftsvorfälle haben sich zugleich die Formen gewandelt, in denen die vielfältigen Bankleistungen abgewickelt werden. Geändert hat sich aber auch seit dem Neubeginn nach der Währungsreform der institutionelle Rahmen, innerhalb dessen sich die Kreditinstitute geschäftlich betätigen können. Nachdem die wichtigsten Gesetze und Satzungsbestimmungen des Kreditgewerbes neu gefaßt worden sind und ausreichende Erfahrungen der einzelnen Bankengruppen über den Charakter einzelner Geschäfte und die Möglichkeiten ihrer Abwicklung gesammelt werden konnten, scheint der geeignete Zeitpunkt gekommen zu sein, um eine Gesamtdarstellung über den Bankbetrieb vorlegen zu können.

Die Aufgabe dieser Gesamtdarstellung wird zunächst darin gesehen, die Formen, Methoden und Bedingungen der bankbetrieblichen Geschäftstätigkeit auf dem gegenwärtigen Stand des Wissens darzulegen. Eine straffe Systematik soll gewährleisten, daß der Stoff überschaubar und vergleichbar bleibt, um dem Leser die Einordnung von Einzelproblemen in den Gesamtzusammenhang zu ermöglichen. Die vorliegende Untersuchung soll dem Studierenden als Lehrbuch einen Gesamtüberblick über das Gebiet der Bankbetriebslehre geben und gleichzeitig dem Praktiker als Nachschlagewerk für die im Alltag der Bankbetriebe auftretenden Fragen dienen. Soweit dieses Buch die moderne Geschäftstechnik des Bankbetriebes behandelt, setzt es die Tradition der vor dem zweiten Weltkrieg zumeist in hohen Auflagen erschienenen Lehrbücher von Buchwald, Leitner, Obst und Kalveram fort.

In der Betriebswirtschaftslehre steht heute die Lehre von den dispositiven Faktoren im Mittelpunkt der theoretischen Bemühungen. Das besondere Interesse der Fachvertreter gilt den Fragen der Unternehmensführung, Planung und Organisation. Dabei geht es nicht mehr ausschließlich um eine Deskription einzelner Bereiche wie in der traditionellen Betriebswirtschaftslehre, sondern verstärkt um eine Analyse funktionaler Zusammenhänge in der Unternehmung. In den „Grundlagen der Betriebswirtschaftslehre" von Erich Gutenberg ist es gelungen, Produktion und Absatz als Kombinationsprozesse von Produktions- bzw. Absatzfaktoren zu erklären. Für den Bereich der Finanzierung, dem bei funktionaler Betrachtung die spezielle Betriebswirtschaftslehre der Banken zuzuordnen ist, steht ein solcher Versuch noch aus. Im Bankbetrieb haben die Dispositionsprobleme seit jeher ein starkes Gewicht gehabt, ohne daß es bis jetzt gelungen wäre, sie befriedigend in die Bankbetriebslehre einzubauen. Die besonderen Schwierigkeiten resultieren hierbei aus der Stofflosigkeit der Bankleistung, der Vertrauensempfindlichkeit des Kreditgewerbes und der starken Abhängigkeit von gesamtwirtschaftlichen Entwicklungen, auf die die einzelne Bank keinen Einfluß hat. Funktionale Beziehungen im Bankbetrieb lassen sich nur auf der Basis gründlicher empirischer Untersuchungen anstellen. Sie setzen eine genaue Kenntnis von Struktur und Ablauf der einzelnen Bankgeschäfte voraus. Eine bankbetriebliche Entscheidungstheorie bedarf darüber hinaus sinnvoller Hypothesen über das Verhalten der Kunden, Konkurrenten und der Bundesbank, die nur die Verhaltensforschung liefern kann. Sind die betriebswirtschaftlich relevanten Einflußfaktoren der Dispositionen ermittelt, so ist als nächster Schritt die Formulierung von Modellen möglich. Dabei kann es sich zunächst jedoch nur um Erklärungsmodelle handeln, d. h. um Deduktionen, die der besseren Demonstration bankbetrieblicher Dispositionszusammenhänge dienen. Das Modelldenken in der Betriebswirtschaftslehre hat seinen Ausgang vielfach bei der Volkswirtschaftslehre genommen. Für die Bankbetriebslehre haben besonderes Interesse die Modelle der modernen Geld- und Kredittheorie erlangt. Der Prozeß der betriebswirtschaftlichen Durchdringung volkswirtschaftlichen Gedankenguts aus der modernen Kredittheorie muß jedoch als noch nicht abgeschlossen bezeichnet werden. Die makroökonomischen Modelle sind, entsprechend ihrem Erkenntnisobjekt, auf einem hohen Abstraktionsgrad entwickelt worden. Aus der Sicht des einzelnen Kreditinstituts stellen sie eine zu starke Vereinfachung der Probleme dar. Notwendig erscheint es, globale Größen, wie z. B. „Überschußreserve" oder „Zahlungssitten des Nichtbankensektors", in ihre betriebswirtschaftlich relevanten Komponenten aufzuspalten. Mit der größeren Wirklichkeitsnähe vermehrt sich die Zahl der in die Analyse einzubeziehenden Faktoren, auf die jedoch eine betriebswirtschaftliche Theorie nicht verzichten kann. Die Übernahme von makroökonomischen Modellen in die Bankbetriebslehre ohne entsprechende betriebswirtschaftliche Fundierung stellt keine Weiterentwicklung der bankbetrieblichen Forschung dar. Ebenso hieß es, nur einen Teilausschnitt abzuhandeln, wollte man eine Theorie der Kreditbank mit Kredit- und Liquiditätstheorie identifizieren. Dabei blieben vor allem der immer wichtiger werdende Dienstleistungsbereich und der eigentliche Betriebsprozeß unberücksichtigt. Bedürfen bereits Erklärungsmodelle zunächst einer detaillierten Erfassung der Vorgänge im Bankbetrieb, so verlangen Entscheidungsmodelle, die mit den Methoden des Operations Research rechnerisch lösbar sein sollen, einen noch gründlicheren Unterbau. Bei den Daten, die in ein derartiges Modell eingegeben werden, handelt es sich ja nicht mehr um hypothetische Werte, sondern um tatsächliche Erwartungswerte, wie sie einer Bank auch für kurze Zeiträume kaum zur Verfügung stehen. Für den im Bankbetrieb dominierenden Geschäftsbereich lassen sich infolge der Dispositionsabhängigkeit vom Kundenverhalten Entscheidungsmodelle nicht aufstellen. Ein sinnvolles System, das die Bezeichnung Planung verdient, darf das Zeitmoment nicht unberücksichtigt lassen. Eine Erfassung der Auswirkungen aller geschäftlichen Transaktionen einer Bank auf die Liquidität und die Bestimmung des maximalen Gewinns bei ausreichender Liquidität für den Tag selbst, an dem die eingesetzten Daten wirksam werden, kann wohl kaum noch als Planung bezeichnet werden. Eine in Zukunft zu entwickelnde Entscheidungstheorie des Bankbetriebes wird deshalb den Versuch, rechnerisch lösbare „Gesamtplanungsmodelle" erstellen zu wollen, aufgeben und sich vielmehr um die Gewinnung realistischer Prognosen des Kundenverhaltens und um Methoden bemühen müssen, mit denen eine möglichst flexible Anpassung an Aktionen der Kunden, Konkurrenten und der Bundesbank möglich wird. Bei der Erörterung derartiger Probleme findet die Bankbetriebslehre Anschluß an die Forschungen der modernen Betriebswirtschaftslehre.

Als Beitrag zur Klärung der Dispositionsprobleme des Bankbetriebes wurde in dem Kapitel „Bankpolitik“ in Weiterentwicklung der Auffassungen des im Sammelwerk „Die Wirtschaftswissenschaften“ erschienenen Bandes „Bankbetrieb und Bankpolitik“ versucht, die Interdependenz von Ertrags- und Sicherheitsstreben deutlich zu machen und zugleich die einzelnen Komponenten der Gesellschaftspolitik systematisch zu erfassen, die der weiteren empirischen Erforschung bedürfen. Ein Anliegen des Buches ist es, bei der Erörterung sämtlicher Sparten der Geschäftstätigkeit ertrags- und risikopolitische Überlegungen entsprechend zu berücksichtigen. Für den Betriebsbereich werden in dem Kapitel „Rechnungswesen“ die Auswirkungen der kalkulatorischen Denkweise erläutert.

Wegen der Bedeutung, die die Einstellung zur Entscheidungstheorie für die Klassifizierung von bankbetrieblichen Lehrmeinungen besitzt, mußten den Fragen der Planung im Bankbetrieb einige grundsätzliche Bemerkungen gewidmet werden. Neben einer fundierten Entscheidungstheorie fehlt es bisher auch an einer Organisations- und Standorttheorie der Kreditinstitute. Hier mußte sich unsere Untersuchung auf einige Ansätze beschränken. Der Darstellung der Bankgeschäfte wurde eine Strukturlehre des westdeutschen Bankwesens vorangestellt, da strukturelle Fragen insbesondere im Zusammenhang mit dem Wettbewerbsproblem an Bedeutung gewonnen haben. Die Darstellung der Passiv-, Aktiv- und Dienstleistungsgeschäfte konnte dort kürzer gehalten werden, wo ein Rückgriff auf Standardwerke möglich war. In diesen Fällen verweisen Literaturangaben auf die einschlägigen Quellen. Soziologische Wandlungen und fortschreitende wirtschaftliche Entwicklung führen zu einem immer vielfältigeren Angebot von Kreditformen. Soweit diese modernen Kreditformen ihrem Charakter und ihrer grundsätzlichen Konstruktion nach bereits überschaubar sind, sind sie in das Lehrbuch aufgenommen worden. Verzichtet wurde deshalb darauf, die bankmäßige Abwicklung von Factoring- und Leasinggeschäften darzustellen. Der Leser, der den gegenwärtigen Stand der Diskussion über diese Geschäftssparten erfahren möchte, muß auf die Zeitschriftenliteratur verwiesen werden. Besonderes Augenmerk wurde auf eine zusammenfassende Schilderung der neueren Entwicklung im Rechnungswesen der Kreditinstitute gerichtet.

Durch die zahlreichen Literaturangaben und ein umfangreiches Literaturverzeichnis soll dem Leser ein Auffinden wichtiger Quellen erleichtert werden.

Unberücksichtigt bleiben mußten Fragen der Bankwerbung und Öffentlichkeitsarbeit der Kreditinstitute sowie Aufbau, Funktionen und Praxis der Bankenaufsicht in Deutschland. Ferner ist darauf aufmerksam zu machen, daß sich die Ausführungen weitestgehend auf die Verhältnisse in der Bundesrepublik Deutschland einschließlich West-Berlins beschränken und nur in Ausnahmefällen, wenn es zum besseren Verständnis beiträgt, Besonderheiten ausländischer Kreditinstitute erwähnt worden sind. Auf einen Überblick über die europäischen und internationalen Finanzinstitute wurde, um den Umfang dieser Arbeit nicht zu sprengen, verzichtet.

Meinen Mitarbeitern, insbesondere Frau Dr. R. Kolbeck und den Herren Dr. O. Fischer, Dipl.-Kfm. U. Güde, Dipl.-Kfm. J. v. Köppen, Dipl.-Kfm. W. Reiter, Dipl.-

Kfm. G. O. Röhrig und Dipl.-Kfm. W. Staehle, möchte ich an dieser Stelle für ihre sebstlose Hilfe bei der Gestaltung des Stoffes danken. Ohne ihre ständige kritische Mitarbeit wäre es mir nicht möglich gewesen, in der relativ kurzen Zeit das Buch fertigzustellen.

Karl Fr. Hagenmüller

Vorwort zur fünften Auflage

In der Kulturgeschichte der Menschheit sind Jahrhundert- und Jahrtausendwenden magische Zeitpunkte, die zu Spekulationen, Aufbruchs- und Untergangsstimmungen, Visionen und Apokalypsen Anlaß geben. So kann nicht verwundern, daß auch für das Bankwesen, das Kreditgewerbe weltweit erste Überlegungen des branchenspezifischen Szenariums für das Jahr 2000 in Umlauf sind.

Auf dem nüchternen Boden des Faktischen ist nun allerdings nicht zu übersehen, daß in der Tat gravierende Umbruchs-Tendenzen im Kreditgewerbe festzustellen sind, die dauerhaft die Branchenlandschaft verändern werden; diese Tendenzen haben sowohl endogene, im Kreditgewerbe wurzelnde, als auch exogene, dem ökonomisch-gesellschaftlichen Datenkranz zuzuordnende Ursprünge, die bereits teilweise ein Entwicklungsstadium erreicht haben, das die Möglichkeiten der Quantifizierung der Auswirkungen bietet.

Das bedeutet zugleich die Notwendigkeit, bestehende strategische Konzeptionen zu überdenken, traditionell geformte Denkmodelle in Frage zu stellen, neue Parameter in geschäftspolitischen Simulationsmodellen einzuführen.

Konnten bisher Definitionsversuche dessen, was eine Bank sei, aus Funktionszuordnungen des Zentralbegriffes „Liquide Mittel" oder aus einer spezifischen Produktionsfunktion erfolgen, so werden die Gegenwart und die sichtbaren Zukunftstendenzen eine neuartige Sicht „Bank" erforderlich machen.

In Frage gestellt wird daher sowohl die Definition etwa von Süchting[1]:
„Banken sind Distributionsunternehmen, die zum Zwecke des Ausgleichs von Friktionen im Geldstrom ein zusammengehörendes Bündel von Tätigkeiten übernehmen, dessen wesentliche Elemente der Umtausch, die Deponierung, der Transport und die Zurverfügungstellung von liquiden Mitteln für die Öffentlichkeit darstellen," als auch von Deppe[2]:
„Der Bankbetrieb wird verstanden als einzelwirtschaftliches, zielgerichtetes, soziotechnisches Subsystem der Tauschwirtschaft in Form der Geldwirtschaft, das Produktionsfaktoren bzw. deren Nutzung gegen monetäre Leistungen (Entgelte) beschafft, durch Kombination dieser Produktionsfaktoren bzw. deren Nutzung Marktleistungen in Form monetärer Problemlösungen für den Zahlungs-, Kredit- und Kapitalverkehr zur Erstellung anbietet, um durch Absatz dieser Leistungen die übergeordnete Zielsetzung des Bankbetriebes zu realisieren", als den Realtyp „Bankbetrieb" nicht mehr deckungsgleich beschreibend.

Bei der Betrachtung der Bankenlandschaft der Gegenwart kann nicht übersehen werden, daß neben ökonomischen auch soziologische Interdependenzen bestehen, die über das immanente, sozio-technische Strukturprinzip weit hinausreichen und den Bankbetrieb zu einem offenen System formen.

1 Süchting, J.: Bankmanagement, Stuttgart 1982, S. 7
2 Deppe, H.-D.: Eine Konzeption wissenschaftlicher Bankbetriebslehre in drei Doppelstunden in: Bankbetriebliches Lesebuch, Hrsg. Deppe, H.-D., Stuttgart 1978, S. 9

Zunächst seien die in der Gegenwart sichtbaren Umbruchs-Tendenzen aufgelistet.

exogener Art:

angebotsorientiert:
- neue Anbieter und Abgrenzungswettbewerb
- Vertriebsnetzüberschneidungen
- Punktmarkt-Auswirkungen

nachfrageorientiert:
- demographische Entwicklungen
- Nachfrageänderungen bei gegebener Produktstruktur
- Substitutionsprozesse durch neue Produkte,

soziologisch orientiert:
- Wandel in den Wertvorstellungen,

rechtlich verursacht:
- KWG-Novelle
- Verbraucherschutz-Rechtsprechung,

endogener Art:

technisch verursacht:
- Automation und electronic banking
- Globalisierung
- Internationalisierung
- Plasticisation,

ökonomisch verursacht:
- Marktsegmentierung, Kundengruppenpolitik
- Joint venture in Vertriebssystemen
- Securitisation,

soziologisch verursacht:
- Mitarbeiterqualifikation
- Mitarbeiterpotentiale,

einzelwirtschaftlich-konzeptionell verursacht:
- Änderung in den Risikoformen und Risikostrukturen im Bankbetrieb.

Aus dieser Auflistung wird im Ansatz deutlich, daß zu den traditionell von Banken wahrgenommenen Funktionen neue, andersartige treten, die den Bankbetrieb in wirtschaftlich-funktionaler Betrachtung zu einem Finanzdienstleistungs-Betrieb umformen werden. Nicht von ungefähr kennt das novellierte KWG neben dem funktional-normativ definierten „Kreditinstitut" die „Kreditinstitutsgruppe", die Teile einschließt, die nach dem Verständnis des KWG keine Kreditinstitute sind; daraus folgt die Notwendigkeit, im „Bankbetrieb" auch die Finanzbranchen zu behandeln, die nach wirtschaftlichem Verständnis nunmehr Bestandteil von Kreditinstitutsgruppen sind: Leasing- und Factoring-Gesellschaften. Andererseits werden Teile ausgeschlossen, die als Kreditinstitut definiert sind (Kapitalanlagegesellschaften, Depotbanken), die nicht Gegenstand der „Kreditinstitutsgruppe" sind.

Aus der geänderten Konstellation der einen Bankbetrieb formenden Strukturelemente folgt:

Ein Bankbetrieb wird in Stellung und Funktion in der Wirtschaft nur als Universalbank – und so versteht sich in der Gegenwart jede Geschäftsbank, Sparkasse oder Genossenschaftsbank, oder strebt dahin, wie die Teilzahlungsbanken – akzeptiert, wenn er allein oder im Verbund sämtliche Finanzdienstleistungen erbringen kann, die von der Wirtschaft erwartet und verlangt werden: die gesamte Palette des Merchant-Banking, das neben dem Investment-Banking eine Fülle von Beratungsfunktionen von mergers & acquisitions bis hin zum management buy out umfaßt, die gesamte Palette des electronic banking von der reinen Cash-management-Funktion bis hin zu datenbankspezifischen Informationsdienstleistungen und maschineller Bilanzanalyse und Planungsrechnungen. Dazu gehört die Hilfestellung bei der Abwicklung von Gegengeschäften ebenso, wie die Innovationskraft, neue, bilanzneutrale Finanzierungsinstrumente zu entwickeln oder effizient anzubieten.

Ein Bankbetrieb wird in Stellung und Funktion in der Gesellschaft als Bankverbindung nur akzeptiert, wenn er allein oder im Verbund sämtliche Finanzdienstleistungen erbringen kann, die die Gesellschaft erwartet: dazu gehören Versicherungsdienstleistungen, Immobilienfinanzierung „aus einer Hand", grenzüberschreitende Vermögensverwaltung ebenso, wie die Bereitstellung von Finanz- und finanznahen Informationen auf Terminals oder „Bildschirm zu Hause". Dazu gehören auch eine Beratungsqualität und Beratungspräsenz (räumlich und zeitlich), die weit über den bisherigen Standard hinausreichen.

Hinzu treten Anforderungen aus dem Wertsystem der Gesellschaft heraus, die zunehmend an Gewicht gewinnen.

Dieser Ausweitung von Funktionen über das traditionelle Spektrum hinaus, stehen stagnierende oder schrumpfende Funktionen gegenüber, die einst das Erscheinungsbild „Bankbetrieb" entsprechend geprägt haben: Der Anteil der Banken an der privaten Vermögensbildung ist zugunsten der Versicherungen bei stagnierenden Zuwachsraten dramatisch zurückgegangen. Kreditkartenorganisationen drängen in den Markt der Konsumfinanzierung mit steigenden Marktanteilen. Kaufhäuser und Großfilialisten dringen in den Markt traditioneller Bankdienstleistungen, die wachsende Spezialisierung führt zur Verselbständigung althergebrachter bankbetrieblicher Funktionen, wie etwa in Form von Merchant Banken. Diese Tendenzen verdeutlichen, daß ein neuer Typ „Bankbetrieb" entstanden ist, der immer stärker dahin tendiert, als Verbundbetrieb sämtliche Finanzierungs- und Beratungsfunktionen zu integrieren, die auf Basis neuer Technologien angebotsfähig oder auf der Grundlage gewandelter Nachfragequalitäten oder -quantitäten angebotspflichtig werden.

Diesem Wandel in Stellung und Funktion muß die Neubearbeitung des dreibändigen Werkes „Der Bankbetrieb" mit- und nachvollziehen; im Band I wird dies weniger einschneidend sein können, wie es in den Bänden II und III erforderlich ist.

Die Autoren sind zuversichtlich, diese Aufgabe bewältigen zu können.

Frankfurt/Main, im August 1986

Karl Friedrich Hagenmüller/Adolf-Friedrich Jacob

Inhaltsverzeichnis

Erster Teil

Strukturelemente des Bankbetriebs

Zweiter Teil

Einlagen und Einlagensurrogate

Erster Teil

Strukturelemente des Bankbetriebs

A. Begriffsbestimmung

Kreditbanken, Girozentralen, Sparkassen, Genossenschaftliche Zentralbanken, Kreditgenossenschaften, Realkreditinstitute, Teilzahlungskreditinstitute, Kreditinstitute mit Sonderaufgaben, Postgiro- und Postsparkassenämter, sowie Bausparkassen einerseits, Kapitalanlagegesellschaften, Wertpapiersammelbanken, Bürgschaftsbanken, Leasing- und Factoringgesellschaften andererseits sind die realen Erscheinungsformen „**Bankbetrieb**", wie er uns innerhalb und außerhalb der Monatlichen Bilanzstatistik der Deutschen Bundesbank entgegentritt.

Von diesen Sektoren des Kreditgewerbes, mit den sie bildenden Strukturelementen handelt der Teil I und verwendet dabei die Begriffe „ Bankbetrieb", „Bank" und „Kreditinstitut" synonym.

Die rechtlich-formalen und rechtlich-funktionalen Definitionen liefert das „Gesetz über das Kreditwesen"[3].

In den Paragraphen 1 bis 4 handelt es über die *Kreditinstitute*, in § 10 a über *Kreditinstitutsgruppen*:

§ 1 definiert als Kreditinstitute

„Unternehmen, die Bankgeschäfte betreiben, wenn der Umfang dieser Geschäfte einen in kaufmännischer Weise eingerichteten Geschäftsbetrieb erfordert"

als *Bankgeschäfte*

„1. die Annahme fremder Gelder als Einlagen ohne Rücksicht darauf, ob Zinsen vergütet werden (Einlagengeschäft);
2. die Gewährung von Gelddarlehen und Akzeptkrediten (Kreditgeschäft);
3. der Ankauf von Wechseln und Schecks (Diskontgeschäft);
4. die Anschaffung und die Veräußerung von Wertpapieren für andere (Effektengeschäft);
5. die Verwahrung und die Verwaltung von Wertpapieren für andere (Depotgeschäft);
6. die in § 1 des Gesetzes über Kapitalanlagegesellschaften bezeichneten Geschäfte (Investmentgeschäft);
7. die Eingehung der Verpflichtung, Darlehensforderungen vor Fälligkeit zu erwerben;
8. die Übernahme von Bürgschaften, Garantien und sonstigen Gewährleistungen für andere (Garantiegeschäft);
9. die Durchführung des bargeldlosen Zahlungsverkehrs und des Abrechnungsverkehrs (Girogeschäft)"

und als „verbotene Bankgeschäfte" (§ 3 KWG):

[3] in der Fassung vom 11. Juli 1985 (BGBl. I, 1472), im folgenden zitiert „KWG"

„1. der Betrieb des Einlagengeschäftes, wenn der Kreis der Einleger überwiegend aus Betriebsangehörigen des Unternehmens besteht (Werksparkassen) und nicht sonstige Bankgeschäfte betrieben werden, die den Umfang dieses Einlagengeschäftes übersteigen;
2. die Annahme von Geldbeträgen, wenn der überwiegende Teil der Geldgeber einen Rechtsanspruch darauf hat, daß ihnen aus diesen Geldbeträgen Darlehen gewährt oder Gegenstände auf Kredit verschafft werden (Zwecksparunternehmen); dies gilt nicht für Bausparkassen;
3. der Betrieb des Kreditgeschäftes oder des Einlagengeschäftes, wenn es durch Vereinbarung oder geschäftliche Gepflogenheit ausgeschlossen oder erheblich erschwert ist, über den Kreditbetrag oder die Einlagen durch Barabhebung zu verfügen."

Nicht als Kreditinstitute im Sinne des KWG gelten die Deutsche Bundesbank uneingeschränkt sowie in eingeschränkter Form – Teilanwendung der Normen des KWG – gem. § 2 KWG:

„2. die Deutsche Bundespost;
3. die Kreditanstalt für Wiederaufbau;
4. die Sozialversicherungsträger und die Bundesanstalt für Arbeit;
5. private und öffentlich-rechtliche Versicherungsunternehmen;
6. Unternehmen, die auf Grund des Wohnungsgemeinnützigkeitsgesetzes als gemeinnützige Wohnungsunternehmen anerkannt sind;
7. Unternehmen, die auf Grund des Wohnungsgemeinnützigkeitsgesetzes als Organe der staatlichen Wohnungspolitik anerkannt sind und nicht überwiegend Bankgeschäfte betreiben;
8. Unternehmen, des Pfandleihgewerbes, soweit sie dieses durch Hingabe von Darlehen gegen Faustpfand betreiben."

Als neue Begriffe kennt das KWG in § 10 a
– Kreditinstitutsgruppe
– gruppenangehörige Kreditinstitute,

wobei die Kreditinstitutsgruppe sich aus einem übergeordneten und einem oder mehreren nachgeordneten Kreditinstitut(en), im Sinne des § 1 KWG, sofern eine erhebliche Beteiligung besteht oder beherrschender Einfluß geübt werden kann, zusammensetzt.

Die Besonderheit des § 10a KWG liegt nun darin, daß die Definition des § 1 für die Kreditinstitutsgruppe – neben der Einbeziehung von ausländischen Unternehmen in die Bestimmungen des § 10a KWG – modifiziert wird:

nicht zu einer Kreditinstitutsgruppe gehören
Institute, die ausschließlich das
– Depotgeschäft
– Investmentgeschäft
betreiben.

Zu einer Kreditinstitutsgruppe zählen
- Factoring-Gesellschaften
- Leasing-Gesellschaften.

Insoweit bestehen in wirtschaftlicher Betrachtungsweise drei unterschiedlich definierte Realtypen „Bankbetrieb“:

1. Kreditinstitute im Sinne des § 1 KWG als engster Begriffsinhalt,
2. Kreditinstitute in Form einer Kreditinstitutsgruppe gem. § 10a KWG, zu der Institute im Sinne des § 1 KWG nicht gehören, aber Institute außerhalb § 1 KWG gezählt werden,
3. Kreditinstitute in Form einer wirtschaftlichen Kreditinstitutsgruppe, außerhalb der §§ 1, 10a KWG in Form eines Bankkonzerns („Gruppe“), wie sie realiter etwa als „Dresdner Bank-Gruppe“ nach außen in Erscheinung tritt, als weitester Begriffsinhalt. (siehe Beispiel S. 24)

Der dritte Typ „Bankbetrieb“ verdeutlicht bereits, daß die Legaldefinitionen des dessen, was eine Bank und was Bankgeschäfte seien, bei einer (betriebs-)wirtschaftlichen Betrachtungsweise nicht ausreichend sein können, daß insbesondere für die Bankgeschäfte eine Systematisierung gefunden werden muß, die eine idealtypische Beschreibung ermöglicht.

Üblich ist dafür in der Literatur die Klassifizierung in Aktiv-, Passiv- und Dienstleistungsgeschäfte geworden, die zwar „über die Funktion der Bank nichts sagt“ aber sich „für Zwecke vergleichend-analytischer Darstellung doch als zweckmäßig erwiesen“ hat.[4]

Für die Beschreibung der *Funktionen des Bankbetriebes* sollen die folgenden Ausführungen als Teilfunktionen verstanden werden:

1. Hereinnahme von Geld und Kapital (Einlagengeschäft),
2. Leihe von Geld, Kapital und Kredit (Kredit- und Kreditleihe-Geschäft),
3. Angebot von Absicherungsfazilitäten,
4. Wertpapieremission,
5. Wertpapier-Handel und -Verwahrung,
6. Verwaltung von Investment- und Immobilienfonds und Ausgabe von Investment- und Immobilienfonds-Zertifikaten,
7. entgeltlicher Erwerb von Geldforderungen (Factoring-Geschäft),
8. Abschluß von Leasing-Verträgen,
9. Abwicklung des Zahlungsverkehrs,
10. Verkauf von finanzwirtschaftlichen Problemlösungen (Beratungsfunktion),
11. Vermittlung von Gegengeschäften,
12. Vermittlung von finanzwirtschaftlichen Dienstleistungen an Institute der Gruppe und/oder im Vertriebsverbund.

[4] Süchting, J.: a. a. O., S. 9

Die Dresdner Bank-Gruppe im Überblick (Geschäftsbericht 1985)

Dresdner Bank AG, Frankfurt am Main	150 000 Aktionäre
Kapital	988 Mill. DM
Offene Reserven	2 539 Mill. DM
Eigenmittel insgesamt	3 527 Mill. DM

Institute mit Sitz im Inland

- Bank für Handel und Industrie AG, Berlin
- Bankhaus Reuschel & Co., München
- Deutsche Länderbank AG, Frankfurt am Main – Berlin
- Deutsch-Südamerikanische Bank AG, Hamburg
- Diskont und Kredit AG, Düsseldorf
- Oldenburgische Landesbank AG, Oldenburg (Oldb)*

Hypothekenbanken

- Deutsche Hypothekenbank Frankfurt-Bremen AG, Bremen
- Hypothekenbank in Hamburg AG, Hamburg
- Pfälzische Hypothekenbank AG, Ludwigshafen a. Rh.
- Norddeutsche Hypotheken- und Wechselbank AG, Hamburg

Kapitalgesellschaften

- Deutscher Investment-Trust Gesellschaft für Wertpapieranlagen mbH, Frankfurt a.M.
- dresdnerbank investment management Kapitalanlagegesellschaft mbH, Frankfurt am Main
- DEGI Deutsche Gesellschaft für Immobilienfonds GmbH, Frankfurt am Main

Institute mit Sitz im Ausland

- Banque Veuve Morin-Pons, Lyon
- Compagnie Luxembourgeoise de la Dresdner Bank AG – Dresdner Bank International –, Luxemburg
- Dresdner Bank Canada – Banque Dresdner du Canada –, Toronto
- Dresdner Bank (Schweiz) AG, Zürich
- Dresdner (South East Asia) Ltd., Singapur
- ABD Securities Corporation Dover/Delaware, New York
- Dresdner Forfaitierungs-Aktiengesellschaft (DFA), Zürich
- Dresdner Finance B.V., Amsterdam
- Dresdner US Finance Inc., Wilmington/Delaware, New York

Insoweit kann nun zusammenfassend der Bankbetrieb definiert werden als ein Kreditinstitut im Sinne der §§ 1, 10a KWG mit der Funktion des Angebots, der Nachfrage und der Vermittlung von Finanzdienstleistungen.

B. Gründung und Errichtung der Kreditinstitute

Die *Gründung* ist hauptsächlich ein formaler Akt, mit dem das Unternehmen rechtlich zum Entstehen gelangt. Die *Errichtung* ist dagegen der technisch-organisatorische Aufbau eines Unternehmens.

Bei den Kreditinstituten kann als Errichtungsperiode im engeren Sinne die Zeit vom Gründungsbeschluß bis zur Öffnung der Bankschalter (Betriebsbereitschaft) angesehen werden. Allerdings ist dabei zu berücksichtigen, daß mit Öffnung der Bankschalter nur rein technisch von einem Abschluß der Errichtungsperiode gesprochen werden kann. Von der wirtschaftlichen (geschäftsmäßigen) Seite aus betrachtet, ist die Errichtungsperiode erst dann abgeschlossen, wenn durch Femdkapitalzufluß und dessen Verwendung ein Mindest-Geschäftsvolumen erreicht ist. Das Ende der Errichtungsperiode eines Kreditinstitutes zu bestimmen, ist äußerst schwierig. Annäherungsweise kann es als erreicht angesehen werden, wenn bei gegebenen Arbeitsbedingungen das Fremdkapital in so starkem Maße angewachsen ist, daß zum einen etwa die gleiche Relation zwischen Eigen- und Fremdkapital wie bei vergleichbaren Kreditinstituten besteht, zum anderen die technische Kapazität in wirtschaftlichem Maße ausgenutzt wird, d. h. die Relation von Nutz-und Leerkosten branchenüblich ist.

I. Rechtliche Grundlagen

Bei der Gründung und Errichtung von Kreditinstituten müssen außer den allgemeinen gesetzlichen Vorschriften die Bestimmungen des Gesetzes über das Kreditwesen beachtet werden. Darüber hinaus kommen für die Gründung von Hypothekenbanken die entsprechenden Bestimmungen des Hypothekenbankgesetzes und für Sparkassen die in den Bundesländern gültigen gesetzlichen Bestimmungen zur Anwendung.

Die wesentlichen Bestimmungen des KWG sind:

§ 32

„(1) Wer im Geltungsbereich dieses Gesetzes Bankgeschäfte in dem in § 1 Abs. 1 bezeichneten Umfang betreiben will, bedarf der schriftlichen Erlaubnis des Bundesaufsichtsamtes.

(2) Das Bundesaufsichtsamt kann die Erlaubnis unter Auflagen erteilen, die sich im Rahmen des mit diesem Gesetz verfolgten Zweckes halten müssen. Es kann die Erlaubnis auf einzelne Bankgeschäfte beschränken.

(3) Vor Erteilung der Erlaubnis zum Betreiben des Einlagengeschäftes hat das Bundesaufsichtsamt den für das Kreditinstitut in Betracht kommenden Verband zu hören."

Die Erlaubnis wird auch erforderlich,[5]

[5] Szagunn, V./Wohlschieß, K.: Kommentar zum Gesetz über das Kreditwesen in der Fassung vom 11. 7. 1985, 4. Aufl., Stuttgart, Berlin, Köln, Mainz 1986, S. 490 ff.

– wenn die Rechtsform eines bestehenden Kreditinstituts geändert werden soll und ein neuer Rechtsträger entsteht,
– wenn eine Verschmelzung durch Neubildung erfolgt,
– wenn ein bisher außerhalb des Geltungsbereichs Bankgeschäfte betreibendes Unternehmen diese innerhalb des Geltungsbereichs betreiben will.

Dagegen bedarf die Errichtung eines Kreditinstituts – Zweigstelle – mit Sitz in einem anderen Staat durch ein Kreditinstitut im Geltungsbereich des KWG nicht der Genehmigung, sondern nur der Anzeige.

Die Erlaubnis kann versagt werden nach § 33 KWG:

„1. wenn die zum Geschäftsbetrieb erforderlichen Mittel, insbesondere ein ausreichendes haftendes Eigenkapital, im Geltungsbereich dieses Gesetzes nicht zur Verfügung stehen;
2. wenn Tatsachen vorliegen, aus denen sich ergibt, daß ein Antragsteller oder eine der in § 1 Abs. 2 Satz 1 bezeichneten Personen nicht zuverlässig ist;
3. wenn Tatsachen vorliegen, aus denen sich ergibt, daß der Inhaber oder eine der in § 1 Abs. 2 Satz 1 bezeichneten Personen nicht die zur Leitung des Kreditinstituts erforderliche fachliche Eignung hat und auch nicht eine andere Person nach § 1 Abs. 2 Satz 2 oder 3 als Geschäftsleiter bezeichnet wird;
4. wenn das Kreditinstitut nicht mindestens zwei Geschäftsleiter hat, die nicht nur ehrenamtlich für das Kreditinstitut tätig sind;
5 wenn dem Antrag auf Erlaubnis kein Geschäftsplan beigefügt ist, aus dem die Art der geplanten Geschäfte und der organisatorische Aufbau des Kreditinstituts hervorgehen.

(2) Die fachliche Eignung der in Absatz 1 Nr. 3 genannten Personen für die Leitung eines Kreditinstituts setzt voraus, daß sie in ausreichendem Maße theoretische und praktische Kenntnisse in Bankgeschäften sowie Leitungserfahrung haben. Die fachliche Eignung für die Leitung eines Kreditinstituts ist regelmäßig anzunehmen, wenn eine dreijährige leitende Tätigkeit bei einem Kreditinstitut von vergleichbarer Größe und Geschäftsart nachgewiesen wird."

Materiell von wesentlicher Bedeutung sind die Vorstellungen des Bundesaufsichtsamtes über die Höhe des *haftenden Eigenkapitals,* das als „ausreichend" definiert wird.

Gegenwärtig (1986) ist „ausreichend"[6]:

– Erstmalige, das Einlagengeschäft umfassende Erlaubnis an OHG, KG, GmbH und AG (einschl. Teilzahlungsbanken)	DM 6 Mio
– Eintritt zusätzlicher Komplementäre, Wechsel eines Komplementärs, Umwandlung einer Einzelfirma in eine Personengesellschaft	keine zusätzliche Kapitalanforderungen (Konsequenzen aus BVerwG, Buchholz 451.61 Nr. 11)

6 Szagunn, V./Wohlschieß, K.: a. a. O., S. 503

– Umwandlung eines Unternehmens in eine Kapitalgesellschaft	DM 6 Mio für Vollkonzession
– Erlaubniserteilung an Kreditgenossenschaften	Entscheidung von Fall zu Fall
– Erstmalige, das Einlagengeschäft umfassende Erlaubnis an öffentlich-rechtliche Kreditinstitute	DM 6 Mio
– Erlaubniserteilung im Zuge von Institutsverschmelzungen	Entscheidung von Fall zu Fall
– Erlaubniserteilung an Hypothekenbanken	DM 50 Mio
– Auf das Betreiben des Garantiegeschäfts beschränkte Erlaubnis	DM 3 Mio
– Erlaubnis zum Betreiben des Garantiegeschäfts ausschließlich mit Rückbürgschaften der öffentlichen Hand	DM 1 Mio
– Erlaubnis für Kapitalanlagegesellschaften mit einer Fondsart	DM 2 Mio
– Erlaubnis für Kapitalgesellschaften zur Verwaltung von Wertpapier- und Immobilienfonds	DM 3,5 Mio
– Erlaubniserteilung an Bausparkassen	DM 10 Mio
– Übrige Erlaubnisse	DM 3 Mio.

Durch branchenindividuelle Spezialgesetze bestehen Mindestgrenzen für

- Hypothekenbanken (§ 2, II Hyp. BG)
- Schiffspfandbriefbanken (§ 2, II SchiffsBG) von jeweils DM 8 Mio
- Kapitalanlagegesellschaften (§ 2, II, 2 KAGG) von DM 500 000.

In diesem Falle ist von besonderem Interesse, daß das Bundesaufsichtsamt zur Erreichung der Erlaubnis ein höheres haftendes Eigenkapital fordert. Die Kommentatoren meinen: „in rechtlich nicht ganz unbedenklicher Weise".[7]

Durch das KWG wird auch der *Firmenname*/Firmennamenbestandteil „*Bank*" und „*Bankier*" geschützt:

[7] a. a. O., S. 504

§ 39 besagt:

„(1) Die Bezeichnung „Bank“, „Bankier“ oder eine Bezeichnung in der das Wort „Bank oder „Bankier“ enthalten ist, dürfen, soweit durch Gesetz nichts anderes bestimmt ist, in der Firma, als Zusatz zur Firma, zur Bezeichnung des Geschäftszwecks oder zu Werbezwecken nur führen

1. Kreditinstitute, die eine Erlaubnis nach § 32 besitzen;
2. andere Unternehmen, die bei Inkrafttreten dieses Gesetzes eine solche Bezeichnung nach den bisherigen Vorschriften befugt geführt haben.

(2) Die Bezeichnung „Volksbank“ oder eine Bezeichnung in der das Wort „Volksbank“ enthalten ist, dürfen nur Kreditinstitute neu aufnehmen, die in der Rechtsform einer eingetragenen Genossenschaft betrieben werden und einem Prüfungsverband angehören.

(3) Das Bundesaufsichtsamt kann bei Erteilung der Erlaubnis bestimmen, daß die in Absatz 1 genannten Bezeichnungen nicht geführt werden dürfen, wenn Art oder Umfang der Geschäfte des Kreditinstituts nach der Verkehrsanschauung die Führung einer solchen Bezeichnung nicht rechtfertigen.“

II. Rechtsform

In der Bundesrepublik Deutschland bestehen privatrechtliche und öffentlich-rechtliche Kreditinstitute nebeneinander. Zwar ist zwischen diesen beiden Bereichen von Kreditinstituten immer noch auf schmalen Gebieten eine gewisse Arbeitsteilung zu beobachten, jedoch stehen insbesondere diejenigen Institutsgruppen beider Bereiche, die den Charakter von Universalbanken tragen, daneben aber auch Spezialbanken wie die Realkreditinstitute, miteinander in Wettbewerb.

Generell kann die Bankenlandschaft so charakterisiert werden: An die Stelle sektoraler oder regionaler Arbeitsteilung ist immer stärker die Universalfunktion – allein oder im Verbund – getreten. Geblieben ist lediglich eine, zum Teil nur noch rudimentäre, ideologische Fundierung der geschäftspolitischen Konzeption.

Die Gruppe der *privatrechtlichen Kreditinstitute* untergliedert sich in Banken der verschiedenen vom Gesetzgeber allgemein zugelassenen Unternehmensformen, deren Wahl den Kreditinstituten, von folgenden Ausnahmen abgesehen, grundsätzlich freisteht:

- Für die privaten Hypothekenbanken und Schiffspfandbriefbanken ist die Rechtsform der Aktiengesellschaft oder diejenige der Kommanditgesellschaft auf Aktien vorgeschrieben (§ 2 HypBG, § 2 SchiffsBG).
- Für Kapitalanlagegesellschaften ist die Rechtsform der Aktiengesellschaft oder diejenigen der Gesellschaft mit beschränkter Haftung vorgeschrieben (§ 1, II KAGG).
- Seit dem 1. 5. 1976 wird die Rechtsform des Einzelkaufmanns bei Gründung eines Kreditinstituts nicht mehr zugelassen (Art. 2 § 4 Abs. 1 der KWG-Novelle 1976).

Nach der Statistik der Deutschen Bundesbank bestanden am Jahresende 1985 in der Bundesrepublik Deutschland einschl. Berlin West 4 739 Kreditinstitute[8].
In den Rechtsformen des privaten Rechts:

Kapitalgesellschaften	182 Kreditbanken
	25 Private Hypothekenbanken
	34 Kapitalanlagegesellschaften
	8 Wertpapiersammelbanken
Einzelfirma/OHG/KG	70 Privatbankiers
	78 Teilzahlungsinstitute
	18 Private Bausparkassen
	11 Freie Sparkassen
Rechtsform der Genossenschaft:	3 655 Kreditgenossenschaften
	+ 9 Genossenschaftliche Zentralbanken.

Diesem privatrechtlich organisierten Sektor des Kreditwesens steht der *öffentlich-rechtliche Sektor* gegenüber:

als Kapitalgesellschaften	12 Girozentralen
	12 Grundkreditanstalten
	3 Öffentliche Bausparkassen
als Sparkassen des öffentlichen Rechts	579 Kommunale/regionale Sparkassen
	16 Kreditinstitute mit Sonderaufgaben.

Hinzu kommen 34 „Bürgschaftsbanken und sonstige Kreditinstitute“.

Einer besonderen Erwähnung bedürfen diejenigen Kreditinstitute, die sich zwar im Eigentum der öffentlichen Hand befinden, die jedoch ihre Geschäftstätigkeit in einer privatrechtlichen Unternehmensform – meist als Aktiengesellschaft oder Gesellschaft mit beschränkter Haftung – ausüben. Als Beispiel sei hier die Berliner Bank AG, die sich im Teilbesitz der Stadt Berlin befindet, angeführt.

III. Finanzierung

Die *Errichtungsfinanzierung* zeigt bei den Kreditinstituten wesentliche Besonderheiten. Von ausschlaggebender Bedeutung für die Gründung, die Errichtung und das spätere Wachstum eines Kreditinstituts ist die Möglichkeit, Eigenkapital in ausreichender Höhe aufzubringen (§ 33 KWG, § 2 HypBG, § 2 SchiffsBG).

Das anfängliche Eigenkapital eines Kreditinstituts sollte über dieses Mindestmaß hinaus so groß sein, daß die Geschäftstätigkeit ohne fremde Mittel aufgenommen werden

8 Monatsbericht der Deutschen Bundesbank 38. Jg. (4) 1986, S. 45

kann, denn bei der Neugründung eines Instituts kann trotz vorhergehender Werbemaßnahmen zunächst nicht mit hohen Einlagen gerechnet werden. Allerdings ist hinsichtlich der Neugründung in den letzten Jahren zu bemerken, daß durch die Namen der Gründer meist auch die Fremdkapitalbasis, besonders im Hinblick auf die Großeinlagen, von vornherein gesichert ist.

Das Verhältnis von Eigenkapital zu Fremdkapital unterscheidet sich bei Kreditinstituten wesentlich von dem anderer Branchen. Bei Industrieunternehmen gilt im allgemeinen ein Verhältnis von 1 : 1, im Handel von 1 : 2 bis 1 : 3 als angemessen. Für Kreditinstitute sind dagegen Relationen bis etwa 1 :20 charakteristisch. Daraus geht hervor, daß das wesentliche Merkmal der Kapitalstruktur bei Banken nach Abschluß der Errichtungsperiode normalerweise das Vorherrschen des Fremdkapitals ist, wenn auch die Bedeutung des Eigenkapitals nicht unterschätzt werden darf. Wird die Relation von 1 : 20 als branchenüblich betrachtet, so kann daraus geschlossen werden, daß erst mit Erreichung dieses Verhältnisses die Errichtungsperiode im weiteren Sinne als abgeschlossen betrachtet werden kann.

Grundsätzlich bestehen für die *Fremdkapitalbeschaffung* der Kreditinstitute folgende Möglichkeiten: die Hereinnahme von täglich fälligen, befristeten und Spar-Einlagen sowie das Eingehen von Verbindlichkeiten unterschiedlicher Fristigkeit gegenüber Kreditinstituten. Für die Bodenkreditinstitute ist die Aufbringung von Fremdkapital durch Emission von Pfandbriefen, d. h. durch Auflegung von Anleihen, charakteristisch. Spezialinstitute legen zu besonderen Finanzierungsaktionen Anleihen auf, um sich auf diese Weise langfristige Mittel zu beschaffen.

Gegenüber der externen Finanzierung tritt in der Gründungs- und Errichtungsphase die interne Finanzierung stark zurück. Im weiteren Geschäftsverlauf jedoch gewinnt die Finanzierung etwa durch Zurückbehaltung von Gewinnen erheblich an Bedeutung.

Der Abschnitt E dieses Teils und der gesamte Teil II dieses Bandes wird diesem Gebiet der Eigen- und Fremdkapitalbeschaffung gewidmet sein.

C. Standort und Wirkungsbereich der Kreditinstitute

I. Die traditionelle Sicht

Die Untersuchungen über den *Standort* von Kreditinstituten befassen sich vornehmlich mit der Zweigstellen-Politik, in Abhängigkeit von der realiter festzustellenden Expansionsforcierung in den 60er Jahren[9]. Damit wurde die für diese Zeit wesentliche Komponente der Standortplanung bankbetriebswirtschaftlich umfassend analysiert. Dem zum das Ende der 60er Jahre, Anfang der 70er Jahre einsetzenden Trend der Internationalisierung des Bankgeschäftes ist von der Frage der Standortwahl aus mit geringem Interesse nachgegangen worden[10]. Der inzwischen sichtbare Trend zur Globalisierung der Märkte hat die Standortdiskussion bisher nicht wesentlich befruchtet.

Das Standortproblem hat zwei Dimensionen: die eine Seite ist die statische Betrachtung der Standortwahl bei der Errichtung eines Kreditinstitutes bzw. einer neuen Filiale, Depositenkasse oder Zweigniederlassung eines bereits bestehenden Bankunternehmens. Dabei kann zwischen dem Standort im engeren Sinne, d. h. dem Platz, an welchem der betreffende Bankbetrieb bzw. die Zweigstelle errichtet werden soll – Standort des Geschäftslokals –, und dem Standort im weiteren Sinne, d. h. dem Wirkungsbereich oder Bereich der Geschäftstätigkeit, unterschieden werden.

Die andere Seite ist die dynamische Betrachtung der Standortpolitik eines Kreditinstitutes, als der Strukturierung der Gesamtheit aller Standorte.

Für die traditionelle Sicht kann es daher bei den Ausführungen der vierten Auflage dieses Bandes bleiben:
Unabhängig von dem spezifischen Standort im engeren und weiteren Sinne, sind zunächst die Faktoren darzustellen, die eine *Standortwahl* beeinflussen. In einer umfangreichen Standortanalyse entwickelt Siepmann folgende Standortfaktoren im Kreditgewerbe:

- Boden und Arbeitskraft als produktionswirksame Faktoren,
- Verkehrspolitik, Steuerpolitik und Notenbankpolitik als institutionelle Faktoren,
- Bevölkerung, Gewerbesektor und Konkurrenzverhältnisse als geschäftsstrukturelle Faktoren.

9 Vgl. Siepmann, J. D.: Die Standortfrage bei Kreditinstituten, Berlin 1968, Küllmer, H.: Probleme der Standortplanung von Kreditinstituten, in: Fragen der Bankplanung Hrsg. Mühlhaupt, L., Frankfurt 1975, S. 157 ff., Becker, D.: Bankbetriebliche Zweigstellenexpansion und Standortforschung, Göttingen 1975

10 Vgl. Süchting, J.: Elemente der Auslandsstrategie einer Bank, in: Der Bankbetrieb zwischen Theorie und Praxis, Festschrift für K. F. Hagenmüller, Hrsg. Süchting J., Wiesbaden 1977, S. 131 ff.

Von der geschäftspolitischen Motivation her sind folgende Entscheidungsparameter relevant[11]:

- Erhöhung der primären Einlagen,
- Verbesserung der Kreditnachfragestruktur,
- positive Erfolgs- und Liquiditätseffekte aus einer erwarteten Vergrößerung der Dienstleistungsgeschäfte,

wobei diese Entscheidungsparameter sich in erster Linie auf die Standortwahl zusätzlicher Geschäftsstellen beziehen.

Die Standortwahl hat insbesondere in der Zeit der Bankstellen-Expansion des Kreditgewerbes – 1958 bis 1974 – einen bedeutsamen Stellenwert besessen; ihre Bedeutung ist in den Jahren ab 1975, die als Konsolidierungsphase bezeichnet werden können, geringer geworden.

Dies zeigt sich deutlich in der Dokumentation der *Bankstellen-Entwicklung*[12]:

Tabelle 1: Zahl der Kreditinstitute und ihrer Zweigstellen

Jahresende	Kreditinstitute	Zweigstellen	Bankstellen insg.	Index (1957 = 100)
1957	13.359	12.974	26.333	100,0
1960	13.259	16.768	30.027	114,0
1965	11.836	23.046	34.882	132,5
1970	8.549	32.251	40.800	154,9
1975	6.487	37.103	43.590	165,5
1980	5.355	39.311	44.666	169,6
1985	4.739	39.998	44.737	169,9

Die rückläufige Zahl der Kreditinstitute wird von der Konzentrationstendenz im Genossenschaftssektor bestimmt:
1957: 11 795 Kreditinstitute = 88,3 % von insgesamt
1985: 3 655 Kreditinstitute = 77,1 % von insgesamt,
der zu einem überproportionalen Sinken des Gewichts dieser Institutsgruppe im Bankensektor mithin geführt hat.

Die Aufteilung dieser Expansion auf die einzelnen Bankengruppen zeigt eine relative Expansionsdominanz insbesondere der Großbanken:

11 Vgl. Deppe, H.-D.: Die Ausdehnung des Zweigstellennetzes von Kreditinstituten als bankbetriebliches Führungsproblem, in: Gegenwartsfragen der Unternehmensführung, Festschrift für W. Hasenack, Herne/Berlin 1966, S. 431

12 Monatsberichte der Deutschen Bundesbank, 38. Jg. Nr. 4, April 1986, S. 45

Tabelle 2: Zunahme der Bankstellen im Zeitraum von 1957 bis 1985

	Zunahme 1957 – 1975		Zunahme 1976 – 1985	
	absolut	in %	absolut	in %
Großbanken	2.197	276,4	129	4,3
Sonst. Kreditbanken	1.604	107,9	– 6	– 0,2
Sparkassen	7.966	87,9	765	4,5
Kreditgen.	5.100	36,2	384	2,0
Sonst. Institute	390	43,9	–125	– 9,7
Insgesamt	**17.257**	**65,5**	**1.147**	**2,6**

II. Standort

Bei einer Analyse der vorhandenen Standorte von Bankinstituten in den einzelnen Bundesländern und im engeren Sinne in den Städten und ländlichen Gemeinden wird ein sehr unterschiedliches Gewicht einzelner Faktoren festzustellen sein. In Gebieten mit starker Kapitalkraft ist der Standort nach den Möglichkeiten zur Beschaffung von Kapital – „Erhöhung primärer Einlagen" – orientiert. Dagegen werden in Gebieten, in denen Kapitalmangel herrscht, die Institute sich in verstärktem Maße der Verbesserung der Kreditnachfragestruktur zuwenden.

Auch bei Betrachtung einzelner Institutsgruppen sind in der Bundesrepublik Unterschiede in der Standortorientierung festzustellen, die im wesentlichen auf unterschiedliche geschäftliche Zielsetzung während der Expansionsphasen zurückzuführen sein dürften. Die *Zweigstellenexpansion* der ersten Phase war darauf gerichtet, die breite Privatkundschaft für das Kreditgewerbe zu erschließen. Hierbei hat zweifellos für viele Institute die Spareinlagensammlung im Vordergrund gestanden, insofern waren viele Zweigstelleneröffnungen in dieser Phase in erster Linie beschaffungsorientiert. Das gilt z. B. für die Errichtung von Zweigstellen in Wohngegenden, mit der man der Bevölkerung bequeme Möglichkeiten zum Sparen bietet.

Institute, die ihr Schwergewicht geschäftspolitischer Aktivität in der Finanzierung gewerblicher oder industrieller Unternehmen sehen, werden die Standorte in den Zentren von Gewerbe und Industrie agglomerieren. Hinzuweisen ist auf die Branchenbanken; diese sind vielfach gezwungen, sich in nächster Nähe ihrer Kunden niederzulassen, z. B. die Hopfenbank in Nürnberg in der Nähe des Hopfenanbaugebietes, die Viehmarktbanken in der Nähe der Schlachthöfe. Grundsätzlich gilt folgendes: Je branchengebundener die Aufgaben eines Instituts sind, vor allem aber je homogener der Kundenkreis ist, um so mehr werden Bank und Kundenkreis zusammenrücken.

Wie beim Einzelhandel müssen bei der *Standortwahl einer Universalbank* die Pendlerströme sowie die Passantenfrequenz von Straßen und Plätzen festgestellt werden, um eine richtige Entscheidung bei der Wahl des Standortes treffen zu können. Dabei ist zu berücksichtigen, daß je nach Schwerpunkt der Geschäfte auch die Wahl des Standortes anders ausfallen wird. Bei universal tätigen Bank- oder Sparkassen-Fillialen/-Zweigstellen sind folgende Standorte besonders häufig gewählt worden:

- Einkaufsstraßen, besonders in selbständigen Stadtteilen,
- Zentrale Straßenkreuzungen mit Platz-Charakter,
- Marktplätze und Geschäftszentren,
- Bahnhofsgegenden und Nahverkehrsstationen,
- Nähe zu Post, Rathaus und wichtigen Behörden.

In allen diesen Fällen steht die Zentralität der Standorte im Vordergrund, d. h. die geschäftliche Sogwirkung auf die Marktpotentiale des jeweiligen Einzugsgebietes.

Eine besondere *Standortorientierung* besteht für diejenigen Institute, die öffentlichrechtlichen Körperschaften oder Anstalten zu dienen bestimmt sind. Diese Banken sind oft aufgrund ihrer besonderen Zwecksetzung gehalten, am Regierungssitz zu domizilieren. Hierbei ist vornehmlich an die Zentralen dieser Einrichtungen zu denken, während die Zweigstellen ihren Standort meist nach ähnlichen Gesichtspunkten auswählen wie die privaten Kreditinstitute; allerdings besteht auch gelegentlich die Notwendigkeit, den Standort in die Nähe der unteren Verwaltungsbehörden zu legen. Die verschiedenen Überlegungen treffen aber nicht selten zusammen, da Regierungsstellen im allgemeinen ihren Sitz an Orten haben, die auch als Bankstandorte geeignet sind. Abweichungen sind dann festzustellen, wenn z. B. die Landesregierung aufgrund der Tradition an einem Platz ihren Sitz hat, der als Standort von Zentralinstituten weniger geeignet ist.

Bei Realkreditinstituten liegt weder auf der Beschaffungs- noch auf der Absatzseite eine ausgesprochene Standortorientierung vor. Die Heranziehung von Mitteln geschieht durch die Unterbringung von Pfandbriefen im allgemeinen durch befreundete Institute im Schaltergeschäft oder an der Börse, der Absatz in Form der Gewährung von Hypothekarkrediten erstreckt sich durch Einschaltung anderer Institute über weite Gebiete; so führen bayerische Realkreditinstitute in starkem Maße ihre Hypothekengeschäfte im Rheinland durch. Ähnliches gilt für andere Spezialinstitute, wie die Ausfuhrkredit-GmbH und die Kreditanstalt für Wiederaufbau. Bei diesen Instituten spielt die Agglomerationstendenz keine wesentliche Rolle.

Die unterschiedlichen Schwerpunkte in der *Standortpolitik* zweier Bankengruppen (die der Großbanken und die der Sparkassen) werden deutlich aus der Standortanalyse nach drei Gesichtspunkten:

- nach Einwohner-Größenklassen/Ortstypen,
- regional nach Bundesländern
- sowie gesondert für die drei Großbanken nach besetzten und unbesetzten Plätzen.

Die Untersuchung nach Einwohner-Größenklassen/Ortstypen (siehe Tabelle 3) zeigt, daß nach der absoluten Zahl sowohl die Sparkassen als auch die Großbanken in den wirtschaftlich wichtigsten Großstädten die jeweils größte Anzahl von Bankstellen unterhalten. Relativ zur jeweiligen Einwohnerzahl ist jedoch die Geschäftsstellendichte der Stadtsparkassen in den führenden Großstädten verhältnismäßig gering. Im Grössenklassenvergleich nimmt mit zurückgehender Einwohnerzahl und bei geringerer wirtschaftlicher Bedeutung die relative Geschäftsstellendichte zu, d. h. die Stadtsparkassen erreichen bei der jeweils kleineren Ortsgrößenklasse ein jeweils niedrigeres Einwohnerpotential pro Geschäftsstelle.

Dem relativ niedrigsten Bevölkerungspotential von durchschnittlich 2.600 Einwohnern sehen sich Sparkassenstellen in Kleinstädten und Dörfern gegenüber (im Gegensatz zum durchschnittlichen Einwohnerpotential von rd. 7.500 Einwohnern pro Sparkassenstelle in den wirtschaftlich führenden Großstädten). Nachdem nicht etwa in den Großstädten von einer Unterversorgung seitens der Sparkassen gesprochen werden kann, muß hinsichtlich der Geschäftsstellendichte in den Landkreisen in Relation zum erreichbaren Bevölkerungspotential von einer Überrepräsentanz ausgegangen werden. Hier sind die Sparkassen mit ihrer Standortpolitik hinsichtlich der Versorgung der breiten Bevölkerung mit Bankleistungen ganz offenbar ihrem Gemeinnützigkeitsprinzip gefolgt.

Bemerkenswert in diesem Zusammenhang: In den Landkreisen steht den Sparkassenstellen eine noch größere Anzahl von Bankstellen des genossenschaftlichen Kreditsektors gegenüber. Hierdurch ergibt sich in kleineren Gemeinden eine Bankstellendichte von unter 1 000 Einwohnern pro Zweigstelle, vielfach von unter 500 Einwohnern pro Bankstelle.

Die hohe Expansionsrate der Kreditinstitute hatte die Bundesbank schon auf dem Höhepunkt der Entwicklung 1959 veranlaßt, sehr eindringlich vor den rentabilitätsmäßigen Folgen der Ausdehnung des Bankstellennetzes zu warnen: „Es liegt auf der Hand, daß die Ausdehnung der Verdichtung des Zweigstellennetzes, wenn sie in diesem Tempo noch eine Zeitlang fortgesetzt wird, zu Lasten der Rentabilität der Kreditinstitute geht und zu ernsteren Störungen in der Kreditwirtschaft führen muß“[13]. Andererseits hat sich jedoch die Anzahl der Bankstellen seit 1959 nochmals um rd. 50 % ausgeweitet. Angesichts der Automatisierungstendenzen, insbesondere in Richtung auf eine zunehmende Kundenselbstbedienung, bleibt abzuwarten, wie lange insbesondere die Geschäftsstellennetze des Sparkassen- und des genossenschaftlichen Sektors im ländlichen Raum in der jetzigen Dichte aufrechterhalten werden können.

Bei den Großbanken befinden sich etwa 50 % der Geschäftsstellen in Großstädten mit über 200 000 Einwohnern. Im Gegensatz zu den Sparkassen nimmt die Geschäftsstellendichte in den mittleren und Kleinstädten jedoch ab. Schon in Städten der Größenordnung 50 000 bis 100 000 Einwohnern wird pro Großbank vielfach nur eine Geschäftsstelle unterhalten; in Städten der Größenordnung 30 000 Einwohner ist pro

13 Monatsberichte der Deutschen Bundesbank, Oktober 1959, S. 60

Großbank nur noch etwa jede zweite Stadt besetzt, in Kleinstädten und Gemeinden zwischen 10 000 und 20 000 Einwohnern nur noch etwa jede fünfte. In den kleinen Gemeinden sind Großbanken nicht vertreten.

Tabelle 3: Geschäftsstellendichte und quantitativer Konkurrenzdruck zwischen Großbanken und Stadtsparkassen in Städten unterschiedlicher Größenordnung

Ortstypen (mit Stichproben-Umfang)	Durchschn. Einw.-Zahl Tsd.	Durchschn. Bankstellen Stadtsparkassen	Großbanken	davon: Deutsche Bank	Dresdner Bank	Commerzbank	Bankstellendichte (Tsd. Einw. pro Gesch.St.) nur Stadtspark.	nur Großbanken
Typ A Führende Bankplätze und Wirtschaftszentren mit hohem Einwohnerpotential (5 Städte von ca. 10)	997	133	99	37,4	35,2	26,4	7,5	9,9
Typ B Bedeutende Wirtschaftsplätze mit mittlerem Einwohnerpotential (8 Städte von ca. 20)	282	42	21	8,8	6,1	6,2	6,6	13,4
Typ C "Kleine" Großstädte mit mittlerem Wirtschaftspotential (9 Städte von ca. 40)	110	17	7,6	2,6	2,5	2,5	6,2	14,4
Typ D Mittelstädte mit unterdurchschnittlichem Wirtschaftspotential (13 Städte von ca. 80)	60	14	3,5	1,4	1,0	1,1	4,2	17,1
Typ E Mittelstädte mit niedrigem Wirtschafts- und Bevölkerungspotential (21 Städte von ca. 340)	31	*)	1,7	0,8	0,6	0,3	2,6**)	18,2
Typ F Kleinstädte und Gemeinden zwischen 10' und 20' Einwohnern (246 Orte von ca. 650)	12	*)	0,5	0,2	0,2	0,1		24,0

*) Bei den Ortstypen E und F sind nicht Stadtsparkassen sondern Kreissparkassen (oder Kombinationsformen) vorherrschend, deren Einzugsbereich eine Vielzahl von Gemeinden umfaßt

**) Aus Restgröße zur Gesamtzahl aller Sparkassenstellen errechnet (Durchschnitt von 2,6' gilt für die Gesamtheit aus Typ E, Typ F sowie Gemeinden unter 10' Einwohnern).

Von diesem Analyseergebnis ausgehend, kann die unterschiedliche *Bankstellendichte* der einzelnen Bundesländer vor allem auf die Gebietsstruktur, d. h. die Stadt-/Land-Relation sowie den jeweiligen Anteil an den Ortsgrößenklassen zurückgeführt werden.

Demgemäß bestehen zwar absolut gesehen besonders viele Bank- und Sparkassengeschäftsstellen in den drei Stadtstaaten Berlin, Hamburg und Bremen; in Relation zu den hohen Einwohnerzahlen ist die Bankstellendichte in den Stadtstaaten jedoch ausgesprochen niedrig. Von den Flächenstaaten erreicht nur noch Nordrhein-Westfalen (mit hohem Anteil an Großstädten) in etwa vergleichbare Relationen. Bei allen übrigen Flächenstaaten ist die Bankstellendichte höher, am höchsten in Baden-Württemberg. Weitere Zusammenhänge zwischen Bevölkerungsdichte sowie Relation von Stadtkreisen zu Landkreisen einerseits und zur Großbank-Zweigstellendichte andererseits verdeutlichen die Tabellen 4 und 5.

Tabelle 4: **Vergleich der Bevölkerungsstruktur und der Bankstellenstruktur nach Bundesländern**

	Bevölkerung	Bevölkerungsdichte (Einwohner je qkm)			Einwohner je Großbankstelle			Einwohner je Sparkassenstelle	Einwohner je Bankstelle3)
	Stadtkreise i.v.H. Gesamtbevölkerung	Stadtkreise1)	Landkreise2)	Landesdurchschnitt	Stadtkreise1)	Landkreise2)	Landesdurchschnitt		
					Tsd.	Tsd.	Tsd.	Tsd.	Tsd.
Stadtstaaten									
Berlin*)	100	3.857		3.857	8,4	-	8,4	20,1	5,9
Hamburg	100	2.121		2.121	11,9	-	11,9	7,8	4,0
Bremen	100	1.661		1.661	12,4	-	12,4	6,5	4,3
Flächenstaaten									
Schleswig-Holstein	24	1.384	130	166	12,5	36,2	24,9	3,8	2,7
Niedersachsen	21	1.146	124	152	9,6	39,1	23,8	3,2	2,6
Nordrhein-Westfalen	44	1.904	311	493	10,9	23,2	15,5	5,1	3,8
Hessen	23	1.793	208	263	8,1	36,3	20,0	2,6	2,3
Rheinland-Pfalz	27	915	141	183	15,2	43,5	29,0	2,8	2,6
Baden-Württemberg	20	1.451	216	259	12,0	32,3	24,3	2,4	2,1
Bayern	31	1.628	111	155	11,5	86,1	28,6	3,4	2,5
Saarland	18	924	225	409	12,6	45,4	30,9	2,9	2,6
BRD insgesamt (incl. Berlin*)	35	1.702	169	246	10,8	35,6	19,7	3,5	2,8

1) Nur kreisfreie Städte
2) Einschließlich "nicht kreisfreie" Städte
3) Sparkassen und Groß- und Regionalbanken, aber ohne Kreditgenossenschaften
Sparkassen: Stand 1984, Bevölkerung Stand 1984, Großbanken Basis Geschäftsberichte 1985
*) Berliner Tochterinstitute Deutsche Bank Berlin, Bank für Handel und Industrie, Berliner Commerzbank

Tabelle 5: **Regionale Verteilung der Großbanken-Standorte und Geschäftsstellen sowei Vergleich der Großbanken-Marktpräsenz mit der der Sparkassen**

	Großbanken-Standorte			Großbanken- und Sparkassen-Geschäftsstellen				Großbankstellen ivH Sparkassenstellen				Basis. Sparkassenstellen
i.v.H	Dt.Bk	Dr.Bk	Co.Bk	Dt.Bk	Dr.Bk	Co.Bk	Spark.	Dt.Bk	Dr.Bk.	Co.Bk.	insg.	
Stadtstaaten												
Berlin*)	0,2	0,3	0,2	6,1	7,9	7,2	0,5	84,8	88,0	66,3	239,1	92
Hamburg	0,2	0,2	0,2	4,0	4,1	5,1	1,2	24,0	20,6	21,1	65,7	204
Bremen	0,1	0,1	0,5	1,8	2,0	1,7	0,6	19,2	19,2	13,5	51,9	104
Flächenstaaten												
Schleswig-Holstein	3,8	3,2	7,6	2,8	2,3	5,4	3,9	5,0	3,5	6,6	15,1	694
Niedersachsen	13,2	9,9	16,3	9,9	7,9	12,1	12,6	5,5	3,6	4,6	13,7	2.225
Nordrhein-Westfalen	35,1	29,7	34,9	37,5	30,7	36,2	18,9	13,9	9,4	9,3	32,6	3.323
Hessen	8,5	11,5	10,2	7,4	10,9	8,8	12,2	4,2	5,2	3,5	12,9	2.150
Rheinland-Pfalz	7,4	6,3	5,6	4,6	3,9	3,4	7,3	4,3	3,1	2,3	9,7	1.291
Baden-Württemberg	18,5	18,0	13,2	13,4	13,1	9,8	22,3	4,2	3,4	2,1	9,7	3.939
Bayern	11,0	19,2	9,8	11,0	16,5	9,4	18,4	4,2	5,2	2,5	11,8	3.245
Saarland	1,7	1,4	1,5	1,4	0,9	0,9	2,1	4,6	2,5	2,2	9,3	366
BRD insgesamt (incl. Berlin*)	jeweils 100 %			jeweils 100 %				7,0	5,8	4,8	17,6	17.633

Untersuchungsbasis: Geschäftsberichte 1985

*) Berliner Tochterinstitute Deutsche Bank Berlin, Bank für Handel und Industrie, Berliner Commerzbank

Eine Analyse der Geschäftsberichte der drei Großbanken in Bezug auf die dort aufgeführten Bankstellen führt zu dem Ergebnis, daß innerhalb der Großbanken eine durchaus unterschiedliche *Bankstellenpolitik* betrieben worden ist. Anfang 1986 waren die drei Großbanken an 705 Plätzen mit insgesamt 2 879 Bankstellen vertreten, Auf die Deutsche Bank entfielen hiervon 40 % der Bankstellen, während die Anteile der Dresdner Bank und der Commerzbank 33 bzw. 27 % betrugen.

Die breiteste Flächenstreuung weist die Deutsche Bank auf, die mit 272 an mehr als der Hälfte der insgesamt von ihr besetzten 529 Plätzen einem geringeren Wettbewerbsdruck ausgesetzt ist; an 136 Plätzen ist sie alleiniger Großbanken-Repräsentant und an ebenfalls 136 Plätzen mit jeweils nur einem Institut ihrer Gruppenkonkurrenz vertreten. Eine differenzierte Darstellung der quantitativen *Wettbewerbsintensität* nach den einzelnen Bundesländern geben die Tabellen 6, 7, 8 und 9 wider.

Tabelle 6: Wettbewerbsintensität von Großbank-Geschäftsstellen

Anfang 1986	Deutsche Bank		Dresdner Bank		Commerz-bank		Insgesamt	
Anzahl	Plätze	Gesch.St.	Plätze	Gesch.St.	Plätze	Gesch.St.	Plätze	Gesch.St.
Alleine	136	138	95	98	55	56	286	292
Zwei Institute	136	142	91	95	97	103	162	340
Drei Institute	257	870	257	747	257	630	257	2.247
Insgesamt	529	1.150	443	940	409	789	705	2.879

*) ohne Berlin

Tabelle 7: Großbanken-Konkurrenzdruck nach Bundesländern (Deutsche Bank)

	Allein		mit Dresdner Bank		mit Commerzbank		mit beiden Großbanken		Insgesamt	
	Plätze	Gesch.St.	Plätze	Gesch.St.	Plätze	Gesch.St.	Plätze	Gesch.St.	Plätze	Gesch.St.
Stadtstaaten										
Berlin*)							1	78	1	78
Hamburg							1	49	1	49
Bremen							2	20	2	20
Flächenstaaten										
Schleswig-Holstein	3	3	-	-	6	6	11	26	20	35
Niedersachsen	18	18	5	6	21	23	26	75	70	122
Nordrhein-Westfalen	47	49	14	15	27	27	98	370	186	461
Hessen	9	9	7	7	3	3	26	72	45	91
Rheinland-Pfalz	18	18	2	2	4	4	16	32	40	56
Baden-Württemberg	27	27	20	20	6	7	45	110	98	164
Bayern	12	12	15	15	3	3	28	105	58	135
Saarland	2	2	2	2	1	2	4	11	9	17
BRD insgesamt (incl.Berlin*)	136	138	65	67	71	75	258	948	530	1.228

Untersuchungsbasis: Geschäftsberichte 1985

*) Berliner Tochterinstitute Deutsche Bank Berlin, Bank für Handel und Industrie, Berliner Commerzbank

Tabelle 8: Großbanken-Konkurrenzdruck nach Bundesländern (Dresdner Bank)

	Allein		mit Deutsche Bank		mit Commerzbank		mit beiden Großbanken		Insgesamt	
	Plätze	Gesch.St.	Plätze	Gesch.St.	Plätze	Gesch.St.	Plätze	Gesch.St.	Plätze	Gesch.St.
Stadtstaaten										
Berlin*)							1	81	1	81
Hamburg							1	42	1	42
Bremen							2	20	2	20
Flächenstaaten										
Schleswig-Holstein	2	2	-	-	1	1	11	21	14	24
Niedersachsen	8	8	5	5	5	5	26	61	44	79
Nordrhein-Westfalen	16	18	14	15	4	5	98	275	132	313
Hessen	10	10	7	7	8	8	26	86	51	111
Rheinland-Pfalz	10	10	2	2	-	-	16	28	28	40
Baden-Württemberg	14	14	20	20	1	1	45	99	80	134
Bayern	35	36	15	16	7	8	28	108	85	168
Saarland	-	-	2	2	-	-	4	7	6	9
BRD insgesamt (incl.Berlin*)	95	98	65	67	26	28	258	828	444	1021

Untersuchungsbasis: Geschäftsberichte 1985

*) Berliner Tochterinstitute Deutsche Bank Berlin, Bank für Handel und Industrie, Berliner Commerzbank

Tabelle 9: Großbanken-Konkurrenzdruck nach Bundesländern (Commerzbank)

	Allein		mit Deutsche Bank		mit Dresdner Bank		mit beiden Großbanken		Insgesamt	
	Plätze	Gesch.St.	Plätze	Gesch.St.	Plätze	Gesch.St.	Plätze	Gesch.St.	Plätze	Gesch.St.
Stadtstaaten										
Berlin*)							1	61	1	61
Hamburg							1	43	1	43
Bremen							2	14	2	14
Flächenstaaten										
Schleswig-Holstein	13	13	6	6	1	1	11	26	31	46
Nieder-sachsen	15	16	21	23	5	5	26	59	67	103
Nordrhein-Westfalen	14	14	27	29	4	4	98	261	143	308
Hessen	5	5	3	3	8	8	26	59	42	75
Rheinland-Pfalz	3	3	4	5	-	-	16	21	23	29
Baden-Württemberg	2	2	6	6	1	1	45	74	54	83
Bayern	2	2	3	3	7	8	28	67	40	80
Saarland	1	1	1	1	-	-	4	6	6	8
BRD insgesamt (incl.Berlin*)	55	56	71	76	26	27	258	691	410	850

Untersuchungsbasis: Geschäftsberichte 1985

*) Berliner Tochterinstitute Deutsche Bank Berlin, Bank für Handel und Industrie, Berliner Commerzbank

Weitere Erkenntnisse zur *Wettbewerbsintensität* unter den Großbanken vermittelt eine Komplementär-Untersuchung (ebenfalls auf Basis der Großbankengeschäftsberichte 1985 sowie des Statistischen Jahrbuchs 1985) unter der Fragestellung, welche der rd. 490 Städte mit mehr als 20 000 Einwohnern von den einzelnen Großbanken noch unbesetzt sind.

Dabei zeigt sich, daß alle 65 Städte mit mehr als 100 000 Einwohnern grundsätzlich von jeder der drei Großbanken mit mindestens einer Geschäftsstelle besetzt sind; in der Größenordnung zwischen 20 000 und 100 000 Einwohnern gilt das gleiche noch für die Hälfte der rd. 420 untersuchten „Mittelstädte“. Rd. 180 sind nur seitens einer oder zwei Großbanken besetzt; 27 Städte dieser Größenordnung sind ohne Großbank-Filiale. Die Aufteilung der unbesetzten Plätze nach den einzelnen Großbanken sowie nach Ortsgrößenklassen zeigt Tabelle 10.

Tabelle 10: Von Großbanken unbesetzte, mittelgroße Städte**

Ortsgrößen (Tsd. Einwohner)	Deutsche Bank 2*	Deutsche Bank 1*	Deutsche Bank 0*	Dresdner Bank 2*	Dresdner Bank 1*	Dresdner Bank 0*	Commerzbank 2*	Commerzbank 1*	Commerzbank 0*	von allen drei Großbanken unbesetzt
60' - 100'	-	-	-	2	-	-	1	-	-	-
50' - 60'	1	1	-	1	-	-	2	1	-	-
40' - 50'	3	-	1	1	1	1	5	1	1	1
30' - 40'	2	6	6	10	13	6	13	13	6	6
20' - 30'	12	35	20	31	39	20	24	48	20	20
	18	42	27	45	53	27	45	63	27	
Jeweilige Gesamtzahl unbesetzter Mittelstädte			87			125			135	27

* Ortsunterteilung nach solchen Städten, an denen schon 2 Großbank-Konkurrenten oder schon 1 oder noch keiner ("0") vertreten ist

** Unter Berücksichtigung der Präsenz von Tochtergesellschaften in den Gebieten Saarland und Oldenburg

III. Wirkungsbereich

Der Wirkungsbereich der Kreditinstitute umfaßt deren möglichen Einzugs- und Absatzbereich. Dabei ist zu berücksichtigen, daß nicht alle Institute frei in der Ausdehnung der Bereiche sind. Bei den Sparkassen müssen auf Grund gesetzlicher Vorschriften[14] Einzugs- und Absatzbereich übereinstimmen; dabei soll sich insbesondere der Absatzbereich auf das Gebiet des Gewährträgers beschränken. Kreditgenossenschaften durften Aktivgeschäfte nur mit Mitgliedern durchführen, während im Passivgeschäft diese Vorschrift nicht bestand. Die am 1. 1. 1974 in Kraft getretene Novelle zum Genossenschaftsgesetz hat die bis zu diesem Zeitpunkt gemäß § 8 Abs. 2 GenG bestehende Beschränkung im Aktivgeschäft aufgehoben. Durch die Vorschrift im Aktivgeschäft (nur Mitgliedergeschäfte) war auch eine Einengung des regionalen Wirkungsbereiches der Genossenschaften bedingt, da deren Mitglieder im allgemeinen ihren Firmen- bzw. Wohnsitz am Ort der Kreditgenossenschaft oder in der näheren Umgebung

[14] Das für das Land Bayern gültige Sparkassengesetz vom 27. 11. 1968 (GVBl. S. 426) z. B. bestimmt in § 2 Abs. 2 ausdrücklich, daß die Kredite der Sparkassen das örtliche Kreditbedürfnis „insbesondere der Bevölkerungsschichten, aus denen die Spareinlagen stammen", befriedigen sollen.

haben. Der Wirkungsbereich der privaten Kreditbanken weist theoretisch keine Begrenzung auf. Diese haben die Möglichkeit, sich sowohl im Passiv- als auch im Aktivgeschäft weit über ihren Sitz hinaus zu betätigen. Auch Realkreditinstitute und zahlreiche Spezialbanken, wie die Industriekreditbank AG oder die Kreditanstalt für Wiederaufbau, unterliegen keinerlei Beschränkungen in der Ausdehnung ihres Wirkungsbereiches.

Standort und Wirkungsbereich der einzelnen Institute haben sich auch auf die Bezeichnung einzelner Gruppen von Bankbetrieben ausgewirkt. Im Sprachgebrauch und in der Bankenstatistik werden die Arteigenheiten bestimmter Banken charakterisiert, indem ähnlich strukturierte, unter vergleichbaren Bedingungen arbeitende Betriebswirtschaften zu Bankengruppen zusammengefaßt werden. Hauptkategorien sind unter den Kreditbanken die Groß-, Regional- und Lokalbanken. Während sich bei den Filialgroßbanken – Deutsche Bank AG, Dresdner Bank AG und Commerzbank AG – das Einzugs- und das Absatzgebiet über das gesamte Bundesgebiet erstrecken, arbeiten die Regionalbanken, z. B. die Bayerische Hypotheken- und Wechsel-Bank oder die Schleswig-Holsteinische Westbank (seit Oktober 1974 Vereins- und Westbank AG), vorwiegend in bestimmten Bereichen. Eine Sonderstellung nehmen filiallose Banken mit überregionalem Geschäftsbereich ein. Demgegenüber domizilieren Lokalbanken – filiallose Institute – an Orten, die für bestimmte Gebiete Handelszentren darstellen. Ihre Kunden sind vorwiegend am Sitz der Bank oder in dessen unmittelbarer Nähe ansässig; allerdings ist darauf zu verweisen, daß bedeutende Lokalbanken auch häufig weit über ihren engeren Standort hinaus Geschäfte betreiben.

Mit der Erweiterung der Geschäftsbasis durch Filialgründung und Zusammenschluß wird eine Ausdehnung des Wirkungsbereiches und eine Steigerung der Leistungsfähigkeit eines Instituts erstrebt. Dieses Streben nach kapitalmäßiger Konzentration und räumlicher Expansion ist bei den Instituten meistens kombiniert anzutreffen. Die Entwicklung führte dazu, daß von vielen Banken bzw. Bankengruppen bis in abgelegene Stadtteile und Orte möglichst weit verzweigte Depositenkassen- oder Filialnetze ausgebaut wurden, um auf diese Weise den Anforderungen der Kundschaft besser gerecht werden zu können. Insbesondere wird hiermit eine Erfassung der Privatkundschaft und kleinerer, zum Nichtbankensektor gehörender Betriebswirtschaften erreicht, bei denen das ausgeprägte „rechenhafte Denken" fehlt und häufiger als bei größeren Betrieben Bargeld zinslos in der Kasse gehalten wird. Vorgeschobene Standorte, oft zunächst nur als Zahl- und Annahmestellen errichtet, üben eine erhebliche Anziehungskraft auf brachliegende Gelder aus. Einzelne Institute setzen auch sogenannte fahrbare Zweigstellen mit zufriedenstellendem Erfolg ein. Insbesondere in Zeiten angespannter Geld- und Kapitalmarktlage gewinnen die Zweigstellen an Bedeutung, wenn es gilt, alle erreichbaren Mittel zu mobilisieren. Außerdem erleichtert sie die Beratung der Kundschaft, die für das Vertrauensverhältnis zwischen Kunden und Bank entscheidend ist. In diesem Zusammenhang sind auch Nachttresore, Geldwechselautomaten, Auto- und Nachtschalter zu erwähnen, die ebenfalls die Aufgabe haben, der Kundschaft den Verkehr mit dem Kreditinstitut bequemer zu gestalten und zur Sammlung von Mitteln beizutragen.

Vielfach konnte die Erfahrung gemacht werden, daß vorgeschobene Standorte (Zahl- oder Annahmestellen, fahrbare Zweigstellen), die oft nur einige Stunden oder Tage in der Woche geöffnet waren, sich im Laufe der Zeit immer größeren Zuspruchs erfreuten, so daß es notwendig wurde, derartige Geschäftsstellen in Zweigstellen umzuwandeln. Dieses Problem ergab sich nicht nur für private Kreditbanken, sondern auch – und hier teilweise in besonders starkem Maße – für Sparkassen und Kreditgenossenschaften.

Dem *Standort* und *Wirkungsbereich* der Kreditinstitute wird in Theorie und Praxis nicht die Aufmerksamkeit beigemessen, die sie eigentlich verdienen. Während in der Industrie und im Handel sehr weitgehende Standortanalysen und -kalkulationen durchgeführt werden, sind derartige tiefgehende Untersuchungen bei den Kreditinstituten noch nicht im gleichen Maße üblich, obwohl sie auch hier notwendig sind. Es muß also die Frage gestellt werden, mit welchen Verfahren die rentabilitätsmäßige Beurteilung einer Zweigstelle vor der Eröffnung ermittelt werden kann. Darauf wird im dritten Band einzugehen sein. Richtig ist sicher, daß, wie Deppe ausführt[15] mit der Stellenexpansion Probleme der oligopolitischen Konkurrenz verbunden sind: „An jedem Platz konkurrieren nur relativ wenige Kreditinstitute bzw. deren Niederlassungen miteinander. Jeder Institutsleiter überschaut die Aktionen und Reaktionen der übrigen Konkurrenten hinreichend genau und sieht seine Bank unmittelbar davon betroffen. Insofern kann das Vorpreschen eines Kreditinstituts mit dem Ziel der Steigerung des Marktanteils . . . zu Reaktionen aller übrigen Institute führen.“

IV. Entwicklungstendenzen

Gegenüber der traditionellen Sicht ergeben sich aus den Determinanten:
- Automation
- Internationalisierung
- Globalisierung

Perspektiven, die auf die *Standortwahl* und den *Wirkungsbereich* entscheidende Einflüsse ausüben und zu einer grundlegend geänderten Systematisierung zwingen.

Hierzu kann eine Unterscheidung nach *marktbezogenen* und *strategiebezogenen Standorten* nützlich sein:
Als marktbezogen sollen diejenigen Standorte definiert werden, wo Standorte und Markt identisch sind, wo ein bestimmtes „Einzugsgebiet“ durch die Präsenz des Kreditinstitutes abgedeckt werden kann.

Als strategiebezogen sollen diejenigen Standorte definiert werden, wo der Standort keine unmittelbare Beziehung zum Markt hat, wo also andere Faktoren als das „Einzugsgebiet“ zur Standortwahl geführt haben.

[15] Deppe, H. D.: Die Ausdehnung des Zweigstellennetzes von Kreditinstituten als bankbetriebliches Führungsproblem, a. a. O., S. 402 f.

Marktbezogen sind mithin alle Standorte, die in traditioneller Betrachtung die Ausschöpfung eines Marktpotentials im Einzugsbereich des Kreditinstitutes zur Aufgabe haben:
Diese Standorte werden durch die geschäftsstrukturellen, institutionellen und produktionswirksamen Faktoren determiniert und führen zu folgender Hierarchie der räumlichen marktmäßigen Abdeckung:

- lokal: „Stadtsparkasse“
- interlokal: „Stadtsparkasse mit Zweigstelle(n)“
- regional: „Kreissparkasse“
- national-segmentiell: „Regionalbank“ (mit Niederlassungen überregional)
- international: national + länderorientiert im Ausland.

Die „Revolution“ im Zusammenwirken der Standorte findet im Bereich der Automation, der hochentwickelten Technologien statt, allerdings generell bei Konstanz der marktmäßigen Abdeckung durch den einzelnen Standort.

Dieser räumlichen Komponente entspricht eine finanzwirtschaftliche Komponente, die eine *bankbezogene Qualität des Standortes* definiert:

- Sitz der Bundesbank,
- Börsenplatz,
- LZB-Platz,

woraus sich die Bedeutung Frankfurts als Bankenstandort ergibt. An diesem Punkt treffen marktbezogene und strategische Komponenten zusammen: einerseits die breite Palette der Produkte am Markt „Frankfurt“, andererseits die informelle und kommunikative Struktur der Marktteilnehmer sowie der Sitz der Konzernzentralen (der Großbanken), mit marktübergreifenden, globalen Leistungsbereichen.

Strategisch bestimmt sind Standorte einer Merchant Bank als Tochter eines deutschen Kreditinstitutes in London, New York oder Tokyo, die in besonderer Weise völlig losgelöst von dem lokalen oder nationalen Finanzmarkt weltweite Finanzmärkte darstellen. Dort Marktteilnehmer zu sein, hat allein eine strategische Dimension, ist vom kundenbezogenen Geschäft weitestgehend unabhängig.

Nucleus dieser Entwicklung war die Institution „Euro-Markt“ mit dem strategisch definierten Bankplatz Luxemburg; die Entwicklung führte zur Globalisierung der Märkte: an die Stelle Luxemburgs ist London getreten, neben New York. Die Liberalisierung des Bankplatzes Tokyo ist in den Auswirkungen noch nicht abzusehen.

Zwei Schaubilder sollen dies verdeutlichen:
Die Entwicklung Londons zum internationalen Finanzmarkt in den Jahren 1967 – 1984, die in vier – von weltwirtschaftlich gravierenden Strukturverwerfungen ausgelöst – Phasen verlaufen ist.

Zum andern die Entdeckung der Börse Tokyo durch international/global tätige Aktiengesellschaften, die es als imagefördernd ansehen, auf dem Kurszettel dort zu erscheinen[16].

16 Carson-Parker, J.: What makes Nomura really different? Euromoney May 1986 (Supplement)

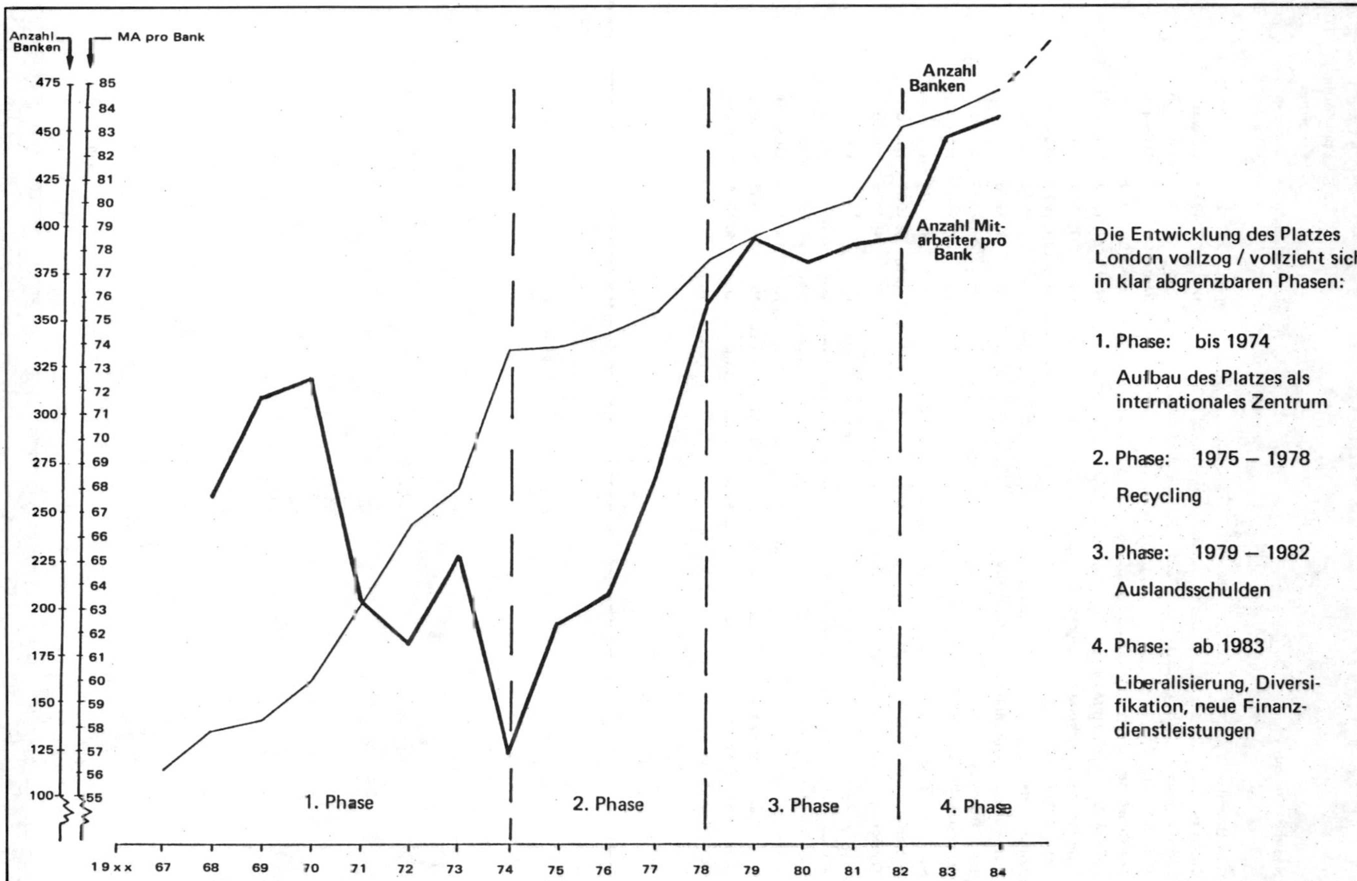

Abbildung 1: Entwicklung der Auslandsbanken in London

Tabelle 11: An der Börse Tokyo notierte, ausländische Unternehmen

Name of Company	Date of Listing	Sponsoring Securities Company
Dow Chemical	Dec. 18, 1973	Nomura
Citicorp	Dec. 18, 1973	Daiwa
IU International	Dec. 18, 1973	Yamaichi
First Chicago	Sept. 20, 1974	Daiwa
The Chase Manhattan	Sept. 20, 1974	Nikko
International Business Machines	Nov. 27, 1974	Daiwa
International Telephone & Telegraph	Dec. 16, 1974	Daiwa
General Motors	Dec. 20, 1974	Nomura
BankAmerica	Dec. 20, 1974	Nomura
Rotterdamsch Beleggings-Consortium N.V.	Dec. 8, 1976	Nomura
Sears, Roebuck	June 29, 1984	Daiwa
Walt Disney Productions	June 27, 1985	Nomura
Security Pacific Corporation	Sept. 4, 1985	Nomura
National Australia Bank	Sept. 6, 1985	Nikko
Telefonica	Oct. 4, 1985	Nikko
Philip Morris	Oct. 16, 1985	Daiwa
3M	Oct. 17, 1985	Daiwa
Dresdner Bank	Oct. 24, 1985	Daiwa
American Express	Nov. 14, 1985	Nomura
Bell Canada Enterprises	Nov. 19, 1985	Nomura
Union Bank of Switzerland	Dec. 24, 1985	Nomura
Cable & Wireless	Apr. 2, 1986	Nomura

Source: Tokyo Stock Exchange

D. Organisation der Kreditinstitute

I. Aufgaben und Grundlagen der Organisation

Der Begriff der Organisation kann unterschiedlich weit gefaßt werden. In einem engeren Sinne wird Organisation als „die materielle Vorbereitung des zukünftigen Handelns“[17] betrachtet. Da dieses zukünftige Handeln immer auf die Erreichung des jeweiligen Betriebszwecks ausgerichtet ist und es dazu des Zusammenwirkens von Arbeitskräften und sachlichen Produktionsmitteln bedarf, kann als konkreter Inhalt der organisatorischen Tätigkeit die Gestaltung des persönlichen und sachlichen Apparates und der Arbeitsabläufe im Hinblick auf die gestellte Betriebsaufgabe angesehen werden[18].

Die Probleme der Organisation ergeben sich einmal aus der *Organisation des Aufbaus* und zum anderen aus der *Organisation des Arbeitsablaufs.*

Aus der Begriffsbestimmung der Organisation geht hervor, daß sie als ein Mittel zur Erreichung des Betriebszwecks ausschließlich instrumentalen Charakter hat, daß sie niemals Selbstzweck ist. Die Gestaltung der Organisation hängt nicht nur von der zu erbringenden Leistung, sondern auch von der Art der Leistungserstellung und der Quantität und Qualität der eingesetzten Produktionsmittel ab. Die Organisation eines Industrie- oder Handelsbetriebes ist daher anders geartet als die eines Bankbetriebes[19], und auch zwischen den Organisationen der einzelnen Unternehmen innerhalb eines Wirtschaftszweiges gibt es erhebliche Unterschiede. Die Beziehungsnetze, die aufgrund des im Hinblick auf die Betriebsaufgabe gewünschten Zusammenwirkens von Mitarbeitern und Betriebsmitteln in jedem Betrieb entstehen, heißen Organisationsstrukturen. Sie bilden sich an jedem Arbeitsplatz ebenso wie im Betrieb als Ganzem. Die Organisationsstrukturen werden von dem *Kompetenz- und Weisungssystem,* dem *Kommunikationssystem,* dem *Informationssystem* und der Art und dem Umfang der Leistungserstellung und -verwertung geprägt[20].

Der Aufbau der Beziehungsnetze folgt bestimmten Grundsätzen, die unabhängig von der arteigenen, betriebsindividuellen Organisationsform Gültigkeit besitzen. Zu ihnen zählen:

(1) Grundsatz der Einheitlichkeit der Aufgabenzuordnung

Zusammengehörende Arbeiten sind einheitlich auf bestimmte Abteilungen zu übertragen. Die Aufgaben einzelner Abteilungen oder Gruppen müssen zweifelsfrei festgelegt und von Abteilungen mit ähnlichen Aufgaben eindeutig abgegrenzt sein.

17 Hax, K.: Planung und Organisation als Instrumente der Unternehmensführung, in: ZfhF 1959, S. 611

18 Vgl. Hax, K.: a. a. O., S. 610

19 Vgl. Klinge, K.-A.: Organisation des Bankbetriebs, Frankfurt am Main 1967, S. 13 – 16

20 Hagenmüller, K. F.: Organisation der Kreditinstitute, in: Bankwirtschaft – Unterrichts- und Nachschlagewerk der Bankakademie, Wiesbaden, o. J.

(2) Grundsatz der Verantwortungszuordnung

Jeder Mitarbeiter besitzt einen klaren Verantwortungsbereich; er übernimmt für alle Aufgaben in seinem Bereich die volle Verantwortung.

(3) Grundsatz der Bildung von Rangordnungen

Die Rangordnung in der Hierarchie eines Betriebes leitet sich vom Umfang der Verantwortung ab.

(4) Grundsatz der optimalen Kontrollspanne

Die günstige Anzahl der einem Vorgesetzten unterstellten Personen (= optimale Kontrollspanne) hängt ab von der Fähigkeit in der Menschenführung des Vorgesetzten, der fachlichen Qualifikation der Mitarbeiter, der Unterstellungsbereitschaft der Mitarbeiter, der Gleichartigkeit der zu verrichtenden Aufgaben und der räumlichen Überschaubarkeit[21] der unterstellten Mitarbeiter.

(5) Grundsatz der Einheit der Auftragserteilung

Mitarbeiter und Abteilungen erhalten jeweils nur von einem Vorgesetzten Weisungen. Der Vorteil dieser Regelung liegt in der eindeutigen Zuordnung von Mitarbeitern zu Vorgesetzten; nachteilig wirkt sich aus, daß bei der ausschließlichen Berücksichtigung dieses Grundsatzes die hierarchische Gliederung sehr tief wird und die Organisation eines solchen Betriebes schwerfällig ist.

(6) Grundsatz des direkten Weges

In der Hierarchie höher gestellte Mitarbeiter können jedem hierarchisch Untergeordneten unmittelbare Weisungen erteilen. Die Nachteile des Grundsatzes der Einheit der Auftragserteilung werden somit vermieden.

(7) Grundsatz der Beschränkung auf den Ausnahmefall

Der Vorgesetzte bearbeitet ausschließlich Ausnahmefälle (= Management by exception) und delegiert die laufenden Arbeiten an Untergebene. Eine möglichst weitgehende Delegation wird durch die Schaffung genereller Regelungen erreicht. Im Falle der generellen Regelung wird für einen organisatorischen Tatbestand eine allgemeine Anordnung getroffen, durch die der Ermessens- und Entscheidungsspielraum für diesen Tatbestand eingeengt wird. Generelle Regelungen bewirken, daß die Masse der Arbeiten auf den unteren Stufen der Hierarchie bewältigt und nur die Ausnahmefälle zur

[21] Vgl. Gaugler, E.: Instanzenbildung als Problem der betrieblichen Führungsorganisation, Berlin 1966, S. 130

nächsthöheren Instanz weitergeleitet werden. Das Entscheidende an dem Erfolg der möglichst weitgehenden Delegation des Regelfalls und der Beschränkung der Tätigkeiten der Führungskräfte auf die fallbezogene Entscheidung liegt in einer genauen Definition der Ausnahme. Nur wenn die Mitarbeiter genau wissen, was sie als Regelfall und als Ausnahme zu betrachten haben, kann eine schnelle und fehlerlose Bearbeitung gewährleistet werden. Sofern betriebliche Vorgänge ein verhältnismäßig hohes Maß an Gleichartigkeit aufweisen – ein Trend, der insbesondere bei wachsenden Betrieben begünstigt wird –, werden fallbezogene Regelungen durch generelle ersetzt.

(8) Grundsatz der Kontrolle

Die organisatorischen Regelungen müssen Kontrollen vorsehen. Je mehr Kontrollen automatisch während des Arbeitsablaufs wirken, wie zum Beispiel Vieraugenprinzip, Gegenzeichnung von Schriftstücken, Beachtung spezieller Sicherheitsvorschriften, desto geringer ist die Wahrscheinlichkeit des Auftretens von Fehlern und Störungen des Arbeitsablaufs.

Im folgenden sind nunmehr die grundsätzlichen Probleme der Organisation der Kreditinstitute darzustellen. Dabei wird von den aus dem Begriff der Organisation abgeleiteten beiden organisatorischen Teilbereichen, der Organisation des Aufbaus und der Organisation des Arbeitsablaufs, ausgegangen.

II. Aufbau – Organisation

Nachdem als konkreter Inhalt der Organisation die Gestaltung des sachlichen und persönlichen Apparates und der Arbeitsabläufe definiert worden ist, muß auf die typischen *Produktionsfaktoren* im Bankbetrieb eingegangen werden.

Der *Bankbetrieb* unterscheidet sich von Betrieben anderer Wirtschaftszweige gravierend insoweit, als zu dem Faktorsystem in Bankbetrieben die Zahlungsmittelnutzung als monetärer Faktor hinzutreten muß. Dieser zusätzliche Produktionsfaktor folgt aus der Eigentümlichkeit des Bankbetriebes in der Erstellung und Verwertung finanzieller Transaktionen („Transaktionskasse der Unternehmen“), die im übrigen zu einem branchenspezifischen *Leistungsbegriff* zwingt. Bankleistungen entstehen durch das Zusammenwirken der technisch-organisatorischen und liquiditätsmäßig-finanziellen Sphäre und entziehen sich weitestgehend einer rein quantitativen Erfassung.

Diese Arteigenschaften des Bankbetriebes hat zu der Leistungsdefinition durch Krümmel[22] geführt: *Bankleistung* ist das, was der Bankkunde als Bankleistung akzeptiert. In den Gesetzen der Marktwirtschaft heißt dies zugleich auch: Bankleistung ist das, wofür der Bankkunde bereit ist, einen Preis zu zahlen.

22 Krümmel, H. J.: Bankzinsen, Köln, Berlin, Bonn, München 1964, S. 38

Aus dem Vorhergesagten ergibt sich dann folgender Aufbau der *Elementarfaktoren* (Abbildung 2):

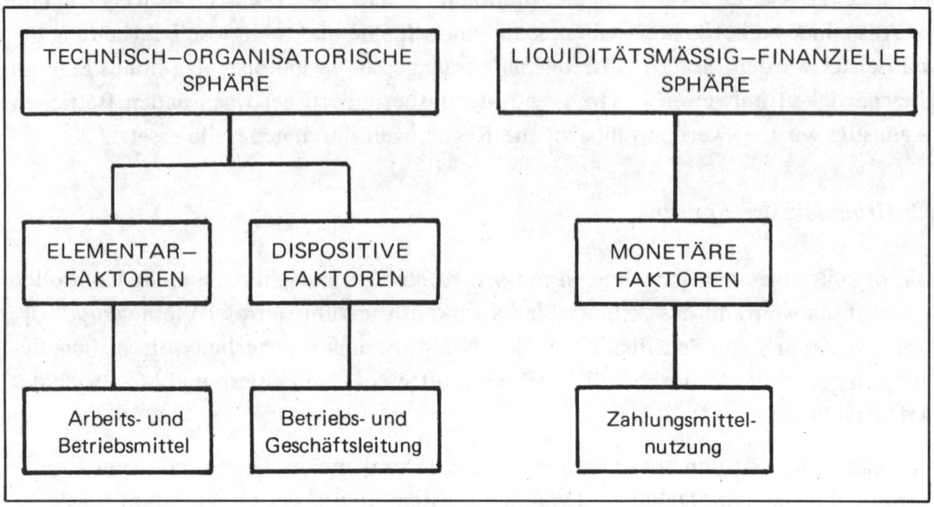

Abbildung 2: Elementarfaktoren der Aufbau-Organisation

Die *Produktionsfaktoren* einerseits und die Besonderheiten der *Bankleistung* andererseits bestimmen den Produktionsprozeß in seiner Struktur und in seinem Ablauf. Das Zusammenwirken des bankbetrieblichen Faktorsystems bei der Leistungserstellung und -verwertung zeigt Abbildung 3.

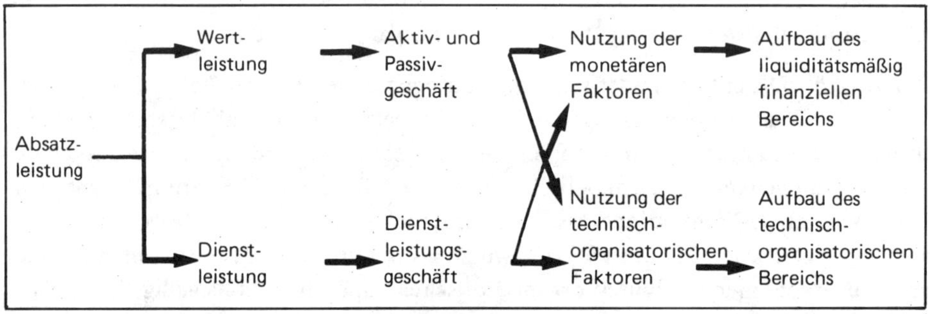

Abbildung 3: Das bankbetriebliche Faktorensystem bei der Leistungsherstellung

Jede einzelne Absatzleistung, gleichgültig ob Wert- oder Dienstleistung, erfordert eine Anzahl dispositiver und ausführender Tätigkeiten, die sich im technisch-organisatorischen Bereich und/oder im finanziellen Bereich vollziehen können. Diese dispositiven

[23] Vgl. Kolbeck, R.: Bankbetriebliche Planung, Wiesbaden 1971, S. 60

und objektbezogenen Arbeitsverrichtungen, die am Arbeitsplatz bzw. in einer Abteilung des Betriebes ausgeführt werden, beziehen sich nicht auf die Gesamt-Absatzleistung, sondern auf die Leistungselemente. Inwieweit eine Untergliederung des *Produktionsprozesses* notwendig ist, richtet sich insbesondere nach Art und Umfang der Absatzleistungen.

Die Untergliederung des Produktionsprozesses hat die Verteilung der Leistungserstellung und -verwertung auf mehrere Arbeitsplätze und Abteilungen zur Folge. Die Art der Absatzleistungen, wie z. B. Gewährung gewerblicher Großkredite, Hereinnahme von Spareinlagen, Emission von Wertpapieren, bildet die Grundlage für die Auswahl der Leistungselemente, deren Bearbeitung auf einzelne Bereiche zu übertragen ist.

Die Arteigenheit des bankbetrieblichen Strukturenablaufs des Produktionsprozesses besteht darin, daß nicht für jedes Bündel gleichartige Leistungselemente, die in eindeutig definierten Aufgabengebieten (Funktionen) zusammengefaßt sind, ein eigener Arbeitsplatz oder eine eigene Abteilung geschaffen wird. Die organisatorische Verantwortungsbildung für einzelne Abteilungen weicht damit von der Funktionsgliederung im Bankbetrieb mehr oder weniger ab.

1. Organisation des dispositiven Faktors

Der *dispositive Faktor* innerhalb eines Unternehmens als konstitutionelles Element hat „das Recht . . ., Verantwortung zu delegieren und Rechenschaft zu fordern.“[24]

a) Funktionen des dispositiven Faktors

Unter strategisch-konzeptionellen Gesichtspunkten sind die Funktionen der Unternehmensleitung[25]:

„(1) die Interaktionen zwischen den Strategien und funktionalen Politiken und der Organisationsstruktur und dem Organisationsverhalten zu bestimmen,
(2) die organisatorischen Änderungen und Kompromisse einzuführen, die für die Verwirklichung der Strategien notwendig sind, und
(3) die Unternehmensstruktur in den Bereichen zu verstärken, in denen sich die Unternehmung von den stärksten Konkurrenten abheben und strategische Wettbewerbsvorteile erzielen kann.“

Diese stringent formulierten Aufgaben mögen zunächst überraschen, sie basieren jedoch gedanklich auf einem spezifischen Rückkoppelungsprozeß mit der zweiten Ebene der Organisation, der wie folgt beschrieben werden kann.

1. Stufe: Delegation von Verantwortung
2. Stufe: Information über die strategische Konzeption

[24] Vgl. Gutenberg, E.: Unternehmensführung, Wiesbaden 1962, S. 11
[25] Hinterhuber, Hans-H.: Strategische Unternehmensführung 2. Aufl., Berlin-New York 1980, S. 218

3. Stufe: Kommunikation über Strategienfindung auf Basis der Konzeption
4. Stufe: Willensbildung und Entscheidungsvorbereitung
5. Stufe: Entscheidung über die Strategien.

Dem entspricht die Begründung für die Einführung eines neuen Konzepts der Koordinierung und Steuerung des Konzerns Deutsche Bank:[26]

„In die Verantwortung des Vorstandes . . . fällt die strategische Orientierung in konzeptioneller, organisatorisch/sachlicher und personeller Hinsicht, und zwar für die gesamte DB-Gruppe. Dabei müssen Gesichtspunkte der konzernweiten Führungspraxis ebenso berücksichtigt werden wie die der operativen Entlastung, die ja gerade wegen der auf eine mehr langfristig-strategische Sicht ausgerichteten Arbeit des Vorstandes dringend erforderlich ist."

b) Der Einfluß gesetzlicher, statutarischer und vertraglicher Bestimmungen

Neben dem Einfluß, der durch die Rechtsformen eines Kreditinstitutes gegeben ist, treten gesetzliche, statutarische und vertragliche Bestimmungen, die am Beispiel der *Vorstandsverfassung* einer privatrechtlichen Aktiengesellschaft dargestellt werden sollen.

aa) Gesetzliche Regelungen

Das KWG, insbesondere in seiner Fassung 1984, greift gravierend in die Organisation und die Entscheidungsfindung der Kreditinstitute ein.

Wesentliches Ziel der KWG-Novelle 1976 war, „bei Kreditinstituten durchgehend das Vier-Augen-Prinzip einzuführen"[27]: §§ 2a; 33 Abs. 1 Nr. 4; 34 Abs. 2; 35 Abs. 2 Nr. 3.

Danach muß auch der Vorstand eines Kreditinstitutes, das in der Rechtsform der Aktiengesellschaft geführt wird, unabhängig von der aktienrechtlichen Möglichkeit eines Einmann-Vorstandes, aus mindestens 2 Personen bestehen.

Nachdem § 77 AktG seit 1965 ausschließt „daß ein oder mehrere Vorstandsmitglieder im Vorstand gegen die Mehrheit seiner Mitglieder entscheiden", gibt es nur zwei Möglichkeiten der Beschlußfassung nach Aktienrecht: Einstimmigkeits-Grundsatz und Mehrheits-Grundsatz.

Für bestimmte Bankgeschäfte verlangt das KWG den einstimmigen Beschluß des Vorstandes:

Großkredite bedürfen nach § 13 des einstimmigen, aktenkundig gemachten Beschlusses vor der Kreditgewährung oder, in Sonderfällen, unverzüglich nachgeholt.

26 Herrhausen, A.: Koordinierung und Steuerung des Konzerns, in: db-aktuell Nr. 112 (2/1986) S. 13 ff.

27 SzagunnV./Wohlschieß, K.: a. a. O., S. 136

§ 13 definiert in der novellierten Fassung 1984 Großkredit als Kredit an einen Kreditnehmer, der 15 % der haftenden Eigenmittel übersteigt (Abs. 1).
Die Großkredite eines Kreditinstitutes dürfen insgesamt das Achtfache der haftenden Eigenmittel nicht übersteigen (Abs. 3, Nr. 2). Der einzelne Großkredit darf 50 % der haftenden Eigenmittel nicht übersteigen (Abs. 4).

Nach § 13 a gelten diese Bestimmungen auch für Kreditinstitutsgruppen, so daß es innerhalb eines Konzerns zu Eigenmittel- und Großkredit-Konsolidierungen kommt.

Gemäß § 15 bedürfen *Organkredite* nicht nur des einstimmigen Beschlusses des Vorstandes – analog § 13 –, sondern zusätzlich der ausdrücklichen Zustimmung des Aufsichtsrates.

Unter Organkrediten versteht das KWG:

„Kredite an

1. Geschäftsleiter des Kreditinstituts,
2. nicht zu den Geschäftsleitern gehörende Gesellschafter des Kreditinstituts, wenn dieses in der Rechtsform einer Personenhandelsgesellschaft oder der Gesellschaft mit beschränkter Haftung betrieben wird, sowie an persönlich haftende Gesellschafter eines in der Rechtsform der Kommanditgesellschaft auf Aktien betriebenen Kreditinstituts, die nicht Geschäftsleiter sind.
3. Mitglieder eines zur Überwachung der Geschäftführung bestellten Organs des Kreditinstituts, wenn die Überwachungsbefugnisse des Organs durch Gesetz geregelt sind (Aufsichtsorgan),
4. Prokuristen und zum gesamten Geschäftsbetrieb ermächtigte Handlungsbevollmächtigte des Kreditinstituts,
5. Ehegatten und minderjährige Kinder der unter den Nummern 1 bis 4 genannten Personen,
6. stille Gesellschafter des Kreditinstituts,
7. Unternehmen in der Rechtsform einer juristischen Person oder einer Personenhandelsgesellschaft, wenn ein Geschäftsleiter, ein Prokurist oder ein zum gesamten Geschäftsbetrieb ermächtigter Handlungsbevollmächtigter des Kreditinstituts gesetzlicher Vertreter oder Mitglied des Aufsichtsorgans der juristischen Person oder Gesellschafter der Personenhandelsgesellschaft ist,
8. Unternehmen in der Rechtsform einer juristischen Person oder einer Personenhandelsgesellschaft, wenn ein gesetzlicher Vertreter der juristischen Person, ein Gesellschafter der Personenhandelsgesellschaft, ein Prokurist oder ein zum gesamten Geschäftsbetrieb ermächtigter Handlungsbevollmächtigter dieses Unternehmens dem Aufsichtsorgan des Kreditinstituts angehört,
9. Unternehmen, an denen das Kreditinstitut oder ein Geschäftsleiter mit mehr als zehn von Hundert des Kapitals des Unternehmens beteiligt ist oder bei denen das Kreditinstitut oder ein Geschäftsleiter persönlich haftender Gesellschafter ist; als Beteiligung gilt jeder Besitz von Aktien, Kuxen oder Geschäftsanteilen des Unternehmens, wenn er mindestens ein Viertel des Kapitals (Nennkapital, Zahl der Ku-

xe, Summe der Kapitalanteile) erreicht, ohne daß es auf die Dauer des Besitzes ankommt,

10. Unternehmen, die an dem Kreditinstitut mit mehr als zehn vom Hundert des Kapitals des Kreditinstituts beteiligt sind; Nummer 9 Halbsatz 2 gilt entsprechend,
11. Unternehmen in der Rechtsform einer juristischen Person oder einer Personenhandelsgesellschaft, wenn ein gesetzlicher Vertreter der juristischen Person oder ein Gesellschafter der Personenhandelsgesellschaft an dem Kreditinstitut mit mehr als zehn vom Hundert des Kapitals beteiligt ist; Nummer 9 Halbsatz 2 gilt entsprechend."

bb) Statutarische Regelungen

Innerhalb der gesetzlichen Regelungen durch Aktiengesetz und Kreditwesengesetz wird die Organisation des Vorstandes durch die Satzung und durch die Geschäftsordnung, die vom Aufsichtsrat zu genehmigen ist, während die Geschäftsverteilung vom Vorstand allein zu beschließen ist, jedoch wiederum Bestandteil der *Geschäftsordnung* ist, geregelt.

Gegenstand einer derartigen Geschäftsordnung sind:
- Art und Form der Vorstandsbeschlüsse, Beschlüsse mit Einstimmigkeitserfordernis über das KWG hinaus, Beschlüsse mit einfacher Mehrheit,
- Art und Form der Zustimmung und der Anzeige bei bestimmten Geschäften durch das Aufsichtsorgan.

Bis zu Beginn der 80er Jahre kannten die in der Rechtsform der Aktiengesellschaft betriebenen privaten Kreditinstitute nicht das Institut eines Vorsitzenden des Vorstandes, sondern nur die des Vorstandssprechers als primus inter pares. Seit dem 7. Mai 1981 verfügt die Commerzbank über einen Vorstandsvorsitzenden.

cc) Vertragliche Bestimmungen

Neben die gesetzlichen und statutarischen Bestimmungen können einzelvertragliche Regelungen im Anstellungsvertrag treten, die für die Organisation der Willensbildung, Entscheidungsfindung und Entscheidung relevant sein können. Derartige Bestimmungen unterliegen den rechtlichen Gestaltungsmöglichkeiten von Dienstverträgen generell.

c) Beispiel für die Organisation des dispositiven Faktors

Als einzige der drei Großbanken hat die Dresdner Bank in ihren Geschäftsberichten 1983 und 1984 eine Darstellung der Geschäftsverteilung im Vorstand veröffentlicht.

Diese Geschäftsverteilung kennt eine Verknüpfung von Sachgebiets- und Regionalzuständigkeiten als generelles Prinzip mit speziellen Ausnahmen. (s. Tabelle 12)

Tabelle 12: Zuständigkeiten des Vorstands der Dresdner Bank ab 1. April 1985

Dr. Wolfgang Röller	Sprecher des Vorstands Generalsekretariat Handel und Vermögensanlagen Konzernplanung
Dr. Karl-Ludwig Bresser	Kredite/Risikomanagement Ausland: Länderbereich Europa Inland: Niederlassungsbereich Düsseldorf
Dr. Christoph von der Decken	Ausland: Länderbereich Asien und Australien Inland: Niederlassungsbereich Hamburg
Piet-Jochen Etzel	Konsortialgeschäft Ausland: Länderbereich Europäische Staatshandelsländer
Dr. Werner Funke	Recht Inland: Niederlassungsbereiche Bielefeld und Köln
Dr. Wolfgang Leeb	Finanzen Inland (Koordinator): Niederlassungsbereiche München und Nürnberg
Kurt Morgen	Organisation Ausland: Länderbereich Nordamerika Inland: Niederlassungsbereiche Mannheim und Wiesbaden
Jürgen Sarrazin	Ausland (Koordinator): Länderbereiche Afrika, Nahost, Lateinamerika Inland: Niederlassungsbereich Frankfurt am Main
Horst Schmeling	Konsortialgeschäft Revision Inland: Niederlassungsbereiche Bremen und Hannover
Dr. Christian Seidel	Personal; zugleich Arbeitsdirektor gem. § 33 Mitbestimmungsgesetz Inland: Niederlassungsbereich Stuttgart
Meinhard Carstensen stellv.	Passivmanagement Geld und Devisen
Dr. Alfons Titzrath stellv.	Inland: Niederlassungsbereiche Dortmund und Essen

Die Herren Meinhard Carstensen und Dr. Alfons Titzrath wurden mit Wirkung vom 1. April 1985 zu stellvertretenden Vorstandsmitgliedern bestellt.

2. Organisation des personellen Apparates

Unter der Organisation des personellen Apparates eines Kreditinstitutes sollen die Weisungs- und Kompetenzsysteme einerseits und die Kommunikationssysteme andererseits verstanden werden.

a) Weisungs- und Kompetenzsysteme

Als erste von drei Funktionen der Unternehmensleitung war die Bestimmung der Interaktionen zwischen Strategien und Organisationsstruktur sowie zwischen funktionalen Politiken und Organisationsverhalten definiert worden.

Die Organisations-Struktur in materieller Sicht ist mit dem Weisungs- und Kompetenzsystem identisch.

Das Organisations-Verhalten wird von dem Kommunikationssystem und der Organisation des sachlichen Apparates bestimmt.

Die Weisungs- und Kompetenzsysteme haben die Aufgabe, die Verbindungswege zwischen den Instanzen eines Kreditinstituts für die Erteilung und Entgegennahme von Anweisungen so zu gestalten, daß aus der Zahl der erforderlichen Instanzen ein leistungsfähiges Lenkungs- und Steuerungssystem entsteht. Drei Systeme stehen zur Wahl: die Linienorganisation, die Staborganisation und die Stab-Linienorganisation.

aa) Linienorganisation

Die Linienorganisation, ein System, das von Henry Fayol[28] entwickelt wurde, beruht auf dem Grundsatz der Einheit der Auftragserteilung. Danach kann jede Arbeitskraft nur von einem Leiter disziplinarische und fachliche Weisungen erhalten und umgekehrt jeweils nur eine vorgeordnete Instanz einer nachgeordneten Instanz Anordnungen erteilen. Infolgedessen laufen bei diesem System von den obersten Organen der Betriebsleitung über die Stufen der betrieblichen Hierarchie bis in die letzten Einheiten der Arbeitsausführung direkte Befehlslinien. Sie bilden den Instanzenweg, auf dem Anweisungen von der jeweils höheren Stelle an untergeordnete Stellen durchgegeben werden, und stellen umgekehrt den Dienstweg dar, den die untergeordneten Dienststellen einschlagen müssen, wenn sie Meldungen erstatten oder Mitteilungen an vorgesetzte Dienststellen geben wollen. Durch die Linienorganisation wird die gesamte Bank straff durchgegliedert und die Auftragserteilung eindeutig geregelt. Je größer allerdings die Zahl der Rangstufen wird, um so mehr läuft das System Gefahr, schwerfällig zu werden.

Die Zahl der Rangstufen innerhalb der Linienorganisation hängt insbesondere von der Kontrollspanne ab, denn die Zahl der möglichen Unterstellungen bestimmt die Zahl der benötigten Instanzen; die Erweiterung der Kontrollspanne ist gleichbedeutend mit einer Verringerung der Instanzen und umgekehrt.

Das folgende Beispiel der Organisation (Abbildungen 4 und 5) der Auslandsabteilung in einer mittleren Filiale eines Kreditinstituts zeigt die Zusammenhänge zwischen der Größe der Kontrollspanne und der Anzahl der Instanzen.

Die maximale Größe der *Kontrollspanne* läßt sich nicht generell festlegen[29]. Sie hängt in starkem Maße von der Fähigkeit des Instanzenleiters ab, Menschen zu führen.

Wesentlich wird die Kontrollspanne von der Art und der Organisation der unterstellten Bereiche beeinflußt. Je mehr generelle Regelungen für die Organisation der unterstellten Bereiche gelten und je weniger Ausnahmefälle auf einen Instanzenleiter zukommen, desto höher kann die Kontrollspanne sein. In die gleiche Richtung wirken geringe dispositive und repräsentative Aufgaben von Instanzenleitern.

28 Vgl. Fayol, H.: Allgemeine und industrielle Verwaltung, München und Berlin 1929

29 Vgl. Ulrich, H.: Kontrollspanne und Instanzenaufbau, in: Organisation TFB (Handbuchreihe) Berlin und Baden-Baden 1961, S. 267 ff.

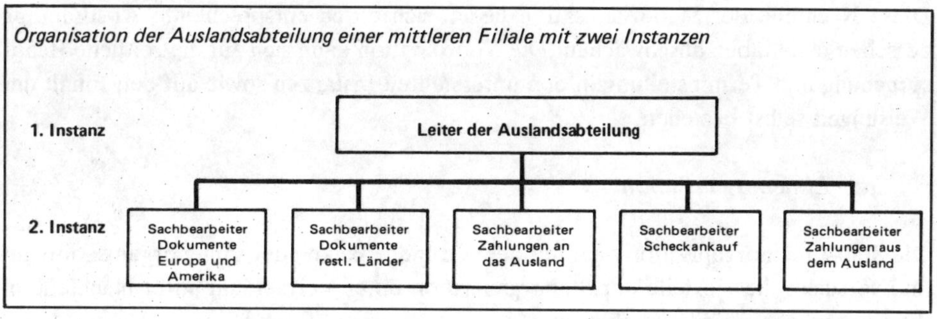

Abbildung 4: Organisation der Auslandsabteilung einer mittleren Filiale mit zwei Instanzen

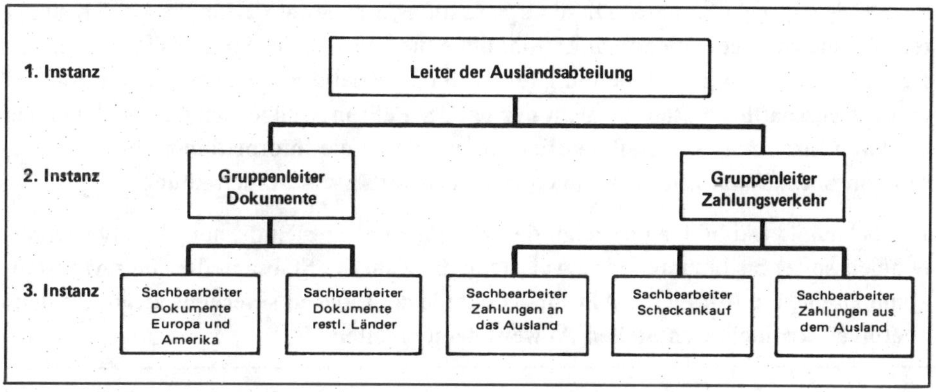

Abbildung 5: Organisation der Auslandsabteilung einer mittleren Filiale mit drei Instanzen

bb) Staborganisation

Die Staborganisation ersetzt den Grundsatz der Einheit der Auftragserteilung der Linienorganisation durch den Grundsatz des direkten Weges[30]. Eine Instanz ist als Stab zu bezeichnen, wenn sie das Recht besitzt, den unterschiedlichsten Instanzen innerhalb eines Kreditinstitutes unmittelbar Weisungen zu erteilen.

Die Leiter eines Stabes können sich auf bestimmte Arbeiten spezialisieren und die einzelnen Instanzen mehreren spezialisierten Stäben unterstellt werden. Damit werden einerseits die Vorteile der Spezialisierung genutzt und andererseits eine schnelle, zuverlässige und qualifizierte Unterrichtung der Instanzen über die von ihnen auszuführenden Arbeiten erreicht. Solange sich nur zwei Vorgesetzte eines Mitarbeiters die Zuständigkeit teilen, halten sich die möglicherweise auftretenden Schwierigkeiten in Grenzen. Je mehr Stäbe jedoch den unterschiedlichsten Instanzen Weisungen erteilen, desto größer wird die Gefahr, daß die zweifellos in der Spezialisierung liegenden Vorteile durch diffuse Zuständigkeiten erkauft werden, was zu erheblichen Konflikten führen muß (Schnittstellen-Problematik).

30 Vgl. Taylor, F. W. Die Betriebsleitung, 3. Aufl., Berlin 1919 sowie derselbe: Die Grundsätze wissenschaftlicher Betriebsführung, München-Berlin 1917

Diese Nachteile der Staborganisation lassen sich durch entsprechende Abstimmung zwischen den Stäben abschwächen. Die Koordination kann sich auf die zeitliche Beanspruchung und Terminstellung in den unterstellten Instanzen sowie auf den Inhalt der Weisungen selbst beziehen.

cc) Stab-Linienorganisation

Die Stab-Linienorganisation baut auf dem Grundgedanken der Linienorganisation auf und versucht, die Vorteile der Staborganisation unter Vermeidung ihrer Nachteile in die Linienorganisation einzuführen[31].

Den Linieninstanzen werden einzelne Spezialisten oder Stäbe beigeordnet, die selbst kein Weisungsrecht besitzen. Diese Organisationsform gewährleistet die klare Kompetenzabgrenzung der Linienorganisation, ohne die Vorteile der Spezialisierung vermissen zu lassen. Besondere Bedeutung für die Bankbetriebe werden vor allem technische und wissenschaftliche Stäbe – nicht nur bei der Führungsspitze, sondern auch bei den mittleren Instanzen – überall da erlangen, wo durch die Informationen und Beratungen von Spezialisten Entscheidungen erheblich verbessert werden können.

Das Schaubild (Abbildung 6) zeigt, daß mit zunehmender Entfernung von der Unternehmensspitze bis hinunter zur Zweigstelle die Zahl der Stabsabteilungen pro Instanz abnimmt und die Anzahl der Allround-Leute in der Linie entsprechend steigt, die dann allerdings von mehreren Stellen Anweisungen erhalten.

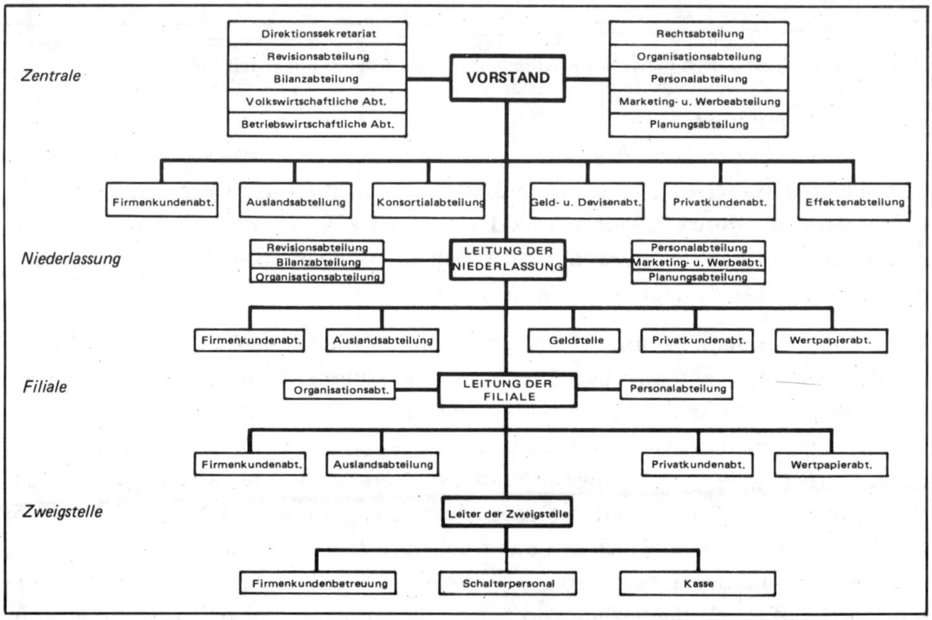

Abbildung 6: **Modifizierte Stab-Linienfunktionen**

[31] Vgl. Trauth, P. J.: Das Verhältnis von Linien- und Stabsstellen, in: Organisation TFB (Handbuchreihe) 1. Bd., Berlin und Baden-Baden 1961

Im Beispiel arbeiten der Vorstand in der Zentrale mit zehn Stäben, die Niederlassungsleitung nur mit sechs Stäben, die Filialleitung mit zwei Stäben und der Zweigstellenleiter besitzt keinen Mitarbeiter mit reiner Stabsfunktion.

Für die drei Großbanken liegen seit Frühjahr 1986 die *Weisungs- und Kompetenzsysteme* zwischen Vorstand und zweiter Ebene in veröffentlichter Form vor.

Die Konzernzentralen sind wie folgt aufgebaut:

Commerzbank		Dresdner Bank	
Zentrale Geschäftsbereiche	**Zentrale Stabsbereiche**	**Geschäftsbereiche**	**Konzernstäbe**
Ausland und Auslandsfinanzierung	Koordination und Planung	Ausland	Finanzen
Firmenkunden	Organisation	Inland	Generalsekretariat
Geld und Devisen	Personal	Konsortialgeschäft	Konzernplanung
Konsortialgeschäft	Rechnungswesen und Steuern	Passivmanagement/ Geld- und Devisengeschäft	Kredite/ Risikomanagement
Kredite	Recht	Wertpapiergeschäft/ Vermögensanlagen	Organisation
Privatkunden und Baufinanzierung	Revision		Personal
Wertpapiergeschäft	Volkswirtschaft und Öffentlichkeitsarbeit		Recht
			Revision

Quelle: Geschäftsbericht

Deutsche Bank

„Elf-Bereiche-Organisation,
in die die bestehenden Aufgaben und Funktionen sinnvoll eingepaßt wurden. Daneben gibt es unverändert die Aufgabenkomplexe, die besser für sich bestehen bleiben, so Vowi, Presse, Werbeabteilung, Generalsekretariat, Rechts- und Steuerabteilung und die Abteilung für Konzernentwicklung. Sie sind bereichsunabhängig und dezernatsübergreifend."

Personal- und Sozialwesen	Geschäft mit Firmenkunden
	Geschäft mit Privatkunden
Organisation und Innenbetrieb	Investmentbanking
	Internationales Geschäft
Rechnungswesen und Planung	Grundkredite/Baufinanzierung
	Devisen, Edelmetallhandel, Internationale Zinsarbitrage
Risikomanagement	Liability Management/Treasury

Quelle: db-aktuell Nr. 112,2/1986: S. 14 f.

Aus der Gegenüberstellung folgt die Vielfalt in der Gleichartigkeit:

(1) Alle drei Großbanken haben eine Zentrale, die nach Geschäftsbereichen und Stäben strukturiert ist, für die Gruppe.

Die Deutsche Bank stellt daneben „dezernatsübergreifende" (Stabs-) Funktionen und schafft so ein Kompetenz-Dreieck.

(2) In dem Aufbau der Geschäftsbereiche ähneln sich Commerzbank und Deutsche Bank, die straffste Struktur zeigt die Dresdner Bank; in der personellen Besetzung der Leitungen gibt es demzufolge vielfach Mehrfachbesetzungen:

Ausland	2	Konsortial	2
Inland	2	Wertpapiergesch./ Vermögensanl.	4.

Die Dresdner Bank verfügt also über zehn Bereichsleiter, die Deutsche Bank über elf, so daß in der Aufgabenwahrnehmung innerhalb der gesamten Geschäftsbereiche kaum ein erheblicher Unterschied vorliegen dürfte.

(3) Im Aufbau der Stabsbereiche ähneln sich Commerzbank und Dresdner Bank. Die Deutsche Bank hat mit der Schaffung „dezernatsübergreifender" Abteilungen einen eigenen Weg gewählt, dürfte aber wieder in der Gesamtstruktur identisch sein, wobei allerdings auffällt, daß die „Revision" nicht erwähnt ist.

b) Kommunikationssysteme

Mit Hilfe der strengen Reglementierung der Zuständigkeiten allein können Unternehmen im allgemeinen nicht reibungslos geleitet werden. Vielmehr besteht die Notwendigkeit, Formen der Zusammenarbeit zu schaffen, die sich außerhalb der strengen und starren Befehlslinien der *Kompetenz- und Weisungssysteme* vollziehen und eine Kontaktaufnahme der Arbeitskräfte quer durch das Gefüge der bankbetrieblichen Abteilungsbildung hindurch erlauben. Die Regelung dieser Formen der Kontaktaufnahme zwischen den Instanzen wird als Kommunikationssystem bezeichnet.[32]

aa) Formelle Organisation

Das *Kommunikationssystem* eines Kreditinstituts ist ebenfalls Bestandteil der formellen, d .h. von der Unternehmensführung gestalteten Organisation; es muß jedoch nicht institutionalisiert sein. Die Kontaktaufnahmen reichen von den gelegentlichen Gesprächen zwischen zwei Personen über die in regelmäßigen oder unregelmäßigen Zeitabständen stattfindenden Besprechungen mehrerer Personen (z. B. Filialleiterbesprechung) bis zu den Konferenzen, die sich zu Ausschüssen verfestigen und vorübergehend oder ständig damit betraut sind, bestimmte oder wechselnde Aufgaben durchzuberaten. Immer handelt es sich um die Schaffung von Koordinierungseinheiten, die mehrere Stellen umgreifen, ohne selbst eine Instanz zu bilden. In den Kreditinstituten ist der Zusammenarbeit in dieser Form besonders deshalb erhebliche Bedeutung beizumessen, weil die organisatorische Verantwortung vielfach von der Funktionsgliederung abweicht.

[32] Vgl. Albach, H.: Zur Theorie der Unternehmensorganisation, in ZfhF 1959, S. 238 – 259 insb. S. 238

Der Informationsaustausch zwischen organisatorisch gleichgeordneten Abteilungen bildet hierfür ein gutes Beispiel. Nach der strengen Ordnung der Befehlslinien und Dienstwege im Liniensystem sollten solche Abteilungen jeweils nur über die übergeordnete Instanz miteinander in Verbindung treten. Da dies jedoch einer schnellen Geschäftsabwicklung nicht dienlich ist, müssen zwangsläufig Verbindungswege außerhalb der Instanzen geschaffen werden. Zu denken ist zum Beispiel an die Abstimmung zwischen dem Leiter der Auslands- und Kreditabteilung bei der Abwicklung eines AKA-Geschäftes. Ähnlich liegen die Dinge bezüglich der Informationen, die jede einzelne Arbeitskraft im Bankbetrieb braucht, um die ihr übertragenen Aufgaben ordnungsgemäß erledigen zu können. Die Kompetenzsysteme erweisen sich im allgemeinen nur für offizielle Anweisungen und Meldungen, die alle Instanzen berühren, als vorteilhaft. Sind dagegen Informationen zu übermitteln, an denen bestimmte Stellen kein Interesse haben, so wäre es verfehlt, den Instanzenweg zu benutzen, weil der Informationsfluß dadurch verlangsamt würde. Hierfür erweisen sich die Formen kooperativer Zusammenarbeit, die eine unmittelbare Verbindung zwischen den Angehörigen verschiedener Instanzen ermöglichen, als besser geeignet.

Im Extremfall kann ein Kommunikations-System ein Weisungs- und Kompetenz-System weitestgehend integrieren.

Kremkow[33] nennt das integrierende Kommunikations-System *„Selbst-Controlling“* und definiert es als „ein Bündel personenorientierter Koordinationsinstrumente. Hierzu zählen die persönliche Weisung durch den Vorgesetzten, die Selbst-Koordination allein oder in Gruppen, ein gewisser Umfang an ‚Programmierung' durch Dienstanweisungen und in einem gewissen Umfang nicht-strukturelle Koordination, die sich aus Erfahrung, gemeinsamen Ideen und der Besetzungspraxis von Stellen in Banken zusammensetzt. Risiko und Ertrag im Bankgeschäft wird hiernach ‚strukturell' durch eine Vielzahl an historisch gewachsenen Einzelmaßnahmen koordiniert. Der einzige Freiheitsgrad in der Koordination ist die Größe ‚Geschäftsvolumen'.“[34]

Als Beispiel für ein personen-bezogenes Steuerungssystem führt er eine Darstellung einer hierfür typischen Universalbank an.[35]

33 Kremkow, K.-D.: Planung oder Selbst-Controlling? Nr. 6 der Beiträge aus dem Bankseminar der Universität Hannover, April 1986

34 ebenda, S. 5

35 ebenda, S. 46

Tabelle 13: Koordinationsinstrumente eines personen-orientierten Steuerungskonzeptes in Universalbanken

Instrument	Gegenstand	Häufigkeit	Klassifikation	Anmerkungen
<u>Ebene der Gesamtbank</u>				
<u>Strukturelle Koordinationsinstrumente</u>				
1 Kreditausschuß	KA-pflichtiges Geschäft	alle 3 Wochen	2	
2 Vorstandsbesprechung	aktuelle und geschäftspolitische Fragen	täglich	1, 2	
3 Abteilungen als Koordinationsinstrumente				
- Planung, Steuerung und Kontrolle	Koordination und Information auf Abteilungsleiter-Ebene	ständig	1, 2	langfristig handlungsorientiert
- Gesamtdisposition	Aktiv-Passiv-Steuerung	ständig	1, 3	quantitativ orientiert
- Rechnungswesen, Bilanzen und Steuern	Transparenz Vermögen/Schulden, Aufwand/Ertrag, Kosten/Leistungen	ständig	2, 3	
4 Bankplanung als Koordinationsinstrument (Ausschüsse)				
- Geschäftspolitik	geschäftspolitische Entscheidungen	quartalsweise	1, 2	handlungsorientiert
- Marktpolitik	Informationsaustausch	quartalsweise	2	
- Betriebspolitik	Informationsaustausch	quartalsweise	2	
- Bilanzpolitik	Informationsaustausch Ausgleichsoperationen	ca. 6 mal im Jahr	1, 2	
- Geld- und Kapitalmarktpolitik	Informationsaustausch	quartalsweise situationsbezog.	2	
5 Dienstbesprechung	Fachgespräch/geselliges Beisammensein	quartalsweise	2	
6 Pressesprecher	Pressepolitik	ständig	1	
<u>Nicht-Strukturelle Koordinationsmittel</u>				
1 Schlüsselpersonen	Vorbilder	ständig	5	ein Teil der
2 Idee des Konsens	menschliches und fachliches Verhalten	"	5 2	Kultur
3 Führungsleitsätze		"	5, 2	
4 Beförderungssystem	"	"	5, 3	der Bank
5 Kommunikationstraining	Kommunikationsverhalten	"	5, 2	
6 Standort/Bankgebäude	kurze, persönliche kommunikation		5, 2	
7 Banktagung	Stand und Entwicklung d.Bank		5, 2	
8 Riten (Geburtstage)	Kontaktpflege	je nach Anlaß	5, 2	
<u>Bereichs-Ebenen</u> (Kredit-, Wertpapier- und Einlagengeschäft)				
<u>Strukturelle Koordinationsinstrumente</u>				
1 Vorstandsbesprechung	Tagesfragen des Geschäfts Risikosteuerung	täglich	1, 2	
2 DA Kredit-/WP-Geschäft	Abwicklungs-/Risikofragen	ständig	3	Risikostreuung
3 DA Kreditentscheidungsraster	Inhalt des Portefeuilles	ständig	3	Sozialwahlfunktion
4 Stellungnahme Revisionsabteilung	Risikosteuerung	KA-pflichtige Kredite	3	Risikobewertung aus Revisionssicht
5 Anlage-Ausschuß	Anlagepolitik			
6 Gesamtdisposition	Rentabil./Liquiditätspol.	täglich	1, 3, 4	
7 Bericht Abschlußprüfer	Risikopolitik der Bank	jährlich	3	
8 Kompetenzgefüge	Erfahrung und Risiko		1, 2, 3	
9 Aktiv-Passiv-Steuerungs-Konzept		täglich	1, 3, 4	
<u>Nicht-Strukturelle Koordinationsinstrumente</u>				
1 Erfahrung	Fachliches Verhalten	ständig	5, 1, 2	
2 Räumlicher Kontakt (Aktiv-Passiv-Abteilungen)	aktuelle Einschätzung der Lage	ständig	5, 2	

Klassifikation: 1 = Persönliche Weisung, 2 = Selbstabstimmung, 3 = Programmierung
4 = Planung, 5 = Nicht-strukturelle Koordination

bb) Informelle Organisation

Tauschen Mitarbeiter außerhalb der von der Geschäftsleitung geschaffenen Organisation Informationen aus, so bilden sich informelle Beziehungsnetze zwischen den Instanzen. Über diese Verbindungen werden regelmäßig Informationen der unterschiedlichsten Art inoffiziell weitergeleitet. In den Kreditinstituten pflegen informelle Kontakte quer durch das Gefüge der Abteilungen hindurch zu erfolgen. Sie können den Arbeitsprozeß sowohl positiv als auch negativ beeinflussen, je nachdem, welche Einstellung die beteiligten Personen zur Arbeit in ihrem Institut besitzen.

Da das Auftreten informeller Kontakte unvermeidlich ist, muß die Unternehmensleitung deren positive Einflußmöglichkeiten auf den Arbeitsablauf nutzen und die negativen zu verhindern suchen.

Möglichkeiten zur positiven Beeinflussung der informellen Kontakte existieren viele. Sie beginnen mit der Gründung betriebseigener Sportgemeinschaften und reichen über die Schaffung von Einrichtungen für die Freizeitgestaltung bis zur Abhaltung von Schulungskursen. Sie haben alle das Ziel, den informellen Gedankenaustausch in geordnete Bahnen zu lenken.

c) Produktionsabhängige Systeme

Die Zusammenfassung einheitlicher Aufgaben zu organisatorischen Verantwortungsbereichen – Arbeitsplätzen, Arbeitsgruppen und Abteilungen – setzt bei den Leistungselementen an. Leistungslemente können im Hinblick auf die Leistungserstellung, Leistungsverwertung oder die Gewinnverantwortung zusammengehören. Dementsprechend sind bei der Zuordnung von Leistungselementen zu einzelnen Verantwortungsbereichen die *Sparten-*, die *Kundengruppen-* und die *Profit-Center-Organisation* zu unterscheiden.

Diese drei Verteilungskonzepte stellen Modelle dar. Die Praxis arbeitet mit kombinierten Systemen, die Zuordnungsvorschriften aller drei Systeme beinhalten.

aa) Sparten-Organisation

Das dominierende System traditioneller Bankorganisation bis Ende der 60er Jahre war die Sparten-Organisation. Diese Organisationsform betrachtet alle Leistungselemente, die innerhalb einer bestimmten Geschäftssparte auftreten, als zusammengehörend: die Bildung von Abteilungen, Arbeitsgruppen und Arbeitsplätzen folgt den Geschäftssparten eines Kreditinstitutes.

Diese Vorschrift der Verantwortungszuteilung gilt auf allen Ebenen der betrieblichen Hierarchie, d. h. in der obersten Betriebsleitung ebenso wie in den Leitungen von Niederlassungen, Filialen und Zweigstellen und in allen Abteilungen der Zentrale und denen des Niederlassungsnetzes.

Der Grundgedanke dieses Organisationssystems besteht in der Annahme, daß die Spezialisierung auf bestimmte Geschäftssparten den kosten- und erlösgünstigsten Ablauf der *Produktionsprozesse* garantiert. Die Organisation nach Geschäftssparten soll zu einem System von Regelungen führen, das die Elementar- und dispositiven Faktoren und den monetären Faktor in der Weise kombiniert, daß ihr Zusammenwirken bei der Produktion einer bestimmten Absatzleistung geringere Betriebskosten, d. h. Personal- und Sachkosten, und einen höheren Saldo aus Werterlösen und Wertkosten verursacht als jede andere Organisationsform.

Die Spezialisierung der *Elementarfaktoren* Arbeits- und Betriebsmittel gewährleistet in der technisch-organisatorischen Sphäre ein weitgehend fehlerfreies und kostengünstiges Arbeiten, weil die Mitarbeiter und Maschinen auf ganz bestimmte, stets wiederkehrende und einheitliche Arbeitsabläufe ausgerichtet sind.

Die Spezialisierung der dispositiven Faktoren soll bewirken, daß sowohl die innerbetrieblichen Entscheidungen über Personal- und Maschineneinsatz in bestimmten Geschäftssparten als auch marktbezogene Entscheidungen über Standort und Konditionen zu optimalen Ergebnissen führen.

Welche Sparten bei der Organisation eines Kreditinstitutes berücksichtigt werden, hängt insbesondere von der Anzahl und Struktur der Marktleistungen ab; sie sind dementsprechend bei den einzelnen Kreditinstitutsgruppen unterschiedlich.

Typische Geschäftssparten bei Kreditinstituten des privaten Bankgewerbes sind das Zins-, Auslands- und Effektengeschäft sowie der Zahlungsverkehr. Bei den Sparkassen erfolgt eine Differenzierung des Zinsgeschäftes in Spar- und Darlehensgeschäft sowie kurzfristiges Geschäft. Damit wird der traditionellen Ausrichtung im langfristigen Aktiv- und Passivgeschäft und der erst in den letzten Jahrzehnten stärkeren Hinwendung zum kurzfristigen (Kredit-)Geschäft Rechnung getragen. Eine relativ weitgehende Untergliederung der Geschäftssparten ist bei den Kreditgenossenschaften üblich. Sie unterscheiden: Laufende Rechnung, Wechselkredite, Darlehen/Sonderkredite, Außenhandel, Wertpapiervermittlung, Depotgeschäft, Versicherungsvermittlung, Bausparen, Festgeldanlagen, Wertpapieranlagen, Immobilien und Beteiligungen.

Das System der *Spartenorganisation* geht insbesondere von zwei Bedingungen aus:

(1) Die Kundenbeziehung tritt hinter die Spartenbeziehung zurück. Nicht der Kunde, sondern die einzelne Leistung ist Gegenstand der Organisation.
(2) Die Organisation bezieht sich auf die innerbetriebliche Leistungserstellung, nicht auf die Marktbezogenheit.

In der Industrie sind diese Voraussetzungen vor allem bei Betrieben mit Einzel- oder Serienfertigung gegeben. Typisch hierfür ist die Einteilung in die Sparten Einkauf, Personal, Investition, Material, Produktion, Vertrieb und Entwicklung.

Probleme der Leistungserstellung stehen vor allem in Industriebetrieben im Mittelpunkt der Organisation. Auch bei Kreditinstituten hatten Fragen der Leistungserstellung gegenüber den Problemen der Leistungsverwertung so lange den Vorrang, als die

Konkurrenz zwischen den Instituten, insbesondere auf Grund des Soll- und Habenzinsabkommens, nicht so groß war wie heute. Der verschärfte Wettbewerb hat dazu geführt, daß im Kreditgewerbe der Organisation der Absatzleistung eine stärkere Bedeutung beigemessen wird wie derjenigen der Leistungserstellung.

bb) Kundengruppen-Organisation

Die Kundengruppen-Organisation betrachtet alle Leistungselemente, die von einer bestimmten Kundengruppe als typische Bankleistungen nachgefragt werden, als zusammengehörend. Dementsprechend folgt die Bildung von Abteilungen, Arbeitsgruppen und Arbeitsplätzen diesen Leistungsbündeln.

Während bei der Sparten-Organisation in einzelnen Abteilungen einheitliche Leistungen für sämtliche Kunden eines Betriebes bearbeitet werden, überträgt die Kundengruppen-Organisation den einzelnen Abteilungen die Verantwortung für sämtliche Leistungen, die von einem einheitlichen Kundenkreis nachgefragt werden.

Der Grundgedanke dieser Organisationsform besteht darin, daß die Spezialisierung auf bestimmte Kundengruppen den kosten- und erlösgünstigsten Ablauf der Produktionsprozesse garantiert. Üblich ist heute die Aufteilung der Kunden einer Universalbank in Privat- und Firmenkunden, wobei beide Kategorien nochmals unterteilt werden können, etwa in vermögende Privatkunden und Privatkunden des Mengengeschäfts oder in emissionsfähige und nicht emissionsfähige Firmenkunden.

Ausschlaggebend für die Unterteilung ist die Abnahme eines mehr oder weniger einheitlichen Leistungsbündels.

Der Vergleich der Abbildungen 7 und 8 zeigt in stark vereinfachter Form den unterschiedlichen Aufbau einer Universalbank bei Sparten- und bei Kundengruppen-Organisation.

Ein Wesensmerkmal der Kundengruppen-Organisation besteht in den hohen Qualitätsanforderungen an die Mitarbeiter. Die Kundengruppen-Organisation benötigt Mitarbeiter, die alle Geschäfte beherrschen, die eine Kundengruppe nachfragt; der Aus- und Fortbildungsaufwand ist gravierend.

Die Anforderungen an die innerbetriebliche Aus-, Weiter- und Fortbildung sind daher bei dieser Organisationsform sehr viel höher.

cc) Profit-Center-Organisation

Die Profit-Center-Organisation betrachtet alle in Marktleistungen oder Leistungsbündel einfließenden Leistungselemente, für die sich ein Gewinnbeitrag ermitteln läßt, als zusammengehörend. Die Profit-Center-Organisation leitet die Zuordnungsvorschrift für organisatorische Verantwortung zu einzelnen Einheiten direkt aus der Aufgabe des Gewinnbeitrages ab, d. h., der Grundgedanke dieser Organisation besteht darin, daß

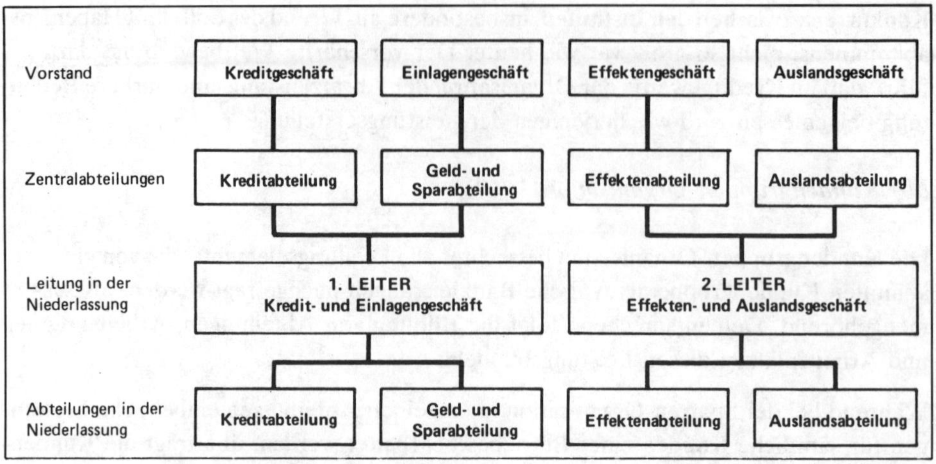

Abbildung 7: Sparten-Organisation bei einer Universalbank

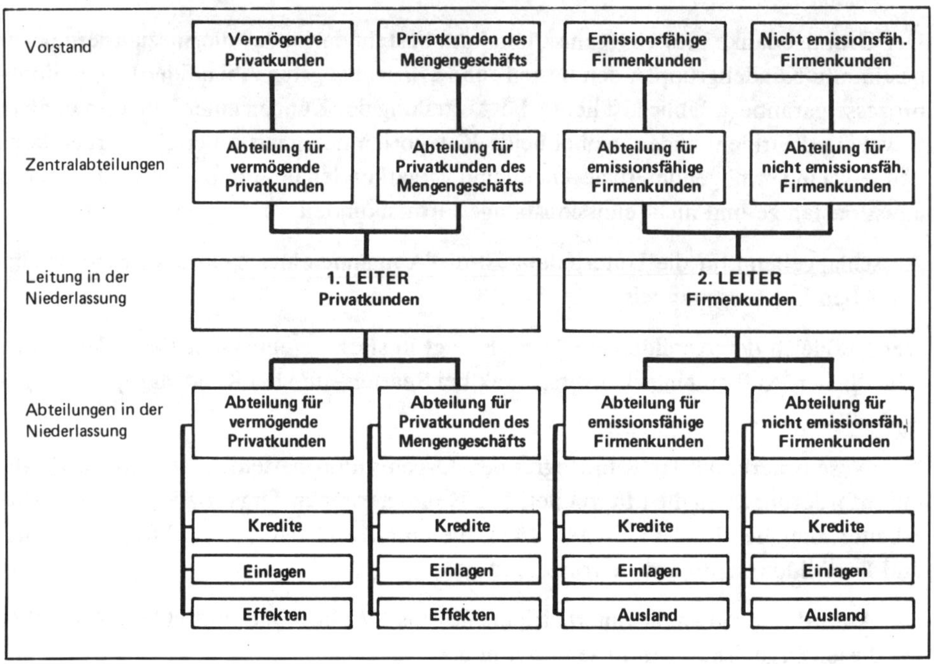

Abbildung 8: Kundengruppen-Organisation bei einer Universalbank

die organisatorischen Verantwortungsbereiche so zu bilden sind, daß für jeden Bereich ein eigenverantwortlicher Gewinnbeitrag ermittelbar ist.

Ein *Profit-Center* ist ein organisatorischer Verantwortungsbereich, in dem bestimmte Aufwands- und Ertragskomponenten so zusammengefaßt werden, daß sich aus ihnen ein Gewinnbeitrag errechnen läßt.

Die Qualität der Verantwortungserfüllung eines Profit-Center-Leiters wird in erster Linie an der Gewinnerzielung seines Bereichs gemessen. Daraus folgt, daß einem Profit-Center nur solche Aufwands- und Ertragskomponenten zuzurechnen sind, die primär von dem Profit-Center-Leiter beeinflußbar sind. Diese Verquickung von Gewinnverantwortung und Komponentenbeeinflußbarkeit bedingt bestimmte organisatorische Bereichsbildungen. Die horizontale und vertikale organisatorische Untergliederung eines Betriebes leitet sich damit aus der verantwortungsgerechten Zuordnung von Gewinnkomponenten zu einzelnen Bereichen ab. Die Summe der Gewinne der Profit-Center ergibt den Gesamtgewinn eines Betriebes.

Die Vorschriften der Verantwortungszuordnung in der *Profit-Center-Organisation* sagen primär nichts darüber aus, inwieweit die Profit-Center-Bildung von den bereits behandelten Formen der Sparten- und Kundengruppen-Organisation abweicht. Theoretisch denkbar wäre, daß die organisatorischen Bereiche sowohl der Sparten- als auch der Kundengruppen-Organisation jeweils Profit-Center bilden. Aus folgenden Gründen ist dies jedoch nicht der Fall:

(1) Die Ertrags- und Aufwandskomponenten in einer jeden *Geschäftssparte* hängen auf Grund der Substitutionsbeziehungen für Einzelleistungen in einen kundengruppenbezogenen Leistungsbündel von den Gewinnkomponenten anderer Geschäftssparten ab.
(2) In der *Kundengruppen-Organisation* führt die ausschließliche Berücksichtigung von Kundenzinsen (sowohl Zinserträge als auch Zinsaufwendungen) in der Gewinnrechnung eines Bereichs immer dann zu einem nur sehr schwer interpretierbaren Gewinnbeitrag, wenn sich die entsprechenden Kundenvolumina nicht ausgleichen.

Auf die Bereiche Firmenkunden- und Privatkundengeschäft übertragen, heißt das: Nur wenn die Summe der Einlagen derjenigen der Kredite an Firmenkunden ebenso entspricht wie die Summe der Einlagen derjenigen der Kredite an Privatkunden, sind die Leiter beider Bereiche allein für den Saldo ihres Zinsgeschäftes verantwortlich, da sie gemäß der Profit-Center-Organisation die Konditionen in ihrem Bereich autonom festsetzen.

Die Profit-Center-Organisation bei Kreditinstituten ist daher nur komplikationslos, wenn insbesondere zwei Bedingungen erfüllt sind: In einem Profit-Center müssen sich

- die Substitutionsbeziehungen im Leistungsbündel und deren Rückwirkungen auf die Konditionengestaltung jeweils im gleichen Profit-Center niederschlagen und
- die zuzurechnenden Volumina jeweils ausgleichen.

Diese beiden Bedingungen werden jedoch nur in Teilbereichen erfüllt, sie sind niemals für den gesamten Leistungsbereich eines universellen Kreditinstituts gegeben. Sehr global kann aber z. B. die Trennung in Hypotheken- und Bankenabteilungen bei gemischten Hypothekenbanken als Organisation nach Profit-Center-Methode angesehen werden.

An die Stelle dieser idealtypischen Profit-Center treten die realtypischen Profit-Center, in denen diese beiden Bedingungen über Verrechnungspreise und Verrechnungsmodalitäten so gesteuert werden, „als ob" sie erfüllt würden.

dd) Kombinierte Systeme

Organisationen in der Praxis schließen im allgemeinen Zuordnungsvorschriften verschiedener Organisationsformen ein; als Kombinationsmöglichkeiten ergeben sich:

- Sparten- mit Profit-Center-Organisation,
- Kundengruppen- mit Profit-Center-Organisation,
- Sparten- mit Kundengruppen-Organisation.

(1) Sparten- mit Profit-Center-Organisation

Die Kreditinstitute versuchen immer stärker, innerhalb der Geschäftssparten den Kundengruppeninteressen Rechnung zu tragen und darüber hinaus den Erfolgsbeitrag einzelner Leistungen oder Leistungsbündel zu ermitteln.

Die Bildung von Profit-Centern ist dort relativ einfach, wo kein Kapitaleinsatz erfolgt, also im Dienstleistungsgeschäft. So wird vielfach das Effektengeschäft als Profit-Center organisiert. In der Praxis ergeben sich dann jedoch in der Regel sehr oft Probleme mit dem Einlagengeschäft, etwa aus der Verknüpfung zwischen Effektengeschäft und Spareinlagen.

Im Ansatz liegt damit eine Kombination von Sparten- und Profit-Center-Organisation vor.

(2) Kundengruppen- mit Profit-Center-Organisation

Kundengruppen- und Profit-Center-Organisation stellen für deutsche Kreditinstitute relativ neue Systeme dar. Es liegt daher nahe, daß bei der Neuorganisation eines Instituts versucht wird, Zuordnungselemente beider Organisationsformen zu berücksichtigen.

Die zentrale Frage stellt dabei die Lösung des Verrechnungsproblems der Volumenunter- bzw. -überdeckung zwischen den kundengruppenorientierten Verantwortungsbereichen dar.

Das System soll insbesondere zwei Bedingungen erfüllen. Die Verrechnung muß so erfolgen, daß

- die Berücksichtigung des Anlage- bzw. Refinanzierungssatzes bei der Festsetzung der profit-center-individuellen Konditionen im Aktiv- und Passivgeschäft im Hinblick auf die Gesamtbank zu optimalen Ergebnissen führt und
- die Festsetzung der Sätze keine aus der Sicht des Profit-Center-Leiters externe Beeinflussung seines Gewinnbeitrages verursacht, die nicht er, sondern dritte Instanzen zu verantworten haben.

Um diese Bedingungen erfüllen zu können, sind immer wieder neuartige Verrechnungsmethoden entwickelt, mit Elan eingeführt worden und regelmäßig im Zeitablauf gescheitert. Die jüngste ist das Opportunitätszinskonzept.[36,37]

(3) Sparten- mit Kundengruppen-Organisation

Sowohl die Sparten- als auch die Kundengruppen-Organisation zielen auf eine bestimmte Spezialisierung ab. Bei der Kombination dieser beiden Organisationsformen ist daher bei der Bildung eines organisatorischen Bereichs die Frage zu beantworten, ob die Spezialisierung auf bestimmte Geschäfte und der Verzicht der Spezialisierung auf bestimmte Kundengruppen oder das umgekehrte Verhalten zu einer besseren Realisierung der Betriebsaufgaben führt. Die Dominanz der einen oder der anderen Organisationsform in einem Kreditinstitut leitet sich aus dem wichtigsten Engpaß der Organisation ab. Ist die Organisation der Leistungsverwertung mit einer höheren Priorität zu belegen als die der Leistungserstellung, so hat grundsätzlich die Kundengruppen-Organisation den Vorrang.

Führt diese Organisationsform bei bestimmten Geschäftssparten zu einer wesentlichen Zersplitterung, so sind diese Bereiche von der Kundengruppen-Organisation auszuschließen. Dieses Zerschlagen von Spezialisierungseffekten wird im allgemeinen bei der Schaffung von Auslands- und Effektenabteilungen für jeden kundengruppenorientierten Verantwortungsbereich unterstellt.

Die Kombination der beiden Organisationsformen führt damit im einfachsten Fall zu folgenden vier organisatorischen Zuständigkeitsbereichen:
- Firmenkundengeschäft,
- Privatkundengeschäft,
- Auslandsgeschäft,
- Effektengeschäft.

Die Darstellung der zweiten Ebene der Zentralen der drei Großbanken ist ein genaues Abbild dieser Kombination in der Praxis.

d) Standortgebundene Systeme

Die Standortbindung der Organisation eines Kreditinstituts wird bestimmt von den Standorterfordernissen sowohl der Leistungserstellung als auch der Leistungsverwertung.

36 Vgl. Droste, K. D./Fassbender, H./Pauluhn, B./Schlenzka, P. F./Löhneysen E. V.: Falsche Ergebnisinformationen – Häufige Ursache für Fehlentscheidungen in Banken, in: Die Bank Jg. 23 (1983), S. 313 – 323
Schierenbeck, H.: Ertragsorientiertes Bankmanagement. Ein Lehrbuch zum Controlling in Kreditinstituten, Wiesbaden 1985 (Beispiel S. 104)
Kremkow, K.-D.: a. a. O., S. 16 ff.

37 Einen umfassenden Überblick zur Entwicklung der „Marktzinsmethode" (Opportunitätszinskonzept) bietet Platz, S.: Erfolgsrechnerische Bewertung von Bankzweigstellen, Göttingen 1978, und Krewerth, B.: Die Kostenrechnung als Steuerungsinstrument im Bankbetrieb, Frankfurt 1981

Gegenstand der Organisation der Leistungserstellung sind die Elementar- und dispositiven Faktoren, die ihren rechnungsmäßigen Niederschlag in der Höhe des Personal- und Sachaufwandes finden. Die räumliche Organisation der Leistungserstellung hat daher so zu erfolgen, daß die Kombination der Elementar-und dispositiven Faktoren möglichst optimal ist. Diese generelle Vorschrift begünstigt bei der Organisation der Leistungserstellung die räumliche Zentralisation, weil im allgemeinen die Zusammenfassung gleichartiger Leistungselemente den Arbeitsablauf wirtschaftlicher gestaltet.

Im Gegensatz hierzu wirken sich unterschiedliche Systeme der Standortbindung bei der Leistungsverwertung vorwiegend sowohl auf die Höhe und Entwicklung des Wertertrages (und des Wertaufwandes) im Zinsgeschäft als auch auf den Betriebsertrag im Dienstleistungsgeschäft aus. Dementsprechend hat die räumliche Organisation der Leistungsverwertung darauf abzuzielen, mit gegebenem Personal- und Sachaufwand einen möglichst hohen positiven Saldo im Zinsgeschäft und einem möglichst hohen Dienstleistungsertrag zu erreichen. Diese Größen werden insbesondere von der Kundenbeziehung eines Kreditinstituts beeinflußt. Der generelle Leitsatz für die räumliche Organisation der Leistungsverwertung begünstigt damit die Dezentralisation, da grundsätzlich von einer regionalen Streuung des Marktpotentials eines Kreditinstituts auszugehen ist.

aa) Filialloses System

Die regionale Streuung des Marktpotentials ist noch nicht gleichbedeutend mit dem Zwang zu einer dezentralen Organisation der Leistungsverwertung. Vielmehr bestimmen Problemgehalt und Nachfragehäufigkeit einer Bankleistung, ob ein Kunde gewillt ist, weite Entfernungen zur Abnahme einer Bankleistung zurückzulegen[38]

Entsprechend der jeweils extremen Ausprägung der beiden Merkmale einer Bankleistung lassen sich diese wie folgt charakterisieren:

Im allgemeinen ist davon auszugehen, daß insbesondere für die Abnahme problemintensiver und kontaktseltener Absatzleistungen die Entfernung zwischen Bank und Kunde keine dominierende Bedeutung hat. Vielmehr bestimmen bei diesen Leistungen die Preispolitik einerseits und die sachlichen, zeitlichen und persönlichen Präferenzen des Kunden andererseits die Auswahl der Bankverbindung.

Im Gegensatz hierzu wollen Kunden zur Abnahme von Routine- und kontakthäufigen Leistungen im allgemeinen keine weiten Wege zurücklegen, so daß die Leistungsverwertung dieser Geschäfte an räumliche Präferenzen gebunden ist und daher eine dezentrale Organisation erfordert.

Filiallose Systeme setzen eine Spezialisierung in den Leistungssortimenten voraus, wie etwa das individuelle Großkredit- und Einlagengeschäft oder das Hypothekengeschäft. Typischerweise trifft also die filiallose Organisation auf Spezialinstitute zu.

38 Vgl. Geist, M. N., Konsumgütertheorie und Absatzpolitik, in: ZfB, 30 Jg. 1960, S. 413 – 427, S. 414; Süchting J.: Die Einkaufswirtschaftlichkeit von Bankleistungen und die Zweigstellenpolitik, in: Bank-Betrieb, 8 Jg. 1968, S. 277 – 280, S. 278

Tabelle 14: Problemgehalt und Nachfragehäufigkeit einer Bankleistung

Merkmal / Extreme Ausprägung	1	2
Problemgehalt	Routineleistung	problemintensive Leistung
Nachfragehäufigkeit	kontakthäufige Leistung	kontaktseltene Leistung
Beispiel	Spargeschäft	Baufinanzierung

Die Bedeutung des *Standortes* für die Kundenbeziehung ist in einer bemerkenswerten empirischen Untersuchung über die Bankloyalität von Firmen- und Privatkunden untersucht und durch deren Ergebnis relativiert worden.[39]

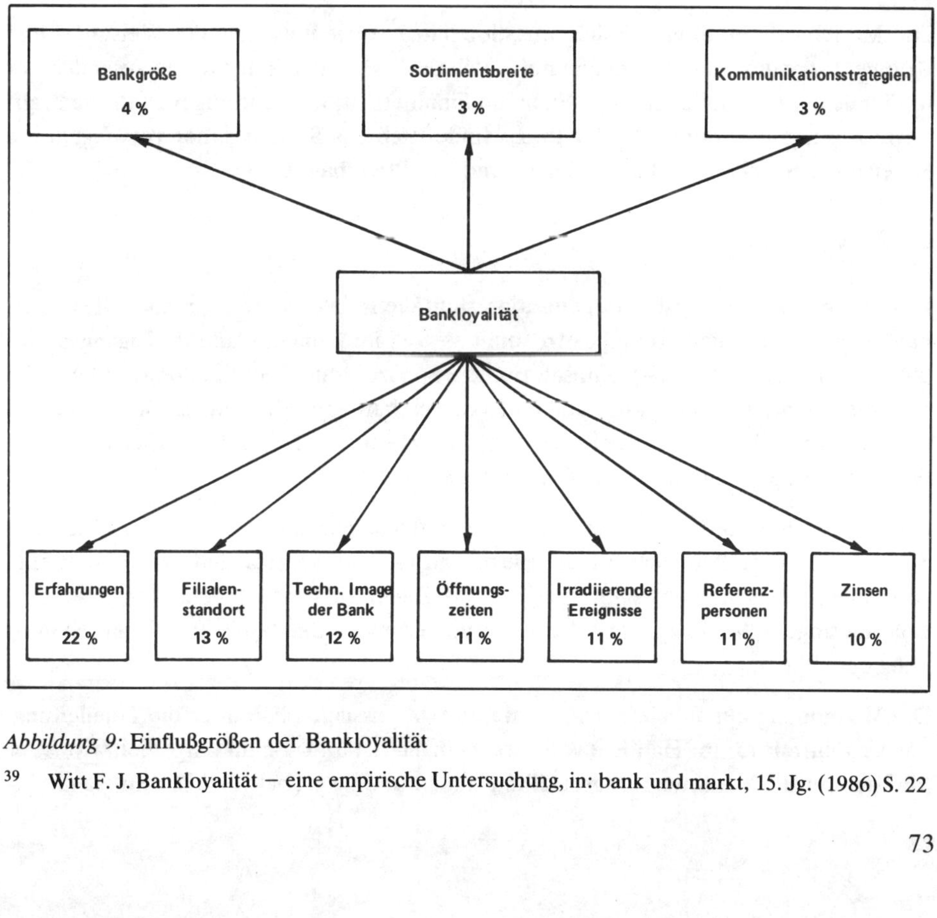

Abbildung 9: Einflußgrößen der Bankloyalität

39 Witt F. J. Bankloyalität – eine empirische Untersuchung, in: bank und markt, 15. Jg. (1986) S. 22

bb) Filialsystem zentral

Enthält das Leistungssortiment eines Kreditinstituts kontaktarme und kontakthäufige Absatzleistungen, so kann nur eine größere Anzahl von Betriebsstellen (= Filialnetz) den organisatorischen Erfordernissen gerecht werden. Hierbei ist ein zentrales und ein dezentrales System zu unterscheiden. Der Grad der Zentralität wird durch das Kompetenz- und Weisungssystem innerhalb der Organisation bestimmt.

Ein *zentrales* System liegt vor, wenn der Entscheidungsspielraum der Filialen weitestgehend durch entsprechende generelle Regelungen eingeengt ist und zwischen Zentrale und Filiale keine Kompetenzträger eingeschaltet werden, etwa in Form der Kopffilialen mit Weisungskompetenz gegenüber „unterstellten" Filialen.

Die Reglementierungen beziehen sich sowohl auf das Kundengeschäft, wie z. B. Begrenzung der Kreditkompetenz in bezug auf Art, Laufzeit, Sicherheit und Kondition des Kredits, als auch auf innerbetriebliche Entscheidungen, wie z. B. auf den Personaleinsatz, die Mitarbeiterentlohnung oder die Sachkostenkompetenz.

Der Vorteil des zentralen Systems besteht darin, daß das Kreditinstitut auf dem gesamten Markt gegenüber allen Kunden einheitlich auftritt, da durch die generellen Regelungen in allen Filialen bei dem Vorliegen gleicher Sachverhalte gleiche Maßnahmen getroffen werden.

Das Modell der zentralen Filialorganisation hängt – wie innerhalb der Weisungs- und Kompetenzsysteme bereits angedeutet – von der Zahl der Filialen ab. Je ausgedehnter in räumlicher und zahlenmäßiger Sicht ein Filialnetz ist, um so weniger ist die zentralisierte Lösung anwendbar. In der Praxis findet sich das System daher vorwiegend im Bereich der Sparkassen, der Regional- und der Privatbanken.

cc) Filialsystem dezentral

Das Modell der dezentralen Organisation stellt die Filiale in etwa mit einer Regionalbank gleich. Die Filialleitung besitzt somit sowohl im Kunden- und im Eigengeschäft als auch in der technisch-organisatorischen Sphäre volle Entscheidungsfreiheit. Sie setzt die Konditionen im Aktiv- und im Passivgeschäft autonom fest, ist für die Liquiditätsvorsorge voll verantwortlich und führt entsprechend der eigenen Zielvorstellung Geld- und Kapitalaufnahme- und Anlagegeschäfte durch.

Die Filiale verwaltet in eigener Regie die Grundstücke und Gebäude des Instituts, zeichnet voll verantwortlich für die Büro- und Geschäftsausstattung und besitzt eine vollständige Personalkompetenz, welche das Recht zu Einstellungen, Entlassungen, Beförderungen, Versetzungen, Tarifeingruppierungen und außertariflicher Entlohnung einschließt.

Die Verbindung der Filiale zur Zentrale besteht ausschließlich über die Filialleitung, die der Zentrale für ihr Handeln voll verantwortlich ist und von ihr eingesetzt wird. Der Maßstab für die Verantwortungserfüllung kann nur eine globale Größe sein, da die Filialleitung in der Entscheidung über spezielle Fragen, wie z B. Konditionen, Entlohnung der Mitarbeiter, völlig frei ist. Der Gewinn der Filiale stellt diese Globalgröße dar; in ihm müssen sich letztlich sämtliche Entscheidungen der Filialleitung positiv oder negativ niederschlagen. Die Führung der Filiale aus der Sicht der Zentrale erfolgt damit durch die Vorgabe des anzustrebenden Gewinns, wobei zusätzlich ein bestimmtes Bilanzsummenwachstum und die Einhaltung bestimmter Liquiditätsgrundsätze vorgeschrieben werden können.

Die *dezentrale Filialorganisation* gewährleistet im allgemeinen nicht die Erreichung des höchstmöglichen Gewinns des gesamten Kreditinstituts; diese Gewinneinbußen haben folgende Gründe:

(1) Die Freiheit in der Liquiditätsvorsorge und der Geld- und Kapitalaufnahme und -anlage wird um den Preis der Zerschlagung der Vorabkompensation der Geld- und Kapitalströme in einer Universalbank erkauft, die ein erhöhtes Liquiditätsrisiko der Gesamtbank bedingt, ohne daß die entsprechende Erhöhung des Zinssaldos aus diesen Geschäften sichergestellt ist.
(2) Die Freiheit in der Konditionengestaltung und der Kundenauswahl kann dazu führen, daß zwei Filialen bei einem Kunden als Wettbewerber auftreten.
(3) Die Freiheit in der Personalpolitik kann darüber hinaus die Filialen als gegenseitige Wettbewerber auf dem Arbeitsmarkt auftreten lassen. Abwerbungen von Personal und höhere Personalkosten beim Gesamtinstitut sind die Folge.
(4) Die Freiheit im Aufbau des technisch-organisatorischen Bereichs zerschlägt mögliche Spezialisierungseffekte bei der Leistungserstellung.

Die genannten Nachteile der dezentralen Filialorganisation lassen sich nur in Ausnahmefällen vermeiden; zu denken ist beispielsweise an Filialen deutscher Banken im Ausland oder ausländischer Banken in Deutschland. Schließt das Filialnetz eines Kreditinstituts jedoch ausschließlich den Inlandsmarkt ein, so führt das Modell der dezentralen Organisation, insbesondere bei Universalbanken, nicht zur optimalen Organisationsform. In der Realität treten daher meist kombinierte Systeme auf, die Zuordnungsvorschriften sowohl der dezentralen als auch der zentralen Organisation berücksichtigen.

dd) Filialsystem kombiniert

Das Charakteristische des kombinierten Filialsystems besteht in der Mehrstufigkeit des Aufbaus des Filialnetzes. Während die zentrale Organisationsform von einer Zentrale und den dieser Zentrale alle in gleicher Weise untergeordneten Filialen ausgeht und die dezentrale Organisationsform auch sämtliche Filialen in ihrem Status gegenüber der Zentrale gleichstellt[40], besitzt die kombinierte Filialorganisation in der Regel Filialen mit unterschiedlicher Kompetenzausstattung, wobei die Filiale mit der niedrigeren Kompetenz jeweils der Filiale mit der nächsthöheren Kompetenz untersteht (Beispiel: Abbildung 10).

40 Vgl. Theissing, G., Zentralisation und Dezentralisation als Organisationsprinzipien der Großbanken, Diss. Freiburg/Schweiz 1959, S. 66; Leger, W., Zentralisation und Dezentralisation im Kreditgewerbe, Diss. Mannheim 1967, S. 92

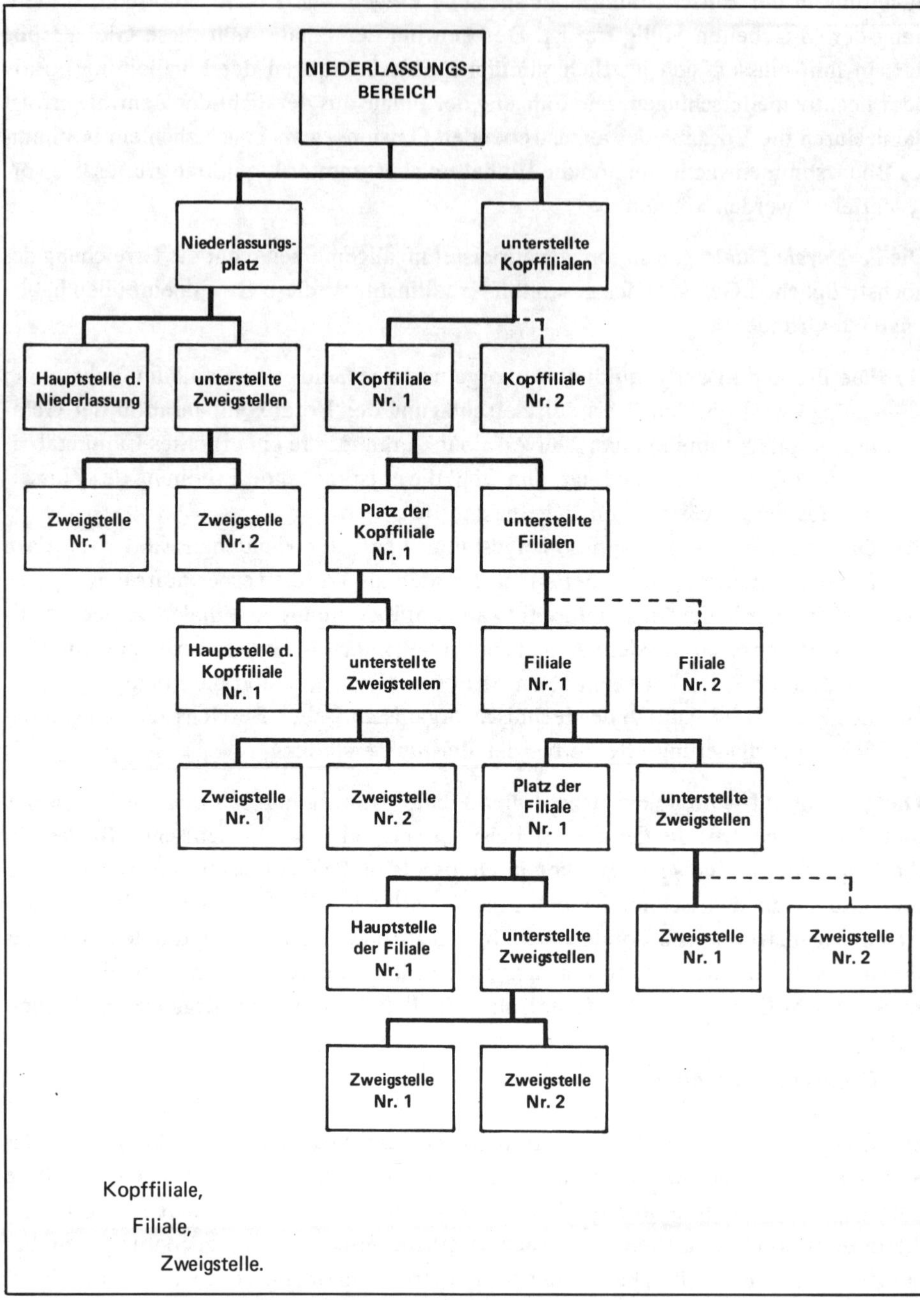

Abbildung 10: Kombiniertes Filialsystem

Im Modell ist jeder Kopffilial- und Filialbereich in den jeweiligen Platz und die unterstellten Betriebsstellen aufgeteilt. Die Trennung orientiert sich vorzugsweise an den

Gemeindegrenzen; sämtliche Betriebsstellen, die in der Gemeinde arbeiten, in der die Kopffiliale oder Filiale ihren Sitz hat, werden zum Platzgeschäft zusammengefaßt; die unterstellten Betriebsstellen befinden sich meistens in anderen Gemeinden. Der Platz seinerseits umfaßt die Hauptstelle und die zugeordneten Zweigstellen.

Die Tiefe der hierarchischen Untergliederung wird wesentlich bestimmt von der *Kontrollspanne* der einzelnen Instanzen. Mit zunehmender Instanzentiefe können immer mehr organisatorische Tatbestände durch generelle Regelungen festgelegt werden; die Kontrollspanne der Instanzen steigt somit mit zunehmender Entfernung von der Unternehmungsspitze. Daraus folgt, daß in einem Filialnetz die Anzahl der Zweigstellen stets größer ist als die der Filialen, die der Filialen stets größer als die der Kopffilialen.

III. Ablauforganisation

1. Rahmenbedingungen

Während die Aufbauorganisation den formalen Rahmen für die optimale Kombination der Produktionsfaktoren darstellt, wird der materiale Inhalt dieser Struktur durch die Organisation des Arbeitsablaufes definiert. Gegenstand der Ablauforganisation ist demzufolge „die Strukturierung der in diesem System sich vollziehenden Arbeitsprozesse“[41].

Die Optimierung dieser Arbeitsprozesse steht unter dem Versuch, die sich teilweise ausschließenden Prinzipien „Sicherheit“ und „Effizienz“ zu kombinieren.

„Sicherheit“ meint:
Bei Finanzdienstleistungen handelt es sich um „abstrakte“ Produkte mit hoher Fungibilität, so daß sowohl die Risikoprobleme einer Geld- und Kapitalüberlassung („Gläubigerschutz“), als auch Probleme der Veruntreuungsmöglichkeiten („Vertrauensschutz“) eine bedeutende Rolle bei der Gestaltung von Arbeitsabläufen spielen.

„Effizienz“ meint:
Die zeitliche Abwicklung der Produktion von Finanzdienstleistungen steht unter der Forderung nach Tagfertigkeit der Geld- und Kapitalbewegungen, die zur Bemessung der Personal- und Sachkapazitäten die Ausrichtung an der Spitzenbelastung erfordern: Damit tritt als wichtigste Bedingung der Effizienz eine Optimierung zwischen Nutz- und Leerkapazitäten auf.

Sicherheits- und Effizienz-Bedingung führen zu vier Kriterien für die Optimierung des Arbeitsablaufes:

(1) Wirtschaftlichkeit
(2) Durchlaufgeschwindigkeit

[41] Süchting, J.: Bankmanagement, a. a. O., S. 18
Vgl. auch Butz, E.: Die Anpassung des technisch-organisatorischen Bereichs von Kreditinstituten. Ein Beitrag zu einer allgemeinen Theorie des Bankbetriebs, Wiesbaden 1969, Förderreuther, R.: Beschäftigungspolitik im Bankbetrieb, Berlin 1977

(3) Gleichmäßige Auslastung
(4) Abgrenzung der Tätigkeiten,

unter den Rahmenbedingungen:

- Einhaltung der gesetzlichen Bestimmungen
- Konstruktive Zusammenarbeit mit dem Betriebsrat in mitbestimmten Aspekten
- Verwendung der durch die Technik gegebenen Möglichkeiten
- Objektivierung der Bedarfsermittlung des Produktionsfaktors „Personal".

Eine wesentliche Determinante in der Einhaltung und Gestaltung dieser Rahmenbedingungen liegt in der Besonderheit des bankbetrieblichen Produktionsprozesses, nicht arbeitsplatzbezogen, sondern funktionsbezogen strukturiert zu sein.

Im Bankbetrieb erfolgt der Arbeitsablauf in Aufgabenbündeln, die aus Einzeltätigkeiten innerhalb einer Organisationseinheit bestehen und daher nur funktionsbezogen definiert werden können.
Daraus folgt für die Forderung nach Objektivierung der Personalbedarfsermittlung:

(1) eindeutige und umfassende Definition der Leistungsbündel (qualitativer Aspekt)
(2) eindeutige und umfassende Definition der Maßeinheiten (quantitativer Aspekt).

Beispiel aus dem Zahlungsverkehr:

(1) Funktionales Leistungsbündel „Überweisungseingang"

Tätigkeiten
- LZB/Abrechnungs-/Verrechnungsbankeneingang
  - Beleggruppen erstellen
  - Ordnungsmäßigkeit der Belege
    Sicherungskontrollstempelabdruck (z. Zt. ab DM XXX) gemäß zwischenbetrieblicher Vereinbarung prüfen bzw. feststellen
    Sondervaluten (z. Zt. ab DM XXX) beachten und auf Berechtigung prüfen bzw. prüfen lassen
    innerbetriebliche Belege – z. B. Erfassungsanweisung – erstellen
  - Zahlungen „An anderer Stelle zu bearbeitende Vorgänge" (Ost-/West-Zahlungen etc.) ab DM XXX über IT-Konto leiten
  - Eingangsverzeichnisse, Sammler, Lieferverzeichnisse oder Strippen ggf. als Buchungsbeleg aufbereiten (Kontierung ohne Unterschriften)
  - Lieferverzeichnisse von Nostro-/Verrechnungsbanken entsprechend den Regelungen der Dispositions- und Genehmigungsbefugnisse disponieren
  - avisierte Zahlungen (z. Zt. ab DM XXX) überwachen
  - Sonderbeleg erstellen (Valuten, Sondertext)
  - Erfassungsanweisung (Summenbeleg) mit Sicherungskontrollstempel sichern
  - Weiterleitung an Mikrofilmstelle/Codierung/Datenerfassung
- Postscheckeingang
  - nicht codierfähige Belege in Codierhülle legen
  - Ordnungsmäßigkeit der Belege

ggf. Kontonummer für Codierung sichtbar machen
Sicherungskontrollstempelabdruck (Tiefdruckstempel)
(z. Zt. ab DM XXX) prüfen bzw. feststellen
- Beleggruppen erstellen und Erfassungsanweisung (Summenbeleg) mit Sicherungskontrollstempel sichern
Sonderbeleg ggf. wegen Valuten, Sondertest erstellen
Sonstige innerbetriebliche Belege – Erfassungsanweisung – erstellen
- bei Eingang ohne Belegverzeichnis, Sollbeleg erstellen
- bei Eingang von Sollbelegen: Begleitverzeichnis als Habenbeleg aufbereiten bzw. wenn kein Verzeichnis vorhanden, Habenbeleg erstellen
- Spesenbuchungen erstellen
- ggf. Beleggruppen erstellen
- Weiterleitung an Mikrofilmstelle/Codierung/Datenerfassung

– Filialeingang
  - Ordnungsmäßigkeit der Belege
  Sicherungskontrollstempelabdruck gemäß zwischenbetrieblicher Vereinbarung (z. Zt. ab DM XXX) prüfen bzw. feststellen
  Unterschriftenprüfung ab DM XXX vornehmen
  Sondervaluten beachten u. auf Berechtigung prüfen bzw. prüfen lassen
  Belege für andere Sachabteilungen ab DM XXX über IT-Konto leiten
– Nachbearbeitung fehlerhafter Überweisungen (Gutschriften)
  - Kontonummern bzw. Bankleitzahlen ermitteln
  - Sondervaluten beachten
  - Zahlungen an anderer Stelle zu bearbeitende Vorgänge (Ost-West-Auslandszahlungen bis DM XXX über IT-Konto leiten)
  - Sammler als Buchungsbeleg aufbereiten
  Beleggruppe erstellen und Erfassungsanweisung (Sammelbeleg) mit Sicherungskontrollstempel sichern
  - Sonderbelege erstellen (Valuta, Sondertext)
  - Weiterleitung an Mikrofilmstelle/Codierung/Datenerfassung

(2) Definition der Meßeinheiten
Dargestellt am Beispiel des Zahlungsverkehrs (Abbildung 11)

2. Arbeitsplatzorganisation

Bei der Aufteilung der Funktionen auf alle organisatorischen Bereiche eines Betriebes ergibt sich eine Aufgaben- und Kompetenzpyramide. Sie besteht aus dem Organisationsplan des Betriebes, den Stellenplänen der einzelnen Abteilungen und den *Arbeitsplatzbeschreibungen* (Abbildung 12).

Das Schaubild macht deutlich, daß die Pyramide ein durchgängiges System der Aufgabenzuordnung darstellt, bei dem sich die Rechte und Pflichten des einzelnen Arbeitsplatzes eindeutig ableiten lassen. Das Schaubild zeigt weiterhin, daß der Grad der Detaillierung der Aufgabenzuordnung mit zunehmender Entfernung von der Pyramidenspitze steigt und die Arbeitsplatzbeschreibungen damit das detaillierteste Glied in der gesamten Hierarchie der Aufgabenfixierung darstellen.

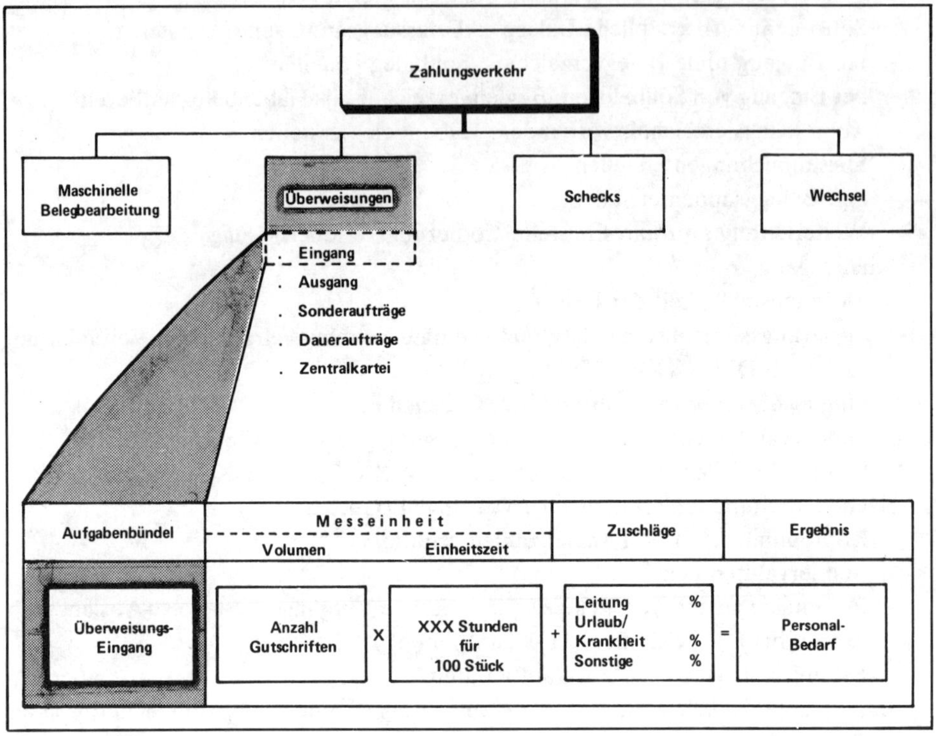

Abbildung 11: Definition der Meßeinheiten im Zahlungsverkehr

Bei der Arbeitsplatzbeschreibung wird zwischen allgemeinen und arbeitsplatzindividuellen Aufgaben unterschieden. Rechte und Pflichten, die für mehrere Arbeitsplätze in gleicher Weise gelten, lassen sich generalisieren und in einem Aufgabenkatalog zusammenfassen, der für mehrere Arbeitsplätze Gültigkeit besitzt. Diese „Katalog"-Aufgaben – etwa von Führungskräften – betreffen die Jahresplanung, die Überwachung der Zielrealisierung, die Zusammenarbeit mit hierarchisch gleichgestellten Positionsinhabern und die Mitarbeiterführung.

Insbesondere bei der Festlegung der Rechte und Pflichten im Hinblick auf die unterstellten Mitarbeiter ergeben sich bei hierarchisch unterschiedlich eingestuften Mitarbeitern abgestufte Aufgabenzuordnungen. Diese Abstufung bezieht sich vor allem auf das Recht der Mitwirkung bei Versetzungen, Beförderungen, Gehaltsfestsetzungen und der Beurteilung der Mitarbeiter. Deshalb empfiehlt es sich, die allgemeinen Führungsleitsätze, die für mehrere Arbeitsplätze gelten, nochmals zu differenzieren, beispielsweise in Leitsatz I und II.

Abbildung 12: Aufgaben- und Kompetenzpyramide

In jeder arbeitsplatzindividuellen Beschreibung erfolgt dann der Hinweis, welcher der beiden Leitsätze für diesen Arbeitsplatz Gültigkeit besitzt. Die individuelle Arbeitsplatzbeschreibung legt für den einzelnen Arbeitsplatz die Hauptaufgabe fest, die Vertretungs- und Unterstellungsverhältnisse, die Haupttätigkeiten, die Kompetenzen sowie die Normalanforderungen an den Positionsinhaber und die Eingruppierung des Arbeitsplatzes in das Tarif-System des Betriebes.

Das Beispiel der Arbeitsplatzbeschreibung für den Innenleiter einer Filiale dient dazu, die Bedeutung der genannten Punkte zu erklären (Tabelle 15).

Die Hauptaufgabe legt fest, welcher Teil der obersten Betriebsaufgaben einem bestimmten Arbeitsplatz zugeordnet ist. Im Vergleich zur obersten Betriebsaufgabe liegt damit bereits eine relativ detaillierte *Arbeitsplatzbeschreibung* vor, während diese aus der Sicht des einzelnen Arbeitsplatzes nur eine Groborientierung darstellen kann. Um die Aufgabenverantwortung eindeutig festzulegen, erfolgt daher über die generelle Angabe der Hauptaufgabe hinaus eine weitgehend enumerative Benennung der Haupttätigkeiten eines Positionsinhabers.

Da die Arbeitsplatzbeschreibung in erster Linie der Organisation des Arbeitsablaufes dient, genügt die statische Fixierung der Aufgabe nicht. Vielmehr ist davon auszugehen, daß im Zeitablauf die Kontinuität der Arbeitsplatzbesetzung mehr oder weniger regelmäßig durch kurzfristige, betriebsbedingte Abwesenheit des Positionsinhabers (Konferenzen, Tagungen, Lehrgänge), durch Urlaub oder Krankheit unterbrochen wird. Die organisatorischen Regelungen haben durch die Festlegung arbeitsplatzindividueller Vertretungsverhältnisse die Kontinuität im Arbeitsablauf sicherzustellen.

Tabelle 15: Stellenbeschreibung für die Position Innenleiter einer Filiale

Hauptaufgabe:	Steuerung der organisatorischen und personellen Belange in allen Abteilungen unter Beachtung wirtschaftlicher und sicherheitsmäßiger Gesichtspunkte. Gewährleistung der ordnungsgemäßen Durchführung aller Aufgaben im Rahmen des Zahlungsverkehrs, der Datenbearbeitung, der Buchhaltung, der technischen Verwaltungsfunktionen, der Expedition sowie aller Kontrollen.
Vertretungsverhältnisse:	
wird vertreten von:	Gruppenleiter Kontrollen
vertritt:	unterstellte Gruppenleiter Buchhaltung und Kontrollen
Unterstellungsverhältnisse:	
unmittelbar unterstellt:	dem Filialleiter
unmittelbar vorgesetzt:	den Mitarbeitern des Organisations- und Personalbereichs, den Gruppenleitern Zahlungsverkehr, Buchhaltung, Kontrollen, Datenbearbeitung, Expedition
Kompetenzen:	Abzeichnung von Stornobelegen für Buchhaltung und Datenbearbeitung. Verfügungen im Rahmen des Sachkostenetats bis zu einem Einzelbetrag von 1000 DM. Genehmigung der Rückerstattung von Provisions- und Zinseinnahmen an Kunden.
Haupttätigkeiten:	— sorgt für die Einhaltung von Organisationsrichtlinien in allen Abteilungen der Filiale — steuert den Personaleinsatz im Einvernehmen mit dem jeweiligen Abteilungsleiter — sorgt für einen reibungslosen innerbetrieblichen Geschäftsablauf in allen Abteilungen der Filiale — sorgt für eine ausreichende Betriebsreserve und deren Einsatz sowie für eine möglichst vielseitige Aus- und Weiterbildung dieser Mitarbeiter — ermittelt den jährlichen Personalbedarf auf Grund der mittelfristigen Personalbedarfsvorschau — stellt die Personalbeschaffung auf der Grundlage der Personalplanung sicher — sorgt für eine den geschäftlichen Erfordernissen angepaßte Bestandshaltung (Scheckhefte, Formulare, Kasse) — sorgt für geordnete räumliche Verhältnisse

— stellt die regelmäßige Beurteilung aller Mitarbeiter durch den jeweiligen Vorgesetzten sicher
— sorgt für die vertrauliche Behandlung aller Fragen und Vorgänge im Personalbereich
— ist zuständig und verantwortlich für
  — fristgerechte und rationelle Bearbeitung des Zahlungsverkehrs
  — ordnungsgemäße und termingerechte Erfassung und Aufbereitung der Zahlen des Rechnungswesens
  — ordnungsgemäße Führung von Kontokorrent-, Internen- und Bankenkonten
  — zuverlässige und reibungslose Datenerfassung und Datenkontrolle
  — sorgfältigen und reibungslosen Postversand
  — sachgemäße Bearbeitung der Reklamationen und des Posteingangs
  — sachgerechte und sinnvolle Durchführung der festgelegten Kontrollen
  — die Abteilungen: Telefonzentrale
Autobetrieb und Tourendienst
Belegverwaltung mit Mikroverfilmung
Registratur und Archiv
Hausverwaltung

Durch die Regelung der Vertretungs- und Unterstellungsverhältnisse schlägt sich das *Kompetenz- und Weisungssystem* des Betriebes am einzelnen Arbeitsplatz nieder.

Die klare Kompetenzbeschreibung eines Arbeitsplatzes und damit zugleich die kompetenzmäßige Abgrenzung der Arbeitsplätze untereinander ist für einen störungsfreien Arbeitsablauf besonders wichtig. Bis ins kleinste Detail muß angegeben werden, welche Rechte und Pflichten ein Arbeitsplatz mit sich bringt.

3. Beschäftigungsschwankungen

Die Optimierung von Nutz- und Leerkapazitäten muß sich an den Beschäftigungsschwankungen im Bankbetrieb orientieren.

a) Periodische Schwankungen

Unter periodischen Schwankungen sind fortlaufend wiederkehrende Änderungen der Stückzahlen der Bankleistungen zu verstehen, die von den verschiedenen Wochen- und Kalendertagen und von Saisoneinflüssen abhängen.

Zu den jahreszeitlichen Schwankungen gehören die Arbeitsbelastungen in der Buchhaltung, im Rechenzentrum, in der Geldstelle und auch im Schalterverkehr an Steuerterminen, vor und nach den Festtagen und während der Reisezeit an der Sortenkasse.

b) Aperiodische Schwankungen

Unter aperiodischen Schwankungen sind unregelmäßig widerkehrende und einmalige Änderungen der Stückzahlen der Bankleistungen zu verstehen.

Den Kreditinstituten stehen bei der Verwirklichung einer möglichst günstigen Kapazitätsauslastung grundsätzlich zwei Wege offen.

Erstens können sie versuchen, den Arbeitsanfall entsprechend der personellen und sachlichen Ausstattung des einzelnen Arbeitsplatzes zu steuern, oder sie können sich zweitens an den zeitlich unterschiedlichen Arbeitsanfall anpassen.

4. Der Einfluß der Automation auf den Arbeitsablauf

Die Automation, im engeren Sinne die Ausrüstung der Arbeitsplätze mit „Terminals" bedeutet einen gravierenden Einschnitt in die Struktur der Ablauforganisation der Banken.

Allerdings ist die Euphorie im Kreditgewerbe, wie sie noch Ende der 70er Jahre vorherrschte, einer sehr nüchternen Betrachtungsweise gewichen:
Die Inkubationszeit des technischen Fortschritts, die Phase von dem theoretisch Möglichen in das effektiv Praktizierte ist sehr viel länger als von den technisch inspirierten Verfechtern angenommen.

So legte im Jahre 1980 die international tätige Beratungsgesellschaft Pactel GmbH eine Mehrklientenstudie über die Automation im europäischen Bankwesen für den Zeitraum 1979 bis 1990 vor, die zu folgenden wichtigen Aussagen führte:

auf Seite 11:
„Es wird sich künftig eine graduelle Änderung in der Organisation des Zweigstellennetzes vollziehen, vor allem unter dem Einfluß des Wettbewerbs sowie der Automations- und Personalkosten. Die sehr kleinen Zweigstellen werden allmählich durch Geldausgabeautomaten und Selbstbedienungs- ‚Autobanken' ersetzt werden; bei kleineren Zweigstellen zeichnet sich eine Tendenz zu einem begrenzten Dienstleistungsangebot (Bargeldversorgung) ab. Diese Zweigstelle kann als ‚Tochterzweigstelle' einer größeren Mutterzweigstelle angesehen werden; die wiederum den kompletten Service bietet. Diese sogenannten ‚Mutter'-Zweigstellen werden größer sein als die meisten großen Zweigstellen heutigen Stils und neben dem breiten Spektrum üblicher Dienstleistungen auch Beratung anbieten."

auf Seite 12:
„Arbeitsrechtliche Bestimmungen, der Druck der Gewerkschaften und die Personalpolitik der Banken werden die Möglichkeit der Banken, die Anzahl und Art ihres Personals zu ändern, begrenzen. Insbesondere zeichnen sich für die Banken zunehmende Schwierigkeiten in der Weiterbildung und Abwerbung höherqualifizierten Personals ab, was letztendlich jedoch notwendig ist, um ein breiteres Spektrum höherwertiger

Dienstleistungen anbieten zu können. Banken, die in der Lage sind, dieses Problem zu lösen, werden Vorteile gegenüber ihren Mitbewerbern haben."

„Als Folge:

(a) der Schließung kleinerer Zweigstellen;
(b) zunehmender Personalkosten;
(c) des Automationseinflusses

ergibt sich, trotz Erweiterung der Dienstleistungen und der Inanspruchnahme dieser Dienstleistungen, eine Gesamtnetz- und Personalreduktion der Banken in ganz Europa, wenn auch die Anzahl in einigen Bereichen und Ländern zunehmen kann. Im Jahre 1990 wird wahrscheinlich ca. 10 % weniger Personal als im Jahre 1979 beschäftigt sein, d. h. insgesamt ungefähr 1 800 000."

auf Seite 13:
„Die zunehmende Betonung auf anspruchvolle Dienstleistungen, verbunden mit der Automatisierung vieler Routinefunktionen, wird zu einer Zunahme der Mitarbeiter führen, die in direktem Kontakt mit dem Kunden stehen. Wir schätzen, daß der Durchschnittsprozentsatz der Mitarbeiter, die in Zweigstellen arbeiten, von etwa 70 % im Jahre 1979 auf etwa 80 % im Jahre 1990 steigen wird, und daß 75 % von diesen in direktem Kontakt mit dem Kunden stehen, im Vergleich zu etwa 40 % im Jahre 1979".
auf Seite 16:
„Da ein zunehmender Prozentsatz der Routineaufgaben automatisiert und das Spektrum der angebotenen Dienstleistungen sich verbreitern wird, wird künftig eine größere Betonung auf anspruchsvolle ‚added value' Dienstleistungen gelegt werden, die den Bankkunden in den einzelnen Zweigstellen angeboten werden. Dieses bedeutet umgekehrt für das Zweigstellenpersonal die Notwendigkeit einer höher qualifizierten Ausbildung und vielseitiger Kenntnisse aus Industrie und Handel. Der Schwerpunkt der Arbeit in den Zweigstellen wird auf Beratungsleistungen sowohl für Privat- als auch für Geschäftskunden liegen."

Seite 25:
„Der Gesamtwert des Installationsvolumens wird sich gemäß der Prognosen mehr als verdoppeln und zwar von US Dollar Mio 6 860 im Jahre 1979 auf US Dollar Mio 14 700 bis 1990. Abb.*) zeigt diese Entwicklung nach Produktkategorien aufgefächert und deutet hin, daß während des Prognosehorizontes:

(i) Schalterterminals sich fast vervierfachen und bis 1990 den größten Produktwert darstellen werden
(ii) Kleinere Host-Systeme sich mehr als verdreifachen werden
(iii) Kunden-Schnittstellen-Systeme (Geldausgabeautomaten und PoS-Systeme) von der installierten Anzahl her 1990 zwar bedeutsam sein, doch nur 6 % des gesamten Installationswertes darstellen werden.

*) nicht übernommen

Banken der 80er Jahre werden in Host-Systeme, Kommunikationseinrichtungen, Zweigstellen- und Kundenschnittstellensysteme sowohl aus defensiven als auch aus ‚aggressiven' Gründen (zur Erweiterung der Dienstleistungen und Unternehmensbereiche) investieren."

auf Seite 36:

„Es wird im Laufe der frühen 80er Jahre Versuche mit der sogenannten ‚unbemannten Zweigstelle' geben. Diese wird wahrscheinlich im wesentlichen aus einer Anzahl kundenbedienter Stationen bestehen, von denen einige mehrfunktionelle Geldausgabeautomaten sind und andere nur die begrenzte Funktion der Bargeldausgabe erfüllen. Es werden Anfrage-Terminals ebenso wie Spezial-Funktions-Terminals installiert sein."

Die Entwicklung, gemessen an dem heutigen Stand der *Automation* im Kreditgewerbe, dürfte sich um mindestens zehn Jahre in die Zukunft verschieben: das, was die Studie für das Jahr 1990 unterstellte, wird möglicherweise im Jahr 2000 eintreten, wobei der Rückgang der Beschäftigtenzahlen bisher noch nicht erkennbar ist.

Bei der Ausrüstung mit Terminals am *Arbeitsplatz* geht es um drei kundenbezogene Ziele:

(1) die Erhöhung der Effizienz der Beratung und der Ausschöpfung der Möglichkeiten des Cross-Selling durch die Installation von Bildschirmen und Druckern für das Schaltergeschäft und die Beratung,
(2) die Freizügigkeit der Kunden über das gesamte *Geschäftsstellennetz* eines Institutes unter Berücksichtigung der notwendigen Sicherheitsaspekte im Zugriff auf den Zentral-Computer,
(3) um die Rationalisierung im Arbeitsablauf im engeren Sinne, d. h. schnelle Abwicklung der Geschäfte durch den Einsatz von Universalkassen und in Selbstbedienung zu betreibenden Kontoauszugsdruckern.

Eine derartige Ausrüstung mit Terminals setzt voraus, daß die innerbetrieblichen *Arbeitsabläufe* auf diese Automatisierung hin standardisiert werden, sie führt zu einer Entlastung des betroffenen Personals von Routinearbeiten und zu einer Rationalisierung der Datenerfassung, da Mehrfacherfassungen durch die Eingabegeräte vermieden werden.

Exkurs 1: Die Banken und ihre Technik

Der Mitautor hat für eine Kommission des Arbeitskreises „Planung in Banken" der Schmalenbachgesellschaft Thesen zum Bezugsfeld „Technik und Markt" im Kreditgewerbe formuliert, die in dem Arbeitskreis diskutiert wurden. Von besonderer Bedeutung mag sein, daß ein Kreis von Praktikern aus allen Bereichen des Kreditgewerbes – Sparkassen, Genossenschaftsbanken, öffentlich-rechtliche und privat-rechtliche Kreditinstitute – zur Meinungsbildung beigetragen hat.

Für die Entwicklungsstufen: Vergangenheit – Gegenwart – Zukunft sind jeweils zehn Thesen formuliert. Diese Thesen sind nicht Meinungsäußerungen des Arbeitskreises

„Planung in Banken", sondern allein und ausschließlich des Mitautors. Sie sollen in Form eines Essays aufgenommen werden.

Tabelle 16: Thesen zur ersten Generation der Technik: Vergangenheit

1	Vor dem Hintergrund steigenden Transaktions-/Abwicklungsvolumens und entsprechendem Zeit-/Kostendruck wurde „Technik" in der Vergangenheit vornehmlich als rationalisierungsorientierter *Produktionsfaktor* eingesetzt.
2	Die Technik wurde vorrangig in Bereichen installiert, in denen die Anforderungen weitestgehend durch Standards/Normen/Rechtsvorschriften vorbestimmt waren (Buchhaltung, Zahlungsverkehr etc.).
3	Der Einsatz der Technik induzierte keine gravierenden strukturellen Veränderungen im Bankgewerbe, er führte zu einer „Harmonisierung" in der technischen Leistungsfähigkeit von Banken.
4	Die Dominanz der Abwicklungstechnik führte zu einem technischen Gleichschritt innerhalb der gesamten Branche, ohne direkt Instrument des klassischen Marketing zu sein.
5	Bedingt durch die Konzentration der Technik auf innerbetriebliche, rationalisierungsorientierte Anwendungen lagen Entscheidungen über Einsatzbereiche und die Lösung etwaiger Anwendungsprobleme ausschließlich im Aufgaben- und Kompetenzbereich der Organisations-/DV-Abteilung.
6	Im Prozeß der Entwicklung von Markt-/Produktkonzeptionen stellte die *Verfügbarkeit der Technik* einen Engpaßfaktor dar, Kunden(-gruppen) – und Produktanalysen konnten auf der Basis vorwiegend abwicklungsorientierter, spartenorientierter software-Systeme selten gewonnen werden.
7	Die Technik selbst war kein eigenständiges Planungssegment im Rahmen der Entwicklung von Markt (Kunden/-gruppen, Produkte) – Strategien, ihr Einsatz tangierte den Schnittstellenbereich zum Kunden kaum (Technik „hinter dem Schalter").
8	Die Entwicklung von Vertriebskonzeptionen beruhte auf sozio-demographischen und geographischen Bausteinen; „Technik" war abwicklungsrelevant: Überwindung von Zeit und Raum.
9	Begünstigt wurde diese Sichtweise durch psychologische Vorbehalte der marktverantwortlichen Bereiche gegenüber der Technik.
10	Insgesamt war die technische Kapazität hardware-dominiert/limitiert; die Entwicklung operationaler spartenorientierter software stand aus Zeit- und Kostengründen im Vordergrund, eine Nutzung der knappen Ressourcen für die Durchführung von Analysen und als Baustein für die Entwicklung von Gesamtstrategien beschränkte die Wirtschaftlichkeitsrechnung.

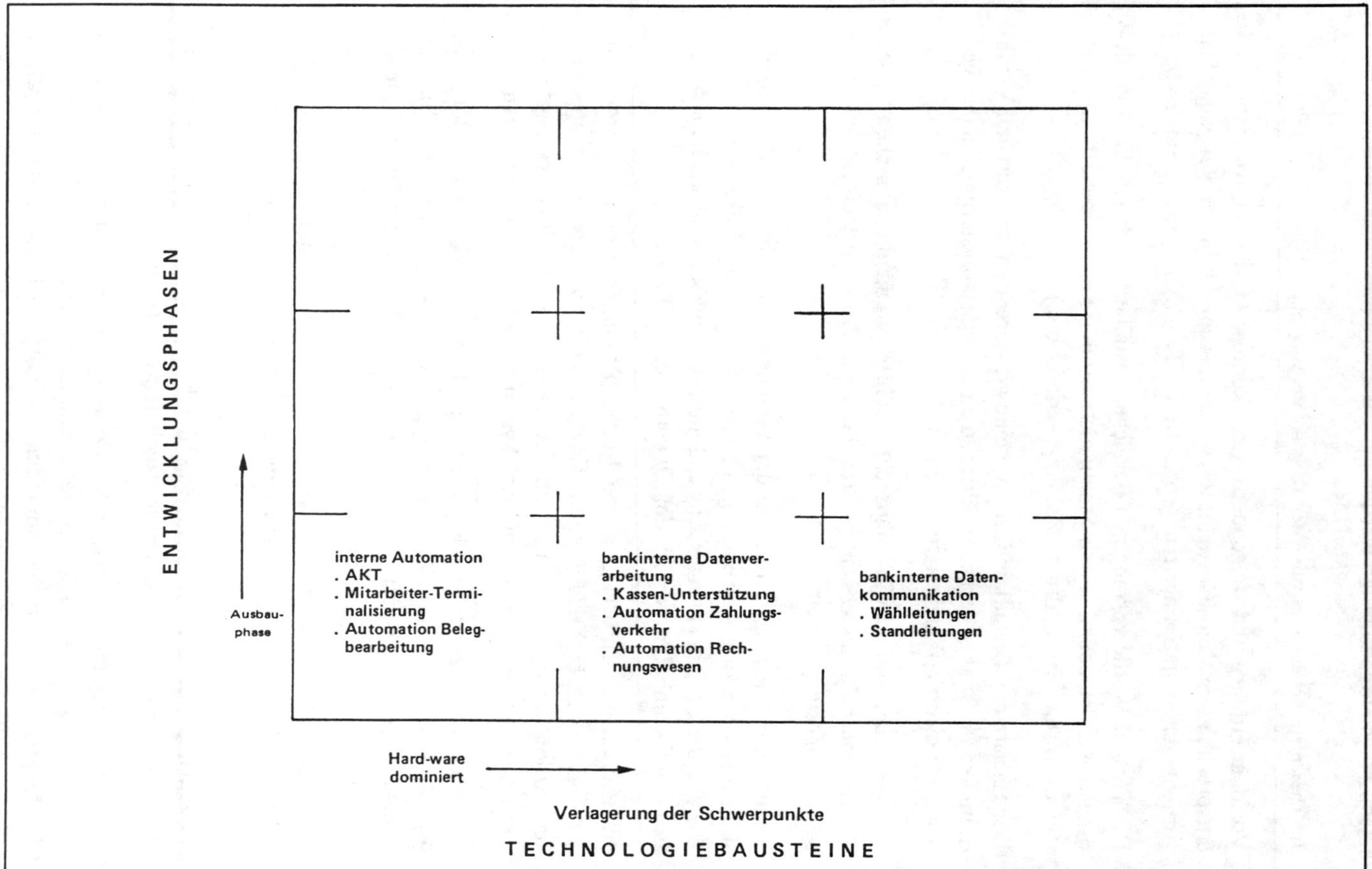

Abbildung 13: Technologie-Bausteine und ihre Entwicklungsphasen in Banken (Blickwinkel 1986): Vergangenheit

Tabelle 17: Thesen zur zweiten Generation der Technik: Gegenwart

1 **Die Technik drängt verstärkt in den Schnittstellenbereich zwischen Bank und Kunde, sie entwickelt sich zunehmend vom *Produktionsfaktor* zum für den Kunden sichtbaren Leistungsbestandteil und qualitätsdeterminierenden Element.**

2 Technik führt damit zu partieller Leistungsdifferenzierung zwischen Banken, zusätzlich wird der Markteintritt ausländischer Institute und non/near banks als Wettbewerber erleichtert, von der notwendigen Investition her allerdings erschwert.

3 Insgesamt vollzieht die Technik dementsprechend einen Wandel vom konvergenz- zum divergenzfördernden Marketingelement im Wettbewerb zwischen Banken.

4 Im Rahmen der Entwicklung von Vertriebskonzeptionen ist die Technik sowohl als Strukturelement innerhalb klassischer Vertriebselemente (Zweigstelle, Außendienst) als auch als eigenständiger Vertriebsweg (home-banking) zu berücksichtigen.

5 Innerhalb des Bereiches Kommunikation mit dem Kunden ist zu unterscheiden zwischen

- mitarbeiterunterstützender Technik im Dialog mit dem Kunden (Beratungsprogramme)
- autonomer Kommunikation des Kunden mit Systemen der Bank (z. B. BTX, cash management-Systeme etc.).

6 Der Aufbau von computergestützten Informations-/Analyse und Steuerungssystemen ermöglicht in Ansätzen die Entwicklung integrierter Gesamtkonzeptionen.

7 Das Vordringen der Technik in den Marktbereich erklärt das derzeit vielfach bestehende Spannungsfeld zwischen Organisations-/DV-Abteilung und den für die Marktbearbeitung verantwortlichen Abteilungen.

8 Die Ursachen für dieses Spannungsfeld sind:

- die aus der Historie heraus exclusive Ansiedlung technischen know-how's in Org.-/DV-Abteilungen, die dazu führt, daß diese Abteilungen auch in den Schnittstellenbereich zwischen Bank und Kunde vordringende Technologie weitgehend autonom planen und entwickeln,
- die mangelnde Bereitschaft/das Verständnis von marktverantwortlichen Bereichen in der Bank, sich abzeichnende technologische Entwicklungen in neue Markt-/Kunden-/Produktkonzepte aktiv einzubinden.

9	Als Folge: ● besteht weiterhin die Gefahr von „Insellösungen" im Produkt-/Leistungs-/Zielgruppenbereich, die fallspezifisch um Marktelemente angereichert sind, jedoch ohne übergreifende Konzeption, ● tritt produktionsorientiert entwickelte Technik in direkten Kontakt zum Kunden, ohne ihre abwicklungsorientierte Ausprägung zu verlieren (Problembereich: Kundenselbstbedienung).
10	Die hardware verliert ihre Rolle als Engpaßfaktor, an ihre Stelle tritt die software als kritische Größe; die Integration von Insellösungen zu einem unternehmerischen, strategischen Gesamtkonzept erscheint aus Zeit- und Kostengründen ökonomisch problematisch.

Tabelle 18: Thesen zur dritten Generation der Technik: Zukunft

1	Die Entwicklung der Technik (insbesondere in den Bereichen Informations-/Kommunikationstechnologien und Netzwerke) macht sie zu einem bestimmenden Marketingelement im Rahmen des Wettbewerbs zwischen Banken.
2	Als neue Tendenzen treten hinzu: ● der (von Bankeinflüssen unabhängige) Aufbau von infrastrukturellen Voraussetzungen (Netzwerke, Datenverarbeitungs-/Kommunikationskapazität) auf der Seite der Kunden (Firmen- und Privatkunden), ● die Möglichkeit des Markteintritts branchenfremder Wettbewerber im Bereich Informationsbeschaffung/-Analyse/-Verbreitung (information brokerage).
3	Die Technik vollzieht endgültig einen Wandel vom *Produktionsfaktor* zum Produktbestandteil/zur eigenständigen marktfähigen Leistung mit dem Schwerpunkt im Bereich autonomer Kommunikation des Kunden mit von Banken und branchennahen/-fremden Wettbewerbern angebotenen Systemen.
4	Für die Kreditwirtschaft als Ganzes bedeutet dies, daß der Einsatz der Technik nicht mehr ausschließlich durch branchenendogene, sondern zunehmend durch branchenexogene (Kunden, Wettbewerb) Entwicklung determiniert sein wird.
5	Erforderliches know-how und Kosten der Technik, sowie der *geographische Einzugsbereich* und die erreichten Kundengruppen werden es nicht für alle Institute in gleichem Maße und im gleichen Umfang ermöglichen/erforderlich machen, alle zu erwartenden technischen Optionen zu nutzen.
6	Immer komplexere Systeme, das Ausmaß der durch sie induzierten Strukturveränderungen (*Aufbau-/Ablauforganisation*, Vertriebsnetz, Kosten, Zeitbedarf der Mitarbeiterschulung etc.) werden zu immer längeren Reaktions-/

Adaptionszeiten führen und einen durch Technik bedingten Wettbewerbsvorsprung in verschiedenen Marktsegmenten für unterschiedlich lange Zeiträume ermöglichen.

7 Die Fähigkeit, auf der Basis neuer Technologien Produkte/Leistungen (insbesondere mit hohem Informationsgehalt/-Anteil) zu entwickeln und zu vertreiben, wird zum bestimmenden Faktor für Kundengruppen und Räume, die eine Bank geographisch erfolgreich erreichen/abdecken kann.

8 Bankinterne und kundenorientierte *Kommunikationssysteme*/Netzwerke werden die software als Engpaßfaktor ablösen; Möglichkeiten der Kooperation zwischen Banken werden dabei auf „Gemeingüter", wie auf Teile des Zahlungsverkehrs, beschränkt bleiben.

9 Für das einzelne Institut bedeutet dies, daß zu prüfen sein wird, ob alle technischen Möglichkeiten/Optionen genutzt werden sollen/können, oder institutsspezifische Engpaßfaktoren (know-how, Komplexität/Kosten der Technik, eigene technische Restriktionen, Remanenz von Organisationsstrukturen, Mitarbeiterqualifikation, Kundenpotential etc.) dazu zwingen, selektive Strategien zu verfolgen.

10 Damit wird die Entwicklung von Konzeptionen für den Einsatz der Technik zwangsläufig zu einem Bestandteil der strategischen Planung/Controlling.

Tabelle 19: Thesen zu den drei Technik-Generationen

1 Hard- und software als Grundelemente der Technik sowie die darauf aufbauenden Netzwerke werden in Zukunft aus strategischer Sicht keine „knappen Güter" mehr sein und insoweit
– ihre Eigenschaft als *Produktionsfaktor*
– ihren sektoralen Preis
innerhalb strategischer Konzeptionen verlieren.

2 „Technik" wird, wie alle übrigen Instrumente bankgeschäftlicher Abwicklung, *Information, Kommunikation* und Analyse zwar in strategische Konzeptionen einfließen, aber in instrumentaler, integrierter Form und nicht als Faktor mit Eigenwert.

3 Für die dritte Generation der Technik gilt, daß es ohne ihre Einbindung in strategische Gesamtkonzeptionen nicht möglich sein wird, die technischen Optionen marktbezogen, ebensowenig, wie marktbezogene Optionen ohne integrierte Technik, optimal zu nutzen.

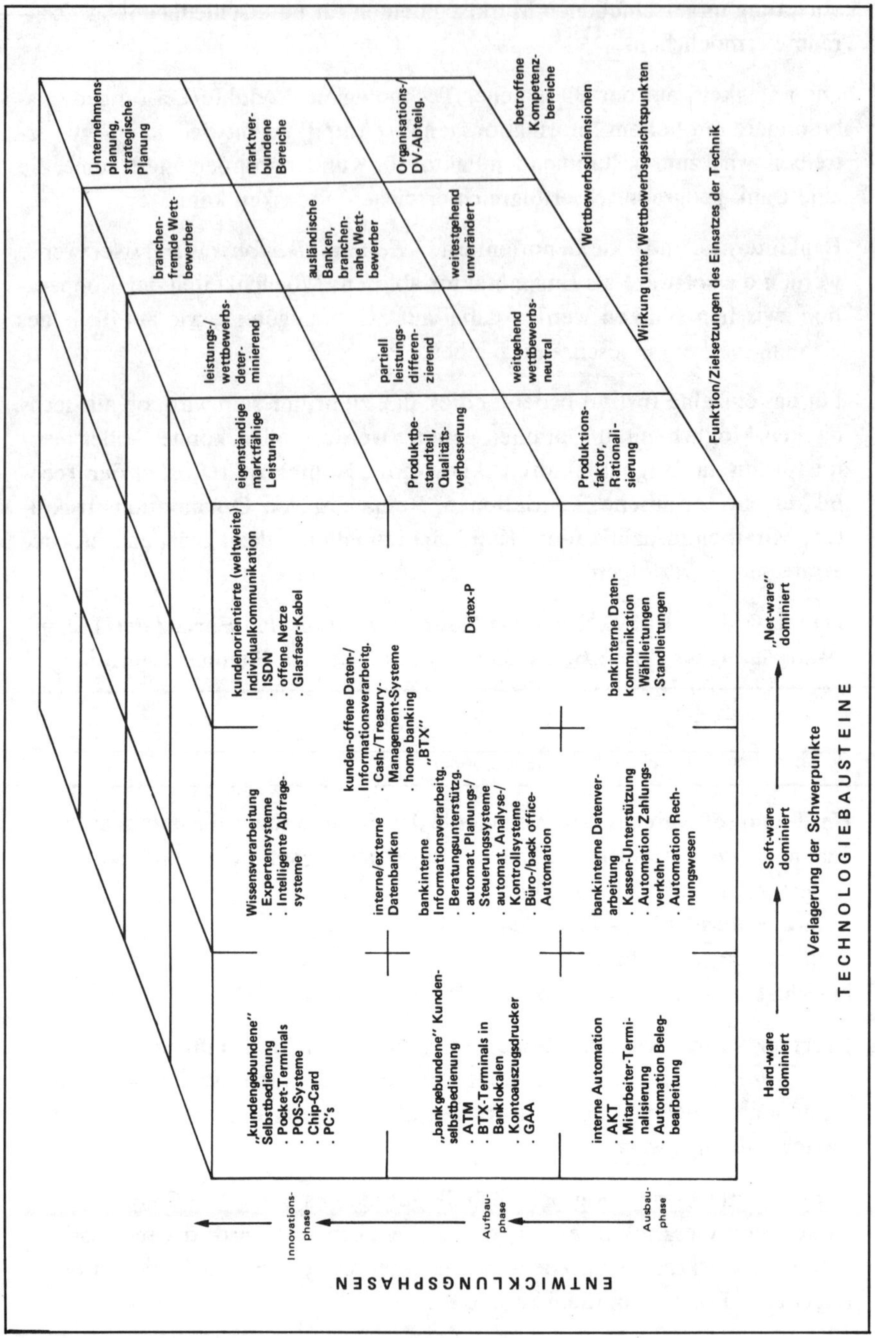

Abbildung 14: Technologie-Bausteine und ihre Entwicklungsphasen in Banken: Konsequenzen

E. Der limitationale Faktor: Eigenmittel

I. Die traditionelle Sicht: Funktionen des Eigenkapitals

Die Funktionen des Eigenkapitals sind in der allgemeinen betriebswirtschaftlichen und bankbetrieblichen Literatur bereits mehrfach behandelt worden[42], wobei die verschiedenen Autoren im wesentlichen übereinstimmende Aufgaben herausstellen. Somary unterscheidet vier Funktionen des Bankeigenkapitals, nämlich:

(1) „Schaffung von Vertrauen, das erforderlich ist, um dem Institut den nötigen Kredit zu sichern",
(2) „Deckung von Verlusten im Geschäftsbetrieb",
(3) „Erhöhung der Sicherheit der Disposition durch Zuführung von Kapitalien, die der Bank nicht entzogen werden können",
(4) „Ermöglichung von Geschäften, die Kapitalfestlegung zur Folge haben"[43].

Im folgenden wird eine größere Zahl von Funktionen herausgestellt. Dabei werden sich zwar gewisse Überschneidungen zwischen den einzelnen Aufgaben nicht vermeiden lassen. Dies muß jedoch in Kauf genommen werden, damit ein möglichst vollständiger Eindruck von den vielfältigen Aufgaben des Eigenkapitals der Kreditinstitute gewonnen werden kann.

Im einzelnen hat das Eigenkapital der Kreditinstitute folgende Funktionen zu erfüllen:

(1) Funktion der Errichtungsgrundlage,
(2) Funktion der Begrenzung des Geschäftsvolumens (Bremsfunktion),
(3) Garantie- oder Haftungsfunktion,
(4) Finanzierungsfunktion,
(5) Funktion des intertemporären Gewinn- und Verlustausgleichs,
(6) Funktion der Gewinnverteilungsbasis,
(7) Funktion der Schaffung von Vertrauen (Werbe- oder Repräsentationsfunktion).

II. Nach der KWG-Novelle: Der limitationale Faktor „Eigenmittel"

Insbesondere durch die Neufassung der §§ 10, 10a, 12, 13, 13a des KWG ist die wachstumslimitierende Funktion der *haftenden Eigenmittel* in so starker Weise betont worden, daß sich das Bundesaufsichtsamt gezwungen sah, in Art. 2 § 3 KWG-Novelle 1984 für die (neu definierten) Institutsgruppen eine beachtenswert lange Übergangsvorschrift zu erlassen:

[42] Vgl. Somary, F.: Bankpolitik, 3. Aufl., Tübingen 1934, S. 6 ff.; Ottel, F.: Bankpolitik, Jena 1937, S. 152; le Coutre, W.: Grundzüge der Bilanzkunde, Teil I, 4. Aufl., Wolfenbüttel 1949, S. 209 ff,; v. Köppen, J.: Das Eigenkapital der Kreditinstitute, Wiesbaden 1966, S. 119 ff.

[43] Somary, F.: a.a.O., S. 6

„(1) Haben *gruppenangehörige Kreditinstitute* insgesamt am 1. Juli 1985 kein angemessenes haftendes Eigenkapital nach § 10a des Gesetzes über das Kreditwesen, so ist das übergeordnete Kreditinstitut dafür verantwortlich, daß der Anpassungsbedarf bis zum 1. Januar 1988 zur Hälfte erfüllt und eine angemessene Eigenkapitalausstattung bis zum 1. Januar 1991 erreicht ist.

(2) Das Bundesaufsichtsamt für das Kreditwesen (Bundesaufsichtsamt) kann in begründeten Fällen auf Antrag die Fristen nach Absatz 1 verlängern, wenn sich die Eigenkapitalausstattung der gruppenangehörigen Kreditinstitute innerhalb dieser Fristen verbessert hat."

Insoweit können drei Sektoren der *Strukturelemente* des Bankbetriebes unterschieden werden:

(1) *Standort und Wirkungsbereich* als zu optimalisierende Kombination von Markt und Strategie
(2) *Aufbau-* und *Ablauforganisation* als zu optimierende Kombination der Produktionsfaktoren,
(3) *Eigenmittel* als zu optimierender Engpaßfaktor bankbetrieblichen Wachstums in Volumen und Struktur[44].

Die Komponenten der Eigenmittel als Engpaßfaktor des Wachstums sind:

(1) Der optimale = strategisch angestrebte Ausnutzungsgrad der Bestimmmungen des KWG in Abhängigkeit vom maximal zulässigen Ausnutzungsgrad,
(2) der optimale = strategisch angestrebte Leverage-Faktor als Verhältnis von Bilanzsumme zu ausgewiesenen Eigenmitteln[45] = Image-Relation,
(3) die Stabilisierungs- und Standing-Funktion außerhalb § 10 KWG.

Diesen drei Komponenten stehen drei Kategorien der Eigenmittel gegenüber:

(1) Die haftenden Eigenmittel entsprechend § 10 Abs. 2/§ 10a Abs. 3 KWG.

Für jedes einzelne Kreditinstitut ist dies das bilanziell ausgewiesene Eigenkapital zuzüglich des freien Vermögens der Privatbankiers bei Privatbanken und dem *Haftsummenzuschlag* bei Kreditgenossenschaften (Novellierung durch Verordnung des Bundesministers der Finanzen vom 20. 12. 1984).

Für die Institutsgruppen ist dies das *konsolidierte Eigenkapital* der Gruppe[46]:

„– Die Aktivkomponenten des übergeordneten Instituts sind mit den Aktivkomponenten der nachgeordneten Institute in Höhe der durchgerechneten Beteiligungsquoten zusammenzuzählen.

44 Vgl. Deppe, H.–D.: Bankbetriebliches Wachstum, Stuttgart 1969, S. 115

45 Vgl. Schierenbeck, H.: Bilanzstrukturmanagement in Kreditinstituten , in: ifk-Nachrichten aus dem Institut für Kreditwesen, 25 (1983) S. 42

46 Szagunn, V./Wohlschieß, K.: a.a.O., S. 222/227

Die sehr differenzierten Fallgruppen ergeben sich weitgehend aus dem System der Quotenkonsolidierung sowie der festgelegten Schwelle von 40 %. Bei einstufigen Beteiligungen ergibt sich nach § 10a der Ansatz für die Konsolidierungspflicht i.d.R. eindeutig aus der auf 40 % festgelegten erheblichen Beteiligung. Bei mehrstufigen Konglomeraten tritt methodisch bedingt ein »Verwässerungseffekt« auf, weil die Beteiligungsquoten durchgerechnet werden. Der Umfang einer mittelbaren Beteiligung bestimmt sich also nach dem prozentualen Beteiligungsanteil des übergeordneten Kreditinstituts, multipliziert mit dem Beteiligungsanteil der Zwischengesellschaft an dem nachgeordneten Institut, geteilt durch 100. Als Beispiel:

$$A \xrightarrow{60\%} B \xrightarrow{60\%} C$$

Durchgerechnet hält also A und B 60%, ist also übergeordnet, A an C

$$\frac{60 \times 60}{100} = 36\ \%$$ und ist somit nicht übergeordnet.

- Bei der Zusammenfassung des haftEK der Gruppe ergibt sich folgende Staffelrechnung:
  haftEK des übergeordneten Instituts
  \+ anteiliges haftEK der nachgeordneten Institute
  ./. Buchwerte der von dem übergeordneten Institut ausgewiesenen Beteiligungen an nachgeordneten Instituten
  ./. Buchwerte der stillen Einlagen des übergeordneten Instituts an nachgeordneten Instituten
  ./. Buchwert des Genußrechtskapitals des übergeordneten Instituts an nachgeordneten Instituten.

Bei der Berechnung der Beteiligungsquoten bleiben die stillen Einlagen und die *Genußrechte* außer Betracht. Das entspricht ihrer Rechtsnatur, ist aber nicht unproblematisch."

(2) Die Image-Relation oder der Leverage-Faktor sind gesetzlich nicht definiert, sondern entsprechen ungeschriebenen bankkaufmännischen Gesetzen = Usancen. Nach dieser Usance galt in der Vergangenheit für die Geschäftsbanken eine Unterschreitung der 5 %-Grenze – gegenwärtig der 4 %-Grenze – als „unschön" und beeinträchtigt die Bonität des Instituts am Interbanken-Markt.

Insoweit begrenzt der Leverage-Faktor das Grundsatz I-neutrale Wachstum einer Bank, insbesondere den Anteil der Wertpapiere und der Kredite an die Öffentliche Hand an der Bilanzsumme.

(3) Aus bestimmten Positionen der Bilanz ergeben sich stabilisierende Wirkungen auf die Entwicklung der Zinsmarge: diese Mittel erfüllen daher eine Stabilisierungsfunktion:
- unverzinsliche Passiva

Eigenmittel

Sonderposten mit Rücklagenanteil

Pensionsrückstellungen

Rechnungsabgrenzungsposten bereits vereinnahmter, auf künftige Perioden entfallende Erträge

(versteuerte) Länder- und Zinsänderungsrückstellungen

Sammelwertberichtigungen (ohne: auf Avale und Indossamente)

– höher verzinsliche Aktiva

§ 26 a-Reserve.

Ein Teilsegment dieser Stabilisierungsfunktion ist die Standingfunktion derjenigen Eigenmittel, die sich aus der Unterbewertung der Aktiva oder Überbewertung der Passiva und der Möglichkeiten der Überkreuzkompensation ergeben: § 26a KWG.

Im Rahmen der Diskussion der EG-Richtlinien (Rechnungslegung nach dem Bilanzrichtlinien-Gesetz – 4. 7. 8. Richtlinie –) ist der akademische Streit um Sinn und Unsinn des § 26 a KWG erneut und heftig entbrannt.

Auf der einen Seite steht Süchting[47], der zur Aufhebung der Bewertungsprivilegien auffordert, auf der anderen Seite steht Berger[48] der folgert: „Gäbe es den § 26a KWG noch nicht, dann müßte er schleunigst erfunden werden"[49]. Die Banken folgen dieser Argumentation sicherlich mit Genugtuung.

Der Eigenmittel-Begriff bei Banken ist daher nur funktional, der spezifischen Fragestellung entsprechend, materiell zutreffend zu definieren:

Gobale Funktionen des Eigenkapitals, wie sie die traditionelle Sicht noch definieren konnte, sind wegen des unterschiedlich gefaßten Begriffsinhaltes dessen, was jeweils unter „Eigenmittel" verstanden werden soll (muß), nicht mehr realistisch.

47 Vgl. Süchting, J.: „Scheinargumente in der Diskussion um stille Reserven bei Kreditinstituten", in: DBW 141 Jg. (1981) S. 207 ff.

48 Berger, K.-H.: Standing-Risiken und stille Rücklagen der Bank, Nr. 5 der Beiträge aus dem Bankseminar der Universität Hannover, April 1986

49 ebenda, S. 23

III. Die Entwicklung der haftenden Eigenmittel (§ 10 KWG) der Banken

1. Ein Blick in die Geschichte

Das moderne Bankwesen hat seine Wurzeln im letzten Viertel des 19. Jahrhunderts und so mag ein kurzer Blick für den Zeitraum 1872 bis 1910 lehrreich sein[50]:

„Aktienkapital in 5-jährigen Durchschnitten
%-Anteil = prozentualer Anteil an der
Gesamt-Bilanzbalance
%-Steigerung = prozentuale Steigerung gegen das Anfangsjahr".
(siehe Tabelle 20, folgende Seite)

Diese Entwicklungszahlen sollen bewußt unkommentiert bleiben, um die Analyse und die Phantasie der verehrten Leserin/des verehrten Lesers unbeeinflußt zu lassen.

2. Ein Blick in die heutige Landschaft

Tabelle 21: Haftende Eigenmittel der Banken heute gem. § 10 KWG

Bankengruppe	ivH Geschäftsvolumen insgesamt				
	1967	1973	1975	1983	1985
Großbanken	4,5	4,4	4,7	5,1	5,6
Privatbankiers	6,9	6,2	5,8	5,1	5,1
Sparkassen	3,7	3,3	3,1	3,5	3,7
Kreditgenossensch.	5,3	3,9	3,7	3,6	3,8
Teilzahlg.Kreditinst.	8,0	5,9	6,0	5,6	5,7

Errechnet aus: Monatsberichte der Deutschen Bundesbank, Statistischer Teil, III. Kreditinstitute, 3. Passiva

Bemerkenswert:
Die Großbanken haben 1983 erstmals wieder die 5 %-Grenze überschritten; mit steigender Tendenz. Logisch abzuleiten ist diese Entwicklung als Folge der Quotenkonsolidierung.

Die Privatbankiers nähern sich von 6,9 % kommend der 5 %-Grenze.

Für Sparkassen und Kreditgenossenschaften kann ebenfalls, § 10 KWG-veranlaßt, mit wieder steigender Tendenz des relativen Anteils der Eigenmittel am Geschäftsvolumen gerechnet werden.

Die Teilzahlungsbanken, die wegen ihrer Bonität auf eine hohe Quote Wert legen mußten, haben deutlich die 6 %-Marke unterschritten.

50 Bosenick, A.: Neudeutsche gemischte Bankwirtschaft, Band 1: Grundlegende Tatsachen: die entwicklungsgeschichtliche Analyse der großen Aktienbanken in Berlin, München und Berlin 1912, S. 296 ff.

Tabelle 20: Die Entwicklung der haftenden Eigenmittel der Banken (1872–1910)

im Durchschnitt der Jahre	1. beim A. Schaafhausen'schen Bankverein: Aktienkapital (eingezahlt)			3. bei der Disconto-Gesellschaft: Aktienkapital (eingezahlt)			5. bei der Mitteldeutschen Creditbank: Aktienkapital (eingezahlt)			7. bei der Commerz- und Discontobank: Aktienkapital (eingezahlt)			9. bei der Nationalbank für Deutschland: Aktienkapital (eingezahlt)		
	1.000 M.	% Steig.	% Anteil	1.000 M.	% Steig.	% Anteil	1.000 M.	% Steig.	% Anteil	1.000 M.	% Steig.	% Anteil	1.000 M.	% Steig.	% Anteil
1871 – 75	44.624,4	100,0	36,2	56.525,4	100,0	30,0	41.430,0	100,0	39,9	17.355,4	100,0	55,1	20.198,8	100,0	41,4
1876 – 80	38.400,0	86,1	41,2	60.206,6	106,5	42,6	38.100,0	91,9	50,1	17.580,0	101,3	52,2	24.600,0	121,8	33,8
1881 – 85	36.000,0	80,6	41,1	60.124,6	106,3	28,8	30.600,0	73,9	46,4	29.350,8	169,1	53,1	37.800,0	187,1	34,8
1886 – 90	36.000,0	80,6	39,8	66.000,0	116,7	26,9	30.000,0	72,4	38,5	30.000,0	172,8	45,0	54.000,0	267,3	32,9
1891 – 95	50.400,0	112,9	35,6	83.000,0	146,8	28,0	30.000,0	72,4	35,5	30.000,0	172,8	39,8	64.000,0	316,8	31,9
1896 – 00	82.000,0	183,7	32,1	124.000,0	219,3	29,7	38.400,0	92,7	34,9	42.250,0	243,5	31,6	80.000,0	396,0	21,8
1901 – 05	110.000,0	246,5	28,3	154.000,0	272,4	24,2	46.800,0	112,9	34,6	57.000,0	328,4	26,1			
1906 – 10	142.702,6	319,8	23,3	170.000,0	300,8	17,7	54.000,0	130,3	28,7	85.000,0	489,8	21,6			

	2. bei der Bank für Handel und Industrie:			4. bei der Berliner Handels-gesellschaft:			6. bei der Deutschen Bank:			8. bei der Dresdner Bank:		
1871 – 75	53.908,8	100,0	41,7	29.700,0	100,0	44,1	36.000,0	100,0	33,1	9.600,0	100,0	53,5
1876 – 80	60.000,0	111,3	50,0	33.300,0	112,1	61,5	45.000,0	125,3	27,6	11.226,4	116,9	43,6
1881 – 85	60.000,0	111,3	39,4	22.000,0	74,1	31,7	59.439,4	165,8	23,2	30.139,8	313,9	34,6
1886 – 90	68.000,0	126,1	37,5	42.000,0	141,4	37,6	69.000,0	192,7	18,2	49.653,4	517,2	28,2
1891 – 95	80.000,0	148,4	43,7	65.000,0	218,8	38,1	78.032,0	216,6	17,2	71.000,0	739,5	28,8
1896 – 00	95.000,0	176,2	42,6	84.000,0	282,8	34,9	140.000,0	389,5	18,4	111.206,0	1.158,2	22,6
1901 – 05	135.080,2	250,5	33,8	96.000,0	323,2	30,3	165.591,8	460,3	13,2	142.000,0	1.479,6	20,0
1906 – 10	155.200,0	287,9	22,0	106.000,0	356,9	22,9	200.000,0	555,5	10,5	184.000,0	1.916,6	16,2

F. Arten der Kreditinstitute

Infolge der Vielgestaltigkeit der entstandenen Aufgaben und unter dem Einfluß der allgemeinen wirtschaftlichen, politischen, gesellschaftlichen und rechtlichen Entwicklung haben sich im Laufe der letzten 150 Jahre verschiedene Arten von Kreditinstituten gebildet. Neben der Zentralbank, die überwiegend gesamtwirtschaftliche Aufgaben zu erfüllen hat, stehen die Geschäftsbanken. Innerhalb dieser Gruppe sind – sofern die Geschäftsstruktur als Gliederungsmerkmal herangezogen wird – wiederum solche mit Tendenz zu universeller Betätigung von den Spezialbanken zu unterscheiden.

Nach der betriebswirtschaftlichen Zielsetzung können die Kreditinstitute in erwerbswirtschaftlich, gemeinwirtschaftlich und genossenschaftlich orientierte Betriebswirtschaften gegliedert werden. Während die erwerbswirtschaftlichen Bankbetriebe, zu denen im allgemeinen die Kreditbanken[51] zählen, Leistungen erstellen, um einen (langfristig maximalen) Gewinn zu erzielen, ordnen gemeinwirtschaftlich orientierte Kreditinstitute dem gemeinnützigen Zweck, dem sie dienen, das Streben nach Gewinn unter. Die genossenschaftlichen Kreditinstitute zielen primär auf die Förderung ihrer Mitglieder ab, und das Streben nach Erzielung eines Ertrages, der die Aufwendungen übersteigt, soll nur im Rahmen des Hauptzweckes der Genossenschaften verfolgt werden.[52]

Nach dem geographischen *Wirkungsbereich* können Lokalbanken, regional und überregional tätige Kreditinstitute unterschieden werden und bei den letzten beiden Gruppen wiederum Institute mit und ohne Filialnetz.

Wird die Rechtsform als Unterscheidungskriterium herangezogen, so können die Kreditinstitute zunächst in privatrechtliche und öffentlich-rechtliche (Körperschaften bzw. Anstalten des öffentlichen Rechts) gegliedert werden. Die privatrechtlichen Banken lassen sich weiter in private (Einzelunternehmen, Offene Handelsgesellschaften, Kommanditgesellschaften, Gesellschaften mit beschränkter Haftung, Aktiengesellschaften, Kommanditgesellschaften auf Aktien) und genossenschaftliche Institute unterteilen.

I. Privatrechtliche Kreditinstitute

1. Einzelunternehmen und Personengesellschaften (Privatbankiers)

Eine umfassende betriebswirtschaftliche Definition des Begriffs „Privatbankier" zu geben ist schwierig, weil die Zwecksetzung der einzelnen Unternehmen im Privatbankier-

[51] Die Deutsche Bundesbank erfaßt unter Kreditbanken die Großbanken, Regional- und Lokalbanken, Privatbankiers, Spezial-, Haus- und Branchenbanken und Zweigstellen ausländischer Banken
[52] Vgl. § 1 GenG.

gewerbe sehr unterschiedlich ist. Eine klare Abgrenzung von anderen Kreditinstituten ist mit Hilfe geschäftlicher und betrieblicher Merkmale und Prinzipien nicht eindeutig möglich. Ein relativ günstiges Kriterium für die Begriffsbildung sind die Rechtsformen der Privatbankierunternehmen, aus denen sich wiederum betriebswirtschaftliche Arteigenheiten bezüglich Umfang der Haftung und Art der Unternehmensführung ableiten lassen.

Zum Privatbankiergewerbe zählen alle Kreditinstitute in der Rechtsform des Einzelunternehmens, soweit bestehend, Neugründung gem. Art. 2 § 4 Abs. 1 KWG-Novelle 1976 nicht mehr möglich, der Offenen Handelsgesellschaft und der Kommanditgesellschaft. Der Einzelunternehmer und die (geschäftsführenden) Gesellschafter der Personengesellschaften werden als Privatbankiers bezeichnet. Bei Ihnen steht das persönliche Moment, nämlich Aufbringung mindestens von Teilen des Eigenkapitals, Haftung mit dem gesamten Geschäfts- und sonstigen Vermögen sowie die eigene Verantwortung, im Vordergrund.

Privatbankiers sind diejenigen Unternehmer des privaten Bankgewerbes, die unter Einsatz eigenen Kapitals, unbeschränkter Haftung mit ihrem Gesamtvermögen und mit Entscheidungsbefugnis ohne übergeordnete Organe unter Hervorhebung des persönlichen Moments, d. h. individueller Beratung und engster Zusammenarbeit mit privaten Kunden und Betriebswirtschaften, im Sinne des § 1 KWG Bankgeschäfte betreiben.

Daneben stehen *Privatbanken,* die als Privatbanken nach außen firmieren, im Innenverhältnis aber Konzernteile von mehrheitlich beteiligten Kreditinstituten sind: so Bankhaus Gebr. Bethmann in Frankfurt als Beispiel.

a) Geschichtliche Entwicklung

Anfänge des Privatbankiergewerbes sind in Deutschland bereits im Mittelalter zu finden. Angeregt durch die Entwicklung in Italien, die Gepflogenheiten der deutschen Handelshäuser Fugger und Welser und nicht zuletzt durch das vielgestaltige Münzwesen der damaligen Zeit, erachteten es manche Handelsunternehmen als vorteilhaft, für ihre Kunden auch Geldwechsel- und Kreditgeschäfte zu übernehmen. Diese Erwägungen führten z. B. dazu, daß die Weinhandlung Koch, Lauteren & Co., Frankfurt a. M. (gegr. 1586), und die Farbholzhandlung von Jaeger, Düsseldorf (gegr. 1785), Geldgeschäfte für ihre Warenkunden durchführten. Beide Handelshäuser entwickelten sich später zu reinen Privatbankierunternehmen.

Ein anderer Ursprungszweig für Privatbankierunternehmen war das Speditionsgewerbe. Die Häuser von Metzler seel. Sohn & Co., Frankfurt a. M., und Georg Hauck & Sohn, Frankfurt a. M., die ein Speditions- und Kommissionsgeschäft betrieben, befaßten sich frühzeitig mit dem Kreditgeschäft, da ihre Kunden vielfach die beträchtlichen Summen für Zölle, sonstige Abgaben und Transportkosten erst nach Veräußerung der Waren aufbringen konnten.

Gegen Ende des 19. Jh. herrschte in Deutschland in immer stärkerem Maße die Tendenz vor, die Handelsgeschäfte zugunsten der bankgeschäftlichen Tätigkeit aufzugeben, weil eine solche Spezialisierung durch das starke Anwachsen der Geld- und Kreditgeschäfte zweckmäßig erschien.

Eine Folge der im 19. Jh. stark einsetzenden Industrialisierung und des damit verbundenen hohen Kapitalbedarfs war die Gründung von Aktienbanken: Ihre Errichtung erfolgte vielfach auf Initiative oder unter Mitwirkung von Privatbankiers. Die Aktienbanken ergänzten zunächst die finanzielle Betreuung der Großfirmen durch die Privatbankiers und lösten letztere schließlich in vielen Fällen – gestützt auf ihre eigene größere Kapitalkraft – ab. Trotzdem gibt es auch heute noch eine relativ große Anzahl von Privatbankiers, die Kapitalgeber und vor allem persönliche Berater bedeutender gewerblicher Unternehmen sind. Dies ist nicht zuletzt auf die engen Beziehungen zwischen den Privatbankiers und den jeweiligen Inhabern der gewerblichen Unternehmen in den verschiedenen Generationen zurückzuführen.

Die Anzahl der Privatbankierfirmen unterlag, wie die der Institute anderer Rechtsformen, ständigen Schwankungen.

In Frankfurt allein gab es z. B. im Jahre 1855: 109 (bei nur 1131 gewerblichen Unternehmen insgesamt), 1869: 192[53] und im Jahre 1962: 19[54] Privatbankiers. Nach Mitteilungen der Reichsbank wurden im Gesamtbereich 1913: 1221, 1925: 1406, 1933: 709[55] Firmen gezählt. Durch die Verluste an Eigenkapital nach dem Ersten Weltkrieg und teilweise bedingt durch den damaligen Rückgang der Börsentätigkeit sah sich mancher Privatbankier zur Liquidation oder Fusion mit anderen Banken gezwungen. In der Zeit von 1914 bis 1933 gingen 267 Privatbankierfirmen, das sind 64,3 % der insgesamt übernommenen Kreditinstitute, in den Großbanken auf[56]. Nach 1933 machten sich noch immer die Folgen der Nachkriegszeit und der Weltwirtschaftskrise bemerkbar; hinzu kam der einsetzende Arisierungsprozeß. Beides ließ den Privatbankierstand bis zum Jahre 1941 auf 493[57] Unternehmen zusammenschrumpfen. Von diesen hatten 344 ihren Sitz innerhalb der heutigen Grenze der Bundesrepublik. Ende 1985 bestanden in der Bundesrepublik Deutschland noch 71 Privatbankierfirmen[58].

Diese zahlenmäßige Abnahme der Privatbankierunternehmen kann jedoch nicht als parallel verlaufend mit ihrer Bedeutung und symptomatisch für ihre Stellung im gesamten Kreditgewerbe angesehen werden. Die Bedeutung des Privatbankierstandes innerhalb der gesamten Kreditwirtschaft war im fünften Jahrzehnt dieses Jahrhunderts wesentlich größer als im dritten Jahrzehnt; die Privatbankiers konnten ihre Stellung im gesamten Bankgewerbe von 1950 bis 1985 – gemessen an dem bilanziellen Nieder-

53 Vgl. Groh, F., Die Bedeutung der Privatbankiers in der heutigen Wirtschaft, Diss. Nürnberg 1957, S. 21.

54 Lt. Statistik der Deutschen Bundesbank.

55 Vgl. Untersuchung des Bankwesens 1933, Berlin 1933, II. Teil (Statistiken), S. 9.

56 Vgl. Bank-Archiv, Jg. 1934/35, S.18, Übersicht 5.

57 Vgl. Bank-Archiv, Jg. 1941, S. 141, Übersicht 2.

58 Vgl. Monatsberichte der Deutschen Bundesbank, 38. Jg. Nr. 4 (April 1986) S. 45*

schlag ihrer Tätigkeit, der keineswegs ihre gesamten Leistungen erfaßt – nicht behaupten.

1955 betrug ihr Anteil 3,10 %, 1970 hatten sie einem Anteil von 2,50 %, zu Beginn 1986 war ihr Anteil auf 1,13 % gesunken. Ein gravierender Einschnitt erfolgte jedoch in den Jahren 1973/74 als Folge sowohl der Hochzins- und Stabilitätspolitik der Bundesbank als auch eines durch die Insolvenz des Bankhauses I. D. Herstatt KGaA ausgelösten Vertrauensbruches bei der Privatbankenkundschaft; beides führte zur Gründung der „Liquiditäts-Konsortialbank GmbH", Frankfurt. Das jüngste Beispiel ist der spektakuläre Zusammenbruch der SMH-Bank (1983) gewesen.

Während in den 50er Jahren nur 19 Bankinsolvenzen zu verzeichnen waren, davon 15 Privatbankhäuser, und in den 60er Jahren 16 Insolvenzen, darunter 12 Privatbankhäuser, mußten 1973 bereits 5 Institute ihre Schalter schließen, 1974 waren es 13 Institute, bis 1986 hat sich die Anzahl nochmals mehr als halbiert.

b) Klassifizierung

Der seiner Struktur nach sehr heterogene Stand der Privatbankiers läßt sich nach folgenden Gesichtspunkten aufgliedern. Zunächst bietet es sich an, nach dem Eigenkapital und der Bilanzsumme zu klassifizieren. Als weiteres Merkmal kommen die Hauptgeschäftsarten in Frage. Ferner können Institute mit oder ohne Filialen unterschieden werden. Da keine Veröffentlichungen über die Höhe des *Eigenkapitals* vorhanden sind, sei die Struktur anhand des Geschäftsvolumens aufgezeigt[59].

Tabelle 22: Geschäftsvolumen der Privatbankiers

Geschäftsvolumen in Mio DM	Anzahl der Institute (Stand Ende 1985)
unter 10	7
10 bis unter 25	8
25 bis unter 50	3
50 bis unter 100	11
100 bis unter 500	21
500 bis unter 1000	8
1000 bis unter 5000	11

c) Eigene Mittel

Das *haftende Eigenkapital* des Privatbankiers setzt sich nach § 10 KWG aus folgenden Positionen zusammen:

59 Vgl. Monatsbericht der Deutschen Bundesbank, 38. Jg. Nr. 4 (April 1986) S. 44*

(1) Eingezahltes Geschäftskapital
(2) + Rücklagen
(3) + Gewinn (soweit Zuweisung zu 1 und 2 beschlossen)
(4) + Vermögenseinlagen stiller Gesellschafter (soweit sie bis zur vollen Höhe am Verlust teilnehmen), erst nach Befriedigung aller Gläubiger zurückgefordert werden können, mindestens für die Dauer von fünf Jahren eingebracht werden und der Rückzahlungsanspruch in weniger als zwei Jahren fällig wird (fällig gestellt werden kann)
(5) + Genußrechte mit den Bedingungen analog (4)
(6) + Anerkanntes freies Vermögen
(7) ./. Entnahmen der Inhaber
(8) ./. Kredite an Inhaber
(9) ./. Schuldenüberhang beim freien Vermögen des Inhabers
(10) ./. Entstandene Verluste

= Haftendes Eigenkapital

Das gesamte Vermögen des Inhabers (bei Einzelunternehmen) bzw. der unbeschränkt haftenden Gesellschafter (bei OHG und KG) wird durch die Trennung in Geschäftskapital und freies Vermögen wirtschaftlich gesehen in zwei Bestandteile aufgeteilt: in das unmittelbare dem Geschäftsbetrieb dienende Kapital und das nicht im Unternehmen arbeitende Vermögen. Hinsichtlich der Haftung hat diese Unterscheidung jedoch keine Bedeutung.

Tabelle 23: Eigenkapital und Bilanzsumme bei den Privatbankiers[60]

Ende des Jahres	Eigenkapital in Mio DM	Bilanzsumme in Mio DM	Eigenkapital ivl I der Bilanzsumme
Ende 1950	52,8	1308,8	3,8
Ende 1970	1292,0	18404,0	7,0
Anfang 1986	1964,0	34159,0	5,8

Trotz der Schwierigkeiten bei der Eigenkapitalbeschaffung – und der Eigenkapitalerhaltung nach Erbfällen – liegt der Anteil des Eigenkapitals an der Bilanzsumme Anfang 1986 mit 5,8 % weit über dem Durchschnitt aller Bankengruppen, der 3,7 % erreichte.

d) Geschäftstätigkeit

Die Geschäftstätigkeit der Privatbankiers umfaßt grundsätzlich alle bei privaten Kreditbanken üblichen und zulässigen *Geschäftssparten.* Auch die technische Abwicklung

60 1950 – 1970/1986 Monatsberichte der Deutschen Bundesbank 23 Jg. Nr. 4 (April 1971), 38 Jg. Nr. 4 (April 1986)

der Geschäfte erfolgt in ähnlicher Weise wie bei den anderen Gruppen von Kreditinstituten. Allerdings wirkt es sich bei der Durchführung des Zahlungsverkehrsgeschäfts bei den Privatbankiers nachteilig aus, daß ihnen ein eigenes Zahlungsverkehrsnetz fehlt, wie es den Sparkassen und Kreditgenossenschaften zur Verfügung steht[61].

Charakteristische Merkmale für die Tätigkeit des *Privatbankiers* zeigen sich in der elastischen Geschäftspolitik, in der schwerpunktmäßigen Bevorzugung bestimmter Geschäfte und in der individuellen und besonders ausgeprägten Beratung der Kundschaft. Durch engen persönlichen Kontakt mit der Kundschaft und individuelle Beratung wird ein Vertrauensverhältnis zwischen Bank und Kunden geschaffen, das sich immer wieder als fruchtbare Grundlage der bankbetrieblichen Betätigung erwiesen hat.

e) Bilanzierung und Publizität

Die Aufstellung und Veröffentlichung des Jahresabschlusses erfolgten bei Privatbankierfirmen nach den allgemeinen gesetzlichen Bestimmungen, den Grundsätzen ordnungsmäßiger Buchführung und Bilanzierung und den für das Kreditgewerbe erlassenen besonderen Vorschriften. Zu letzteren zählen insbesondere die Formblätter für die Gliederung der Jahresbilanz und der Gewinn- und Verlustrechnung und die Richtlinien für die Aufstellung der Jahresbilanzen der Kreditinstitute.

Der Jahresabschluß der Privatbankiers unterliegt im Gegensatz zu dem von Personenunternehmen anderer Wirtschaftszweige gem. § 27 Abs. 2 KWG einer Pflichtprüfung. Eine generelle Publizitätspflicht besteht für die Jahresabschlüsse der Privatbankierungsunternehmen nicht. Sie müssen jedoch wie alle Kreditinstitute ihre Jahresbilanz sowie die Gewinn- und Verlustrechnung dem Bundesaufsichtsamt für das Kreditwesen einreichen; darüber hinaus sind auch Privatbankiers aufgrund des Publizitätsgesetzes seit dem Geschäftsjahr 1971 teilweise zur öffentlichen Rechnungslegung verpflichtet, wenn ihr Geschäftsvolumen an drei aufeinanderfolgenden Abschlußstichtagen 300 Mio DM übersteigt.[62]

Eine zusätzliche Überwachung der Kreditinstitute, also auch aller Privatbankiers, erfolgt durch die Erhebungen der Deutschen Bundesbank, da die Bundesbank auf Grund des § 18 des Gesetzes über die Deutsche Bundesbank ermächtigt ist, Erhebungen zur Feststellung kreditwirtschaftlicher und währungspolitischer Entwicklungen durchzuführen. Hilfsmittel sind hierbei u. a. die einzureichenden Monatsbilanzen und Zinsertragsbilanzen der Institute.

[61] Vgl. auch Kaven, I.-P., Kooperation der Privatbankiers – ein Vorschl. in: ZfgK, 1963 S. 1092, insbes. S. 1094, mit Vorschlag, ein eigenes Gironetz der Privatbanken zu schaffen durch Gründung einer „Deutsche Privatbank A.G." als zentrale Verrechnungsstelle.

[62] § 26 KWG sowie „Gesetz über die Rechnungslegung von bestimmten Unternehmen und Konzernen" (Publizitätsgesetz) vom 15. 8. 1969 (BGBl I S. 1189), § 1 Abs. 3.

f) Verbandswesen[63]

Die historische Entwicklung des *Verbandswesens im Privatbankiergewerbe* wird hier gemeinsam mit dem Verbandswesen des gesamten privaten Bankgewerbes betrachtet, da die Privatbankiers diese Art der Gemeinschaftstätigkeit mit anderen privaten Kreditbanken zusammen pflegten und eigene Standesvertretungen nur zeitweilig oder auch nur auf regionaler bzw. lokaler Basis unterhielten. Der erste organisatorische Zusammenschluß von Kreditinstituten erfolgte im Jahre 1883 durch zwölf Berliner Banken und Bankiers unter Führung der Direction der Discontogesellschaft zum „Verein zum Zwecke der Erzielung gerichtlicher Entscheidungen über zweifelhafte Stempelfragen" (Stempelvereinigung). Diese Vereinigung dehnte ihren Tätigkeitsbereich bald auf alle bankgeschäftlichen Fragen aus und wurde 1900 umbenannt in „Vereinigung von Berliner Banken und Bankiers". Auch an anderen Bankplätzen wurde dem Berliner Beispiel gefolgt; z. B. wurden 1908 in Köln, 1909 in Mannheim und München gleichartige Institutionen ins Leben gerufen. Alle im Jahre 1913 bestehenden Zusammenschlüsse gaben gemeinsam die am 1. 7. 1913 in Kraft gesetzten „Allgemeinen Abmachungen der Vereinigung von Banken und Bankiers" heraus, in denen Geschäftsbedingungen festgelegt wurden. Da aber die in den Allgemeinen Abmachungen enthaltenen Bedingungen für die Effektenprovisionen nicht ausreichend waren, konstituierte sich außerdem der „Verein für die Interessen der Fondsbörse", Berlin. Dieser begründete in Gemeinschaft mit der Berliner Stempelvereinigung im Jahre 1917 die „Berliner Bedingungsgemeinschaft für den Wertpapierverkehr" (BBW), die bindende, ja sogar erzwingbare Beschlüsse faßte. Die Berliner Bedingungsgemeinschaften für den Wertpapierverkehr war Dachorganisation der Stempelvereinigung und der Interessengemeinschaft der Berliner Privatbankfirmen. Die Interessengemeinschaft umfaßte ca. 350 Berliner Banken als Mitglieder, die nicht der Stempelvereinigung angehörten. Die Berliner Bedingungsgemeinschaft für den Wertpapierverkehr fand Nachahmung in Bremen, Hamburg und Frankfurt a. M.

Die erwähnten Bankenvereinigungen befaßten sich ausschließlich mit der Regelung von Wettbewerbsfragen innerhalb des Bankengewerbes, d. h., sie versuchten, einzelbetriebliche erwerbswirtschaftliche Interessenunterschiede auszugleichen, um ruinöser Konkurrenz entgegenzuwirken. Die eigentliche Standesvertretung, die die Belange des Bankgewerbes gegenüber den gesetzgebenden Körperschaften und der Öffentlichkeit vertrat, war der im Jahre 1901 als Spitzenorganisation gegründete Centralverband des Deutschen Bank- und Bankiergewerbes (e. V.), Berlin. Neben der Wahrnehmung der Standesinteressen nach außen bemühte er sich um den Ausgleich der gegensätzlichen Anschauungen bei den ihm angehörenden verschiedenen Institutsgruppen. Der Centralverband gab die Monatsschrift „Bankarchiv" heraus und hielt in unregelmäßigen Abständen die Allgemeinen Deutschen Bankiertage ab, bei denen sowohl Fachfragen als auch aktuelle volkswirtschaftliche Probleme erörtert wurden. Auf diesen Bankiertagen, vielfach als Bankenparlament bezeichnet, wurden Anregungen und Leitsätze für die bankbetriebliche Arbeit proklamiert.

[63] Vgl. Szagunn, V., Standesorganisation des privaten Bankgewerbes, in: Enzyklopädisches Lexikon, 3. Aufl., Frankfurt/Main 1967/68, Bd. 2, S. 1554 ff.

Im Jahre 1920 konstituierte sich der Verband Deutscher Privatbankiers, Dresden. Die Hoffnungen, seine Standesinteressen außerhalb des Centralverbandes erfolgreicher vertreten zu können, erwiesen sich jedoch als nicht realisierbar, so daß diese Standesvereinigung schon im Jahre 1925 vom Centralverband als korporatives Mitglied wieder aufgenommen wurde.

Neben der Vielzahl der verschiedenen Bankenvereinigungen, die hauptsächlich Konditionenprobleme zu lösen versuchten, und dem Centralverband des Deutschen Bank- und Bankiergewerbes (e. V.) als Spitzenorganisation, der Standesinteressen nach außen zu vertreten hatte, bestand noch die Gruppe der sozialpolitischen Organisationen. Zu ihr gehörten einerseits der 1920 gegründete Reichsverband der Bankleistungen (Arbeitgeberverband) und andererseits der Deutsche Bankbeamtenverein, Berlin, der Allgemeine Verband der Deutschen Bankangestellten, Berlin, der Reichsverband der Bankkassenboten und technischen Bankangestellten, Frankfurt am Main, der Deutschnationale Handlungsgehilfenverband, Hamburg, und die Reichsfachgruppe Banken.

Mit der staatlichen Neuordnung im Jahre 1933 vollzog sich auch die Neugestaltung des Verbandswesens innerhalb des privaten Bankgewerbes. Der Centralverband des Deutschen Bank- und Bankiergewerbes (e. V.) blieb als eingetragener Verein bestehen, erhielt jedoch zusätzliche Aufgaben als „Wirtschaftsgruppe Privates Bankgewerbe". Zwangsmitglieder der Wirtschaftsgruppe waren alle Kreditbanken in der Rechtsform der Aktiengesellschaft oder Kommanditgesellschaft auf Aktien, in der gleichen Unternehmensform geführte Hypothekenbanken, alle Privatbankiers sowie die Kursmakler und freien Börsenmakler. Auch im sozialpolitischen Verbandswesen trat 1933 eine einschneidende Veränderung ein, als die bisherigen Arbeitnehmer- und Arbeitgeberverbände aufgelöst wurden.

Mit dem Zusammenbruch im Jahre 1945 kam zunächst die gesamte Verbandsarbeit zum Stillstand. Die Voraussetzungen für anschließende neue Zusammenschlüsse waren entsprechend dem Wechsel vom zentralen Wirtschaftsaufbau zum förderalistischen System verändert. So erfolgte zunächst die Bildung von verschiedenen Verbänden des privaten Bankgewerbes auf Länderebene. Zehn Landesverbände konstituierten sich, außerdem schlossen sich die privaten Hypothekenbanken mit Unterorganisationen in einigen Ländern und die privaten Schiffsbanken zusammen. In Hamburg und Niedersachsen gab es außerdem reine Privatbankiervereinigungen. Die Aufgaben der Verbände des privaten Bankgewerbes bestanden darin, die Rechte und Interessen des privaten Bank- und Bankiergewerbes wahrzunehmen, die Öffentlichkeit über Beruf und Aufgaben des Bankgewerbes aufzuklären, die Behörden in allen das Bankgewerbe betreffenden Fragen zu beraten und die Mitglieder zu betreuen.

Bald ewies es sich jedoch als notwendig, eine geschlossene Interessenvertretung auf breiterer Basis zu schaffen. So begründeten 1949 einige Landesverbände in Frankfurt am Main die „Arbeitsgemeinschaft der Verbände des privaten Bankgewerbes im Vereinigten Wirtschaftsgebiet". Diese Zwischenlösung wurde im Jahre 1951 durch den Bundesverband des privaten Bankgewerbes (e. V.), Bonn (Sitz der Geschäftsführung

Köln), ersetzt und damit wieder eine zentrale Interessenvertretung analog dem Centralverband des Deutschen Bank- und Bankiergewerbes (e. V.) ins Leben gerufen. Der Name „Bundesverband des privaten Bankgewerbes" führte mehrfach zu Mißdeutungen, da die Öffentlichkeit darunter oft ausschließlich einen Zusammenschluß der Privatbankiers sah, während ihm alle privaten Banken angehören. Aus diesem Grund änderte der Verband im Oktober 1968 seinen Namen in „*Bundesverband deutscher Banken*". Die privaten Hypotheken- und Schiffsbanken errichteten eigene Organisationen innerhalb der Bundesrepublik, einmal den Verband privater Hypothekenbanken e. V., Bonn, und zum anderen den Verband deutscher Schiffsbanken, Bremen, die beide als Mitgliedsverbände dem Bundesverband deutscher Banken angehören.

Der Bundesverband deutscher Banken fungiert als Verband der Landesverbände, denen die Institute als freiwillige Mitglieder angehören können. Seine Organe sind die Mitgliederversammlung, der Hauptausschuß, der Vorstand und die Geschäftsführung. Dem Hauptausschuß stehen Arbeitsausschüsse[64] für:
Kreditpolitik,
Kapitalmarktpolitik,
Fragen der Außenwirtschaft und der Europäischen Gemeinschaften,
Unterausschuß für Devisenhandel,
Wertpapier- und Börsenfragen,
Rechtsfragen,
Steuerrecht
Organisations- und Rationalisierungsfragen,
Mittelstandausschuß,
Öffentlichkeitsarbeit

zur Seite. Außerdem werden die Interessen einzelner Institutsgruppen von zwei weiteren Arbeitsausschüssen wahrgenommen, und zwar vom Ausschuß für Privatbankiers und vom Ausschuß für Regionalbanken.

Hinsichtlich aktueller Sonderfragen wird das Material für die Arbeit des Hauptausschusses von Sonderkommissionen aufbereitet: Kommission für Bilanzierungsfragen, KWG-Kommission, Kommission für Privatkundengeschäft und Marketing. Weiterhin besitzt der Verband einen Volkswirtschaftlichen Beirat, einen Ausschuß für die Einlagensicherung, eine Ständige Kommission für Angelegenheiten des Handels in amtlich nicht notierten Werten.

Im Gegensatz zum Centralverband schuf der Bundesverband ein Ehrengericht, das Inhaber oder gesetzliche Vertreter der Unternehmen zur Verantwortung ziehen kann, wenn sie durch ihre berufliche Tätigkeit die Standesehre oder den Anspruch auf kaufmännisches Vertrauen gröblich verletzt haben.

Der Bundesverband des privaten Bankgewerbes (e. V.) – heute: Bundesverband deutscher Banken – übernahm bis Oktober 1954 auch die früher von den sozialpolitischen

64 Vgl. Bundesverband Deutscher Banken, Jahresbericht 1983/85 (Stand: 15. Okt. 1985) S. 57 ff.

Organisationen innegehabten Aufgaben. Seitdem nimmt der mit dem Bundesverband in enger Verbindung stehende „Arbeitgeberverband des privaten Bankgewerbes e. V., Köln“, die Rechte der Arbeitgeberseite wahr.

2. Aktienbanken

a) Geschichtliche Entwicklung[65]

Um die Mitte des vorigen Jahrhunderts wurden die ersten Aktienbanken in Deutschland gegründet. Bis dahin war das Bankgeschäft vorwiegend in den Händen von Privatbankiers. Mit Beginn der Eisenbahnbauten in den 30er Jahren des 19. Jahrhunderts und der einsetzenden Industrialisierung wurden an die Banken hohe Kreditanforderungen gestellt. Dabei zeigen sich die Grenzen der Kapitalkraft der Privatbankiers, die in der Hauptsache mit eigenen Mitteln arbeiten und sich nur auf verhältnismäßig geringe Kundeneinlagen stützen. Die Schwierigkeiten wurden zunächst dadurch zu überwinden versucht, daß sich bei der Finanzierung großer industrieller Objekte mehrere Bankhäuser zusammenschlossen und die Geschäfte gemeinsam durchführten. Auf die Dauer waren die bestehenden Banken jedoch den Anforderungen, die infolge der wirtschaftlichen Entwicklung an sie gestellt wurden, nicht gewachsen. Daher mußten neue Wege der Kapitalbeschaffung gefunden werden. Aus diesem Bedürfnis erklärt sich die sprunghaft einsetzende Gründung von Banken in der Rechtsform der Aktiengesellschaft und der Kommanditgesellschaft auf Aktien.

Die breitere Kapitalbasis, die durch die Aufbringung des Kapitals aus zahlreichen Quellen ermöglicht wurde, versetzte die Aktienbanken in die Lage, Großkredite zu gewähren und Vorfinanzierungen von Emissionen zu übernehmen. Bemerkenswert ist hierbei die Tatsache, daß anfänglich die Rechtsform der Kommanditgesellschaft auf Aktien bevorzugt wurde, weil neben den anonymen Kapitalgebern wenigstens ein vollhaftender Gesellschafter vorhanden war, der im allgemeinen die Geschäftsführung innehatte. Das Bankgewerbe stand damals dem Gedanken der völligen Anonymität der Anteilseigner der Unternehmen – wie sie bei bei der Aktiengesellschaft gegeben ist – noch ablehnend gegenüber. Außerdem unterlag die Gründung von reinen Aktiengesellschaften bis 1870 in Preußen und in der Freien Reichsstadt Frankfurt einem staatlichen Konzessionszwang. Um die Schwierigkeiten und Langwierigkeiten einer Konzessionseinholung zu umgehen, wurde in diesen Gebieten die Unternehmensform der Kommanditgesellschaft auf Aktien bevorzugt (z. B. „Direction der Discontgesellschaft“, Berlin, 1851, „Berliner Handelsgesellschaft“, Berlin, 1856). Als reine Aktiengesellschaft gegründete Banken hatten ihren Sitz vornehmlich in Randgebieten um Preußen (z. B. in Darmstadt die „Bank für Handel und Industrie AG“, später „Darmstädter und Nationalbank“, in Meinungen die „Mitteldeutsche Creditbank AG“).

65 Vgl. Löffelholz, J., Die Geschichte der Banken, S. 26.

Zu den ersten deutschen Aktienbanken gehören die 1835 in München gegründete „Bayerische Hypotheken- und Wechsel-Bank“, der 1848 in Köln unter Gustav v. Mevissen aus dem in Zahlungsschwierigkeiten geratenen Bankhaus Abraham Schaaffhausen hervorgegangene „A. Schaaffhausen'sche Bankverein“ und die „Vereinsbank in Hamburg“ (1852). Gustav v. Mevissen – ein Anhänger von Saint Simon – gründete außerdem fünf Jahre später die „Bank für Handel und Industrie A. G.“ in Darmstadt, deren Satzung eine wörtliche Übersetzung des Status der im vorangegangenen Jahr von Schülern Saint Simons in Paris errichteten „Société Générale du Crédit Mobilier“ war und in deren Vorstand eine führende Persönlichkeit des Pariser Instituts berufen wurde.

Die Art der Geschäftsführung und -politik des *Crédit Mobilier* übte einen wesentlichen Einfluß auf die neuentstandenen deutschen Aktienbanken aus. Viele deutsche Banken bekannten sich offen zur Geschäftspolitik des Crédit Mobilier, so die vom ehemaligen Preußischen Finanzminister und Direktor der Preußischen Bank, David Hansemann, geleitete „Direction der Discontogesellschaft“, die „Mitteldeutsche Creditbank“, Meinungen (1856) und die „Allgemeine Deutsche Creditanstalt“, Leipzig (1856).

Der Fortfall des Konzessionszwanges und die 1871 erfolgte Gründung des Deutschen Reiches, mit der eine wirtschaftliche und politische Vereinheitlichung Hand in Hand ging, waren Anlaß zu einer neuen Gründungswelle und starken Ausbreitung der *Aktienbanken* in den Jahren 1870 bis 1873; in diesen Jahren entstanden 125 Banken in der Rechtsform der AG, von denen allerdings 73 in der allgemeinen Krise von 1873 liquidieren mußten. In die Zeit von 1870 bis 1873 fällt auch die Gründung der späteren Großbanken, die bald die führende Stellung im deutschen Bankwesen übernahmen[66]. In den folgenden Jahren versuchten die größeren Institute, ihre Geschäftstätigkeit auszudehnen, und verlegten ihren geschäftlichen Schwerpunkt nach Berlin, dem Sitz der Reichsregierung und der wirtschaftlichen Metropole des Reiches. Dies geschah zunächst dadurch, daß die interessierten Banken in Berlin Filialen errichteten. Ende des Jahrhunderts hatten alle „Großbanken“ ihren Sitz in Berlin. Von Berlin aus bauten sie im Laufe der Zeit ihre Filialnetze aus, die sich über das gesamte Reichsgebiet erstrekken; dies geschah weniger durch Neuerrichtungen, sondern hauptsächlich durch Übernahme von anderen Banken bzw. Fusion mit ihnen[67]. Die nachstehenden Zahlen zeigen, in welchem Umfang sich die Großbanken[68] in der Zeit von 1877 bis 1913 Filialen und Depositenkassen angegliederten.

	1877	1895	1913/14
Zahl der Filialen	7	15	227
Zahl der Depositenkassen	—	25	255

66 Deutsche Bank, Berlin (1870); Commerz- und Discontobank, Hamburg (1870); Dresdner Bank, Dresden (1872)

67 Vgl. Jeidels, O.: Das Verhältnis der deutschen Großbanken zur Industrie, Leipzig 1905, S. 65 ff.

68 Vgl. Untersuchungen des Bankwesens 1933, Berlin 1933, Teil I., Bd. 2, D. 146

Die räumliche Expansion der *Aktienbanken* in der Zeit ab 1870 war die Voraussetzung, den an sie herantretenden, mit dem Aufblühen der Industrie immer größer werdenden Kreditbedarf zu befriedigen.

Nach dem Ersten Weltkrieg, der eine Unterbrechung der Entwicklung gebracht hatte, setzte sich die Konzentrationsbewegung im Bankgewerbe fort. In dieser Zeit kam es zu großen Verflechtungen. So fusionierte die Deutsche Bank mit der Discontogesellschaft unter gleichzeitiger Eingliederung der Norddeutschen Bank, des A. Schaaffhausen' schen Bankvereins, der Rheinischen Creditbank und der Süddeutschen Discontogesellschaft (1929)[69]. Zum Ausbau ihres Filialnetzes übernahm die Commerz- und Discontobank 1918 acht mittlere Banken und Bankiers im Wege der Fusion und konnte damit ihr Zweigstellennetz mehr als verdreifachen; 1921 vereinigte sie sich mit der besonders in Mitteldeutschland und Sachsen vertretenen Mitteldeutschen Privatbank AG, Magdeburg, die über mehr als 100 Filialen verfügte, zur „Commerz- und Privatbank". Diese gliederte sich wiederum in den folgenden Jahren u. a. den Bankverein Göttingen mit sechs Filialen, die Löbauer Bank mit 18 Filialen, die Thüringische Landesbank mit 51 Filialen und die Vogtländische Kreditanstalt in Falkenstein mit 18 Filialen [70] ein.

Die Bankenkrise im Jahre 1931 hatte weitere Zusammenschlüsse von Banken zur Folge. Unter staatlicher Lenkung erfuhr das deutsche Kreditwesen – durch die Krise ausgelöst – weitere strukturelle Änderungen. Infolge der starken Übersetzung des deutschen Bankwesens erschien es im Anschluß an die Bankenkrise angebracht, die Zahl und Kapitalkraft der Kreditinstitute sowie ihre Filialnetze dem tatsächlichen Bedarf anzupassen. Deshalb wurde die Darmstädter und Nationalbank, die durch die Schliessung ihrer Schalter den Anstoß zum Ausbruch der Bankenkrise gegeben hatte, von der Dresdner Bank übernommen, und der Barmer Bankverein ging in der Commerz- und Privatbank auf. Auch innerhalb der als Regionalbanken tätigen *Aktienbanken* schlossen sich auf Veranlassung des Reichskommissars für das Bankgewerbe mehrere Institute zusammen, um dadurch zur Kräftigung der Provinzbanken beizutragen[71]. Daneben wurde aber trotzdem versucht, „die kleineren Provinzbanken in der Form der Aktiengesellschaft nach Möglichkeit selbständig zu erhalten"[72].

Das Ende des Zweiten Weltkriegs brachte eine völlige Zerschlagung des deutschen Kreditwesens. In Berlin und den sowjetisch besetzten Gebieten Deutschlands wurden die Banken geschlossen; ebenso mußten die Kreditinstitute in den Gebieten östlich der Oder-Neiße-Linie ihre Geschäftstätigkeit einstellen[73]. In Westdeutschland erfolgte eine Dezentralisierung der Großbanken. Nach den Anordnungen der Militärregierun-

69 Vgl. Untersuchungen des Bankwesens, Teil I., Bd. 2, S. 14

70 Vgl. Reinhart, F.: Die Aktienbanken, in: Die Deutsche Bankwirtschaft, a.a.O., Bd. 2, S. 94

71 In Schleswig-Holstein wurde z. B. der Bankverein für Schleswig-Holstein auf die Schleswig-Holsteinische Bank AG übergeführt. In Pommern übernahm die Pommersche Bank für Landwirtschaft und Gewerbe AG, Stettin, die Neuvorpommersche Spar- und Creditbank AG, Stralsund, und die Stolper Bank AG, Stolp.

72 Paersch, F., Maßnahmen des Staates hinsichtlich einer Beaufsichtigung und Reglementierung des Bankwesens, in: Untersuchung des Bankwesens, a.a.O., Teil I, Bd. 2, S. 49.

gen, die später durch Militärregierungsgesetze ersetzt wurden, durften Banken, die in einem Lande eine Hauptniederlassung hatten, in einem anderen Lande keine Zweigniederlassung unterhalten. Diese Einschränkung galt nicht für solche Kreditinstitute, deren Tätigkeit sich lediglich auf die Gewährung von lang- oder mittelfristigen Krediten erstreckte[74]. Bedeutungsvoll war diese Ausnahme also für Hypothekenbanken, die in mehreren Ländern Niederlassungen unterhielten. Von den Dezentralisierungsbestimmungen wurden insbesondere die Großbanken getroffen, die in jedem der neugeschaffenen Länder ihre Filialen zu einem organisatorischen und geschäftlich selbständigen „Nachfolgeinstitut" zusammenfassen mußten. Aus den drei Filialgroßbanken entstanden insgesamt 30 Nachfolgeinstitute.

Mit der Aufwärtsentwicklung der deutschen Wirtschaft setzte sich die Überzeugung durch, daß es unbedingt notwendig sei, funktionsfähige Banken zu schaffen[75]. Ihren Niederschlag fanden dieses Überlegungen in dem „Gesetz über den Niederlassungsbereich von Kreditinstituten vom 19. 3. 1952"[76]. Danach wurde das Bundesgebiet in drei Niederlassungsbereiche eingeteilt: einen nördlichen Bezirk, umfassend die Länder Bremen, Hamburg, Niedersachsen und Schleswig-Holstein, einen wesentlichen Bezirk, bestehend aus dem Land Nordrhein-Westfalen, und einen südlichen Bezirk mit den Ländern Baden-Württemberg, Bayern, Hessen und Rheinland-Pfalz. Jedem Kreditinstitut wurde gestattet, jeweils in einem der Niederlassungsbereiche Zweigstellen zu unterhalten. Dieses Gesetz war die Grundlage dafür, daß die Nachfolgeinstitute der Großbanken in den drei Bereichen sich jeweils zu einem Institut vereinigten und insgesamt neun Nachfolgeinstitute entstanden.

Ihr Ende fand die Dezentralisation im Jahre 1957 bzw. 1958, als jeweils die drei Nachfolgeinstitute der Deutschen Bank und der Dresdner Bank fusionierten [77] und ihren alten Namen wieder annahmen. Die Nachfolgeinstitute der Commerzbank zogen es zunächst vor, als selbständige Unternehmen – wenn auch bei enger Zusammenarbeit – tätig zu sein. Im Herbst 1958 entschloß sich aber auch die Commerzbank-Gruppe zur rückwirkenden Fusion ab 1. 7. 1958.

b) *Klassifizierung*

Zu den *Aktienbanken* gehören die Universalbanken[78], die Hypothekenbanken und verschiedene Spezialbanken[79]. Die Hypothekenbanken und Schiffspfandbriefbanken

[73] Vgl. Sawitzki, E., Das Geld- und Kreditwesen in Mitteldeutschland, Frankfurt am Main 1964; Mülhaupt, L. und Fox, U., Das Bankwesen der Deutschen Demokratischen Republik, Wiesbaden 1971; Kunze, Ch., Änderungen in Bankpolitik und Bankwesen als Teil der Wirtschaftreformen der DDR, Berlin 1972.

[74] Verordnung Nr. 133 der britischen Militärregierung; Gesetz Nr. 57 der amerikanischen Militärregierung vom 6. 5. 1947.

[75] Vgl. Ehlen, J., Die Filialgroßbanken, Stuttgart 1960, S. 11.

[76] BGBl I S. 217.

[77] Gesetz zur Aufhebung der Beschränkung des Niederlassungsbereiches von Kreditinstituten vom 24. 12. 1956, BGBl I S. 1073.

[78] Das sind Kreditinstitute, die alle Arten von Bankgeschäften mit Ausnahme des Pfandbriefgeschäfts sowie der Ausgabe von Investmentzertifikaten betreiben.

[79] Als Spezialbanken werden solche Kreditinstitute bezeichnet, die nur bestimmte Arten von Bankgeschäften ausführen (z. T. Teilzahlungsbanken, Wertpapiersammelbanken).

nehmen innerhalb der Aktienbanken eine Sonderstellung ein, denn sie widmen sich mit Ausnahme der gemischten Hypothekenbanken[80] fast ausschließlich dem Realkreditgeschäft[81]. Eine andere Einteilung der Aktienbanken gruppiert nach Filialgroßbanken, filiallosen Banken, Regional- und Lokalbanken, wobei Institute mit weitgehend gleicher Geschäftsstruktur zusammengefaßt werden.

Besonders zu erwähnen sind diejenigen Aktienbanken, die im öffentlichen Interesse liegende Aufgaben erfüllen, obwohl sich das Grundkapital dieser Institute in privaten Händen befindet. Ein typisches Beispiel hierfür ist die Industriekreditbank AG/Deutsche Industriebank, Düsseldorf und Berlin. Dieses Institut hat die Aufgaben der als Zentralinstitut für die Kreditversorgung der gewerblichen Wirtschaft (insbesondere kleinerer und mittlerer Betriebe) tätig gewesenen Deutschen Industriebank, Berlin, übernommen, deren Verschmelzung durch Übertragung des Vermögens der Deutschen Industriebank auf die Industriekreditbank AG am 6./7. 8. 1974 durch Handelsregistereinträge in Berlin und Düsseldorf erfolgte. Die Ausfuhrkredit-Gesellschaft m.b.H. (AKA), Frankfurt am Main, die im Jahre 1952 von etwa 30 Kreditinstituten errichtet wurde, übernahm ebenfalls gesamtwirtschaftliche Funktionen, nämlich mittel- und langfristig die Finanzierung des deutschen Exports. Seit 1959 führt die Privatdiskont AG den amtlichen Handel mit Privatdiskonten durch.

Die folgenden Ausführungen über die Aktienbanken beziehen sich, sofern nicht ausdrücklich etwas anderes angegeben ist, auf deren Grundtyp, die Kreditaktienbanken (Universalbanken in der Rechtsform der Kapitalgesellschaft).

c) Eigene Mittel

Während es bei den ersten Aktienbanken, wie allgemein im Bankgewerbe, noch üblich war, mit so hohem Eigenkapital zu arbeiten, daß damit die Aktivgeschäfte weitgehend finanziert werden konnten, gingen die Institute allmählich von diesem alten Prinzip ab. Daß sich diese Änderung der Geschäftspolitik nur langsam vollzog, lag unter anderem daran, daß die Gesellschaften zum Teil von *Privatbankiers* gegründet oder geleitet wurden und die neuerrichteten Banken zunächst die Geschäftsprinzipien der Privatbankiers zu ihren eigenen machten.

Im Jahre 1913 betrug der Anteil des *Eigenkapitals der Kreditbanken* (Großbanken, Provinzbanken, Lokalbanken, Überseebanken, Haus- und Branchenbanken) an der

80 Bayerische Vereinsbank und Bayerische Hypotheken- und Wechsel-Bank, beide München, Norddeutsche Hypotheken- und Wechselbank, Hamburg.

81 Deshalb werden diese Aktienbanken im Kapitel „Realkreditinstitute“ behandelt.

Bilanzsumme 21,8 %; 1932 war dieser Anteil auf 8,6 % gesunken[82], 1954 sogar auf 3,4 %[83] und erreichte 1959 wieder 4,7 %[84] und 1973 4,4 %[85], 1985: 5,6 %.

Nach dem Aktiengesetz setzt sich das *Eigenkapital der Aktienbanken* aus Grundkapital und offenen Rücklagen zusammen.

Dieser formale Aspekt bekommt durch das KWG den materiellen Inhalt als *„haftende Eigenmittel"*.

Als solche gelten:

	das eingezahlte Grundkapital
+	die offenen Rücklagen
./.	der Bestand an eigenen Aktien
+	*Genußrechtkapital* gem. § 10 Abs. 5 KWG
=	Summe der haftenden Eigenmittel

Analog gilt diese entsprechend der quotalen Errechnungsmethodik auch für die haftenden Eigenmittel einer *Kreditinstitutsgruppe,* soweit das *übergeordnete Institut* in der Rechtsform der Aktiengesellschaft betrieben wird.

Als erste der drei Großbanken hat die Commerzbank von dem Recht, *Genußrechtskapital* zu emittieren, Gebrauch gemacht:

In der Erläuterung zum Jahresabschluß 1985 heißt es dazu im Geschäftsbericht (S. 47):

„Kapital und Rücklagen
Aufgrund der Möglichkeiten des mit Wirkung vom 1. Januar 1985 neu gefaßten Kreditwesengesetzes hat die Bank von der Ermächtigung durch die Hauptversammlung vom 15. Mai 1985 Gebrauch gemacht und das haftende Eigenkapital am 3. Juli 1985 durch Ausgabe von DM 425 Mio Genußrechtskapital aufgestockt. Die Genußscheine wurden den Aktionären im Verhältnis 2 : 1 nach Nennbeträgen angeboten, so daß auf je vier Aktien im Nennbetrag von DM 50,– ein Genußschein von DM 100,– zum Kurs von 100 % bezogen werden konnte. Die Genußscheininhaber erhalten eine dem Gewinnanteil der Aktionäre vorgehende jährliche Ausschüttung aus dem Bilanzgewinn; sie besteht aus einem Ausschüttungsgrundbetrag von 8,25 % des Nennbetrages der Genußscheine und erhöht sich gegebenenfalls um einen Ausschüttungssteigerungsbetrag. Diese zusätzliche Ausschüttung beträgt jeweils 0,25 % des Nennbetrages der Genußscheine für je DM 0,50 des über eine Dividende von DM 6,– hinausgehenden Di-

82 Vgl. Untersuchung des Bankwesens, Teil II, S. 123
83 Vgl. Statistisches Handbuch der Bank deutscher Länder, 1948–1954, S. 136 ff.
84 Vgl. Monatsberichte der Deutschen Bundesbank, Oktober 1960, S. 84 ff. und April 1968, S. 71 Ermittelt wurde die Zahl aus den Angaben über Großbanken, Staats-, Regional- und Lokalbanken sowie Spezial-, Haus- und Branchebanken; die Werte der Staatsbanken wurden nicht eliminiert.
85 Vgl. Monatsberichte der Deutschen Bundesbank, März 1974, S. 23. Ermittelt wurde die Zahl aus den Angaben über Großbanken, Regionalbanken und sonstige Kreditbanken.

videndenbetrages für eine Commerzbank-Aktie im Nennbetrag von DM 50,–. Die Genußscheine sind vom 1. Juli 1985 an ausschüttungsberechtigt; ihre Laufzeit ist mit dem Ende des Geschäftsjahres 1995 befristet. Die Genußscheininhaber nehmen am laufenden Verlust nach Maßgabe der im Juni 1985 veröffentlichten Genußscheinbedingungen teil; sie treten gegenüber allen anderen Gläubigern der Bank im Rang zurück. Auf Antrag der Bank hat das Bundesaufsichtsamt für das Kreditwesen das Genußrechtskapital als haftendes Eigenkapital gemäß § 10 KWG mit Wirkung vom 31. Juli 1985 anerkannt."

Für die *Zuführung von haftenden Eigenmitteln* stehen den Aktienbanken folgende Möglichkeiten offen:

Selbstfinanzierung:

(1) Erhöhung der offenen Rücklagen durch Zuführung aus dem erwirtschafteten Jahresüberschuß,
(2) Teilauflösung der versteuerten Bewertungsreserven nach § 26 a KWG (erstmals: Deutsche Bank 1985 s. S. 82 Geschäftsbericht 1985)

Marktfinanzierung:
(1) Erhöhung des Grundkapitals mit/ohne Agio,
(2) Ausgabe von Genußrechten,
(3) Ausgabe von Optionsanleihen mit Bezugsrechten (seit 1978).

Während das Instrument der Optionsanleihe bis 1984 zur Kapitalbeschaffung auf Auslandsmärkten eingesetzt wurde:

Deutsche Bank durch	Deutsche Bank Compagnie Financière Luxembourg S. A., Luxemburg
Dresdner Bank durch	Dresdner Finance B. V., Amsterdam
Commerzbank durch	Commerzbank International S. A., Luxemburg

hat die Dresdner Bank 1986 erstmals eine DM-Options-Anleihe 1986/1996 aufgelegt. Somit hat jede der drei Großbanken in 1985/86 mit einer Besonderheit in der Erweiterung der Basis „haftende Eigenmittel" aufgewartet.

d) Geschäftstätigkeit

Grundsätzlich können Aktienbanken alle Arten von Bankgeschäften betreiben. Lediglich die Hypothekenbanken und Schiffspfandbriefbanken und einzelne Spezialinstitute sind durch besondere Gesetze bzw. durch ihre Satzung in ihrem Geschäftskreis eingeschränkt. Etwa die Hälfte der gegenwärtig bestehenden Aktienbanken ist als Universalbank tätig.
Daher kann in diesem Zusammenhang auf eine weitergehende Darstellung verzichtet werden.

e) Bilanzierung und Publizität

Für die Aufstellung, Prüfung und Veröffentlichung der Jahresabschlüsse der Aktienbanken gelten die allgemeinen gesetzlichen Bestimmungen, nämlich die Vorschriften des Handelsgesetzbuches (insbesondere die §§ 38 bis 40) und des Aktiengesetzes (insbesondere die §§ 148 bis 161), sowie die für das Kreditgewerbe erlassenen besonderen Vorschriften. Die Aktienbanken müssen wie alle anderen Aktiengesellschaften und Kommanditgesellschaften auf Aktien eine Jahresbilanz, eine Gewinn- und Verlustrechnung und einen Geschäftsbericht aufstellen und die Bilanz und die Gewinn- und Verlustrechnung veröffentlichen. Die Aktienbanken unterliegen der vollen Publizitätspflicht.

Hinsichtlich der Gliederungsvorschriften sind die Bestimmungen des § 151 Abs. 1 AktG für die Jahresbilanz und die des § 157 Abs. 1 AktG für die Gewinn- und Verlustrechnung auf die Jahresabschlüsse der Aktiengesellschaften und Kommanditgesellschaften auf Aktien, die Bankgeschäfte betreiben, jedoch nicht anzuwenden. Die Jahresbilanzen der Aktienbanken sind nach einem besonderen, gesetzlich vorgeschriebenen Formblatt aufzustellen, in dem die aus der bankbetrieblichen Tätigkeit resultierenden Eigenarten der Bankbilanzierung berücksichtigt sind. Im Anschluß an das Aktiengesetz von 1965 wurden auch den Aktienbanken verbindliche Formblätter für die Brutto- Gewinn- und Verlustrechnung vorgeschrieben[86], so daß die Aktienbanken nunmehr ebenso wie die Kreditinstitute anderer Rechtsform ihre Gewinn- und Verlustrechnung nicht mehr nach eigenem Ermessen gestalten können.

Außerdem wurde für Kreditinstitute § 152 Abs. 1 Satz 2 AktG betreffend die Angabe der jährlichen Zu- und Abgänge sowie der Abschreibungen und Wertberichtigungen bei den Posten des Anlagevermögens außer Kraft gesetzt[87] und dafür angeordnet, daß die Kreditinstitute diese Angaben im Geschäftsbericht veröffentlichen müssen.

Wie alle Kreditinstitute haben die Aktienbanken ferner die zu den Formblättern erlassenen Richtlinien für die Aufstellung der Jahresbilanz zu beachten.

Die Hypothekenbanken und Schiffspfandbriefbanken müssen darüber hinaus die §§ 25 und 26 HypBkG bzw. die §§ 23 und 24 SchiffsBkG berücksichtigen.

Die Prüfung des Jahresabschlusses richtet sich bei den Aktienbanken nach den für alle Aktiengesellschaften und Kommanditgesellschaften auf Aktien geltenden Vorschriften des Aktiengesetzes, also insbesondere den §§ 162 bis 169 AktG. In bezug auf die Rechtsgrundlage ergeben sich daher für die Aktienbanken keine Besonderheiten.

Auf Grund der Vorschriften über die monatliche Bankenstatistik haben die Aktienbanken der Bundesbank ihre Monatsausweise einzureichen. Außerdem werden von

[86] Vgl. Verordnung über Formblätter für die Gliederung des Jahresabschlusses von Kreditinstituten vom 20. 12. 1967 (BGBl I S. 1300), Muster 1, Formblatt für den Jahresabschluß der Kreditinstitute in der Rechtsform der AG, KGaA und der GmbH.

[87] Vgl. ebenda, § 3.

den Großbanken und den bedeutendsten Regionalbanken Zwischenausweise, die sogenannten „Zweimonatsbilanzen“, per Ende Februar, April, Juni, August, und Oktober erstellt und veröffentlicht.

Die durch die Transformation der 4., 7. und 8. EG-Richtlinie in deutsches Recht (Bilanzrichtlinien-Gesetz vom 19. 12. 1985) erweiterte und genormte Rechnungslegung findet zunächst auf das Kreditgewerbe keine generelle Anwendung:
Anfang 1986[88] hat die EG-Kommission dem Ministerrat einen zweiten geänderten Richtlinienvorschlag über den Jahresabschluß der Banken und anderer Finanzinstitute unter Einbeziehung des konsolidierten Abschlusses vorgelegt. Zweck dieses geänderten Vorschlags „über den Jahresabschluß und den konsolidierten Abschluß von Banken und anderen Finanzinstituten“ ist es, die vollständige Anwendung der vom Ministerrat verabschiedeten , generell für alle Gesellschaften geltenden 7. Richtlinie über den konsolidierten Abschluß (83/349/EWG) auf die Kreditinstitute zu ermöglichen. Diese vom Ministerrat verabschiedete Richtlinie gilt zwar grundsätzlich für Banken und andere Finanzinstitute. Ein Teil der Bestimmungen für die Konsolidierung dieser Kreditinstitute konnte jedoch in der 7. Richtlinie noch nicht endgültig festgelegt werden, daß sie von den Bestimmungen abhängen, die für den Jahresabschluß der Kreditinstitute getroffen werden.
Einzelne Bestimmungen der 7. Richtlinie gelten daher nicht für Kreditinstitute. Es handelt sich dabei insbesondere um Artikel 4 über den Anwendungsbereich, der der gleiche wie beim Jahresabschluß der Banken sein soll, Artikel 5 über Beteiligungsgesellschaften, der bei Banken gegenstandslos ist und Artikel 6, der eine Mindestgröße für die Konsolidierung vorschreibt. Für die Kreditinstitute ist dagegen keine unterschiedliche Regelung nach der Größe der Unternehmen vorgesehen.

f) Verbandswesen

Die Aktienbanken gehören über die Verbände in den einzelnen Ländern dem „Bundesverband deutscher Banken“, Köln, an.

3. Kreditgenossenschaften

Kreditgenossenschaften sind Gesellschaften mit nicht geschlossener Mitgliederzahl, die mittels eines gemeinschaftlichen Geschäftsbetriebes durch Gewährung von Darlehen und Durchführung sonstiger bankmäßiger Geschäfte den Erwerb oder die Wirtschaft ihrer Mitglieder fördern wollen. Für sie gelten die Bestimmungen des Genossenschaftsgesetzes; außerdem unterliegen sie als Kreditinstitute den Vorschriften des Kreditwesengesetzes.

[88] Handelsblatt Nr. 22/1986, S. 9.

a) Geschichtliche Entwicklung

Der Genossenschaftsgedanke war bereits im Mittelalter in Marktgenossenschaften der Bauern, in Zünften der Handwerker und Gilden der Händler und Kaufleute lebendig, geriet aber mit dem Verfall dieser Zusammenschlüsse wieder in Vergessenheit. Ende des 18. Jahrhunderts wurde die Genossenschaftsidee erneut wach. Hilfsleihkassen (Rettungskassen, Bürger- und Rettungsinstitute) wurden gegründet, so das Berliner Rettungsinstitut, Patent vom 30. 11. 1796; Kieler Leihkasse, 1796, die Bedrängten durch eine zur rechten Zeit gewährte Unterstützung ermöglichen sollten, ihr Gewerbe fortzusetzen und sich durch Fleiß und Sparsamkeit von erlittenen Verlusten zu erholen.

1831 schlug der Bayerische Medizinalrat Prof. Dr. A. Ryß die Errichtung von Viehkreditkassen vor, in denen „jeder Kreditsucher sein Vieh versichert haben muß“, während der Versicherte zur Kreditnahme nicht gezwungen sein sollte[89]. 1844 wurde der „Zentralverein für das Wohl der arbeitenden Klasse“ ins Leben gerufen, nach dessen Vorbild zahlreiche Vorschußkassen in Berlin, Bonn, Koblenz und anderen Orten entstanden[90]; 1848 folgte in der Gemeinde Homburg im Amt Nassau eine „Hilfskasse zur Anschaffung von Vieh für unbemittelte Gutsbesitzer“[91]. Als Versuche, das genossenschaftliche Prinzip auch zur Befriedigung des Kreditbedürfnisses der städtischen Bevölkerung anzuwenden, wurden 1848 die Handwerkerbank in Elbig, 1849 der Vorschußverein in Cüstrin und 1850 der Vorschußverein in Delitzsch als Wohltätigkeitsvereine konstituiert[92].

Bald zeigte sich jedoch, daß diese Art Hilfe nicht ausreichte und auf die Dauer durch andere Institutionen ersetzt werden mußte. Daher wurde die Idee der Selbsthilfe, die genossenschaftliche Idee, wieder aufgegriffen.

Franz Hermann Schulze aus Delitzsch hatte bereits im Jahre 1847 einen Wohltätigkeitsverein[93] gegründet. 1849 entstand wiederum auf Initiative von Schulze in Delitzsch die erste Genossenschaft Deutschlands, die den Zweck verfolgte, durch gemeinsame Beschaffung der in den Handwerksbetrieben benötigten Rohstoffe deren wirtschaftliche Lage zu bessern (Einkaufsgenossenschaften).

Durch diese Erfolge ermutigt, versuchte Schulze mit Hilfe der Genossenschaft, auch die Kapitalnot der gewerblichen Wirtschaft zu mildern. Im Jahre 1850 wurde die erste *gewerbliche Kreditgenossenschaft* gegründet, deren Geschäftszweck die Gewährung von kurzfristigen Betriebskrediten aus Mitteln der Geschäftsguthaben der Mitglieder

89 Faßbender, M.: F. W. Raiffeisen, Berlin 1902, S. 70.

90 Vgl. Grünfeld, E., Handbuch des Genossenschaftswesens, Band I, Halberstadt 1928, S. 190 und Faßbender, M., a.a.O., S. 71.

91 Vgl. Faßbender, M., a.a.O., S. 72.

92 Vgl. Faßbender, M., a.a.O., S. 102.

93 Schulze-Delitzsch gründete 1847 in Delitzsch einen Hilfsverein zur Linderung der Not, die durch die Mißernte des Jahres 1846 entstanden war. Vgl. Wygodzinski, W., Das Genossenschaftswesen in Deutschland, 2. Aufl., Leipzig und Berlin 1929, S. 20.

war[94],[95]. Dieser Kreditgenossenschaft folgten sehr bald weitere Gründungen, die später „Volksbanken" genannt wurden.

Die Notwendigkeit, auch der Landwirtschaft die Möglichkeit der Kreditaufnahme zu einem tragbaren Zinsfuß zu geben, führte etwa zur gleichen Zeit, jedoch unabhängig von Schulze und der von ihm geführten Bewegung, zur Gründung von *landwirtschaftlichen Kreditgenossenschaften.*

Friedrich Wilhelm Raiffeisen schuf 1846/47 Hilfsvereine für notleidende Landwirte, die auf dem Prinzip der Wohltätigkeit aufgebaut waren[93]. Die Mitglieder dieser Vereine setzten sich aus wohlhabenden Landwirten zusammen, die durch ihre Beiträge Mittel für geringverzinsliche oder unverzinsliche Kredite an unbemittelte Bauern aufbrachten.

1862 baute Raiffeisen landwirtschaftliche Kreditgenossenschaften auf der Idee der Selbsthilfe auf. Die erste *Raiffeisengenossenschaft* war der in Anhausen 1862 gegründete Darlehensverein[97]. Aber auch bei den in der Folgezeit gegründeten Spar- und Darlehenskassen blieb neben dem genossenschaftlichen Prinzip als Motiv für das geschäftliche Handeln das Wohltätigkeitsbestreben bestehen.

Im Jahre 1872 gründete Wilhelm Haas unabhängig von Raiffeisen ebenfalls landwirtschaftliche Genossenschaften und später auch landwirtschaftliche Kreditgenossenschaften, die streng nach dem Grundsatz der Selbsthilfe organisiert waren (sogenanntes „Offenbacher System"). Im Laufe der Zeit glichen sich die Systeme aneinander an, 1932 erfolgt die Vereinigung der beiden Spitzenverbände.

Auch bei den *ländlichen Kreditgenossenschaften,* die sich meistens Spar- und Darlehenskassen nennen, zeigt das schnelle Anwachsen ihrer Zahl die Bedeutung, die sie innerhalb des Kreditwesens erlangt haben[98].

Die über einhundertjährige Trennung zwischen *gewerblichen und ländlichen Kreditgenossenschaften* wurde durch die zum 1. 1. 1972 wirksam gewordene Gründung des Bundesverbandes der Deutschen Volksbanken und Raiffeisenbanken aufgehoben.

94 Vorschußverein in Ellenburg, am 1. 10. 1850 gegründet von Dr. Bernhardi und Schneidermeister Bürmann, die mit Schulze-Delitzsch befreundet waren. Vgl. Schulze-Herzmann, Vorschußverein als Volksbanken, Leipzig 1855, abgedruckt in: Thorwart, F., Hermann Schulze-Delitzsch's Schriften und Reden, I. Band, Berlin 1909, S. 112 ff.

95 Auch der Vorschußverein in Delitzsch wurde 1852 durch Schulze in eine echte Kreditgenossenschaft auf Grund der guten Erfahrungen, die in Eilenburg gemacht worden waren, umgewandelt. Vgl. Schulze, H., Assoziationsbuch für deutsche Handwerker und Arbeiter, Leipzig 1853, abgedruckt in: Thorwart, F., a.a.O., S. 74 ff.

96 z. B.: Hilfsverein zum billigen Bezug von Brot, Kartoffeln und Saatfrucht in Weyerbusch, 1847. Vgl. Faßbender, M.: a.a.O., S. 167 f.

97 Vgl. Wygodzinski, W.: a.a.O., S. 24

98 Zahlenangaben 1900/1920 entnommen aus: Land, J.: Aufbau der Kreditgenossenschaften, S. 203, 1950 – 1985: Monatsberichte der Deutschen Bundesbank, (Statistischer Teil III, Kreditinstitute 25 b) nach Bankengruppen

Tabelle 24: Anzahl der Kreditgenossenschaften von 1900 bis 1985

Jahr	Kreditgenossenschaften gewerblich	ländlich	insgesamt
1900	1.136	9.793	10.929
1920	1.514	18.331	19.845
1950	774	11.216	11.990
1960	822	10.840	11.662
1970	740	6.362	7.102
1972	–	–	5.743
1975	–	–	5.196
1980	–	–	4.225
1985	–	–	3.655

Zur Interpretation der zahlenmäßigen Abnahme der Kreditgenossenschaften – insbesondere im ländlichen Bereich – dient Tabelle 25.

Tabelle 25: Anzahl der Kreditgenossenschaften in den Jahren 1957 und 1985[99]

	1957	1985	Veränd g. ivH
1. Kreditinstitute	11.765	3.655	./. 69 %
2. Zweigstellen	2.266	15.929	+ 603 %
(1.+2.) Bankstellen	**14.031**	**19.584**	**+ 40 %**

Die Verringerung der Anzahl der Kreditgenossenschaften und die gleichzeitige Zunahme der Zweigstellen ist durch die Fusionen kleinerer Institute zu erklären. Während sich bis zum Jahre 1971 die Vereinigungen innerhalb der beiden Institutsgruppen vollzogen, schließen sich nunmehr auch Institute zusammen, die früher zu den Volks- und Raiffeisenbanken gehörten. Nach der Fusion zweier Genossenschaften verringert sich zwar die Anzahl der Genossenschaften; da die Bankstellen der übernommenen Kreditinstitute jedoch in der Regel als Zweigstellen weitergeführt werden, wirken sich solche Fusionen als Zuwachs bei den Zweigstellen aus.

b) Gesetzliche Bestimmungen

Das *Genossenschaftswesen* fand seine erste gesetzliche Regelung in dem im wesentlichen aus einem Entwurf von Schulze-Delitzsch hervorgegangenen preußischen „Ge-

99 Quelle: Monatsberichte der Deutschen Bundesbank, a.a.O.

setz, betreffend die privatrechtliche Stellung der Erwerbs- und Wirtschaftsgenossenschaften vom 27. 3. 1867", das ab 1869 als Norddeutsches Bundesgesetz und ab 1871 als Reichsgesetz galt. Dieses Gesetz wurde durch das Gesetz betreffend die Erwerbs- und Wirtschaftsgenossenschaften vom 1. 5. 1889 abgelöst, welches allerdings 1898 neu gefaßt wurde. Erstmals bot dieses Gesetz die Möglichkeit, Genossenschaften mit beschränkter Haftpflicht (eGmbH) zu gründen, nachdem bis dahin nur die Bildung von Genossenschaften mit unbeschränkter Haftpflicht (eGmuH) möglich war. Außerdem wurde durch dieses Gesetz im Gegensatz zu den bisherigen Bestimmungen gestattet, daß eine Genossenschaft bei einer anderen Genossenschaft Mitglied werden kann; das ist insbesondere für die *Kreditgenossenschaften* im Hinblick auf die Errichtung von Zentralkassen wichtig. Darüber hinaus wurde die Pflichtprüfung für Genossenschaften eingeführt.

Nach dem Zweiten Weltkrieg ersuchten bereits im Jahre 1954 Bundesrat und Bundestag die Bundesregierung, das geltende Genossenschaftsgesetz zu überarbeiten. Die Arbeiten zur Anpassung des Genossenschaftsgesetzes an die wirtschaftlichen Erfordernisse der Gegenwart zogen sich bis Ende 1973 hin, am 1. 1. 1974 trat die Novelle zum Genossenschaftsgesetz in Kraft. Sie zielt vor allem auf eine Stärkung der genossenschaftlichen Eigenkapitalbasis und der Geschäftsführung ab. Als wesentliche Neuerung enthält die Novelle[100]: Das Geschäftsguthaben kann ohne Rücksicht auf das Ergebnis eines Geschäftsjahres fest verzinst werden. Die Genossenschaft kann einen Beteiligungsfonds bilden, aus dem beim Ausscheiden eines Gesellschafters zusätzlich zum Geschäftsguthaben Beträge ausgezahlt werden können. Die Satzung einer Genossenschaft kann festlegen, daß bei einer Erhöhung der Beteiligung durch Erwerb zusätzlicher Anteile eine Erhöhung der Haftsumme unterbleibt. Der Vorstand der Genossenschaft kann nunmehr Prokura und Handlungsvollmacht erteilen. Außerdem ist das Verbot der Kreditvergabe an Nichtmitglieder aufgehoben.

Nach dem Haftungsumfang wurden bis zum Inkrafttreten der Novelle Genossenschaften mit beschränkter Haftpflicht und solche mit unbeschränkter Haftpflicht unterschieden. Das neue Gesetz gestattet neben diesen beiden Konstruktionen die Einführung eines Genossenschaftstyps ohne Nachschußpflicht der Gesellschafter. Bei der unbeschränkten Haftpflicht haften die Genossen mit ihrem gesamten Vermögen für die Verbindlichkeiten der Genossenschaft. Demgegenüber bedeutet die beschränkte Haftpflicht für die Genossen eine Begrenzung ihres Verlustrisikos in Höhe der in der Satzung festgelegten *Haftsumme,* die nicht niedriger sein darf als der Geschäftsanteil und im allgemeinen 100 bis 200 % des Geschäftsanteils beträgt.

Alle Kreditgenossenschaften werden heute – wenn von einigen Instituten anderer Rechtsformen (Vereine) abgesehen wird – im wesentlichen in der Rechtsform der Genossenschaft mit beschränkter Haftung betrieben.

[100] Vgl. Lang/Weidmüller: Genossenschaftsgesetz, 31. Aufl. 1984

Tabelle 26: Anzahl der Kreditgenossenschaften nach Rechtsformen (ohne Zentralen)

Jahr	Kreditgenossensch. insgesamt		eGmuH		eGmbH		Sonstige Rechts-formen
	Raiffeisen	Schulze-Delitzsch	Raiffeisen	Schulze-Delitzsch	Raiffeisen	Schulze-Delitzsch	
1927	20.230	2.105	17.822	526	2.408	1.579	.
1934	18.879	2.177	16.787	501	2.071	1.663	.
1938	11.883	823	10.932	2	945	821	.
1956	10.864	795	8.147	1	2.714	771	26
1961	10.726	820	6.112	–	4.611	794	29
1966	9.034	797	675	–	8.355	770	31
1967	8.557	798	421	–	8.132	771	31
1971	5.657	673	43	–	5.610	646	31

1927 bis 1938: Reichsgebiet; ab 1956: Bundesgebiet.

Mit Inkrafttreten der Novelle entfiel bei allen Genossenschaften im Firmennamen der Hinweis über die Haftungsverhältnisse. Die Löschung dieser Zusätze zum Firmennamen wurde von Amts wegen im Genossenschaftsregister vorgenommen. Die Unterscheidung eGmuH oder eGmbH im Firmennamen gehört damit der Vergangenheit an.

c) Eigene Mittel

Die eigenen Mittel einer Kreditgenossenschaft setzen sich aus den *Geschäftsguthaben* der Mitglieder und den Rücklagen zusammen. Da die Mitgliederzahl nicht konstant ist, sondern durch Zu- und Abgänge ständigen Schwankungen unterliegt[101], weisen die eigenen Mittel der Genossenschaft keine gleichbleibende Höhe auf. Während vor der Novellierung des Genossenschaftgesetzes ausscheidende Genossen während des Bestehens der Genossenschaft keinen Anspruch auf Auszahlung eines entsprechenden Anteils an diesen Rücklagen hatten, sieht die im Jahr 1974 in Kraft getretene Novelle zum Genossenschaftgesetz die Möglichkeit der Bildung eines Beteiligungsfonds vor. Beträge aus dieser Ergebnisrücklage können beim Ausscheiden zusätzlich zum Geschäftsguthaben ausgeschüttet werden; dies muß binnen sechs Monaten nach Ausscheiden erfolgen (§ 73 Abs. 3 GenG).

Haftende Eigenmittel gem. § 10 Abs. 2 Ziffer 3 KWG:
Bei eingetragenen Genossenschaften die Geschäftsguthaben und die Rücklagen zuzüglich eines vom Bundesminister der Finanzen nach Anhörung der Deutschen Bundesbank durch Rechtsverordnung festzusetzenden Zuschlages, welcher der *Haftsummenverpflichtung* der Genossen Rechnung trägt; Geschäftguthaben von Genossen, die zum Schluß des Geschäftsjahres ausscheiden, und ihre Ansprüche auf Auszahlung eines

[101] § 65 Abs. 2 GenG gesteht den Mitgliedern ein Kündigungsrecht zum Schluß eines Geschäftsjahres zu.

Anteils an der in der Bilanz nach § 73 Abs. 3 des Gesetzes betreffend die Erwerbs- und Wirtschaftsgenossenschaften von eingetragenen Genossenschaften gesondert ausgewiesenen Ergebnisrücklage der Genossenschaft sind abzusetzen; der Bundesminister der Finanzen kann die Ermächtigung zum Erlaß von Rechtsverordnungen auf das Bundesaufsichtsamt übertragen.

Im Zusammenhang mit der KWG-Novelle 1984 hat der Bundesminister der Finanzen mit Verordnung vom 20. 12. 1984 die Zuschlagsverordnung neu gefaßt: „Von 1986 an verringert sich die Höchstgrenze von 50 % um jährlich 2,5 %-Punkte bis 1995 25 % erreicht sind“[102].

„Für genossenschaftliche Zentralbanken in der Rechtsform der eG beträgt der Zuschlag 35 % der Haftungssummen der verbleibenden Mitglieder, jedoch maximal 25 % des ohne diesen Zuschlag vorhandenen haftEK. Der geringere Satz ist vor allem damit begründbar, daß die Geschäftsanteile von Zentralkassen überwiegend von anderen Genossenschaften gehalten werden, deren *Haftsummenverpflichtung* sich wiederum auf die Haftung ihrer Mitglieder stützt. Deshalb wurde Zentralkassen bis 1963 kein Haftsummenzuschlag gewährt. Praktisch ist dies bedeutungslos geworden, da die Zentralkassen heute durchweg die Rechtsform der AG haben.

Der *Haftsummenzuschlag* wird bei der Errechnung des Grundsatzes II außer acht gelassen, dagegen bei § 12 und § 13 angerechnet.

Diese unterschiedliche Behandlung geht von dem Gedanken aus, daß bei den Liquiditätsnormen nur von den eingebrachten Mitteln ausgegangen werden kann, während bei den Risikonormen auf die Haftungsverhältnisse abgestellt werden muß. Insoweit ist eine abweichende Behandlung von dem anerkannten freien Vermögen der Privatbankiers gegeben: Dieses wird bei § 12 nicht angerechnet. . . .“

Die Frage der Möglichkeit, die *haftenden Eigenmittel* durch Emission nachrangigen Kapitals zu erhöhen, ist in Teilen strittig, wobei Basis für die Ausgabe nur die haftenden Eigenmittel abzüglich *Haftsummenzuschlag* sind[103].

„*Kreditgenossenschaften* dürfen nach § 19 Abs. 1 Satz 1 GenG ihre Gewinne nur an Mitglieder verteilen. Ob dies die Einräumung von *Genußrechten* an Nichtmitglieder ausschließt, ist strittig. Auf jeden Fall können Kreditgenossenschaften jedoch Genußrechte ihren Mitgliedern sowie im Rahmen des Vermögensbildungsgesetzes allen Arbeitnehmern einräumen. Zudem dürften sie jedermann eingeräumt werden können, wenn die Ausschüttung nicht aus dem Gewinn, sondern bloß in Abhängigkeit vom Gewinn erfolgt.“

d) Die Struktur des genossenschaftlichen Bankwesens

Die genossenschaftliche Bankenorganisation ist traditionell dreistufig:[104]

102 Szagunn, V./Wohlschieß, K.: a.a.O., S. 203
103 Szagunn, V./Wohlschieß, K.: a.a.O., S. 206
104 Aschoff, G., Henningsen, E.: Das deutsche Genossenschaftswesen, Veröffentlichungen der Deutsche Genossenschaftsbanken AG, Bd. 15, Frankfurt 1985, S. 44

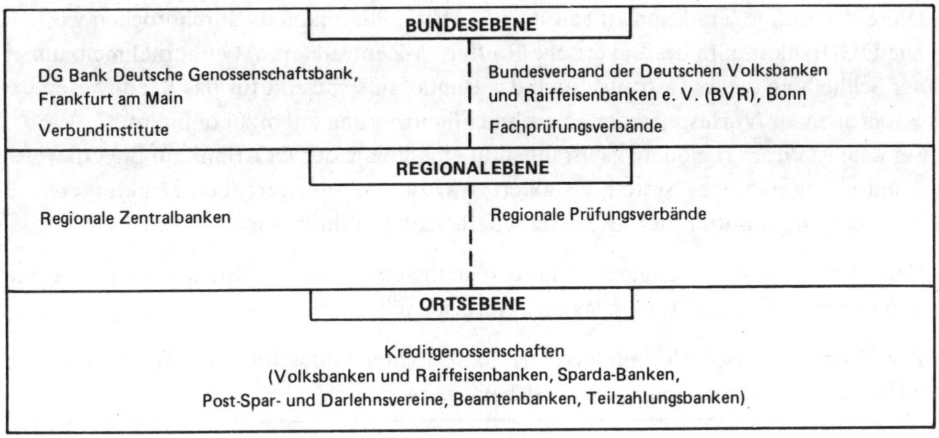

Abbildung 15: Die Struktur der genossenschaftlichen Bankenorganisation

Die Ende 1984 bestehenden 3.669 Kreditgenossenschaften verteilen sich auf acht Regionale Zentralbanken[105].

Tabelle 27: Die Zentralbanken der Kreditgenossenschaften

Nr.	Institut	Sitz	Anteil an Ges.-Bilanzsumme in %	Tätigkeitsbereich	Zahl der angeschl. Banken 1984
1	Westdeutsche Genossenschafts-Zentralbank eG	Düsseldorf	23,17	Volks- und Raiffeisenbanken NRW, Reg. Bez. Koblenz u. Trier (Rhld.-Pfalz)	666
2	Bayerische Raiffeisen Zentralbank AG	München	20,00	Raiffeisenbanken in Bayern	931
3	Südwestdeutsche Genossenschafts-Zentralbank AG	Karlsruhe-Frankfurt/M	18,50	Volks- und Raiffeisenbanken in Baden, Hessen und Rheinland-Pfalz	569
4	Norddeutsche Genossenschaftsbank AG	Hannover	16,13	Volks- und Raiffeisenbanken in Norddeutschland	643
5	Genossenschaftliche Zentralbank AG Stuttgart	Stuttgart	13,59	Volks- und Raiffeisenbanken in Württemberg	574
6	Bayerische Volksbanken AG	München	4,79	Volksbanken in Bayern	88
7	Raiffeisen-Zentralbank Kurhessen AG	Kassel	2,49	Raiffeisenbanken in Kurhessen	153
8	Zentralbank Saarländischer Genossenschaften AG	Saarbrücken	1,33	Volks- und Raiffeisenbanken im Saarland	45
		Summe	**100,00**		**3.669**

105 Die genossenschaftliche Zentralbanken im Jahr 1984, in: ZfgK 39. Jg./2/86, S. 73

Diese dreistufige Tradition ist seit dem 1. Dez. 1985 erstmals durchbrochen worden: Die DG-Bank mußte die Bayerische Raiffeisen-Zentralbank AG übernehmen, um einer Schließung dieses Instituts durch das Bundesaufsichtsamt für das Kreditwesen wegen drohender Verluste in der Immobilienfinanzierung zuvorzukommen[106]. Seitdem ist dieses regionale Zentralinstitut eine Filiale der DG-Bank; in Bayern wurde damit ein zweistufiges System installiert, was zu einer gravierenden Strukturverschiebung der Organisation der Genossenschaftsbanken führen wird.

Nach der Drei-/Zweistufigkeit ist für den genossenschaftlichen Bankensektor das *Verbundsystem* ein konstitutionelles Strukturprinzip[107].

Die Effizienz dieses Verbundsystems geht aus der Darstellung im Geschäftsbericht 1985 der Deutschen Genossenschaftsbank hervor.[108]

Die DG Bank und ihre Beteiligungen im Interesse des genossenschaftlichen Bankenverbundes

Im dreistufigen Verbund der deutschen Genossenschaftsbanken erfüllt die DG BANK als Spitzeninstitut und Liquiditätsausgleichs-Zentrale die Funktionen der überregional und international arbeitenden Geschäftsbank mit Emissionsrecht. Daneben nimmt sie für die Kreditgenossenschaften im Bereich des Bayerischen Raiffeisenverbandes, für die im Berliner Genossenschaftsverband zusammengeschlossenen Kreditgenossenschaften und für die Post-, Spar- und Darlehensvereine auch diejenigen Funktionen wahr, die denen einer regionalen Zentralbank entsprechen.

Die DG Bank verbindet die genossenschaftliche Bankengruppe mit den Märkten des In- und Auslandes, ist in den wichtigsten Finanzzentren der Welt vertreten und trägt durch vielfältige Leistungen – unmittelbar oder über Tochter- und Beteiligungsgesellschaften – gemeinsam mit den regionalen genossenschaftlichen Zentralbanken in der Bundesrepublik dafür Sorge, daß die deutschen Volksbanken und Raiffeisenbanken ihren Mitgliedern und Kunden wettbewerbsfähige universelle Finanzleistungen bieten können.

Der Konzern der DG Bank erreichte Ende 1985 eine Bilanzsumme von 103,7 Mrd. DM und ein Geschäftsvolumen von 111,8 Mrd. DM.

Älteste und größte Konzern-Tochtergesellschaft der DG BANK ist die Deutsche Genossenschafts-Hypothekenbank AG (DG HYP), Hamburg/Berlin, eine der führenden privaten Hypothekenbanken in der Bundesrepublik Deutschland; ihre Bilanzsumme wuchs 1985 auf 30,5 Mrd. DM.

Die Bausparkasse Schwäbisch Hall AG, Schwäbisch Hall, deren Kapital von der DG BANK und den regionalen genossenschaftlichen Zentralbanken gemeinsam gehalten wird, konnte im Berichtsjahr ihre Spitzenposition – gemessen an der Zahl der Kunden – weiter ausbauen; sie betreut mehr als 5 Millionen Bausparverträge.

Zu den führenden Unternehmen der deutschen Assekuranz gehört – mit rund 3,3 Mrd. DM Prämienaufkommen im Berichtsjahr – die R + V-Versicherungsgruppe, an deren Kapital die DG BANK und die regionalen Institute des genossenschaftlichen Bankenverbundes mit Mehrheit beteiligt sind.

Als zentrales Institut für Spezialfinanzierungen, vor allem für das Factoring, steht die DG Diskontbank AG der genossenschaftlichen Bankengruppe und deren Kundschaft zur Verfügung; ihre Bilanzsumme belief sich Ende 1985 auf rund 1,3 Mrd. DM. (Im Frühjahr 1986 hat die DG Diskontbank ihren Sitz von Mainz nach Frankfurt am Main verlegt.)

Die Leasinggruppe der DG BANK und der regionalen genossenschaftlichen Zentralbanken ist mit ihren Spartengesellschaften in sämtlichen Bereichen des Mobilien- und des Immobilien-Leasings tätig. Als Kerngesellschaft fungiert die Deutsche Genossenschafts-Leasing GmbH, München; ihre wichtigsten selbständigen Spartengesellschaften sind die VR-Leasing Gesellschaft der Volksbanken und Raiffeisenbanken mbH, München, sowie die DG Leasing GmbH und die DG Leasing für Automobile GmbH, beide Neu-Isenburg. Die DG Immobilien-Leasing GmbH, Frankfurt am Main, ist der Leasing-Gruppe der DG BANK und der regionalen genossenschaftlichen Zentralbanken als Kooperationspartner angeschlossen. Zum Jahresbeginn 1986 wurden auch die Centra Leasing Anlagen GmbH und die Centra Leasing GmbH (beide München) in diese Gruppe eingegliedert.

An private und institutionelle Kapitalanleger wendet sich eine Reihe von Tochter- und Beteiligungsgesellschaften der DG BANK und der regionalen genossenschaftlichen Zentralbanken, deren Produkte einander ergänzen: Die Union-Investment-Gesellschaft mbH, Frankfurt am Main, die zu den führenden Kapitalanlagegesellschaften in der Bundesrepublik gehört, verwaltet große Publikums-, Aktien- und Rentenfonds. Die DEVIF Deutsche Verwaltungsgesellschaft für Investment-Fonds GmbH, Frankfurt am Main, betreut neben ihren beiden Wertpapier-Publikumsfonds DEVIF-Rent und DEVIF-Invest zahlreiche Spezialfonds. Zertifikate offener Publikums-Immobilienfonds vertreibt die Deutsche Immobilien Fonds AG, Hamburg.

106 Vgl. „Auf den Kopf gestellt", in: Wirtschaftswoche Nr. 4/1986, S. 34 ff.
107 Vgl. Aschoff. G./Henningsen, E.: a.a.O., S. 56 ff.
108 S. 17/18

Für institutionelle Anleger verwaltet die DEFO Deutsche Fonds für Immobilienvermögen GmbH, Frankfurt am Main, offene Immobilienfonds. Renditeorientierte und steuersparende Immobilien-, Energie- und Beteiligungsanlagen konzipiert und vertreibt die DG Anlage-Gesellschaft mbH, Frankfurt am Main; ihre Beteiligungsgesellschaft Fidinam Consulting Deutschland GmbH, Frankfurt am Main, vermittelt Direktinvestitionen an ausländischen Immobilienmärkten, vor allem in Nordamerika. Große Depots privater und institutioneller Anleger verwaltet die DVG Deutsche Vermögensverwaltungs-Gesellschaft mbH, Frankfurt am Main.

Die Kundenberatung bei den Volksbanken unterstützt die 1985 durch die DG BANK und die regionalen genossenschaftlichen Zentralbanken gemeinsam gegründete Genossenschaftlicher Informations Service (GIS) GmbH, Frankfurt am Main, die Marktdaten und andere für die Kundenberatung relevante Informationen aus externen und verbundinternen Quellen zusammenfaßt und auf elektronischem Wege zur Verfügung stellt.

International sind die deutschen Genossenschaftsbanken durch Filialen, Tochterbanken, Beteiligungen und Repräsentanzen der DG BANK in London, Luxemburg und Zürich, New York, Atlanta und Los Angeles, auf Cayman Islands sowie in Rio de Janeiro, Hongkong, Singapur, Tokio und Kuala Lumpur vertreten.

Die DG BANK International, Luxemburg, deren Bilanzsumme sich Ende 1985 auf 7,1 Mrd. DM belief, betreibt für den Euromarkt typische Bankgeschäfte aller Art, für die Privatkundschaft insbesondere im Bereich der Geldanlage und der Vermögensberatung.

Als »Merchant Bank« genossenschaftlicher Spitzeninstitute aus elf Ländern arbeitet die London & Continental Bankers Ltd (LCB), London. Sie wies Ende 1985 eine Bilanzsumme von umgerechnet 2,1 Mrd. DM aus.

In der Schweiz steht der genossenschaftlichen Bankengruppe der Bundesrepublik und ihrer Kundschaft die BEG Bank Europäischer Genossenschaftsbanken, Zürich, zur Verfügung (Bilanzsumme umgerechnet 1,3 Mrd. DM); Schwerpunkte ihrer Geschäftstätigkeit liegen im Geld-, Devisen- und Edelmetallhandel, in der Außenhandelsfinanzierung, im Wertpapiergeschäft und in der Vermögensverwaltung.

Die ESC European Securities Corporation, New York, eine Gemeinschaftsgründung der DG BANK, der regionalen genossenschaftlichen Zentralbanken sowie der Genossenschaftliche Zentralbank AG, Wien, der Rabobank Niederland, Utrecht, und der Andelsbanken-Danebank, Kopenhagen, erarbeitet Anlage-Strategien für die Kundschaft der unmittelbar oder mittelbar beteiligten genossenschaftlichen Banken und bündelt Börsenaufträge zur Ausführung an den Effektenmärkten der USA.

Die Interessen der außenhandelsorientierten Kundschaft der genossenschaftlichen Bankengruppe an den Märkten Südostasiens nehmen die DG Capital Company Ltd, Hongkong, sowie die Filialen der DG BANK in Hongkong und Singapur wahr; am Ende des Berichtsjahres belief sich die Bilanzsumme der »Capco« auf 0,7 Mrd. DM. In Malaysia ist die DG BANK als einziges deutsches Kreditinstitut maßgeblich an einer »Merchant Bank« beteiligt, der Rakyat First Merchant Bankers Berhad, Kuala Lumpur.

Die UNICO Trading Handelsgesellschaft mbH, Wien, deren Kapital die DG BANK gemeinsam mit ihren fünf westeuropäischen Partnern der UNICO-Bankengruppe hält, ist auf internationale Gegengeschäfte spezialisiert; die UNICO Investment Fund Management Company SA, Luxemburg, verwaltet einen international investierenden Investmentfonds.

Über den bankgeschäftlichen Rahmen hinaus fördert die DG BANK das Genossenschaftswesen durch Sachleistungen und Zuwendungen zur Unterstützung von Ausbildungs-, Lehr- und Forschungseinrichtungen. Die deutsche Hochschulforschung und -lehre auf dem Gebiet des Genossenschaftswesens wird aus den Erträgen des Wissenschaftsfonds der DG BANK gefördert, der 1985 mit einem Dotationskapital von 6 Mio DM als selbständige Stiftung im Stifterverband für die Deutsche Wissenschaft errichtet wurde.

e) Geschäftstätigkeit

Die Vorschußvereine von Schulze-Delitzsch betrachteten die Gewährung von kurzfristigen Betriebskrediten an die gewerbliche Wirtschaft, die in der Regel als Blankokredit gegeben wurden[109], als ihre Hauptaufgabe. Die Darlehenskassenvereine Raiffeisens verfolgten primär den Zweck, den Kreditbedarf der Landwirtschaft, insbesondere der kleineren Landwirte, zu befriedigen. Hieraus resultierte, daß die Fristen der von den *Kreditgenossenschaften* (Raiffeisen) gewährten Kredite wegen des langsameren Kapitalumschlages in landwirtschaftlichen Betrieben länger sein mußten als die Fristen der von Kreditgenossenschaften (Schulze-Delitzsch) ausgereichten Kredite. Inzwi-

[109] Vgl. Schulze-Delitzsch, H., Vorschußvereine als Volksbanken, Leipzig 1855, abgedruckt in: Thorwart, F., a.a.O., S. 130 ff.

schen hat sich aber auch bei den Kreditgenossenschaften (Schulze-Delitzsch) in Anpassung an den Investitionskreditbedarf der Kundschaft der Trend zum langfristigen Kredit erheblich verstärkt[110], so daß in bezug auf die Fristigkeit der ausgereichten Kredite sich eine Annäherung beider Institutsgruppen vollzieht[110,111].

Im Laufe der Entwicklung erweiterten sowohl die gewerblichen als auch die *ländlichen Kreditgenossenschaften* ihren Geschäftskreis immer mehr. Heute führen die Banken des Genossenschaftssektors die meisten vorkommenden Bankgeschäfte durch.

Den beachtlichen Marktanteil des genossenschaftlichen Bankwesens und die bemerkenswerte Geschäftsentwicklung im Zeitraum 1960 bis 1984 belegt Tabelle 28[112].

Bei der stürmischen Entwicklung konnten allerdings „Schieflagen" nicht ganz ausbleiben. Auf die Bayerische Raiffeisen-Zentralbank ist bereits hingewiesen worden. Als spektakulär galten die Ereignisse bei der Hammer-Bank, Spar- und Darlehenskasse Spadaka eG und bei der Volksbank Oberhausen-Mülheim, beide 1984, mit folgendem strukturellem Ursachen[113].

- Durchbrechung des Regionalprinzips
- mangelnde Professionalität der AR-Mitglieder
- fehlendes Frühwarnsystem für die Prüfungsverbände.

Diese Ursachen sind mit der Neufassung des Statutes der Sicherungseinrichtung des Bundesverbandes der Deutschen Volksbanken und Raiffeisenbanken, das ab 1. 1. 86 in Kraft getreten ist, mindestens institutionell beseitigt worden[114].

f) Bilanzierung und Publizität

Für die *Aufstellung der Jahresabschlüsse der Kreditgenossenschaften* gelten die Vorschriften des Handelsgesetzbuches[115] und speziell die des Genossenschaftsgesetzes[116]. Die Kreditgenossenschaften müssen danach wie alle anderen Genossenschaften eine Jahresbilanz, eine Gewinn- und Verlustrechnung und einen Geschäftsbericht aufstellen und den Jahresabschluß, d. h. die Bilanz und die Gewinn- und Verlustrechnung, veröffentlichen. Generell unterliegen die Kreditgenossenschaften damit der vollen Publizitätspflicht. Allerdings brauchen kleinere Genossenschaften[117] ihren Jahresabschluß nicht zu veröffentlichen; im übrigen kann das zuständige Amtsgericht, bei dem das Genossenschaftsregister geführt wird, den Vorstand von der Veröffentlichungspflicht be-

110 Vgl. Jahrbuch des Deutschen Genossenschaftsverbandes (Schulze-Delitzsch) e. V. für 1971, S. 65 f.
111 Vgl. Jahrbuch des Deutschen Raiffeisenverbandes e. V. 1971, S. 65 und 66.
112 Die Genossenschaften in der Bundesrepublik Deutschland 1985, Statistischer Teil, hrsg. Deutsche Genossenschaftsbank, S. 10 ff.
113 „Auf den Kopf gestellt", a.a.O., S. 35
114 ebenda, S. 444
115 §§ 38–40 HGB.
116 §§ 33–33 iGenG.
117 § 33 Abs. 3 GenG.

Tabelle 28: Geschäftsentwicklung des genossenschaftlichen Bankwesens

	1960	1970	1980	1983	1984
Mitglieder der Kreditgenossensch.					
in 1.000	3.855	6.216	9.105	9.750	10.060
Volksbanken u. Raiffeisenbanken	2.837	5.001	7.677	8.232	8.519
dav. mit Warenverkehr	1.381	1.991	2.925	3.190	3.274
Sparda-Banken	561	599	654	692	703
Post-Spar- und Darlehensvereine	296	382	520	565	576
Beamtenbanken	152	201	218	231	233
Genossenschaftl. Teilzahlungsbanken	9	33	36	30	29
Bilanzsummen, Geschäftsvolumen – Mio DM –					
Bilanzsummen	29.041	108.111	388.387	494.428	530.105
Kreditgenossenschaften	22.109	78.714	284.674	365.141	390.503
Regionale Zentralbanken	4.909	19.962	63.183	84.935	91.541
Deutsche Genossenschaftsbank	2.023	9.435	40.530	44.352	48.061
Geschäftsvolumen	30.277	114.262	412.030	528.003	565.258
Kreditgenossenschaften	22.644	80.993	297.828	384.849	410.932
Regionale Zentralbanken	5.396	22.448	69.195	92.352	99.707
Deutsche Genossenschaftsbank	2.237	10.821	45.007	50.802	54.619
Markanteile der Genossenschaftsbanken ivH aller Universalbanken 1)					
Bilanzsumme	14,8	17,8	21,2	22,4	22,4
Einlagen von Nichtbanken	15,3	19,3	24,5	26,3	26,3
dav. Spareinlagen	20,1	23,8	29,9	29,9	30,1
Kredite an Nichtbanken	13,1	15,5	19,2	20,1	20,4

freien, sofern glaubhaft gemacht wird, daß die Kosten der Veröffentlichung in offenbarem Mißverhältnis zu der Vermögenslage der Genossenschaft stehen[118].

Im übrigen gelten für Kreditgenossenschaften hinsichtlich der Gliederung des Jahresabschlusses und der Angabe der jährlichen Zu- und Abgänge sowie der Abschreibungen und Wertberichtigungen bei den Posten des Anlagevermögens grundsätzlich die

[118] Vgl. § 33 Abs. 3 GenG.

gleichen Ausnahmeregelungen wie bei Aktienbanken. Für die Kreditgenossenschaften wurden ebenso wie für die Kreditinstitute in anderen Rechtsformen eigene Formblätter sowohl für die Gliederung der Jahresbilanz als auch für die Gliederung der Gewinn- und Verlustrechnung herausgegeben[119].

Das Bilanzformblatt weist neben den allen Bankbilanzen eigenen Besonderheiten einige Arteigenheiten auf. Durch die Ausgliederung der Nostroguthaben bei den genossenschaftlichen Zentralkreditinstituten innerhalb der Aktivposition „Forderungen an Kreditinstitute" und auf der Passivseite der Nostroverpflichtungen bei genossenschaftlichen Zentralkreditinstituten innerhalb der Position „Verbindlichkeiten gegenüber Kreditinstituten" können die finanziellen Verpflichtungen der Kreditgenossenschaften mit ihren Zentralkassen auch vom externen Bilanzleser erkannt werden. Außerdem finden Warengeschäfte der Kreditgenossenschaften in der Bilanz eine gesonderte Berücksichtigung. Auf der Aktivseite erscheint die Position „Warenbestand", und die Warenforderungen werden aus der Position „Forderungen an Kunden" ausgegliedert. Die Verbindlichkeiten aus dem Warengeschäft werden auf der Passivseite unter Position „3. Verpflichtungen aus Warenbezugsgeschäften und aufgenommenen Warenkrediten" ausgewiesen. „Unter dem Strich" müssen die Kreditgenossenschaften Auskunft erteilen über die Zahl der Mitglieder und der Geschäftsanteile, über die Höhe des einzelnen Geschäftsanteils und der Haftsumme je Geschäftsanteil sowie über die betragsmäßige Entwicklung der Geschäftsguthaben und der Haftsummen. Auch die rückständigen und fälligen Pflichteinzahlungen auf Geschäftsanteile müssen besonders aufgeführt werden; schließlich müssen die Kreditgenossenschaften in einer auf der Aktivseite unter dem Strich vorgesehenen Position den Gesamtbetrag aller in den Aktiven und Rückgriffsforderungen enthaltenen „Forderungen an Mitglieder" gesondert ausweisen.

Das Formblatt für die Gewinn- und Verlustrechnung der Kreditgenossenschaften ist ebenso wie das Formblatt bei Kreditinstituten anderer Rechtsformen nach dem Bruttoprinzip aufgebaut.

Die Jahresabschlußprüfung erfolgt bei den größeren Kreditgenossenschaften jährlich, bei kleineren alle zwei Jahre durch die zuständigen genossenschaftlichen Verbände. Jede *Kreditgenossenschaft* muß einem solchen Verband, dem das Prüfungsrecht verliehen wurde, angehören[120]. Der betreffende Verband hat zwecks Feststellung der wirtschaftlichen Verhältnisse und der Ordnungsmäßigkeit der Geschäftsführung die Einrichtungen, die Vermögenslage sowie die Geschäftsführung der Genossenschaft zu prüfen[121]. Der Prüfungsumfang ist also gegenüber der aktienrechtlichen Pflichtprüfung erweitert und umfaßt neben der formellen und materiellen Prüfung auch eine Prüfung der Ge-

[119] Vgl. Verordnung über Formblätter für die Gliederung des Jahresabschlusses von Kreditinstituten vom 20. 12. 1967 (BGBl I S. 1300), Muster 2, Formblatt für den Jahresabschluß der Kreditinstitute in der Rechtsform der eingetragenen Genossenschaft.

[120] § 54 GenG.

[121] § 53 GenG.

schäftsgebaren. Im übrigen gelten für die Kreditgenossenschaften die Vorschriften der „Verordnung über die Prüfung der Jahresabschlüsse von Kreditinstituten" vom 7. 7. 1937 [122], in der angeordnet wird, daß bei sämtlichen Kreditinstituten eine Jahresabschlußprüfung vorgenommen werden muß.

g) Verbandswesen

Schon wenige Jahre nach Gründung der ersten Genossenschaften war zu erkennen, daß das *Genossenschaftswesen* wegen seiner starken Ausdehnung und seines dezentralisierten Aufbaus einer strafferen Organisation bedürfe, um den Zusammenhalt der einzelnen Genossenschaften zu gewährleisten und die gemeinsamen Interessen aller Genossenschaften wahrzunehmen. Auf wirtschaftlichem Gebiet sollte die ausgleichende Wirkung einer Vielzahl von Geschäften ausgenutzt – z. B. Liquiditätsausgleich – und durch gemeinsame Geschäfte die Marktstellung verbessert werden. Eine zentrale Stelle sollte außerdem ermöglichen, die von einzelnen Genossenschaften gesammelten Erfahrungen auszuwerten und unter den Genossenschaften auszutauschen.

Durch diese Erfordernisse bedingt, „haben sich die Genossenschaften nach zwei Richtungen hin zusammengeschlossen. In den Verbänden wird – neben der Revision – das gemeinsame Interesse aller Genossenschaften gepflegt"; die Zentralgenossenschaften fassen dagegen die einzelnen Genossenschaften in wirtschaftlicher Beziehung zwecks gemeinsamer Geschäftstätigkeit zusammen[123].

Wie bei den Genossenschaftsbanken selbst hat sich die Verbandsbildung in den beiden Genossenschaftsbereichen Schulze-Delitzsch und Raiffeisen über ein Jahrhundert lang unabhängig voneinander entwickelt. Bei den Kreditgenossenschaften (Schulze-Delitzsch) nahm die Verbandsbildung 1859 ihren Anfang auf dem ersten Vereinstag deutscher Vorschuß- und Kreditvereine, als die Errichtung eines „Zentral-Korrespondenzbureaus" beschlossen wurde. Ende 1859 hatten sich diesem Büro 30 Vereine angeschlossen[124]; die Leitung lag in den Händen von Schulze-Delitzsch. Aus diesem Büro, das 1861 in eine „Anwaltschaft deutscher Erwerbs- und Wirtschaftsgenossenschaften" umgewandelt wurde[125], ging 1864 der „Allgemeine Verband der auf Selbsthilfe beruhenden Erwerbs- und Wirtschaftsgenossenschaften" hervor[126]. Dieser Verband, der überwiegend *Kreditgenossenschaften* zu seinen Mitgliedern zählte und unbeschränkte Haftpflicht verlangte, fand jedoch keine allgemeine Zustimmung. Insbesondere in Handwerkerkreisen entwickelten sich – teils auch aus politischen Gründen – gegenläufige Bestrebungen, die 1901 nach der Verkündung des Genossenschaftsgesetzes zur Gründung eines „Hauptverbandes deutscher gewerblicher Genossenschaften" durch den Handwerkskammersekretär Korthaus führten[127]. Die gleichgerichteten Bemühun-

[122] RGBl I S. 763.
[123] Vgl. Wygodzinski, W., a.a.O., S. 91.
[124] Vgl. Thorwart, F., a.a.O., S. 512.
[125] Vgl. Thorwart, F., a.a.O., S. 519.
[126] Vgl. Lang, J., Die städtischen Kreditgenossenschaften, S. 220
[127] Vgl. Grünfeld, E., a.a.O., S. 217.

gen um das Wohl des Mittelstandes und nicht zuletzt die durch den Krieg aufgetretenen Schwierigkeiten bedingten 1920 den Zusammenschluß der beiden Spitzenverbände zu dem „Deutschen Genossenschaftsverband“[128].

Dieser Verband war bis zum Ende des Zweiten Weltkrieges der alleinige Spitzenverband aller gewerblichen Genossenschaften. Auch nach 1945 versuchte der Deutsche Genossenschaftsverband von Berlin aus, eine alle Besatzungszonen umfassende Organisation aufrechtzuerhalten; dieser Versuch erwies sich jedoch als undurchführbar. Nachdem sich nach Kriegsende in den Westzonen bereits eine „Arbeitsgemeinschaft gewerblicher Genossenschaften“ gebildet hatte, erfolgte daher 1949 in Wiesbaden die Neugründung des *Deutschen Genossenschaftsverbandes* (Schulze-Delitzsch) e. V.[129]. Diesem neuen Deutschen Genossenschaftsverband waren Ende 1971 zehn regionale Verbände angeschlossen, die Kredit- und Warengenossenschaften betreuen (Erfahrungsaustausch, Schulung durch Fachlehrgänge und Tagungen, Beratung, Durchführung der Prüfung der Genossenschaften, Interessenwahrung), sowie sechs überregionale Verbände für fachliche Prüfungen.

Im Jahre 1937 wurde ein *kreditgenossenschaftlicher Garantiefonds* des Deutschen Genossenschaftsverbandes für gewerbliche *Kreditgenossenschaften* ins Leben gerufen, der jedes Institut zu einer jährlichen Beitragsentrichtung verpflichtet. Der Zweck dieses Garantiefonds war darin zu sehen, „daß durch seinen ebenso raschen wie stillen Einsatz gelegentlich auftretende Schwierigkeiten bei gewerblichen Kreditgenossenschaften behoben werden sollen, dadurch Vertrauensstörungen bei den Mitgliedern, die mit Geschäftsanteilen beteiligt und mit *Haftsummen* verpflichtet sind, verhindert werden und als Folge davon die Sicherheit der Spareinlagen, Depositengelder und Kontokorrentguthaben der Kundschaft weiter erhöht wird“[130]. Die Kreditgenossenschaften haben jedoch keinen Rechtsanspruch auf Beihilfe aus dem Garantiefonds.

Da durch den Zweiten Weltkrieg der Garantiefonds mit dem Zusammenbruch des Genossenschaftsverbandes zerfiel, bildeten nach der Währungsreform zunächst die einzelnen Prüfungsverbände neue Garantiefonds, die im Jahre 1953 in einem zentralen Fonds beim Deutschen Genossenschaftsverband zusammengeschlossen wurden.

Bei den *Kreditgenossenschaften* (Raiffeisen) entwickelte sich die Verbandsbildung insofern anders, als sich bei diesen die bereits bestehenden landwirtschaftlichen Vereine der genossenschaftlichen Idee annahmen[131].

Erst relativ spät – nämlich im Jahre 1877 – erfolgte die Gründung des „Generalanwaltschaftsverbandes ländlicher Genossenschaften“ (sog. *Raiffeisenverband)*[132]. Die-

128 Vgl. Lang. J., Die Kreditgenossenschaften, S. 237.

129 Vgl. Lang, J.: a.a.O., S. 237.

130 Fuchs, H., Kreditgenossenschaftlicher Garantiefonds, in: Die Bank, Wochenschrift für Finanz- und Bankwesen, Berlin 1937, S. 1533.

131 Im Jahre 1867 beschloß z. B. der „Landwirtschaftliche Verein für Rheinpreußen“, „die Gründung von Vereinen nach Raiffeisenschem Vorbilde zur Vereinsangelegenheit zu machen. Eine eigene Abteilung des weitverzweigten Vereins wurde der Propaganda der Spar- und Darlehnskassen gewidmet und Raiffeisen selbst zur Mitarbeit eingeladen“, Grünfeld, E., a.a.O., S. 238.

132 Vgl. Lang, J., Die Kreditgenossenschaften, S. 240.

ser Verband blieb nicht der einzige, sondern im Jahre 1893 wurde von Hofrat Wilhelm Haas für die seiner Richtung angehörenden landwirtschaftlichen Genossenschaften die „Vereinigung landwirtschaftlicher Genossenschaften“ (sog. Reichsverband) ins Leben gerufen. Fast 40 Jahre blieb dieser Dualismus bestehen, denn erst 1932 vereinigten sich die beiden Spitzenverbände zu dem „Reichsverband der deutschen landwirtschaftlichen Genossenschaften – Raiffeisen“[133]. Auch dieser Verband hat das Ende des letzten Krieges nicht überlebt. Deshalb erfolgte im Jahre 1949 in Bonn die Gründung des „*Deutschen Raiffeisenverbandes e. V.*“.

Über das Zusammenführen der ländlichen und gewerblichen Kreditgenossenschaften in einen gemeinsamen Verband wurde bereits seit Mitte der 50er Jahre diskutiert[134].

Die Bemühungen um den Zusammenschluß der beiden Genossenschaftsbereiche fanden Ende 1971 ihr vorläufiges Ende. Am 30. November 1971 schlossen der Deutsche Genossenschaftsverband (Schulze-Delitzsch) e. V. und der Deutsche Raiffeisenverband e. V. einen Kooperationsvertrag[135].

„Spitzenverband der genossenschaftlichen Bankengruppe ist der *Bundesverband der Deutschen Volksbanken und Raiffeisenbanken e. V. (BVR)* mit Sitz in Bonn. Er ist aus der Neuordnung des genossenschaftlichen Verbandswesens nach dem Zweiten Weltkrieg hervorgegangen und nahm seine Tätigkeit 1972 auf. In ihm ist die Vertretung der fachlichen und der spezifischen wirtschaftspolitischen Interessen der Volksbanken und Raiffeisenbanken zusammengefaßt, die zuvor vom Deutschen Raiffeisenverband und vom Deutschen Genossenschaftsverband mitvertreten wurden.

Der Deutsche Genossenschafts- und Raiffeisenverband e. V. (DGRV), Bonn, vertritt als Dachverband die Interessen der genossenschaftlichen Bankenorganisation insoweit, wie die genossenschaftliche Organisation in ihrer Gesamtheit berührende Belange wahrzunehmen sind.
Der BVR, zu dessen Mitgliedern die örtlichen Kreditgenossenschaften, die regionalen genossenschaftlichen Zentralbanken, die DG BANK, die Verbundinstitute, die regionalen Prüfungsverbände und die Fachprüfungsverbände gehören, hat die Aufgabe, die wirtschaftspolitischen, wirtschaftlichen, rechtspolitischen und steuerpolitischen Interessen seiner Mitglieder gegenüber Parlament, Regierung, Ministerien, Behörden und der Öffentlichkeit wahrzunehmen.
Er berät seine Mitglieder in rechtlichen, steuerlichen, volkswirtschaftlichen und betriebswirtschaftlichen Fragen. Er unterhält einen zentralen Informationsdienst, gibt die Fachzeitschrift »Bankinformation« heraus und veranstaltet bankwirtschaftliche Fach- und Informationstagungen.
Zu seinen Aufgaben zählen die Gründung, die Unterhaltung und die Unterstützung von Schulungseinrichtungen. Sein besonderes Augenmerk gilt dabei der bankwirt-

133 Vgl. ebenda.

134 Vgl. Baumann, H., Die Neuordnung der gewerblichen und ländlichen Genossenschaftsorganisation in Deutschland, in: Blätter für Genossenschaftswesen, Mai 1973, S. 129–142, insb. S. 129.

135 Aschoff, G./Henningsen, E.: a.a.O., S. 60 ff.

schaftlichen Sektion der Akademie Deutscher Genossenschaften auf Schloß Montabaur, der Schulungs- und Weiterbildungsstätte für das Führungspersonal der Volksbanken und Raiffeisenbanken.
Der BVR hat die Federführung in der Errichtung und Verwaltung von Sicherungseinrichtungen der genossenschaftlichen Bankengruppe.

Auf regionaler Ebene sind die Kreditgenossenschaften Mitglieder der genossenschaftlichen Regionalverbände, zu deren Mitgliedern auch die ländlichen und die gewerblichen Waren- und Dienstleistungsgenossenschaften gehören.
Es sind dies
- Der Badische Genossenschaftsverband – Raiffeisen/Schulze-Delitzsch – e. V., Karlsruhe
- der Bayerische Genossenschaftsverband (Schulze-Delitzsch) e. V., München
- der Bayerische Raiffeisenverband e. V., München
- der Berliner Genossenschaftsverband (Schulze-Delitzsch) e. V., Berlin
- der Genossenschaftsverband Niedersachsen e. V., Hannover
- der Genossenschaftsverband Hessen/Rheinland-Pfalz (Raiffeisen/Schulze-Delitzsch) e. V., Frankfurt am Main
- der Raiffeisenverband Kurhessen e. V., Kassel
- der Nordwestdeutsche Genossenschaftsverband (Schulze-Delitzsch) e. V., Hamburg
- der Genossenschaftsverband Rheinland e. V., Köln
- der Saarländische Genossenschaftsverband e. V., Saarbrücken
- der Raiffeisenverband Schleswig-Holstein und Hamburg e. V., Kiel
- der Raiffeisen-Genossenschaftsverband Weser-Ems e. V., Oldenburg
- der Westfälische-Genossenschaftsverband e. V., Münster
- der Württembergische Genossenschaftsverband (Raiffeisen/Schulze-Delitzsch) e. V., Stuttgart.

Die Regionalverbände führten die pflichtmäßigen Unternehmensprüfungen bei den Kreditgenossenschaften durch und sind auf den Gebieten der Beratung, Betreuung und Schulung tätig.
Eigenständige Entwicklungen haben in zwei Fällen zur Entstehung von Fachprüfungsverbänden geführt. Es handelt sich um den 1906 gegründeten Verband der Sparda-Banken e. V., Frankfurt am Main, und den 1938 gegründeten Verband der Post-, Spar- und Darlehnsvereine e. V., Bonn. Beide Fachverbände arbeiten bundesweit, haben aber grundsätzlich die gleichen Aufgaben wie die Regionalverbände."

4. Privatrechtliche Spezialinstitute

(A) Teilzahlungskreditinstitute

Teilzahlungsbanken sind Kreditinstitute, deren Geschäftstätigkeit darauf gerichtet ist, an Konsumenten und Produzenten für die Beschaffung von Gütern und Dienstleistungen Kredite zu gewähren, deren Rückzahlung in gleichen Raten und gleichen Zeitabschnitten erfolgt.

Die Definition gilt (wieder), nachdem die größte Teilzahlungsbank, die KKB, aus dem Verband der Teilzahlungsbanken ausgeschieden und nur noch Mitglied des Bundesverbandes deutscher Banken ist, sich also nunmehr als Geschäftsbank fühlt[136].

a) Geschichtliche Entwicklung

Zurückzuführen ist die Entstehung der Teilzahlungskreditinstitute auf das Bedürfnis von Konsumenten und kleinen Fertigungsbetrieben nach Kredit zum Kauf von Waren und Investitionsgütern, die sie nicht gegen Barzahlung erwerben konnten und bei denen die Verkäufer kein Ziel gewähren wollten. Während die Einräumung organisierter Teilzahlungskredite im weiteren Sinne insbesondere durch Handelsunternehmen in Deutschland vor etwa 100 Jahren begann, setzte die Gewährung von Teilzahlungskrediten durch am Warenabsatz nur mittelbar interessierte Kreise, d. h. Finanzierungsgesellschaften, nach dem Ersten Weltkrieg ein.

1849 „begann Alex Friedländer in Hamburg als Vater des Teilzahlungskreditsystems in Deutschland den Verkauf von Anzügen usw. gegen Teilzahlungskredite“[137], indem er Bekleidungsstücke unter Vereinbarung kleiner Wochenraten ohne Forderung besonderer Sicherheiten, nur auf die Ehrlichkeit und Zahlungsmoral seiner Kunden vertrauend, verkaufte.

Gleichzeitig mit der Entwicklung der sogenannten Warenkredithäuser fand das Ratenzahlungssystem auch in der Industrie Verbreitung. Veranlaßt durch das Eindringen der Singer Manufacturing Company, New York, in den deutschen Markt im Jahre 1850, die ihren Absatz mit Hilfe der Einräumung von Teilzahlungskrediten sowohl in den USA als auch in anderen Ländern förderte, mußten die deutschen Nähmaschinenhändler ähnliche Zahlungsbedingungen gewähren, wenn sie nicht aus dem Geschäft herausgedrängt werden wollten[138].

Die nächste Entwicklungsstufe im deutschen Teilzahlungskreditgeschäft setzte nach dem Ersten Weltkrieg ein, indem sich Banken an der *Teilzahlungsfinanzierung* beteiligten, so daß dadurch die Vorteile einer Trennung von Warengeschäft und Finanzierungsfunktion ausgenutzt wurden.

Mit der Übernahme der Finanzierungsfunktion durch besondere Institute wurde eine Verringerung des Kreditrisikos erwartet, da eine genauere Prüfung der Kreditnehmer und eine schärfere Kreditauslese erfolgten sowie eine größere Risikostreuung erreicht wurde. „Aus der Erkenntnis einer rationelleren, kostensparenden und risikomindern-

[136] Vgl. Mitglieder-Verzeichnis 1985 des Bankenfachverbandes Konsumenten- und gewerbliche Spezialkredite (BKB) e. V. Jahresbericht 1985/Bundesverband deutscher Banken, 1983/85

[137] Halbig, J.: Finanzierung und Organisation der Teilzahlungskredit-Geschäfte, Diss. Coburg 1930, S. 8

[138] Vgl. Fischer, W.: Das Teilzahlungskreditgeschäft, Stuttgart und Köln 1952, S. 14 f.

den Abwicklung der Teilzahlungskredite durch zentrale, bankmäßig organisierte Institute entstanden in der Zusammenarbeit zwischen allgemeinen Geschäftsbanken und Einzelhändlern die speziellen Teilzahlungsfinanzierungsinstitute“[139]. Allerdings wurde die beabsichtigte Trennung von Waren- und Finanzierungsgeschäft zunächst nur teilweise erreicht, da anfänglich der größte Teil der Institute tatsächlich nur die eigentliche Finanzierungsfunktion übernahm und die Funktion der Kreditprüfung und der Kreditabwicklung beim Händler verblieb. Erst mit der später erfolgten vollständigen Trennung von Warenabsatz und Finanzierung des Absatzes entstand eine wirtschaftliche Arbeitsteilung.

Die Errichtung von Teilzahlungsfinanzierungsinstituten begann in Deutschland im Jahre 1926. Der Anstoß zu dieser Gründungswelle ging von der Automobilindustrie aus. Auch auf andere Industriezweige dehnte sich die *Teilzahlungsfinanzierung* aus. Die „Finanzierungsgesellschaft für Landkraftmaschinen AG (Traktorbank)“ wurde 1926 und die „Finanzierungsgesellschaft für Industrielieferungen AG (Maschinenbank)“ 1928 ins Leben gerufen. Neben der Gründung von Instituten, die mehr den Absatz industrieller Unternehmen finanzierten, entstanden ab 1926 auch solche Institute, die den Kunden des Einzelhandels Teilzahlungskredite einräumten. Hierbei wurde das Gründungskapital entweder von interessierten Handelsunternehmen aufgebracht, oder die Institute waren Gründungen von bereits bestehenden Teilzahlungsbanken des industriellen Sektors, die nach weiteren Anwendungsgebieten der Teilzahlungsfinanzierung suchten. Die „Kreditanstalt für Verkehrsmittel AG“, die zum Zwecke der Automobilabsatzfinanzierung ins Leben gerufen worden war, gründete 1926 die „Diskontvereinigung des kreditgebenden Einzelhandels eGmbH, Berlin“. In Königsberg wurde am 30. 8. 1926 in Zusammenarbeit von Einzelhandel und Königsberger Stadtbank die erste „Kundenkredit-GmbH“ und am 23. 11. 1926 in Hamburg das erste genossenschaftliche Teilzahlungsinstitut, die „Warenkredit-Gesellschaft des Hamburger Einzelhandels eGmbH, Hamburg [140] gegründet. 1929 folgte in Berlin die Gründung der „Gesellschaft für Finanzierung von Kreditgemeinschaften (Gefi)“ durch ein Berliner Bankenkonsortium.

Der Zweite Weltkrieg brachte eine weitgehende Zerstörung des deutschen *Teilzahlungsbankensystems* mit sich, da das Teilzahlungskreditgeschäft während des Krieges zum Erliegen gekommen war. Nur wenige Institute waren imstande, eine Liquidation zu vermeiden. Eine neue Situation entstand für die Teilzahlungsbanken nach der Währungsreform im Jahre 1948 und in der Folgezeit, als sich wieder ein breites Betätigungsfeld für sie eröffnete. Das Warenangebot erhöhte sich schlagartig, und um Güter absetzen zu können, mußten die Verkäufer vielfach Teilzahlungsfinanzierungsmöglichkeiten bieten, zumal Barkäufe durch den Verlust der Ersparnisse der Bevölkerung weitgehend eingeschränkt waren. Außerdem galt es, den erheblichen Nachholbedarf der potentiellen Käufer zu berücksichtigen und ihnen mittels Ratenzahlungen zu ermöglichen, größere Anschaffungen durchzuführen. Schließlich erleichterten die *Teil-*

139 Wirtschaftsverband Teilzahlungsbanken, Jahresbericht 1950, o. S.
140 Vgl. Mönnich, H.-J.: Die genossenschaftlichen Teilzahlungsbanken, Marburg/Lahn 1962, S. 25.

zahlungsfinanzierungsinstitute durch ihr Finanzierungssystem auch die Anschaffung von Gütern des gehobenen Bedarfs, wie Kraftfahrzeuge, Kühlschränke, Waschmaschinen, Fernsehgeräte. Insbesondere diejenigen Teilzahlungsfinanzierungsinstitute entstanden erneut, die bereits vor dem Zweiten Weltkrieg jahrelang erfolgreich gearbeitet hatten.

Im Mai 1950 wurde die „Landmaschinen Finanzierung Aktiengesellschaft Figelag"[141] mit Sitz in Frankfurt am Main wiedererrichtet. Auch die Kundenkreditgesellschaften nahmen ihre Tätigkeit wieder auf. Außerdem wurden zahlreiche neue Teilzahlungskreditinstitute gegründet. Die vor dem Krieg in Berlin ansässig gewesenen Finanzierungsgesellschaften nahmen ihren Sitz als Nachfolgeinstitute oder Neugründungen in Westdeutschland. Ende 1985 gab es in der Bundesrepublik 89 Teilzahlungskreditinstitute, die sich, nach ihrem Geschäftsvolumen gegliedert, auf folgende Größenklassen verteilen[142]:

bis unter DM	10 Mio	15
10 bis unter DM	25 Mio	9
25 bis unter DM	50 Mio	10
50 bis unter DM	100 Mio	12
100 bis unter DM	250 Mio	12
250 bis unter DM	500 Mio	12
500 bis unter DM	1 Mrd	11
1 Mrd DM bis unter DM	5 Mrd	7
5 Mrd DM und mehr		1

b) Klassifizierung

Eine Klassifizierung kann anhand mehrerer Kriterien erfolgen. Der Wirtschaftsverband Teilzahlungsbanken legte im Jahre 1974 eine Systematik vor, die eine Eingruppierung an Hand der Merkmale Kundengruppe, Absatzwege und Angebotsform vornimmt[143]. Danach sind im wesentlichen *vier Typen von Teilzahlungsbanken* zu unterscheiden:

(1) Die „Kreditbank für den privaten Haushalt" zielt ausschließlich auf den Konsumenten und arbeitet mit einem Zweigstellennetz; sie ist auf das Angebot von Ratenkrediten ohne Einschaltung von Vermittlern spezialisiert.

(2) Die „Universalbank für den privaten Haushalt" unterscheidet sich von Instituten der ersten Gruppe nur durch das breite Leistungsangebot. Diese Gruppe der Teilzahlungsbanken bietet den privaten Haushalten kurz-, mittel- und langfristige Kredite an, betreibt das Einlagengeschäft und wickelt den Zahlungsverkehr für ihre Kunden ab.

141 Seit 1958: „Finanzierungsgesellschaften für Landmaschinen AG – Figelag –"
142 Vgl. Monatsbericht der Deutschen Bundesbank, 38. Jg Nr. 4 (April 1986), S. 44*
143 Vgl. Wirtschaftsverband Teilzahlungsbanken, 25 Jahre, Jahresbericht 1973, S. 17 und 18

(3) Die „Absatzkreditbank für den privaten Haushalt“ schließt nur Ratenkredite ab. Institute dieser Gruppe besitzen kein Zweigstellennetz; sie arbeiten mit Händlern und Vermittlern zusammen.
(4) Die „Investitions- und Absatzkreditbank für den gewerblichen Kreditnehmer“ ist zentral organisiert. Die Geschäfte werden über fremde Absatzwege oder von einem eigenen Außendienst abgewickelt. Das Ratenkreditgeschäft stellt die Hauptgeschäftssparte dar.

c) Gesetzliche Bestimmungen

Nach dem KWG sind die *Teilzahlungsfinanzierungsinstitute* Kreditinstitute im Sinne des § 1 und ihrem Charakter nach Spezialbanken.

Für die Geschäftsabwicklung haben sie die Bestimmungen des Gesetzes betreffend die Abzahlungsgeschäfte vom 16. 5. 1894 zu beachten. Dieses Gesetz war erlassen worden, um bestehenden Mißständen bei der Teilzahlungskreditgewährung abzuhelfen. Verbunden mit der raschen Entwicklung und Ausdehnung des Teilzahlungskreditgeschäfts, waren nämlich zahlreiche Rechtsstreitigkeiten zwischen Kreditgebern und Kreditnehmern aufgetreten. Dazu kam, daß es nicht wenige Teilzahlungskreditgeber gab, die auf Grund besserer Kenntnisse und Erfahrungen die Kreditnehmer in den vertraglichen Vereinbarungen erheblich benachteiligten, so daß interessierte Kreise zahlreiche Reformvorschläge unterbreiteten. Als Ergebnis der umfangreichen Erörterungen über den Teilzahlungskredit hat dann der Reichstag am 12. 4. 1894 den entsprechenden Gesetzesvorschlag des Reichskanzlers angenommen. Trotz zahlreicher Änderungs- und Ergänzungsvorschläge gilt dieses Gesetz, das führend in seiner Art war und in anderen Ländern für vergleichbare Gesetze als Vorbild diente, heute noch.

In neuester Zeit ist die Diskussion um die rechtliche Gestaltung des Teilzahlungskreditgeschäftes aus der Sicht des Verbraucherschutzes erneut entflammt:
- § 138 Abs. 1 BGB und die Nichtigkeit von Verträgen, insbesondere der Streit um den „Schwerpunktzins“ der Deutschen Bundesbank für Ratenkredite (Monatsbericht der Deutschen Bundesbank, Statistischer Teil, V. Zinssätze 7. Soll- und Habenzinsen, Ratenkredite), der sich wie folgt (Tabelle 29) entwickelt hat,
- Preisangabenverordnung für Kredite vom 1. 9. 1985; danach dürfen in den effektiven Jahreszins die Kosten der Restschuldversicherung nicht eingehen,
- § 247 BGB – Referentenentwurf des Bundesjustizministeriums vom September 1985 mit der Reduzierung der Kündigungsfrist für Konsumentenratenkredite auf drei Monate,
- Zwischenbericht zur Lage der Verbraucher bei Ratenkrediten vom August 1985 des Bundesjustizministeriums,
- *Kreditwuchergesetz*
  Gesetzentwurf der Bundestagsfraktion der SPD („Zur Bekämfung des Kreditwuchers und zur Vertragshilfe bei notleidenden Krediten“) mit drei Schwerpunkten[144]

[144] Jahresbericht ’85 BKB e. V., S. 26 f.

Tabelle 29: Kreditkonditionen im Konsumentenratenkreditgeschäft – Schwerpunktzins im Ratenkreditgeschäft –

Stichtag	häufigste p. M. %-Sätze von	häufigste p. M. %-Sätze bis	ø	einmalige Bearbeitungsgebühr von	einmalige Bearbeitungsgebühr bis	ø
31.12.1979	0,55	0,95	0,74	1,5	3,5	2,1
31. 3.1980	0,58	0,95	0,77	0,8	3,5	2,0
30. 6.1980	0,65	0,95	0,81	0,8	3,5	2,2
30. 9.1980	0,58	0,95	0,80	1,0	3,5	2,0
31.12.1980	0,58	1,00	0,81	2,0	3,5	2,2
31. 3.1981	0,67	1,05	0,84	2,0	4,0	2,3
30. 6.1981	0,65	1,20	0,89	1,0	4,0	2,5
30. 9.1981	0,70	1,20	0,91	1,0	4,5	2,5
31.12.1981 *	0,77	1,20	0,92	1,0	4,5	2,2
31. 3.1982	0,63	1,20	0,90	1,0	4,5	2,7
30. 6.1982	0,63	1,00	0,84	1,5	4,5	2,7
30. 9.1982	0,55	1,00	0,80	1,0	4,5	2,5
31.12.1982	0,63	0,95	0,74	1,0	4,0	2,5
31. 3.1983	0,52	0,90	0,69	2,0	4,0	2,5
30. 6.1983	0,52	0,85	0,66	2,0	4,0	2,5
30. 9.1983	0,52	0,85	0,65	2,0	4,0	2,6
31.12.1983	0,52	0,90	0,64	2,0	4,0	2,8
31. 3.1984	0,52	0,80	0,65	2,0	4,0	2,85
30. 6.1984	0,49	0,80	0,64	2,0	4,0	2,39
30. 9.1984	0,49	0,85	0,65	2,0	4,0	2,44
31.12.1984	0,52	0,85	0,65	2,0	4,0	2,38
31. 3.1985	0,50	0,85	0,64	2,0	4,0	2,39
30. 6.1985	0,45	0,85	0,64	2,0	4,0	2,42
30. 9.1985	0,40	0,85	0,63	2,0	4,0	2,37
31.12.1985	0,45	0,70	0,60	2,0	4,0	2,40

Ratenkredite von 5.000 DM bis 10.000 DM und Laufzeiten von mehr als 24 bis 48 Monaten
* bis zum 31.12.81 Ratenkredite von 2.000 DM bis 5.000 DM, Laufzeiten von 12 bis 24 Monaten
(Quelle: BKG-Situationsanalyse)

Quelle: Jahresbericht 1985 BKG e.V., S. 56

- die Einführung einer sog. objektivierten Wuchergrenze unter Heranziehung des sogenannten Schwerpunktzinses der Deutschen Bundesbank;
- durch Umformulierung des § 288 Abs. 2 BGB bzw. Streichung des Satzes 2 in § 289 BGB soll die Geltendmachung von Verzugsschaden im Ergebnis auf die Refinanzierungskosten beschränkt werden;
- bei notleidenden Krediten (u. a. soll auch das Streikrisiko auf die Darlehensgeber abgewälzt werden!) soll der Darlehensnehmer berechtigt sein, unter bestimmten Umständen das Amtsgericht um Vertragshilfe zu ersuchen; diese Vertragshilfe kann u. a. vorsehen, daß bestimmte Darlehensbeträge gestundet, Zahlungen entgegen der Regelung des § 367 BGB anders verrechnet und Zwangsvollstreckungsmaßnahmen des Kreditgebers aufgrund eines Titels einstweilen aufzuheben sind.

- Insolvenzrechtsreform mit der Behandlung von Mobiliarsicherheiten bei mittelständischen Unternehmen,
- Schufaklausel und Datenschutz gem. Urteil des BGH vom 19. 9. 1985: mit Unvereinbarkeits-Erklärung der Schufa-Klausel mit dem AGB-Gesetz. Ab 1. Juli 1986 gilt eine Neuregelung als Ergebnis des Abstimmungsprozesses zwischen den Spitzengremien der Kreditwirtschaft und obersten Aufsichtsbehörden für den Datenschutz[145].

d) Eigene Mittel

Die eigenen Mittel der Teilzahlungsbanken folgen in ihrer Struktur der jeweiligen Rechtsform des Institutes und bilden auch gem. § 10 KWG keine branchenspezifische Spezialität.

e) Geschäftstätigkeit

Im Teilzahlungsgeschäft haben sich verschiedene Arten der Kreditgewährung herausgebildet, wobei zwischen *direkter* und *indirekter Kundenfinanzierung* zu unterscheiden ist[146].

Die *direkte Kundenfinanzierung* ist als Anweisungsgeschäft (A-Geschäft) oder Königsberger System bekannt. Der Kunde beantragt hierbei den Kredit ohne Vermittlung des Händlers bei einem Finanzierungsinstitut; von diesem erhält er entsprechend der Kredithöhe auf feste Beträge lautende Anweisungen (Warenschecks), die von allen durch einen Rahmenvertrag dem Institut angeschlossenen Händlern in Zahlung genommen und dem Institut zur Einlösung eingereicht werden.

Das A-Geschäft spielt heute eine unbedeutende Rolle.

Im Gegensatz zur „direkten Kundenfinanzierung" im sogenannten A-Geschäft und bei der Barauszahlung, bei der zwischen dem Käufer als Kreditnehmer und dem Teilzahlungsfinanzierungsinstitut direkte Kreditbeziehungen bestehen, handelt es sich um „*indirekte Kundenfinanzierung*" oder Händlerfinanzierung, „wenn der Kauf eines Sachgutes oder die Inanspruchnahme einer Dienstleistung durch einen Kunden (Käufer) in der Weise finanziert wird, daß der Kunde einen Teilzahlungskredit verwendet, den ein Bankinstitut mittelbar durch Einschaltung der Verkäuferfirma zur Verfügung stellt"[147]. Diese indirekte Kundenfinanzierung tritt einmal in der Form der Einzel- oder Listenfinanzierung, zum anderen in Form des C-Geschäftes auf[148]. Bei Einzelfinanzierung schließt das Bankinstitut mit der Verkäuferfirma einen Rahmenfinanzie-

[145] Sie wird im Zusammenhang mit dem AGB im Exkurs dieses Bandes behandelt

[146] Vgl. Kaminsky, W.: Die Teilzahlungsbanken, S. 46 ff.

[147] Handbuch der Teilzahlungswirtschaft, Hrsg Wirtschaftsverband Teilzahlungsbanken e. V., Frankfurt am Main, S. 53 f.

[148] Vgl. Handbuch der Teilzahlungswirtschaft, S. 54

rungsvertrag ab, in dem der Verkäuferfirma ein Kreditkontingent eingeräumt wird, das von dieser „im Namen und für Rechnung des Kreditinstituts zur Finanzierung von Kundenkäufen verwendet werden kann, wenn sie den Nachweis der geforderten Anzahlung des Kunden (etwa 20 bis 30 %) für den Kaufgegenstand erbringt"[149]. Um Listenfinanzierung handelt es sich dann, wenn die von einem Kunden bei einer Verkäuferfirma gekauften Gegenstände von einem Bankinstitut „listenmäßig in Form einer Zusammenstellung mehrerer Vertragsabschlüsse und Geschäftsvorgänge in der Weise finanziert werden, daß der Verkäuferfirma in Höhe des jeweiligen Listenendbetrages ein Teilzahlungskredit gewährt wird, der seiner Verwendung nach von der Verkäuferfirma in eigener Regie bereits vorher an Kunden (Käufer) gegeben wurde"[150]. Heute tritt diese Art der Teilzahlungsfinanzierung nur noch selten auf.
C-Geschäfte werden vor allem bei größeren Objekten, wie Kraftfahrzeugen, gewerblichen Maschinen usw., durchgeführt. Der Verkäufer zieht in Höhe der monatlichen Raten Wechsel auf den Käufer, die dieser akzeptiert. Das Teilzahlungskreditinstitut kauft diese Papiere an und läßt sich gleichzeitig das Eigentum an dem Kaufgegenstand übertragen (Sicherungsübereignung).

f) Bilanzierung und Publizität

Hinsichtlich der Bilanzierung und der Publizität der Teilzahlungskreditinstitute wurden die allgemeinen gesetzlichen Vorschriften bis Ende 1967 durch Sonderregelungen ergänzt. Sie wurden beim Erlaß der Verordnung über Formblätter für die Gliederung des Jahresabschlusses von Kreditinstituten vom 20. 12. 1967 ersatzlos gestrichen. Die Teilzahlungskreditinstitute haben sich daher bei der Aufstellung ihrer Jahresabschlüsse entsprechend ihrer Rechtsform ausschließlich nach den neuerlassenen Vorschriften zu richten[151].

Hinsichtlich der Publizität gelten die Prinzipien des privaten Bankgewerbes.

g) Verbandswesen

Der erste verbandsmäßige Zusammenschluß von Teilzahlungskreditinstituten erfolgte 1930 in der Arbeitsgemeinschaft deutscher und österreichischer Kunden-Kredit-Gesellschaften e. V.; seit dem Ende des Zweiten Weltkrieges wird diese als Arbeitsgemeinschaft Kundenkreditgesellschaften e. V. fortgeführt. Angeschlossen sind in der Hauptsache die nach dem sogenannten Königsberger System arbeitenden Kundenkreditinstitute. Im wesentlichen befaßte sich diese Arbeitsgemeinschaft nach ihrer Gründung mit betriebswirtschaftlichen Fragen; heute hat sie nur mehr oder weniger traditionelle Bedeutung. Die eigentlichen verbandspolitischen Aufgaben der *Teilzahlungskreditinstitute* wurden von 1935 bis 1945 von der Fachgruppe Teilzahlungs-Kreditunter-

149 Vgl. ebenda
150 ebenda
151 Vgl. Verordnung über Formblätter für die Gliederung des Jahresabschlusses von Kreditinstituten vom 20. 12. 1967 (BGBl I S. 1300)

nehmungen, einer Zwangsorganisation, wahrgenommen. Diese Fachgruppe bildete zusammen mit der Fachgruppe Bausparkassen und der Fachgruppe private Leihhausbetriebe die Wirtschaftsgruppe Kreditunternehmungen verschiedener Art, die wiederum in die Reichsgruppe Banken eingegliedert war. Allerdings umfaßte die Fachgruppe Teilzahlungs-Kreditunternehmungen nicht alle Teilzahlungskreditinstitute, sondern infolge des Widerstandes der Kraftfahrzeug-Finanzierungsinstitute nur diejenigen Teilzahlungskreditinstitute, die nicht hauptsächlich im Wechselgeschäft tätig waren. Die Fachgruppe hatte einen Beirat, in dem die wichtigsten Gruppen der deutschen und österreichischen Teilzahlungsbanken sowie der finanzierenden Gas- und Elektrizitäts-Versorgungsunternehmen vertreten waren. Im Jahre 1949 haben sich die meisten Teilzahlungskreditinstitute zu dem „Wirtschaftsverband Teilzahlungsbanken e. V.“ mit dem Sitz in Düsseldorf zusammengeschlossen. Dieser Verband stellt die Nachfolgeorganisation der aufgelösten Fachgruppe dar und firmiert als *„Bankenfachverband Konsumenten-und gewerbliche Spezialkredite (BGB) e. V.“*, Bonn, besteht aus einem Vorstand, dem Beirat und aus folgenden Ausschüssen:

- Betriebswirtschaftlicher Ausschuß
- Ausschuß für Investitionsfinanzierung (gewerbliches Ratenkreditgeschäft), Leasing und Factoring
- Ausschuß für Konsumentenkredit und Einreichergeschäft
- Rechtsausschuß
- Ausschuß für Berufsfortbildung.

Innerhalb des Bankenfachverbandes bzw. neben diesem bestehen verschiedene Arbeitsgemeinschaften:
ORGAN Arbeitsgemeinschaft der WKV-Banken e. V., Bankenarbeitsgemeinschaft von 1951 e. V., Arbeitsgemeinschaft der Absatzkreditbanken e. V., Arbeitsgemeinschaft Genossenschaftlicher Teilzahlungsbanken e. V., Arbeitsgemeinschaft private Konsumenten- und Investitionskreditbanken e. V.

(B) Investmentgesellschaften (Kapitalanlagegesellschaften)

Kapitalanlagegesellschaften sind „Unternehmen, deren Geschäftsbereich darauf gerichtet ist, bei ihnen eingelegtes Geld im eigenen Namen für gemeinschaftliche Rechnung der Einleger nach dem Grundsatz der Risikomischung in Wertpapieren oder Grundstücken sowie Erbbaurechten gesondert von dem eigenen Vermögen anzulegen und über die hieraus sich ergebenden Rechte der Einleger (Anteilinhaber) Urkunden (Anteilscheine) auszustellen“[152]. Dabei nehmen die Investmentgesellschaften aber nicht nur die Anlage vor, sondern verwalten auch die Vermögenswerte und überwachen laufend die angelegten Mittel.

Da die *Investmentgesellschaften* in ihren sogenannten Fonds Wertpapiere von zahlreichen Unternehmen verschiedener Wirtschaftszweige vereinigen und die einzelnen An-

[152] § 1 Abs. 1 Gesetz über Kapitalanlagegesellschaften vom 14. 1. 1970 (BGBl I 127);

teile am Fonds relativ klein gestückelt, d. h. für die einzelnen Anteile verhältnismäßig niedrige Beträge zu zahlen sind, bieten sie auch kapitalschwächeren Sparern die Möglichkeit, ihre Mittel in Effekten anzulegen, ohne auf die Vorteile einer Risikominderung infolge gestreuten Wertpapierbesitzes, der einen Ausgleich von Kursschwankungen und relativ konstante Ertragsaussichten bedeutet, verzichten zu müssen. Darüber hinaus sollen die Investmentsparer nicht nur an den Ausschüttungen aus den zum Fonds gehörenden Wertpapieren, sondern auch an dem wachsenden Wert der Unternehmen, deren Papiere sie besitzen, durch Kursgewinne beteiligt sein.

Die *Investmentgesellschaften* verfolgen im Interesse ihrer Anteilseigner folgende Zwecke:
(1) die Erzielung eines fortlaufenden, möglichst hohen Ertrages des angelegten Kapitals,
(2) die Verhütung von Kapitalverlusten sowohl nomineller als auch realer Art und
(3) Risikominderung durch Diversifikation.

a) Geschichtliche Entwicklung

Die erste Investmentgesellschaft entstand 1860 in Schottland[153]. In der Folgezeit werden insbesondere in England neue Investmentgesellschaften gegründet. Ende 1972 gab es in Großbritannien 295 Investmentfonds, die ein Vermögen von 20 Mrd. DM verwalteten[154]. Erst etwa 1930 fand die Idee des Investmentsparens auch in der Schweiz[155] und in Holland Verwirklichung. Nach dem Ersten Weltkrieg setzte eine neue Welle der Gründung von Investmentgesellschaften ein, diesmal in den USA, Kanada und Frankreich. In Deutschland, Dänemark, Österreich und anderen Ländern begann die Gründung von Investmentgesellschaften erst nach dem Zweiten Weltkrieg. 1949 ergriffen in der Bundesrepublik Deutschland „einige Banken – unter ihnen die Bayerische Staatsbank, München, die Bayerische Hypotheken- und Wechsel-Bank, München, die Württembergische Bank in Stuttgart sowie das Bankhaus Seiler & Co., München die Initiative und gründeten als erste deutsche Investmentgesellschaft die „Allgemeine Deutsche Investmentgesellschaft“, München[156]. Im März 1986 gab es in der Bundesrepublik Deutschland 16 Investmentgesellschaften mit 83 Aktienfonds, 54 Rentenfonds, neun offenen Immobilienfonds und 781 Spezialfonds. Das gesamte Fondsvermögen überschritt im März 1986 erstmals die 100 Mrd-Grenze mit DM 106,5 Mrd, etwa hälftig in der Aufteilung von Publikums- und Spezialfonds[157].

153 Vgl. Tormann, W., The Investment Institutions, Frankfurt am Main 1973, S. 12.

154 Vgl. Investment 74, Die deutschen Investmentgesellschaften, herausgegeben vom Bundesverband Deutscher Investment-Gesellschaften e. V., Frankfurt, S. 39.

155 Vgl. Frank, V. C., Zur Problematik der Investmenttrusts, Zürich 1961, S. 9 ff. und 18 ff.

156 Beine, G., Die deutschen Investmentgesellschaften und das Investmentsparen – kritisch betrachtet, in: Die Aktiengesellschaft 1958, S. 282.

157 Statistische Beihefte zu den Monatsberichten der Deutschen Bundesbank, Reihe 2, Mai 1986, (Nr. 5), S. 20

b) Rechtliche Grundlagen[158]

Investmentgesellschaften sind Kreditinstitute im Sinne von § 1 KWG. Grundlage für die Geschäftstätigkeit der Investmentgesellschaften ist neben allgemeinen Rechtsvorschriften, dem KWG und den für Kreditinstitute geltenden gesetzlichen Vorschriften insbesondere das Gesetz über Kapitalanlagegesellschaften vom 14. 1. 1970[159]. Im folgenden sollen deshalb die wichtigsten Bestimmungen dieses Spezialgesetzes kurz genannt werden[160].

Nach den Bestimmungen des Gesetzes über Kapitalanlagegesellschaften dürfen Investmentgesellschaften in der Bundesrepublik Deutschland nur in der Rechtsform der Aktiengesellschaft oder der Gesellschaft mit beschränkter Haftung betrieben werden. Zur Übertragung von Aktien bzw. Gesellschaftsanteilen der Kapitalanlagegesellschaft bedarf es der Zustimmung der Gesellschaft.

Das bei einer Kapitalanlagegesellschaft eingelegte Geld und die damit beschafften Wertpapiere und Bezugsrechte bilden ein oder mehrere Sondervermögen. Dabei bleibt es der Regelung in den Vertragsbedingungen vorbehalten, ob das Sondervermögen im Miteigentum der Anteilscheininhaber oder in treuhänderischem Eigentum der Kapitalanlagegesellschaft stehen soll.

Für das Wertpapier-Sondervermögen[161] dürfen nur börsengängige Wertpapiere erworben werden bzw. solche, deren Ausgabebedingungen eine Börsenzulassung vorsehen. Weiterhin sind Wertpapiere aus Bezugsrechten des Sondervermögens, Gratisaktien und Wertpapiere aus Bezugsrechten, die erworben werden können, zulässig. Die Kapitalanlagegesellschaften sind ermächtigt, in eigenem Namen „nach Maßgabe dieses Gesetzes und der Vertragsbedingungen"[162] die zugestandenen Rechte auszuüben. Sie dürfen jedoch weder Gegenstände des Sondervermögens verpfänden oder belasten noch Forderungen gegen die Gesellschaft und Forderungen, die zu einem Sondervermögen gehören, gegeneinander aufrechnen. Das Sondervermögen haftet nicht für Verbindlichkeiten der Gesellschaft, auch nicht für solche, die für gemeinschaftliche Rechnung der Anteilscheininhaber eingegangen werden.

Zur Sicherheit der Anteilscheininhaber muß das Sondervermögen bei einem mit Zustimmung der Bankaufsichtsbehörde gewählten Kreditinstitut (Depotbank) in Verwahrung gegeben werden. Dieses hat für Wertpapiere und Barbestände des Sondervermögens gesperrte Depots bzw. Konten anzulegen. Entsprechend seiner Zweckbestimmung übt es nur formelle Überwachungsfunktionen aus und besitzt kein sachliches Mitspracherecht bei der Führung der Geschäfte der Investmentgesellschaft.

158 Vgl. Schäcker, H.-E., Entwicklung und System des Investmentsparens, Frankfurt am Main 1961, S. 32 ff.
159 BGBl I S. 127.
160 §§ 1–16 Gesetz über Kapitalanlagegesellschaften.
161 Für Grundstücks-Sondervermögen gelten entsprechende Vorschriften; vgl. §§ 26 bis 37 Gesetz über Kapitalanlagegesellschaften.
162 § 9 Abs. 1 Gesetz über Kapitalanlagegesellschaften

Zum Schutze der Anteilscheininhaber sind unabdingbare Vorschriften für die Vertragsbedingungen festgelegt, nämlich Auswahlgrundsätze für die Wertpapiere, Eigentumsverhältnisse der Anteilinhaber am Fonds, Anteil des Bankguthabens (Höchst- bzw. Mindestanteile), Vergütung für die Gesellschaft, Ausgabe- und Rückkaufbedingungen der Anteilscheine, Zeitpunkt und Art des Rechenschaftsberichtes, Umfang der Ausschüttung von Erträgen und Verwendung von Kursgewinnen. Die Vertragsbestimmungen haben nur Gültigkeit, wenn sie von der Bankaufsichtsbehörde genehmigt sind.

Die Zertifikate verbriefen die Ansprüche der Anteilscheininhaber gegenüber der Kapitalanlagegesellschaft. Die Anteilscheine können auf den Inhaber oder auf den Namen lauten.

Ein neuer Akzent wird durch die Konstituierung eines *Europäischen Investmentrechtes* gesetzt: Am 20. 12. 1985 verabschiedete der EG-Ministerrat die Richtlinie zur „Koordinierung der Rechts- und Verwaltungsvorschriften betreffend die Organismen für gemeinsame Anlagen in Wertpapieren" sowie zur Liberalisierung des grenzüberschreitenden Verkehrs mit Investmentanteilen[163], nach nahezu 20-jähriger Vorbereitung.

c) Eigene Mittel

Hinsichtlich des Eigenkapitals bestehen für die Kapitalanlagegesellschaften erheblich schärfere gesetzliche Bestimmungen als bei anderen Unternehmen der gleichen Rechtsform. Das Mindestkapital einer Investmentgesellschaft beträgt DM 500 000[164]. Eine weitere Verschärfung liegt darin, daß das Nennkapital bei Kapitalanlagegesellschaften voll eingezahlt sein muß[165]. Über diese im Branchen-Spezialgesetz festgelegten Mindest-Eigenmittel-Anforderungen hinaus, verlangt das *Bundesaufsichtsamt* für die Erlaubniserteilung nach § 33 KWG für Kapitalanlagegesellschaften mit einer Fondsart DM 2 Mio, mit Wertpapier- und Immobilienfonds DM 3,5 Mio[166].

Diese strengen Bestimmungen sind darauf zurückzuführen, daß das Eigenkapital der Investmentgesellschaften nur zum geringen Teil Betriebsmittelfunktion, in erster Linie jedoch Haftungsfunktion gegenüber den Einlegern erfüllen soll. Das Verhältnis zwischen Gesellschaftskapital und Fondsvermögen gestaltet sich bei den Kapitalanlagegesellschaften jedoch mit zunehmender Vergrößerung des Fondsvermögens laufend ungünstiger, während bei den anderen Kreditinstituten eine Anpassung des Eigenkapitals an den wachsenden Geschäftsumfang vorgenommen wird. Das bei den Investmentgesellschaften höhere und voll einzuzahlende Mindesteigenkapital erhöht somit die Sicherheit der Zertifikatsinhaber und erschwert die Gründung kleiner Kapitalanlagegesellschaften, „die in betrügerischer oder spekulativer Absicht geplant sind"[167].

163 Vgl. Laux, M.: Europäisches Investment-Recht setzt neue Maßstäbe, in: Die Bank, 4/86, S. 189–196

164 Vgl. § 2 Abs. 2 Gesetz über Kapitalanlagegesellschaften

165 Vgl. § 2 Abs. 2 b Gesetz über Kapitalanlagegesellschaften

166 Szagunn, V./Wohlschieß, K.: a.a.O., S. 503

167 Vgl. Barocka, E.: Investment-Sparen und Investmentgesellschaften, Stuttgart 1956, S. 140

d) Geschäftstätigkeit

Nach Maßgabe des Gesetzes über Kapitalanlagegesellschaften dürfen sich die deutschen Gesellschaften langfristig ihr Anlagekapital nur durch die Ausgabe von Anteilscheinen, der sogenannten Zertifikate, beschaffen. Die Aufnahme von Fremdkapital durch Ausgabe von Schuldverschreibungen ist ausgeschlossen. Nach der Novellierung des KAGG durch das „Gesetz über den Vertrieb ausländischer Investmentanteile, über die Besteuerung ihrer Erträge sowie zur Änderung und Ergänzung des Gesetzes über Kapitalanlagegesellschaften"vom 28. 7. 1969 (BGBl I S. 986) ist es nach § 9 Abs. 3 KAGG Investmentgesellschaften erlaubt, „in besonderen Fällen und für kurze Zeit" Kredite in Höhe von bis zu 10 % des Wertes des Sondervermögens aufzunehmen.

Die deutschen Investmentgesellschaften arbeiten nach dem „open-end-System"; sie sind also bereit, je nach Bedarf laufend Investmentanteile auszugeben bzw. auf Verlangen der Zertifikatinhaber zurückzukaufen. Übersteigen die Rückläufe die Verkäufe und sind entsprechende Barmittel nicht vorhanden, so müssen Effekten aus dem Portefeuille verkauft werden. Die Größe des Fondsvermögens ist variabel; einige Gesellschaften behalten sich jedoch eine Begrenzung der Zahl der auszugebenden Anteilscheine vor.

Der Kauf- und Rückkaufpreis der Anteilscheine wird börsentäglich aus dem Tageswert des gesamten Fondsvermögens ermittelt. Der Preis des einzelnen Zertifikates ergibt sich aus der Division dieses Liquidationswertes durch die Zahl der ausgegebenen Anteilscheine. Zu diesem Inventarwert je Anteil werden bei der Ausgabe die anteiligen Spesen für den Ankauf der Wertpapiere und ein Zuschlag für die Ausgabekosten (oft z. B. 3 %) hinzugerechnet; bei der Rücknahme werden vom Inventarwert vereinzelt die anteiligen Verkaufsspesen und ein Abschlag für die Rücknahmekosten (z. B. 0,5 %) abgezogen.

Im Gegensatz zum „open-end-System" sieht das „closed-end-System" vor, daß die Investmentgesellschaften ihre Anteilscheine nur einmal bei Errichtung des Fonds zur Zeichnung auflegen, bis das Effektenportefeuille die festgelegte Größe erreicht hat. Über diese Höhe gehen die Gesellschaften nicht hinaus. Außerdem verpflichten sich bei dieser Methode die Gesellschaften nicht, ihre Anteilscheine zurückzunehmen.

Für die rechtliche Gestaltung der Eigentumsverhältnisse der Anteilscheineigner am Fonds gibt es grundsätzlich zwei Möglichkeiten:

1. Eigentümer des eingezahlten Geldes wird die Kapitalanlagegesellschaft,an der die Einleger als Gesellschafter beteiligt sind (echte Kapitalanlagegesellschaft).
2. Das bei der Kapitalanlagegesellschaft eingezahlte Geld bildet ein Sondervermögen. Dieses Sondervermögen kann nach Maßgabe der Vertragsbedingungen
   a) im treuhänderischen Eigentum der Kapitalanlagegesellschaft (Treuhandlösung) oder
   b) im Miteigentum der Anteilscheineigner (Miteigentumslösung) stehen[168].

[168] Vgl. § 6 Abs. 1 Gesetz über Kapitalanlagegesellschaften.

Nach den Bestimmungen des Investmentgesetzes sind in Deutschland die Miteigentums- und die Treuhandlösung möglich.

Bei vielen bisher in der Bundesrepublik Deutschland bestehenden Investmentgesellschaften ist die Form des Miteigentums der Zertifikatinhaber an dem Fondsvermögen nach Bruchteilen verwirklicht worden.

Dies ist u. a. auch historisch begründet, da bis zum Erlaß des Gesetzes über Kapitalanlagegesellschaften die Treuhandlösung für deutsche Investmentgesellschaften nicht praktikabel war, weil im Konkursfall einer Kapitalanlagegesellschaft das Aussonderungsrecht der Anteilsinhaber nicht zweifelsfrei gewährleistet war[169].

Da dem Investmentsparer größtmögliche Sicherheit seiner Anlage in formeller und materieller Art und die Erzielung eines angemessenen Ertrages ermöglicht werden sollen, ist die Risikopolitik der Investmentgesellschaften darauf einzustellen. Die Investmentgesellschaften versuchen deshalb, durch eine möglichst weitgehende Streuung der Anlagewerte das Risiko zu mindern.

Die breite Streuung bewirkt, daß ein an einem einzelnen Anlagepapier des Fonds eventuell eintretender Verlust bzw. eine Ertragsschmälerung von der Masse der stabilen Papiere aufgefangen und ausgeglichen wird. Grundsätzlich bestehen insbesondere folgende Möglichkeiten der Risikostreuung:

(1) nach der Art der Effekten
durch Verteilung des Anlagekapitals auf verschiedene Effektenarten, wie Aktien und Renten,
(2) nach Wirtschaftszweigen (Branchen),
indem sich das Anlagekapital auf Effekten von Unternehmen verschiedener Wirtschaftszweige zusammensetzt,
(3) nach der geographischen Lage der Unternehmen,
indem die Anlagen nach der örtlichen Lage verschiedener Unternehmen bzw. Wirtschaftszentren (z. B. auch getrennt nach Ausland und Inland) ausgewählt werden.

Die Einnahmen, welche die Investmentgesellschaften aus den Anlagewerten der Fonds erzielen, setzen sich aus Zinsen, Dividenden, Verkaufserlösen aus Bezugsrechten und Kursgewinnen zusammen. Die Kapitalanlagegesellschaften in der Bundesrepublik Deutschland stellen in die Erfolgsrechnung für die einzelnen Fonds außer den bar eingegangenen Beträgen die bis zum Stichtag aufgelaufenen Zinsansprüche ein. Die erklärten Dividenden werden sofort als Dividendenanspruch gebucht, in die Erfolgsrechnungen aber erst nach effektivem Eingang bei der Investmentgesellschaft einbezogen.

Die Ausschüttung der Investmentgesellschaften kann verschiedene Wege beschreiten. Verzichtet eine Gesellschaft auf hohe Ausschüttungen, so steigt das Fondsvermögen im Wert. Werden möglichst hohe Beträge ausgeschüttet, so wird der Wert der Anteile ungefähr gleichbleiben, die ausgeschütteten Beträge können aber je nach der Marktsitua-

169 Vgl. Baur, J., Investmentgesetze , Kommentar, Berlin 1970, S. 123.

Tabelle 30: Publikumsfonds (Stand: März 1986)

Gesellschaft	Anzahl der Fonds	Fondsvermögen Mio DM
I. Wertpapierfonds		
ADIG Allgemeine Deutsche Investment-Gesellschaft mbH, München-Frankfurt am Main	12	12.119
Allianz Kapitalanlagegesellschaft mbH, Stuttgart	1	695
Bayerische Kapitalanlagegesellschaft mbH, München	5	520
DWS Deutsche Gesellschaft für Wertpapiersparen mbH, Frankfurt am Main	17	14.768
DEKA Deutsche Kapitalanlagegesellschaft mbH, Frankfurt am Main	6	4.940
Deutsche Vermögensbildungsgesellschaft mbH, Frankfurt am Main	3	134
DEVIF Deutsche Verwaltungsgesellschaft für Investment-Fonds GmbH, Frankfurt am Main	2	122
Deutscher Investment-Trust Gesellschaft für Wertpapieranlagen mbH, Frankfurt am Main	17	9.668
FRANKFURT TRUST Investment-Gesellschaft mbH, Frankfurt am Main	8	596
HANSAINVEST Hanseatische Investment-Gesellschaft mbH, Hamburg	5	1.358
Internationale Kapitalanlagegesellschaft mbH, Düsseldorf	5	290
KAPITALFONDS Kapitalanlagegesellschaft mbH, Köln	4	706
Münchner Kapitalanlage Aktiengesellschaft, München	5	353
Rheinische Kapitalanlagegesellschaft mbH, Köln	5	372
Schröder, Münchmeyer, Hengst Investment Gesellschaft mbH, Frankfurt am Main	4	326
UNION-Investment-Gesellschaft mbH, Frankfurt am Main	7	6.314
	106	**53.281**

II. Offene Immobilienfonds		
A.G.I. Allgemeine Grundbesitz Investment-Gesellschaft mbH, Wiesbaden	1	227
DEGI Deutsche Gesellschaft für Immobilienfonds mbH, Frankfurt am Main	1	2.146
Deutsche Grundbesitz-Investmentgesellschaft mbH, Frankfurt am Main	2	2.628
Deutsche Immobilien Fonds Aktiengesellschaft Hamburg	2	1.470
DESPA Deutsche Sparkassen-Immobilien-Anlage-Gesellschaft mbH, Frankfurt am Main	1	1.210
Internationales Immobilien-Institut Aktiengesellschaft, München	2	1.126
	9	**8.807**

Quelle: Statistische Beihefte zu den Monatsberichten der Deutschen Bundesbank, a. a. O., S. 50 ff.

tion in ihrer Höhe stärkeren Schwankungen unterworfen sein. Der Gesetzgeber hat die Gestaltung der Grundsätze, nach welchem die Ausschüttung von Erträgen erfolgt, den Gesellschaften überlassen und verweist auf die Maßgeblichkeit der Vertragsbedingungen.

Über die Veränderungen der Geschäftstätigkeit der verschiedenen deutschen Kapitalanlagegesellschaften gibt die Tabelle 30 Aufschluß. Die Schwankungen der Fondsvermögen im Zeitablauf ergeben sich einerseits durch ein unterschiedliches Mittelaufkommen bei den einzelnen Fonds und zum anderen durch die Kursänderungen der in den einzelnen Fonds enthaltenen Wertpapiere.

e) Bilanzierung und Publizität

Die Besonderheit der Geschäftstätigkeit der Investmentgesellschaften bedingt, daß diese im Interesse der Investmentsparer nicht nur den für Aktiengesellschaften bzw. Gesellschaften mit beschränkter Haftung bestehenden Bilanzierungs- und Publizitätsvorschriften unterworfen sind, sondern weitergehende Bestimmungen zu befolgen haben. Das Gesetz über Kapitalanlagegesellschaften sieht vor, daß eine Kapitalanlagegesellschaft am Schluß eines jeden Geschäftsjahres einen Rechenschaftsbericht zu erstatten und im Bundesanzeiger zu veröffentlichen hat. Der *Rechenschaftsbericht* hat eine

Ertragsrechnung und eine Aufstellung der zu dem *Sondervermögen* gehörenden Wertpapiere und Bezugsrechte unter Angabe von Art, Zahl und Kurswert sowie den Stand der zu dem Sondervermögen gehörenden Konten zu enthalten.

Außerdem hat die Kapitalanlagegesellschaft für die Mitte eines jeden Geschäftsjahres eine Aufstellung der zum *Sondervermögen* gehörenden Wertpapiere und Bezugsrechte unter Angabe von Art, Zahl und Kurswert sowie den Stand der zum Sondervermögen gehörenden Konten im Bundesanzeiger bekanntzumachen, sofern sie nicht für diesen Stichtag einen weiteren Rechenschaftsbericht erstattet (§ 25 Gesetz über KAG).

Für die Aufstellung der Jahresbilanz haben die Investmentgesellschaften das Formblatt für die Kreditinstitute in der Rechtsform der AG, KGaA und der GmbH zu verwenden.

f) Verbandswesen

Die Interessen der Investmentgesellschaften wurden ab 1966 von der „*Arbeitsgemeinschaft Deutscher Investmentgesellschaften*" wahrgenommen. Im März 1970 wurde der Bundesverband Deutscher Investmentgesellschaften e. V. (BVI) gegründet. Der Verband dient der Förderung des Investmentgedankens und der Wahrung der Interessen der Mitglieder. Gemäß § 3 der Satzung bezweckt der Verband insbesondere die Aufklärung der Öffentlichkeit über das Investmentwesen; außerdem führt er die Gemeinschaftswerbung für die Mitglieder durch.

Neben Vorstand und Geschäftsführung bestehen zwei Hauptausschüsse: Immobilienausschuß und Wertpapier-Ausschuß sowie sieben Fachausschüsse für Internationale Angelegenheiten, das Gesetz KAG, Öffentlichkeitsarbeit, Rechts- und Steuerfragen, Sparförderung und Vermögensbildung, Spezialfondsfragen, Vermögenspolitik und Altersvorsrorge.

(C) Kassenvereine (Wertpapiersammelbanken)

Kassenvereine sind Spezialinstitute für die Sammelverwahrung von Wertpapieren und für den Effektengiroverkehr. Sie stehen nur mit Kreditinstituten in Geschäftsverbindung und tragen die Bezeichnung „Wertpapiersammelbank"[170].

170 Nach § 1 Abs. 3 DepG sind Wertpapiersammelbanken solche Banken, „die vom Reichsminister für Justiz im Einvernehmen mit dem Reichswirtschaftminister durch Bekanntmachung im Reichsgesetzblatt als solche bezeichnet sind". Heute sind die entsprechenden Ministerien der Länder für die Verleihung dieser Bezeichnung zuständig.

a) Geschichtliche Entwicklung

Der erste deutsche Kassenverein war die „Bank des Berliner Kassenvereins AG". Sie wurde 1823 als „Handelssocietät" von zehn Berliner Banken gegründet, erhielt 1824 den Namen „Cassenverein Berlin" und firmierte schließlich ab 1850 als „Bank des Berliner Kassenvereins AG". Das Institut sollte ursprünglich die Abwicklung des Giro- und Inkassoverkehrs erleichtern. Im Jahre 1872 wurde die Führung von sogenannten „Giro-Effekten-Depots" aufgenommen, in welche Wertpapiere gegen Depotschein eingelegt wurden. Der Zweck war dabei, Effektentermingeschäfte geld- und stückmäßig durch Skontrierung abrechnen zu können. Im Zusammenhang mit diesem stückelosen Wertpapierverkehr kam es zur Errichtung von Sammeldepots, d. h., das Institut verwahrte die eingelieferten vertretbaren Wertpapiere ungetrennt von den Beständen anderer Kontoinhaber und etwaigen eigenen Beständen derselben Art. Bereits zwei Jahre später mußte dieser Geschäftszweig wegen mangelnder Rentabilität jedoch aufgegeben werden. Erst 1882 kam es erneut zur Einrichtung von Giro-Effekten-Depots, wobei über die eingeliefertern Effekten nicht mehr durch Depotscheine, sondern durch Schecks verfügt wurde.

Auch an anderen Börsenplätzen entstanden in den folgenden Jahren ähnliche Einrichtungen, z. B. die Liquidationskasse in Hamburg (1887), der Kassen-Verein AG in Köln (1923) und der Rheinisch-Westfälische Kassenverein AG in Essen (1924).

Nach 1925 begann ein schneller und erheblicher Aufschwung in der Geschäftstätigkeit der Kassenvereine, weil durch Einführung des erweiterten Effektengiroverkehrs auch die Kundschaftsdepots der Banken in Girosammelverwahrung genommen werden konnten. Bis 1942 wurde der Effektengiroverkehr durch elf *Wertpapiersammelbanken* vermittelt. Auf Anordnung des Reichswirtschaftsministers gingen 1942 alle Kassenvereine zwangsweise in der Deutschen Reichsbank auf, die dann als einzige Wertpapiersammelbank in Deutschland tätig war.

Nach dem Zweiten Weltkrieg erhielten zunächst die Landeszentralbanken die Bezeichnung Wertpapiersammelbank. Sie wurden jedoch nicht als solche tätig, weil das deutsche Bankgewerbe 1949 wieder private regionale Wertpapiersammelbanken ins Leben gerufen hat. Heute gibt es folgende Kassenvereine:
(1) Bayerischer Kassen-Verein AG, München,
(2) Berliner Kassenverein AG, Berlin,
(3) Frankfurter Kassenverein AG, Frankfurt am Main,
(4) Niedersächsischer Kassenverein AG, Hannover,
(5) Norddeutscher Kassenverein AG, Hamburg,
(6) Wertpapiersammelbank Nordrhein-Westfalen AG, Düsseldorf,
(7) Stuttgarter Kassenverein Wertpapiersammelbank AG, Stuttgart,
(8) Deutscher Auslandskassenverein AG, Frankfurt am Main.

Aktionäre der regionalen Kassenvereine sind die am jeweiligen Börsenplatz ansässigen Kreditinstitute. Der Deutsche Auslandskassenverein wurde 1970 gegründet. Aktionäre sind die regionalen Kassenvereine.

Neben den Kassenvereinen sind auch andere zentrale Kreditinstitute als Sammelverwahrer tätig. Allerdings beschränken sich diese auf den Geschäftsverkehr mit den ihnen organisatorisch verbundenen Instituten. So verwahren z. B. die Girozentralen die Wertpapiere der Sparkassen und ihrer Kunden teilweise im Sammeldepot.

b) Geschäftstätigkeit

Die Hauptaufgabe der regionalen Kassenvereine besteht darin, den als Kontoinhaber (Effektengirokunden) angeschlossenen Kreditinstituten und damit auch deren Depotkunden die *Girosammelverwahrung* und den *Effektengiroverkehr* zu vermitteln. Die Kassenvereine führen auch untereinander Girosammeldepotkonten. Dadurch wird der Effektenferngiroverkehr, d. h. die stückelose Wertpapierlieferung von Börsenplatz zu Börsenplatz, ermöglicht. Außerdem wickeln die Kassenvereine den Jungscheingiroverkehr und den Schuldbuchgiroverkehr ab.

Daneben sind sie mit der laufenden Verwaltung der hinterlegten Wertpapiere betraut. Es handelt sich hier insbesondere um die Einziehung von Zins- und Dividendenscheinen sowie die Weiterleitung der Gegenwerte, um die Besorgung neuer Bogen, um den Umtausch von Wertpapieren sowie um Verwaltungsarbeiten bei der Ausübung der Stimm- und Bezugsrechte.

Der Deutsche Auslandskassenverein wurde im Interesse deutscher Banken zur Überwindung der Schwierigkeiten gegründet, die bei der grenzüberschreitenden Regulierung von Geschäften in ausländischen Wertpapieren auftreten[171]. Aufgabe dieses Kassenvereins ist es, „als Treuhänder bei der Einführung von ausländischen Aktien zum Handel und zur amtlichen Notierung an in- und ausländischen Wertpapierbörsen mitzuwirken und für im Ausland verwahrte Wertpapiere einen Treuhandgiroverkehr über Treuhandgirokonten durchzuführen“[172]. Das Schwergewicht der Tätigkeit liegt im Treuhandgiroverkehr.

c) Bilanzierung und Publizität

Die Kassenvereine bilanzieren nach dem Formblatt für den Jahresabschluß der Kreditinstitute in der Rechtsform der Aktiengesellschaft. In der Bilanz der Kassenvereine schlägt sich deren treuhänderische Tätigkeit, sofern sie in der Effektenverwahrung und im Effektenverkehr besteht, nicht nieder. Das Bilanzbild ist vielmehr durch die mit der Effektenverwaltung verbundenen Geldbewegungen bestimmt. Auf der Passivseite fallen die als täglich fällige Verbindlichkeiten gegenüber Kreditinstituten zu bilanzieren-

[171] Vgl. Delorme, H., Die Girosammelverwahrung von ausländischen Wertpapieren und der Effektengiroverkehr mit dem Ausland, in: Die Deutschen Wertpapiersammelbanken, Frankfurt 1974, S. 93–104, S. 96

[172] Deutscher Auslandskassenverein AG, Frankfurt am Main, Geschäftsbericht für 1972, S. 7

den Anschaffungen der Effektenaussteller zur Bedienung von Zins- und Dividendenscheinen erheblich ins Gewicht, denen auf der Aktivseite täglich fällige Forderungen an Kreditinstitute gegenüberstehen.

d) Verbandswesen

Die elf früheren Wertpapiersammelbanken waren von 1926 bis 1942 zum Zwecke der Einführung und reibungslosen Abwicklung des Effektenferngiroverkehrs zu einer Arbeitsgemeinschaft zusammengeschlossen. Die Federführung lag bei der Bank des Berliner Kassenvereins AG.

Aus dem gleichen Grund wurde nach dem Zweiten Weltkrieg eine „*Arbeitsgemeinschaft deutscher Kassenvereine*" ins Leben gerufen. Ihr Sitz ist Frankfurt am Main; die Geschäftsführung liegt in den Händen des Frankfurter Kassenvereins. Es handelt sich dabei nur um eine lose Vereinigung.

5. Privatrechtliche Kreditinstitute mit Sonderaufgaben

Folgende Kreditinstitute mit Sonderaufgaben in privater Rechtsform existieren:[173]

1. AKA Ausfuhrkredit-GmbH, Frankfurt am Main
2. Auslandsiedlung GmbH, Bonn
3. BERLINER INDUSTRIEBANK AG, Berlin
4. Deutsche Bau- und Bodenbank AG, Frankfurt am Main/Berlin
5. DEUTSCHE VERKEHRS-KREDIT-BANK AG, Frankfurt am Main/Berlin
6. Gesellschaft zur Finanzierung von Industrieanlagen mbH, Frankfurt am Main
7. Hessische Landesentwicklungs- und Treuhandgesellschaft mbH, Wiesbaden
8. Industriekreditbank AG – Deutsche Industriebank, Düsseldorf/Berlin
9. Liquiditäts-Konsortialbank GmbH, Frankfurt am Main
10. PRIVATDISKONT-AG, Frankfurt am Main
11. Saarländische Investitionskreditbank AG, Saarbrücken
12. Wirtschaftsaufbaukasse Schleswig-Holstein AG, Kiel

Von diesen Instituten werden ihrer Bedeutung wegen hier behandelt:
a) Industriekreditbank AG – Deutsche Industriebank
b) AKA Ausfuhrkreditgesellschaft mbH
c) PRIVATDISKONT-AG.

a) Industriekreditbank AG Deutsche Industriebank[174]

Die Industriekreditbank AG Deutsche Industriebank, Düsseldorf und Berlin (Kurzbezeichnung: Industriebank), ist am 6./7. 8. 1974 aus der Fusion der Industriekreditbank

173 Deutsche Bundesbank, Bankenstatistik, Richtlinien (Dez. 1980)
174 Vgl. Cassier, S. C.: Biographie einer Unternehmerbank, Ffm 1977

AG, Düsseldorf, und der Deutschen Industriebank, Berlin, hervorgegangen. Aufgabe dieses Instituts ist die Versorgung mittlerer und kleiner gewerblicher Unternehmen mit langfristigen Krediten.

Die Kapitalbeschaffung zur Finanzierung langfristiger Investitionen stellt für die kleineren Betriebswirtschaften ein besonders schwieriges Problem dar. Der Eigenkapitalerhöhung auf dem Wege der Selbstfinanzierung oder durch Aufnahme von Gesellschaftern sind Grenzen gesetzt. Die Kapitalmarktfinanzierungen durch Emission von Aktien und Schuldverschreibungen ist Großunternehmen vorbehalten. Daher liegt es nahe, daß die nicht emissionsfähigen Unternehmen ihren Kapitalbedarf durch Aufnahme langfristiger Bankkredite zu decken suchen. Zur Gewährung derartiger Kredite fanden sich die Geschäftsbanken, mit Ausnahme der Sparkassen und der Genossenschaftsbanken, jedoch nicht in ausreichendem Maße bereit. Auch die bestehenden Realkreditinstitute konnten diese Aufgabe nicht übernehmen. Die aus diesen Gegebenheiten resultierende Notlage sollte durch die Gründung von Spezialinstituten für den langfristigen gewerblichen Kredit überwunden werden, wobei sich die betreffenden Banken ihre Mittel durch die Emission von Schuldverschreibungen und durch die Aufnahme langfristiger Darlehen beschaffen sollten.

Das erste derartige Institut war die 1924 errichtete Bank für Industrieobligationen. Sie war zunächst mit der Einziehung und Abführung der Reparationszahlungen der gewerblichen Wirtschaft betraut. Nach der Neuregelung der deutschen Reparationsschulden gewährte die Bank langfristige Darlehen zur Sanierung der landwirtschaftlichen Betriebe im deutschen Osten. Die Tilgungsrückflüsse aus dieser „Osthilfeaktion" wurden schließlich als langfristige Kredite an die mittelständische industrielle Wirtschaft ausgelegt. 1938 wurde die Bank für Industrieobligationen in Deutsche Industriebank umbenannt. Nach der Währungsreform von 1948 nahm sie zunächst das Neugeschäft nicht mehr auf, da inzwischen die personell und organisatorisch aus ihr am 19. 3. 1949 hervorgegangene Industriekreditbank AG tätig geworden war; seit 1954 war sie jedoch in West-Berlin zum Neugeschäft wieder zugelassen. Die engen personellen, geschäftlichen und kapitalmäßigen Beziehungen zwischen beiden Instituten führten 1973 zu dem Beschluß, durch Übertragung des Vermögens der Deutschen Industriebank auf die Industriekreditbank die Institute zu verschmelzen.

Die „Industriebank" ist ein privates Kreditinstitut in der Rechtsform der Aktiengesellschaft. Da ihre Betätigung jedoch im gesamtwirtschaftlichen Interesse liegt, sind ihr durch ein besonderes Gesetz[175] gewisse Privilegien zugestanden worden. Nach § 1 Abs. 1 dieses Gesetzes kann sie für bestimmte Gattungen von Schuldverschreibungen gesonderte Deckungsmassen bilden. Der Bundeswirtschaftsminister bestimmt nach § 2 des Gesetzes einen Treuhänder, der die Ausgabe, Verwaltung und Deckung der Schuldverschreibungen überwacht.

Die beiden wichtigsten Geschäftssparten sind: Funktion als Hauptausleihinstrument des ERP-Sondervermögens und als eine der beiden Kapitalsammelstellen für Berlin-Darlehen nach § 16 Berlinförderungsgesetz.

[175] Vgl. Gesetz betreffend die Industriekreditbank Aktiengesellschaft vom 15. 7. 1951 (BGBl I, S. 447)

Vor der Fusion betrug das Grundkapital der Industriekreditbank AG DM 78 Mio. Davon wurden DM 42 Mio durch private Zeichner freiwillig aufgebracht (A-Aktien). In Höhe der restlichen DM 36 Mio hatte sich 1954 die Deutsche Industriebank an der Industriekreditbank AG beteiligt (B-Aktien), indem sie in gleicher Höhe Ausgleichsforderungen an die Industriekreditbank AG abtrat. An dem Grundkapital der „Industriebank" ist die „Stiftung zur Förderung der Forschung für die gewerbliche Wirtschaft", die an die Stelle der bisherigen treuhänderischen Aktionäre der Deutschen Industriebank trat, mit 28,4 % beteiligt, größere Versicherungsgesellschaften besitzen ca. 20 % des Grundkapitals. Ein Anteil von 25,8 % liegt bei den Großbanken. Der Streubesitz gehört überwiegend kleineren und mittleren Unternehmen, den Kunden der „Industriebank". Die offenen Rücklagen beliefen sich per 31. 3. 1985 auf DM 366,3 Mio[176], das Grundkapital auf DM 162 Mio, so daß das Eigenkapital DM 528,3 Mio beträgt, das sind 3,7 % der Bilanzsumme.

In den ersten Jahren ihrer Geschäftstätigkeit war die Industriekreditbank AG im wesentlichen auf die Aufnahme langfristiger Darlehen angewiesen. Darlehensgeber war überwiegend die Öffentliche Hand. Erst ab 1953 erreichte die Obligationenausgabe nennenswerte Ausmaße. Per 31. 3. 1985 betrugen die Kredite an Kunden DM 11,3 Mrd, davon waren DM 10,6 Mrd langfristige Ausleihungen. Die Einlagen von Kunden beliefen sich auf DM 2,4 Mrd, zu 99,6 % Termineinlagen.

Die wesentlichen Refinanzierungsquellen sind Schuldverschreibungen im Umlauf mit DM 6,2 Mrd und Bankeneinlagen in Höhe von DM 4,9 Mrd.

b) AKA Ausfuhrkredit-Gesellschaft mbH

Die Gesellschaft wurde am 28. 3. 1952 als Spezialinstitut für die Finanzierung mittel- und langfristiger Ausfuhrgeschäfte deutscher Exporteure gegründet. Sie wurde zunächst in der Rechtsform einer AG geführt; im Jahre 1966 erfolgte die Umwandlung in eine GmbH.

Die mittel- und langfristige Exportfinanzierung in der Bundesrepublik war bis zur Gründung der AKA von der Kreditanstalt für Wiederaufbau wahrgenommen worden. Diese gewährte deutschen Exporteuren Kredite für die Dauer der Produktion und des handelsüblichen Zahlungsziels in Höhe von 80 % des Auftragswertes. Die Refinanzierung erfolgte über die Bank deutscher Länder. Die Bearbeitung dieser Kredite und die Refinanzierungslinie der Bank deutscher Länder wurden der AKA nach ihrer Gründung übertragen (Plafond B).

Als die Nachfrage nach mittel- und langfristigen Exportkrediten im Rahmen der Rediskontlinie der Bank deutscher Länder nicht mehr befriedigt werden konnte, schlossen sich die im Außenhandel besonders engagierten Kreditinstitute in der AKA zu

[176] Geschäftsbericht 1985

einem Konsortium zusammen, um den deutschen Exporteuren ergänzende Fazilitäten zur Verfügung zu stellen (Plafond A). Dem Gründungskonsortium gehörten 32 Groß-, Staats-, Regional- und Lokal-Banken sowie eine Reihe führender Privatbankiers an. Als Konsortialführerin fungierte die Rheinisch-Westfälische Bank AG[177] in Düsseldorf. Im Zuge der Umwandlung der Gesellschaftsform wurden weitere Banken, insbesondere die 13 Girozentralen, in das Konsortium aufgenommen. Konsortialführerin ist die Deutsche Bank AG, dem Konsortium gehören z. Zt. 55 Institute an[178].

Das Stammkapital beträgt DM 40 Mio. Rechtlich gesehen stellt die AKA zwar ein privates Kreditinstitut im Sinne der Bestimmungen des KWG dar, laut Satzung darf sie jedoch nicht sämtliche Bankgeschäfte betreiben; so ist ihr z. B. die Annahme von Depositen und Spareinlagen generell untersagt[179]. Ihre Betätigung ist nicht „vornehmlich auf das Ziel gerichtet, Gewinne zu erwirtschaften, sondern eine möglichst rationelle Durchleitung der Rediskontkredite sicherzustellen und für deren ordnungsgemäße Abwicklung Sorge zu tragen“[180].

Aufgaben der AKA sind zusammengefaßt:

Gewährung von
- *Lieferantenkrediten* an deutsche Exporteure zur Refinanzierung der Produktionsaufwendungen und/oder der kreditierten Exportforderungen
- *Bestellerkredite* an ausländische Abnehmer oder deren Banken zur Ablösung von Exportforderungen deutscher Exporteure (einschließlich Forderungsübernahmen),

Verwaltung von
- an Zessionäre abgetretene Bestellerkreditforderungen.

Zur technischen Durchführung stehen zur Verfügung:
- ein von den Konsortialbanken eingeräumter Refinanzierungsrahmen – Plafond A – über DM 14 Mrd für Lieferantenkredite, deren Laufzeiten die Zahlungsfristen der Lieferverträge abdecken.
  Die Kreditverträge werden zwischen dem Exporteur und der AKA, die sich die erforderlichen Refinanzierungsmittel bei ihren Konsortialbanken beschafft, abgeschlossen. Als Refinanzierungsinstrument für Lieferantenkredite (entfällt bei Bestellerkrediten) dienen Solawechsel der Kreditnehmer. Die Konsorten sind verpflichtet, diese Wechsel in Höhe von 60 % (75 % bei Laufzeiten unter zwei Jahre) nach Maßgabe ihrer Konsortialquote zu übernehmen. Die restlichen 40 % (25 %) des Kreditbetrages diskontiert derjenige Konsorte voll, der das Geschäft zur Finan-

177 Die Rheinisch-Westfälische Bank war nach der Entflechtung der früheren deutschen Großbanken durch die alliierte Gesetzgebung nach dem Zweiten Weltkrieg eines der Nachfolgeinstitute der Deutschen Bank AG. Im Rahmen des im Jahre 1957 erfolgten Großbankenzusammenschlusses wurde sie wieder mit der Deutschen Bank AG fusioniert.

178 Vgl. AKA Ausfuhrkredit-Gesellschaft mbH, Bericht über das 34. Geschäftsjahr (1985)

179 Vgl. § 2 der Satzung der AKA i.d.F. vom 16. 7. 1971

180 Geschäftsbericht der Ausfuhrkredit-AG für das Jahr 1952, S. 2

zierung vorgelegt hat (sogenannte Hausbankquote), ohne daß diese Leistung auf die Konsortialquote angerechnet wird. Analog ist die Ausfallhaftung für den Einzelkredit geregelt. Aufgrund dieser Konstruktion können Kreditanträge für Plafond A nur über die dem Konsortium angehörenden Banken eingereicht werden.

– Eine Sonderrediskontlinie der Deutschen Bundesbank – Plafond B – über DM 5 Mrd für die Refinanzierung von Lieferantenkrediten mit einer zeitlich begrenzten Laufzeit zwischen 12 und 48 Monaten,
– ein von den Konsortialbanken eingeräumter Refinanzierungsrahmen – Plafond C – (Teilmasse des Plafond A) an ausländische Kreditnehmer (gebundene Finanzkredite/auch Forderungsübernahmen) über DM 12 Mrd.

  Die Refinanzierung der zugesagten Kredite erfolgt
  - durch die Konsortial- und Hausbanken mittels fristenkongruenter Buchkredite auf unterschiedlicher Zinsbasis
  - in der Größenordnung von DM 200 Mio durch Inhaberschuldverschreibungen
  - oder durch Abtretung von Kreditforderungen an mit Geschäftsbanken verbundene Hypothekenbanken unter Einsatz einer Deckblattbürgschaft des Bundes und an Konsortialbanken mit direktem Zugang zum Kapitalmarkt.
– Rückgriffsmöglichkeiten (Kreditforderungszessionen) auf Kreditinstitute mit direktem Zugang zum Kapitalmarkt.

Hinsichtlich der Zinsgestaltung bietet die AKA folgende Varianten:

– *Lieferantenkredite* werden von der AKA im A-Plafond entsprechend der Nachfrage überwiegend auf variabler Zinsbasis zur Verfügung gestellt. Daneben besteht die Möglichkeit der Zinsfixierung für max. vier Jahre. Die Einräumung von B-Krediten ist derzeit nur auf der Zinsbasis „Diskontsatz + 1 1/2 % p. a." möglich.
– Bei *Bestellerkrediten* kann der Exporteur/ausländische Kreditnehmer im Innen- und/oder Außenverhältnis wählen zwischen
  - der durchgehenden Finanzierung auf variabler Zinsbasis
  - einem Festzinssatz ab Kreditgenehmigung bis zu fünf bzw. zehn Jahre (per Einzelbeschluß auch länger)
  - einem variablen Zinssatz bis zum Zeitpunkt der Forderungsabtretung; danach für die Restlaufzeit Festzinssatz nach der Formel „Einstandssatz + 0,75 %" (auch in Tranchen)
  - einem Festzinssatz nach der Formel „Einstandssatz + 0,75 %" für die Gesamtlaufzeit oder gewünschte Zeitabschnitte ab Beschaffung der Kapitalmarktmittel und deren Zwischenanlage bis zum effektiven Mittelbedarf.

Laut Satzung[181] ist der AKA die Fremdkapitalbeschaffung durch Ausgabe von Teilschuldverschreibungen gestattet.

181 § 2 der Satzung AKA i.d.F. vom 16. 7. 1971

c) *Privatdiskont-AG*

Die Privatdiskont-Aktiengesellschaft wurde am 27. 1. 1959 von 85 – überwiegend privaten – Kreditinstituten in Frankfurt am Main gegründet. Dadurch ist nach beinahe zwanzig Jahre andauernder Unterbrechung der börsenmäßig organisierte Privatdiskonthandel in Deutschland wiederaufgenommen worden. Ein Privatdiskontmarkt hat in Deutschland schon in den letzten Jahrzehnten des vergangenen Jahrhundert bestanden. Als Privatdiskonten galten damals Akzepte von Banken und bedeutenden Industrie- und Handelsunternehmen, die von Banken und privaten Wirtschaftssubjekten als kurzfristige Geldanlage gekauft wurden. Der Erste Weltkrieg und die nachfolgende Inflation bedeuteten eine große Zäsur in der Geschichte des deutschen Privatdiskontmarktes. Zu seinem Wiederaufbau und zur Sicherung der Fungibilität der Privatdiskonten wurden dann nach 1925 bestimmte Anforderungen an das Akzeptmaterial gestellt, das als privatdiskontfähig anerkannt werden sollte. Diese Institutionalisierung des Privatdiskontmarktes wurde 1931 nach der Bankenkrise noch verstärkt. Es kam zur Gründung der Akzeptbank AG (1931), die hauptsächlich die Aufgabe hatte, den Banken die dritte Unterschrift auf selbstdiskontierten Akzepten zu beschaffen[182]. Wegen seiner einseitigen Zwecksetzung stellte das Institut seine Tätigkeit bald ein. Als zweckmäßige institutionelle Grundlage für ein neues Ingangkommen des Handels mit Privatdiskonten wurde noch im gleichen Jahr unter maßgeblicher Mitwirkung der Reichsbank die „Diskont-Kompagnie Aktiengesellschaft" in Berlin gegründet. „Jedoch verlor der Markt in den folgenden Jahren auf Grund der Auswirkungen der Finanzpolitik des Reiches auf die Liquidität der Wirtschaft und der Kreditinstitute mehr und mehr an Bedeutung. Er führte schließlich nur noch ein Scheindasein, das im Laufe des Zweiten Weltkrieges erlosch"[183]. Bereits kurz nach der Neuordnung des deutschen Geldwesens im Jahre 1948 stand eine Neubelebung des Privatdiskontmarktes zur Diskussion; doch war der Umlauf von Bankakzepten durch das Erfordernis einer Grundgeschäftserklärung, die über das jedem Bankakzept zugrundeliegende Handelsgeschäft Auskunft gab, gehemmt. Seit 1954 fiel diese Bedingung zwar weg, doch trat das Gespräch über den Privatdiskontmarkt erst nach der Errichtung der Deutschen Bundesbank wieder in den Vordergrund. Da die Bundesbank im Prinzip mit diesen Plänen einverstanden war, bildete Anfang 1958 der Bundesverband des privaten Bankgewerbes einen besonderen Ausschuß, um die Schaffung eines neuen Privatdiskontmarktes vorzubereiten. Diese Vorarbeiten führten dann Anfang 1959 zur Gründung des organisatorischen Mittelpunktes dieses Marktes, der Privatdiskont-Aktiengesellschaft in Frankfurt am Main. Die Gründer brachten ein Grundkapital in Höhe von DM 5 Mio ein, wovon 50 % eingezahlt wurden.

[182] Vgl. Lipfert, H.: Der deutsche Privatdiskontmarkt, Frankfurt a. M. 1959, S. 15

[183] Zur Wiedereröffnung des Privatdiskontmarktes, in: Monatsberichte der Deutschen Bundesbank, Februar 1959, S. 12

Im Bericht des Vorstandes innerhalb des Geschäftsberichtes über das 27. Geschäftsjahr (1985) der Privatdiskont-Aktien-Gesellschaft wurden die Aufgaben wie folgt beschrieben[184].

„Die Privatdiskont-Aktiengesellschaft ist ein Spezialinstitut der deutschen Banken zur Pflege des *Privatdiskontmarktes* und für die technische Abwicklung aller damit zusammenhängenden Geschäfte. Außerdem ist sie die alleinige Verbindungsstelle zwischen dem Markt und der Deutschen Bundesbank, die ihrerseits mit der Gesellschaft kontrahiert, wenn sie *Privatdiskonten* aus dem Markt aufnehmen oder an ihn abgeben will.

Privatdiskonten dienen der Finanzierung von Einfuhr-, Ausfuhr- und Transithandelsgeschäften oder des grenzüberschreitenden Lohnveredlungsverkehr und haben eine Laufzeit von noch mindestens zehn und höchstens 90 Tagen. Unter den Bankakzepten nehmen sie wegen der einwandfreien Bonität der Wechselverpflichteten, der Bildung eines speziellen Marktes, dem Charakter als Geldmarktpapiere und der Eignung als Geldanlage höchster Liquidität eine Sonderstellung ein.

Als Grundlage für Privatdiskonten werden nur „selfliquidating"-Warenumsätze anerkannt. Die Art des jeweiligen Geschäftes muß auf den Wechseln vermerkt werden. Es besteht also eine enge und unlösbare Verbindung von bestimmten konkreten Forderungen bzw. Verbindlichkeiten und ihrer Finanzierung.

Als Akzeptbanken können grundsätzlich nur solche Kreditinstitute zugelassen werden, deren *haftendes Eigenkapital* mindestens DM 20 Mio beträgt. Am Ende des Berichtsjahres betrug die Zahl der zugelassenen Institute 235 (davon 66 Aktionäre).

Die Aussteller von Privatdiskonten müssen Firmen unzweifelhafter Bonität und von einem das Geschäft rechtfertigenden Standing sein sowie über ein haftendes Eigenkapital von mindestens DM 1 Mio verfügen.

Der Zentrale Kapitalmarktausschuß hat in seiner Sitzung vom 7. 8. 1985 beschlossen, für die tägliche Ermittlung und Veröffentlichung eines deutschen *Referenzzinssatzes* für DM-Anleihen mit variablem Zinssatz die Privatdiskont-Aktiengesellschaft einzuschalten. Dieser Referenzzinssatz, die „Frankfurter Interbank Offered Rate" (FIBOR), wird wie folgt definiert:
‚Briefsatz ausgewählter Referenzbanken für Ausleihungen von Drei- und Sechs-Monats-Termingeldern an erste Adressen im Interbankenhandel'.

Seit dem 12. 8. 1985 melden zwölf deutsche Kreditinstitute an jedem Banktag ihre Briefsätze von 11.00 Uhr für Drei- und Sechs-Monats-Laufzeiten an die Privatdiskont-Aktiengesellschaft. Die Privatdiskont-Aktiengesellschaft eliminiert jeweils die oberste und unterste Nennung und ermittelt aus den verbleibenden zehn Angaben die beiden Durchschnittssätze, die auf 0,05 % gerundet werden. Diese beiden Sätze werden von der Privatdiskont-Aktiengesellschaft gegen 12 Uhr publiziert."

[184] S. 17/24

Zum Geschäftsumfang:
1985 wurden Einreichungen im Gesamtbetrag von knapp DM 17 Mrd übernommen, davon

27,1 % von den Großbanken
25,5 % von den Regional- und Lokalbanken
25,3 % von den Privatbankiers
7,9 % von den Girozentralen und Landesbanken
6,3 % von dem Genossenschaftsbereich.

Die Entwicklung der Sätze seit August 1985:

Tabelle 31: Sätze der Privatdiskont AG für Geschäfte mit den Kreditinstituten

% p.a.		
	Privatdiskonten mit einer Restlaufzeit von 10 bis 90 Tagen	
Gültig ab	Geld	Brief
1975 15. August	3,55	3,40
12. September	3,05	2,90
1976 19. November	3,30	3,15
1977 29. August	3,10	2,95
16. Dezember	2,60	2,45
1979 23. Januar	2,85	2,70
30. März	3,85	3,70
13. Juli	5,30	5,15
1. November	6,30	6,15
1980 29. Februar	7,30	7,15
2. Mai	7,80	7,65
1982 27. August	7,05	6,90
22. Oktober	5,80	5,65
3. Dezember	4,80	4,65
1983 18. März	3,55	3,40
1984 29. Juni	4,05	3,90
1985 16. August	3,55	3,40
1986 7. März	3,05	2,90

Die Bilanzsumme betrug per 31. 12. 1985 DM 21,9 Mrd, das Grundkapital DM 10 Mio (mit DM 7,5 Mio eingezahlt), die offenen Rücklagen ebenfalls DM 10 Mio. Dem Geschäftszweck entsprechend, gibt es nahezu keine Verbindlichkeiten gegenüber Banken oder Nichtbanken: ausgewiesen werden als täglich fällige Verbindlichkeiten gegenüber Kreditinstituten DM 330,60, neben den Rücklagen erscheinen noch sonstige Verbindlichkeiten in Höhe von DM 6389,47.

II. Öffentlich-rechtliche Kreditinstitute

Öffentlich-rechtliche Kreditinstitute sind Banken, deren Rechtsform nicht durch die Vorschriften des Privatrechts, d. h. des bürgerlichen und Handelsrechts, bestimmt wird, sondern durch öffentliches Recht. Die Bestimmungen des öffentlichen Rechts sind deshalb maßgebend, weil diese Kreditinstitute entweder von Trägern hoheitlicher Gewalt (z. B. Staat, Land, Kommunalverband) verwaltet werden oder weil ihnen durch besonderes Gesetz die Eigenschaft einer juristischen Person des öffentlichen Rechts verliehen worden ist.

Die *Errichtung öffentlich-rechtlicher Kreditinstitute* erfolgt durch Hoheitsakt. Ist für das zu errichtende Kreditinstitut bereits eine rechtliche Grundlage vorhanden, so genügt es, wenn der Hoheitsakt aus einem Verwaltungsakt besteht; andernfalls muß zur Errichtung des betreffenden Instituts ein besonderes Gesetz erlassen werden. Durch den Hoheitsakt wird u. a. festgelegt, ob das Bankinstitut als Körperschaft, als rechtlich selbständige Anstalt – die staatliche Aufsicht erstreckt sich dann nur auf die Rechtmässigkeit der getroffenen Maßnahmen – oder als unselbständige Anstalt, die den Anweisungen des Rechtsträgers unterliegt, tätig sein soll[185].

Das eventuell anfänglich notwendige *Eigenkapital (Dotationskapital)* wird den öffentlich-rechtlichen Kreditinstituten von den sie errichtenden Stellen zur Verfügung gestellt. Die Haftung ist aber normalerweise nicht auf dieses Dotationskapital und die zum Eigenkapital zählenden Rücklagen beschränkt, sondern in den meisten Fällen übernimmt der betreffende Staat, die Kommune oder der Kommunalverband als Gewährträger die Haftung für alle Verbindlichkeiten des Instituts.

Für die öffentlich-rechtlichen Kreditinstitute ist charakteristisch, daß sie bei ihrer Geschäftstätigkeit nach dem gemeinwirtschaftlichen Prinzip handeln. Dieses Prinzip schließt ein, daß die Geschäfte nach kaufmännischen Gesichtspunkten geführt und Gewinne erzielt werden. Es besagt, daß Rentabilitätsgesichtspunkte generell nachgeordnete Bedeutung haben.

Die öffentlich-rechtlichen Kreditinstitute können in vier Gruppen aufgegliedert werden:

(1) Sparkassen einschl. Girozentralen,

(2) öffentlich-rechtliche Kreditinstitute mit Sonderaufgaben,

[185] Bis 1931 waren z. B. die kommunalen Sparkassen unselbständige Anstalten des öffentlichen Rechts. Erst durch die Notverordnung vom 6. 10. 1931 wurde ihnen die eigene Rechtsperönlichkeit zuerkannt.

(3) öffentlich-rechtliche Realkreditinstitute
(4) Deutsche Bundesbank.

1. Sparkassen

Sparkassen sind Kreditinstitute, die unter dem Leitgedanken der Förderung und Pflege des Sparens mit jedermann im Rahmen der satzungsmäßigen Bestimmungen alle Formen von Bankgeschäften betreiben[186].

Diese Definition umfaßt sowohl die *kommunalen* als auch die sogenannten *freien Sparkassen.* Letztere unterliegen in ihrer Rechtsform nicht dem öffentlichen Recht, sondern dem Privatrecht. Die Rechtsformen, unter denen diese Institute geführt werden, sind sehr unterschiedlich[187]. Obwohl die „freien" Sparkassen unter den Begriff „private Kreditinstitute" fallen, sollen sie in diesem Kapital zusammen mit den öffentlich-rechtlichen behandelt werden, da sie sich in ihren wesentlichen Merkmalen von diesen nicht unterscheiden.

a) Geschichtliche Entwicklung[188]

Die Sparkassenidee ging von Frankreich und England aus. Hugues Delestre soll bereits im Jahre 1611 in Frankreich seine Ideen in einem Memorandum dem königlichen Hof dargelegt haben. Daniel Defoe veröffentlichte 1697 seine Gedanken in dem Buch „An Essay on Projects". Realisiert wurde die Sparkassenidee zuerst in Deutschland.

Die *Entstehung der Sparkassen* geht auf Reformbestrebungen des Armenwesens in der zweiten Hälfte des 18. Jahrhunderts zurück[189]. Die erste Sparkasse wurde im Jahre 1778 in Hamburg von der „Patriotischen Gesellschaft" gegründet und war als „Ersparungskasse" ein Teil der „Allgemeinen Versorgungsanstalt". In ihrer Satzung (§ 94) kommt der soziale und gemeinnützige Charakter der Institution deutlich zum Ausdruck: „Die Ersparungskasse dieser Versorgungsanstalt ist zum Nutzen geringer fleißiger Personen beiderlei Geschlechts, als Dienstboten, Tagelöhner, Handarbeiter, Seeleute, errichtet, um ihnen Gelegenheit zu geben, auch bei Kleinigkeiten etwas zurück-

186 Vgl. Mühl, J., Sparkassen, in: Enzyklopädisches Lexikon, Band 2, S. 1524–1533.

187 Zum Beispiel ist die Sparkasse in Bremen eine „juristische Person kraft staatlicher Verleihung", die „Hamburger Sparcasse" eine „juristische Person alten hamburgerischen Rechts" und die „Sparkasse zu Lübeck" eine „rechtsfähige Stiftung". Vgl. Banken-Ortslexikon, Darmstadt (Loseblattsammlung) und Stolzenburg, G., Die rechtliche Sonderstellung der Freien Sparkassen im deutschen Sparkassenwesen, Hamburg 1956, S. 32 ff.

188 Vgl. zu diesem Abschnitt insbesondere Trende, H., Geschichte der deutschen Sparkassen, Stuttgart 1957 und Röper, B., Die Wettbewerbsfunktion der deutschen Sparkassen und das Subsidiaritätsprinzip, Berlin 1973, S. 19–42.

189 Vorläufer der Sparkassen waren die sogenannten „Waisenkassen", die zur Sicherstellung von Mündelgelder errichtet wurden, so z. B. 1749 in Salem (Bodensee), 1761 in Stettin, 1765 in Bonndorf. Vgl. Trende, H., a.a.O., S. 10 ff.

zulegen und . . . sicher zu einigen Zinsen belegen zu können, wobei man hoffet, daß sie diese ihnen verschaffte Bequemlichkeiten sich zur Aufmunterung gereichen lassen mögen, um durch Fleiß und Sparsamkeit dem Staate nützlich und wichtig zu werden".

Das Hamburger Beispiel fand in den darauffolgenden Jahren in anderen Städten Nachahmung. Auch diese Sparinstitute wurden von privater Hand gegründet. Erst im Jahre 1818 wurde als erste kommunale Sparkasse in Preußen die Städtische Sparkasse in Berlin ins Leben gerufen, nachdem durch die Steinsche Städteordnung, die den Gemeinden weitgehend das Recht der Selbstverwaltung einräumte, die Voraussetzung für die Gründung öffentlich-rechtlicher Sparkassen geschaffen worden war.

Einen starken Auftrieb erhielt das Sparkassenwesen durch die fördernde Gesetzgebung Anfang bis Mitte des 19. Jahrhunderts. Vor allem war Preußen an der Errichtung von Sparkassen interessiert, nachdem dort ihre Bedeutung erkannt worden war. Das „Reglement, die Errichtung des Sparkassenwesens betreffend"[190], aus dem Jahre 1838, das die Verwaltung der Sparkassen einheitlich regelte, übte auf die Entwicklung eine besonders günstige Wirkung aus. Die Folge war eine rasche Ausdehnung des Sparkassennetzes über das gesamte Landesgebiet von Preußen. Während es 1838 erst 85 Sparkassen in Preußen gab, bestanden 1850 bereits 234, 1870 waren es 932 und um die Jahrhundertwende 1500. Die Entwicklung in den übrigen Gebieten des nachmaligen Deutschen Reiches verlief ähnlich. In Deutschland gab es um die Jahrhundertwende 2700 Sparkassen.

Mit dem zahlenmäßigen Anwachsen der Sparkassen erfolgte eine Ausdehnung ihres Geschäftsumfanges. Zuerst wurden die ursprünglich eingeschränkten Bestimmungen über die Höhe der Einzahlungen auf Sparguthaben und über den Kundenkreis aufgehoben. Der Einlegerkreis setzte sich bald nicht mehr nur aus finanziell schwachen Bevölkerungsschichten zusammen. Mit dem wachsenden Einlagengeschäft war der Ausbau des Aktivgeschäfts verbunden, dem Charakter der Spareinlagen entsprechend konnte das Aktivgeschäft vorwiegend langfristiger Natur sein. Die von Anfang an bestehende regionale Beschränkung im Kreditgeschäft wurde beibehalten, die Sparkassen sind auch heute gehalten, die örtlichen Kreditbedürfnisse zu befriedigen, d. h., ihre Mittel in Krediten an diejenigen Kunden auszureichen, deren Grundstücke im Geschäftsbereich des Gewährsträgers liegen oder die im Bezirk des Gewährsträgers ihren Wohnsitz oder ihre gewerbliche Niederlassung haben[191].

Die Sparkassen entwickelten sich mit dem Ausbau des Passiv- und Aktivgeschäftes allmählich zu regulären Bankinstituten, insbesondere nachdem ihnen durch das Scheckgesetz vom 11. 3. 1908 die passive Scheckfähigkeit verliehen wurde, sie die Führung von Depositen- und Kontokorrentkonten übernehmen konnten und ihnen durch die

190 Reglement, die Einrichtung des Sparkassenwesens betreffend, vom 12. 12. 1838 (GS 1839 S. 5), abgedruckt in: Marquardt, H.-Perdelwitz, J., Das preußische Sparkassenrecht, unverändert Nachdruck der 2. Auflage, Köln 1955, S. 57 ff.

191 Vgl. § 14 Hess. MuSa (in der Fassung des Erlasses des Hess. Ministers für Wirtschaft und Technik vom 2. 1. 1973).

zuständigen Landesbehörden die Aufnahme des Schecks- und Giroverkehrs gestattet wurde. Die Möglichkeit, Scheck- und Girokonten einzurichten, führte dazu, daß die Sparkassen innerhalb ihrer Organisation ein eigenes Gironetz für den Überweisungs- und Inkassoverkehr (Spargiroverkehr) aufbauten. Auf Grund des dichten Sparkassennetzes waren sie in der Lage, den bargeldlosen Zahlungsverkehr in starkem Maße zu fördern.

Eine weitere Ausdehnung der Geschäfte wurde durch Ministerialerlasse im Jahre 1921 ermöglicht[192], nach denen die Sparkassen fast alle Bankgeschäfte ausführen können. Ausgenommen bleiben nur Geschäfte, die mit der ursprünglichen Aufgabe der Sparkassen, den Sparsinn zu fördern und als öffentliches Kreditinstitut zu dienen, unvereinbar sind oder die die Sicherheit der Einlagen gefährden. Eine gewisse Einschränkung der universellen Betätigungsmöglichkeiten erfolgte im Jahre 1924 durch zwei Ministerialerlasse, die den Geschäftskreis der Sparkassen an die diesen gestellten Aufgaben, nämlich Spareinlagensammlung und Betreuung des gewerblichen Mittelstandes, anpaßten. In diesem Umfang legten auch die 1927 vom *Deutschen Sparkassen- und Giroverband* aufgestellte *Mustersatzung* und die später auf dem Erlaßwege in den einzelnen Ländern eingeführten Mustersatzungen[193] die Geschäftstätigkeit der Sparkassen fest. Auch die neuen Mustersatzungen aus dem Jahre 1969 bzw. 1973 brachten in dieser Beziehung keine gravierende Änderung.

Mit der Aufnahme des Depositengeschäfts wandten sich die Sparkassen zwangsläufig stärker dem kurzfristigen Kreditgeschäft zu. Heute stehen die *Sparkassen als Universalbanken* in direktem Wettbewerb mit allen Institutsgruppen des Kreditgewerbes.

Aus der Tabelle 32 ist die Entwicklung des *Einlagen- und Kreditgeschäfts der Sparkassen* zu erkennen.

Ende 1985 bestanden in der BRD 590 Sparkasseninstitute mit 17.794 Zweigstellen; daneben zwölf Girozentralen mit 239 Zweigstellen, insgesamt mithin 602 Institute mit rd. 18.400 Zweigstellen.

Der Marktanteil an dem Geschäftsvolumen im Kreditgewerbe = „alle Bankengruppen" per 31. 12. 1985 betrug 37,7 %. Zum Vergleich: Genossenschaftssektor = 15,9 %, Kreditbanken = 22,6 %.

b) Gesetzliche Bestimmungen

Als gegen Ende des 18. und Anfang des 19. Jahrhunderts die ersten Sparkassen gegründet wurden, waren für ihre Verwaltung die damals in den betreffenden Ländern geltenden allgemeinen Rechtsnormen maßgebend. Nachdem das Sparkassenwesen immer mehr in kommunale Hände überging, wurden bald spezielle gesetzliche Regelun-

[192] Runderlaß des Preußischen Ministers des Innern vom 15. 4. 1921 (MBliV S. 128) und vom 15. 12. 1921 (MBliV S. 137)

[193] In Preußen z. B. Mustersatzung für Sparkassen vom 26. 8. 1932 (MBliV S. 853) i.d.F. vom 27. 12. 1934 (MBlWiA 1935, S. 2).

Tabelle 32: Entwicklung des Einlagen- und Kreditgeschäfts von Sparkassen

EINLAGENSTRUKTUR
– Einlagen von Nichtbanken –

	insgesamt	Spareinlagen/Sparbriefe		Sichteinl./Termineinl.	
Jahr	Mio DM	Mio DM	%-Anteil	Mio DM	%-Anteil
1950	6.153	2.801	45,5	3.352	54,5
1960	46.326	33.724	72,8	12.602	27,2
1970	158.174	124.963	79,0	33.212	21,0
1985	569.254	423.003	74,6	143.944	25,4

Quelle: Monatsberichte der Deutschen Bundesbank, Statistischer Teil III 13

STRUKTUR DES KREDITGESCHÄFTES
– Kredite an Nichtbanken –

	insgesamt	Personalkredite	Hypothekar-	Kommunalkred. Öffentl.Haush.
Jahr	Mio DM		in % von insgesamt	
1950	3.785	66,4	27,5	6,1
1960	29.587	34,9	49,3	15,8
1970	112.811	39,0	45,5	15,5
1984	444.272	48,6	38,5	12,9

Quelle: Jahresberichte Deutscher Sparkassen-und Giroverband

FINANZIERUNGSSALDO NICHTBANKEN =
Kredite an Nichtbanken ivH Einlagen von Nichtbanken

1950	1960	1970	1984
61,5	63,9	71,3	78,4

gen – zunächst jeweils in den einzelnen Ländern – erlassen[194]. Auch heute wird die *Sparkassengesetzgebung* noch weitgehend von den Bundesländern wahrgenommen.

[194] a) In Preußen stand nach der Städteordnung vom 19. 11. 1908 z. B. den Städten das Recht zu, ohne behördliche Genehmigung Sparkassen zu errichten, während die Städteordnung von 1831 die Genehmigung durch die Regierung vorschrieb.
b) Z. B. Reglement, die Einrichtung des Sparkassenwesens betreffend. Auf die in den folgenden hundert Jahren herausgekommenen gesetzlichen und behördlichen Vorschriften soll hier nicht näher eingegangen werden.

Dennoch bestehen keine großen Unterschiede in den betreffenden gesetzlichen Regelungen der einzelnen Länder.

Einen wesentlichen Fortschritt in der Entwicklung der Sparkassengesetzgebung bedeutete die im Jahre 1927 vom Deutschen Sparkassen- und Giroverband entwickelte und in den darauffolgenden Jahren von allen Sparkassen angenommene „Mustersatzung".

Im Anschluß an die Bankenkrise des Jahres 1931 erfolgte eine umfangreiche *Sparkassenreform,* in deren Verlauf wichtige gesetzliche Bestimmungen erlassen wurden, die einen neuen Abschnitt in der Entwicklung des Sparkassenwesens einleiteten. Durch die Notverordnung vom 6. 10. 1931 wurde den Sparkassen die eigene Rechtspersönlichkeit verliehen[195].

In der „Verordnung" befinden sich Vorschriften u. a. über die Verselbständigung der Sparkassen, die Haftung des Gewährverbandes, die Rechtsstellung und Zusammensetzung des Vorstandes, Liquiditätsreserven, die Verwendung der Jahresüberschüsse, die Girozentralen und die Sparkassen- und Giroverbände sowie die Staatsaufsicht.

Die *„Mustersatzung"* enthält alle Bestimmungen, die für eine ordnungsgemäße Führung einer Sparkasse notwendig sind und infolgedessen in der Satzung der Sparkasse niedergelegt sein müssen. In der Satzung muß zum Beispiel enthalten sein, daß für die Verbindlichkeiten der Sparkasse der Gewährverband unbeschränkt haftet, soweit sich die Gläubiger nicht aus dem Sparkassenvermögen befriedigen können. Außerdem sind in der Mustersatzung Vorschriften über die Geschäftspolitik und den organisatorischen Aufbau der Sparkasse enthalten.

Das oberste Organ der Sparkasse ist nach dieser Mustersatzung der Vorstand, der sich aus dem Leiter des Gewährverbandes und einer in den einzelnen Ländern verschieden großen Anzahl von weiteren Mitgliedern zusammensetzt. Diesem Vorstand, der den Charakter einer öffentlichen Behörde hat, obliegen die Verwaltung sowie die gerichtliche und außergerichtliche Vertretung der Sparkasse. Der Vorstand hat auch die Tätigkeit des Sparkassenleiters zu überwachen, der die laufenden Geschäfte nach Maßgabe der Satzung, der aufsichtsbehördlichen Anordnungen und den vom Vorstand erlassenen Geschäftsanweisungen selbständig und verantwortlich zu führen hat. Zu den Aufgaben des Vorstandes gehört ferner die Bewilligung von Krediten, soweit dies nicht in der Geschäftsanweisung dem Kreditausschuß zugewiesen ist und soweit nicht dem Sparkassenleiter in einer von der Aufsichtsbehörde ausdrücklich genehmigten Geschäftsanweisung eine solche Befugnis für kleinere Kredite unter Festsetzung eines Höchstbetrages übertragen worden ist. Zur Entlastung des Vorstandes und zur Erleichterung der Geschäftsführung wird ein Kreditausschuß gebildet.

Auch nach dem letzten Kriege und nach der Währungsreform des Jahres 1948 blieben die Sparkassengesetze und die Mustersatzung aus der Vorkriegszeit in Kraft.

195 Dritte Verordnung zur Sicherung von Wirtschaft und Finanzen usw., fünfter Teil, Kapitel I: Spar- und Girokassen, vom 6. 10. 1931 (RGBl S. 537, 554).

Mit Inkrafttreten der *Sparkassengesetze* zu Beginn des Jahres 1973 wurde generell der Kreditausschuß als drittes Organ zusätzlich zum Vorstand und Verwaltungsrat eingeführt[196]. Im übrigen enthält die Mustersatzung u. a. Vorschriften über die Geschäftstätigkeit, wobei die neuesten Fassungen wieder den veränderten Verhältnissen angepaßt wurden (z. B. Erlaubnis zur Entgegennahme von Einlagen in ausländischer Währung sowie zur Ausstellung und Annahme von Wechseln, Ausweitung der Sicherheiten beim gedeckten Personalkredit, Erhöhung des Beleihungswertes des Rückkaufswertes von Lebensversicherungen, Anlagemöglichkeit in Anteilscheinen ausländischer Investmentgesellschaften, die von den Sparkassenzentralbanken der europäischen Länder ganz oder überwiegend getragen werden). Die Bestimmungen über die Liquidität sind bereits im Jahre 1969 geändert worden. Die Liquiditätsvorschriften sahen früher vor, daß 30 % der Spareinlagen und 50 % der sonstigen Einlagen in flüssigen Werten anzulegen waren. Davon waren mindestens 10 % der Spareinlagen und 20 % der sonstigen Einlagen bei den zuständigen Girozentralen als Liquiditätsreserven zu halten. Die *neueren Mustersatzungen* enthalten keine detaillierten Liquiditätsvorschriften mehr; so schreibt die Hess. Mustersatzung z. B. vor, die Sparkasse habe die Mittel so anzulegen, daß jederzeit eine ausreichende Zahlungsbereitschaft gewährleistet sei. Soweit die hiernach notwendigen Mittel in Guthaben bestehen, sind diese in der Regel bei der zuständigen Girozentrale zu unterhalten[197]. Für die Girozentralen bestehen wiederum Anlagevorschriften für diese Mittel.

Ferner sind im *Kreditwesengesetz* Bestimmungen enthalten, die sich auf die Sparkassen beziehen. So wird in § 40 die Bezeichnung „Sparkasse“ geschützt[198].

Außerdem enthält das Kreditwesengesetz einen besonderen Abschnitt *„Sparverkehr“*, in welchem die §§ 21 und 22 wichtige Bestimmungen über den Begriff „Spareinlagen“, das Sparbuch sowie die Verzinsung, Anlage und Rückzahlung der Spareinlagen enthalten, die für alle Kreditinstitute gelten.

c) Eigene Mittel

Im Hinblick auf die eigenen Mittel unterscheiden sich die Sparkassen sehr wesentlich von den übrigen Kreditinstituten; denn die Sparkassen kennen kein Grund- oder Stammkapital. Das *Eigenkapital der Sparkassen* besteht vielmehr ausschließlich aus den Rücklagen nach § 10 Abs. 2 Satz 1 Nr. 4 KWG, die im wesentlichen mit der „Sicherheitsrücklage“ identisch sind. Die Sicherheitsrücklage wird aus den Überschüssen“, welche die Sparkasse bei ihrer Geschäftstätigkeit erzielt hat, gebildet. In den Sparkassengesetzen befinden sich Vorschriften über die Verwendung der Überschüs-

[196] Vgl. z. B. § 4 Hess. Sparkassengesetz i.d.F. vom 2. 1. 1973 (GVBl I S. 16 ff.)
[197] Vgl. § 25 Hessische MuSa i.d.F. vom 2. 1. 1973.
[198] (1) Die Bezeichnung „Sparkasse“ oder eine Bezeichnung, in der das Wort „Sparkasse“ enthalten ist, dürfen in der Firma, als Zusatz zur Firma, zur Bezeichnung des Geschäftszwecks oder zu Werbezwecken nur führen
1. öffentlich-rechtliche Sparkassen, die eine Erlaubnis nach § 32 besitzen;
2. andere Unternehmen, die bei Inkraftreten dieses Gesetzes eine solche Bezeichnung nach den bisherigen Vorschriften befugt geführt haben.

se[199]. Die Eigenkapitalbasis der Sparkasse ist infolge des Fehlens eines Grund- oder Stammkapitals relativ eng. Die daraus in bezug auf die Sicherheit der Einlagen entstehenden Nachteile werden jedoch in vollem Umfang durch die *Haftung des Gewährträgers* – der Stadt, des Kreises oder eines anderen Kommunalverbandes, zu dem die Sparkasse gehört – ausgeglichen, der nach den Sparkassengesetzen für die Verbindlichkeiten der Sparkasse unbeschränkt haftet, soweit die Gläubiger nicht aus dem Vermögen der Sparkasse befriedigt werden können[200].

Für die durch Landesrecht als öffentliche Sparkasse anerkannten Sparkassen privaten Rechts wird das *Dotationskapital* den *haftenden Eigenmitteln* zugerechnet[201].

Im Zusammenhang mit der Novellierung des KWG und insbesondere des § 10 gab es eine kontrovers geführte, heftige Diskussion um die Einführung eines *Haftungszuschlages* aus der Gewährträgerhaftung, die nicht zum Erfolg führte[202].
Hinzugerechnet werden:
a) stille Einlagen von Beteiligungsgesellschaften der Trägerverbände,
b) emittierte *Genußrechte* nach § 10 Abs. 5 KWG.

Die werbende Wirkung, die bei Kreditinstituten anderer Rechtsformen dem Eigenkapital zukommt, wird bei den Sparkassen durch die Haftung des Gewährträgers ausgeübt; dabei ist auch auf die Zuerkennung der „Mündelsicherheit", die auf der Haftung des Gewährträgers beruht, hinzuweisen.

d) Geschäftstätigkeit

Der Hauptgeschäftszweig der Sparkassen ist nach wie vor das *Spargeschäft.* Dabei bemühen sich die Sparkassen sehr intensiv auch um die Erfassung kleiner und kleinster Sparbeträge, indem sie die Formen des Kleinsparwesens – z. B. Schulsparen, Vereins-

[199] Vgl. § 16 Abs. 3 Hess. Sparkassengesetz (i.d.F. vom 2. 1. 1973):
„(3) Die Sparkasse kann von dem Jahresüberschuß an den Gewährträger abführen:
1. ein Zehntel, wenn die Sicherheitsrücklage drei vom Hundert, aber noch nicht fünf vom Hundert ihrer gesamten Einlagen und der Erlöse aus dem Verkauf von Sparkassenbriefen und Sparkassenobligationen,
2. ein Viertel, wenn die Sicherheitsrücklage fünf vom Hundert, aber noch nicht siebeneinhalb vom Hundert ihrer gesamten Einlagen und der Erlöse aus dem Verkauf von Sparkassenbriefen und Sparkassenobligationen,
3. die Hälfte, wenn die Sicherheitsrücklage siebeneinhalb vom Hundert, aber noch nicht zehn vom Hundert ihrer gesamten Einlagen und der Erlöse aus dem Verkauf von Sparkassenbriefen und Sparkassenobligationen,
4. drei Viertel, wenn die Sicherheitsrücklage zehn vom Hundert oder mehr ihrer gesamten Einlagen und der Erlöse aus dem Verkauf von Sparkassenbriefen und Sparkassenobligationen

beträgt. Maßgebend ist die Höhe der Sicherheitsrücklage und der Einlagen am Bilanzstichtag; Vorwegzuführungen nach Abs. 2 bleiben unberücksichtigt.

[200] Z.B. § 3 Hessisches Sparkassengesetz i.d.F. vom 2. 1. 1973 (GVBl I S. 16 ff.), Art. 4 Gesetz über die öffentlichen Sparkassen i.d.F. vom 1. 10. 1956 mit spätere Änderungen.

[201] Vgl. Szagunn, V./Wohlschieß, K.: a.a.O., S. 203

[202] ebenda S. 204

sparen, Abholverfahren – fördern, obwohl diese Tätigkeit, kurzfristig gesehen, mehr Aufwand als Ertrag verursacht. Die Verpflichtung, für größte Sicherheit der Spareinlagen zu sorgen, bedingt, daß das Spargeschäft auch heute noch weitgehend das Geschäftsgebaren im Aktivgeschäft bestimmt.

Neben den Spareinlagen bildet das Geschäft mit sonstigen Einlagen (Sicht- und Termineinlagen) die zweite Art von Passivgeschäften. Außerdem dürfen Sparkassen kurzfristige Kredite zur Deckung vorübergehenden Geldbedarfs bei öffentlich-rechtlichen Kreditinstituten aufnehmen. Die Aufnahme langfristiger Darlehen ist auf Ausnahmefälle beschränkt.

In der *Mustersatzung* wird zur Erhöhung der Sicherheit der Spareinlagen das Spargeschäft mit dem Hypothekengeschäft gekoppelt[203]. Im Aktivgeschäft sind Kredit- und Anlagegeschäfte zu unterscheiden. Außerdem bestehen Vorschriften über die Unterhaltung liquider Werte. Kreditgeschäfte werden in Form von Real-, Personal- und Kommunalkreditgeschäften betrieben. Nur die in der Mustersatzung genannten Aktivgeschäfte dürfen von den Sparkassen betrieben werden[204].

Über die Grundsätze, nach denen das Kreditgeschäft auszurichten ist, sagt § 14 Abs. 4 MuSa: „Kredite sollen grundsätzlich nur an solche Personen gegeben werden, die im Geschäftsbereich der Sparkassen ihren Wohnsitz oder eine gewerbliche Niederlassung haben. Beim Realkredit braucht in der Regel nur das beliehene Grundstück im Geschäftsbereich der Sparkasse gelegen zu sein. Die Personalkredite der Sparkassen sollen in erster Linie dem Mittelstand und den wirtschaftlich schwächeren Bevölkerungskreisen zur Verfügung gestellt werden. Kredite zu Spekulationszwecken sind unzulässig."

Anlagen können die Sparkassen bei Kreditinstituten, in Schatzwechseln, Schatzanweisungen und Geldmarktwechseln, in Wertpapieren und Grundstücken vornehmen. Hinsichtlich der Anlage der Sparkassengelder in Wertpapieren heißt es in § 20 MuSa, daß die Sparkasse mündelsichere Inhaber-, Order-, Namensschuldverschreibungen,

203 In § 2 Abs. 3 der MuSa heißt es: „Die Spareinlagen sollen unter Berücksichtigung der Liquiditätserfordernisse grundsätzlich lang- oder mittelfristig angelegt werden . . ." (Hessische MuSa i.d.F. vom 2. 1. 1973).

204 § 13 Hessische MuSa i.d.F. vom 2. 1. 1973 lautet: „Die Mittel der Sparkasse dürfen nur angelegt werden
1. in Realkredit (§ 15);
2. in Personalkredit,
a) gedecktem Personalkredit (§ 16),
b) Blankokredit (§ 17);
3. in Körperschaftskredit (§ 19);
4. in Wertpapieren, Schuldbuch- und Schuldscheinforderungen sowie in Anteilscheinen von Kapitalanlagegesellschaften und von Grundstücksanlagegesellschaften (Immobilienfonds) (§ 20);
5. bei Kreditinstituten (§ 21);
6. in Schatzwechseln, Schatzanweisungen und Geldmarktwechseln (§ 22);
7. in Grundstücken (§ 23);
8. in Beteiligungen (§ 24)."

Schuldbuchforderungen und Schuldscheinforderungen erwerben darf, jedoch nicht Sparkassenbriefe und Sparkassenobligationen anderer Sparkassen. Der Ankauf von Dividendenwerten für eigene Rechnung ist grundsätzlich nicht zulässig, obwohl durch den zulässigen Erwerb von Anteilscheinen in- und ausländischer Investmentgesellschaften heute doch eine (indirekte) Anlage in Aktien möglich ist. Effektenkommissionsgeschäfte führen die Sparkassen wie alle anderen Kreditinstitute aus. Erlaubt ist den Sparkassen nach der neuen Mustersatzung die Ausstellung und Akzeptierung von Wechseln. In der alten Mustersatzung war ein Verbot zwar nicht ausdrücklich festgelegt, Ausnahmen waren jedoch nur mit Genehmigung der Aufsichtsbehörde statthaft. Beteiligungen dürfen die Sparkassen – von Ausnahmen wie der Beteiligung an Einrichtungen der Sparkassenorganisation und an gemeinnützigen Wohnungsbauunternehmen abgesehen – nur mit Genehmigung der obersten Aufsichtsbehörde eingehen. Neben diesen Geschäften ist es nach der Mustersatzung heute die Aufgabe der Sparkassen, dem bargeldlosen Zahlungsverkehr, insbesondere den Spargiroverkehr (Sparkassenüberweisungsverkehr), zu pflegen. Zu diesem Zweck wurde innerhalb des Sparkassenwesens ein alle Sparkassenstellen umfassendes, gut organisiertes *Spargironetz* aufgebaut. Darüber hinaus gestattet die Mustersatzung die Durchführung einer Reihe von Dienstleistungsgeschäften, wie z. B. An- und Verkauf von Sorten und Gold, Verwahrung und Verwaltung von Wertpapieren oder Übernahme von Vermögensverwaltungen.

Die Entwicklung der Sparkassen von Spezialinstituten (Spareinlagensammlung) zu universellen Bankbetrieben hat zwar die Geschäftsstruktur verändert, doch nicht die Geschäftsprinzipien. Grundsätzlich verfolgen die Sparkassen auch heute noch das gemeinwirtschaftliche Prinzip.

e) Bilanzierung und Publizität

Die Sparkassen haben heute ihr Rechnungswesen nicht mehr nach der kameralistischen, sondern nach den Grundsätzen der kaufmännischen, d. h. der doppelten Buchführung organisiert. Sie stellen jeweils zum Abschluß eines Rechnungsjahres eine Bilanz und eine Gewinn- und Verlustrechnung auf. Dieser Jahresabschluß ist gem. § 38 MuSa zusammen mit einem Geschäftsbericht vom Vorstand dem Verwaltungsrat zwecks Feststellung vorzulegen und von diesem der Verwaltung des Gewährträgers einzureichen. Für die Aufstellung des Jahresabschlusses bestehen besondere Vorschriften, die wie alle sparkassenrechtlichen Bestimmungen von den einzelnen Länderregierungen erlassen werden. Die Erlasse der einzelnen Länder weisen jedoch weitgehende Übereinstimmung auf. So wurden z. B. ein für alle Sparkassen geltendes Bilanzformblatt und ein Formblatt für die Gewinn- und Verlustrechnung eingeführt[205].

[205] Zuständig für den Erlaß des Formblattes sind die obersten Sparkassenaufsichtsbehörden der Länder; vgl. für Hessen z. B.: Erlaß des Ministers für Wirtschaft und Verkehr des Landes Hessen vom 1. 11. 1968 (Staatsanzeiger für das Land Hessen S. 1659 ff.).

Die Mustersatzung sieht vor, daß die Sparkassen den Jahresabschluß nach Ablauf des Geschäftsjahres veröffentlichen. Die Prüfung des Jahresabschlusses erfolgt entsprechend den von den einzelnen Ländern erlassenen Anordnungen und ist den Sparkassen- und Giroverbänden, die den Jahresabschluß mit einem Bestätigungsvermerk zu versehen haben, übertragen worden.

f) Verbandswesen und Girozentralen

Fast ein Jahrhundert entwickelten sich die Sparkassen in den einzelnen Ländern getrennt und ohne jede Zusammenarbeit. Als ein Vorläufer der Verbandsbewegung im Sparkassenwesen kann allerdings der im Zusammenhang mit den Genossenschaften genannte, 1844 gegründete „Centralverein für das Wohl der arbeitenden Klassen" angesehen werden, der sich – wenn auch unter sozialpolitischen Gesichtspunkten – in starkem Maße mit Sparkassenfragen beschäftigte[206]. Den unmittelbaren Anlaß zu einem organisatorischen Zusammenschluß im Sparkassenwesen gab jedoch erst der im Jahre 1878 hervorgetretene Plan des Reichspostministers, eine Postsparkasse zu gründen. Dieser Plan und die durch die Reichsgründung hervorgerufenen Bestrebungen, auf rechtlichem und wirtschaftlichem Gebiet eine Vereinheitlichung zu erreichen, führten auch bei den Sparkassen zu dem Wunsch nach einer Zusammenarbeit und gemeinsamer Interessenvertretung auf Reichsebene.

Den Anfang bildeten regionale Verbände. Als erster *Sparkassenverband* wurde im Jahre 1881 der „Verband der Sparkassen in Rheinland und Westfalen e. V." gegründet, der seinen Namen 1882 in „Verband der Sparkassen in Westdeutschland" änderte, um einen Zusammenschluß mit anderen westdeutschen regionalen Verbänden zu ermöglichen. 1884 erfolgte die Umbildung dieses Verbandes in den „Deutschen Sparkassenverband", dem sich bis 1911 alle 15 bestehenden regionalen Sparkassenverbände anschlossen. Aus dem Verband mit einzelnen Sparkassen als Mitgliedern war damit ein „Verband der Verbände" geworden, dem die einzelnen Regionalverbände angehörten.

Die Einführung des Giroverkehrs bei den Sparkassen in den Jahren nach 1908 brachte eine Intensivierung der Verbandsbildung mit sich. Für den überörtlichen Überweisungsverkehr war die Schaffung von zentralen Verrechnungsstellen Voraussetzung. Diese Verrechnungsstellen – die späteren Girozentralen – konnten weder von den Sparkassenverbänden noch von den Sparkassen selbst gegründet werden. Die Gewährträger errichteten innerhalb der einzelnen Länder sogenannte Giroverbände; diese wurden Träger der dann gegründeten, zunächst unselbständigen *Girozentralen* bzw. betrieben diese selbst.

Die Giroverbände schlossen sich wie die Sparkassenverbände überregional zusammen. 1916 wurde der Deutsche Zentralgiroverband gegründet, der 1917 als seine Geschäftsstelle die Deutsche Girozentrale, Berlin, eröffnete. 1919 erhielt der Deutsche Zentralgiroverband die Form einer öffentlich-rechtlichen Körperschaft. Die Deutsche Giro-

[206] Vgl. Hoffmann, J., Deutsche Sparkasseneinheit, Berlin 1931, S. 23.

zentrale wurde als öffentlich-rechtliche Bankanstalt anerkannt und erhielt gleichzeitig das Recht zur Ausgabe von Inhaberschuldverschreibungen und zur Gewährung von langfristigen Kommunalkrediten[207]. Im deutschen Sparkassenwesen bestanden also auf regionaler und überregionaler Basis zwei Verbandsorganisationen nebeneinander: die Sparkassenverbände und die Giroverbände. Im Jahre 1920 vereinigten sich in den einzelnen Ländern die *Sparkassen- und Giroverbände* zu jeweils einem Verband, dem Sparkassen- und Giroverband.

Die Spitzenverbände – der *Deutsche Sparkassenverband* und der *Deutsche Zentralgiroverband* – schlossen sich im Jahre 1924 zu einem Einheitsverband, dem *Deutschen Sparkassen- und Giroverband,* zusammen. Bankanstalt des Verbandes blieb die Deutsche Girozentrale, die sich nun Deutsche Girozentrale – Deutsche Kommunalbank nannte. Im Jahre 1931 wurde der Deutsche Sparkassen- und Giroverband als alleiniger Zentralverband des deutschen Sparkassenwesens zu einer „öffentlichen Körperschaft des Reiches" neu gestaltet und unter Reichsaufsicht gestellt[208]. Im Jahre 1945 mußte auch dieser Verband seine Tätigkeit einstellen. An seiner Stelle wurde 1947 eine „Arbeitsgemeinschaft deutscher Sparkassen- und Giroverbände" gebildet, aus der später der „Deutsche Sparkassen- und Giroverband e. V., Bonn", hervorging. Diesem Spitzenverband gehören die bestehenden elf regionalen Verbände sowie die Girozentralen und einige außerordentliche Mitglieder an. Die freien Sparkassen sind im *Verband der deutschen freien öffentlichen Sparkassen e. V.,* Frankfurt, zusammengeschlossen.

Die *Regionalverbände* haben die Aufgabe, die Revision der Sparkassen durchzuführen. Bis 1925 wurden die Sparkassen im Rahmen der Staatsaufsicht von den Aufsichtsbehörden geprüft, und außerdem unterzogen sie sich meist freiwillig einer *Verbandsrevision.* Im Jahre 1925 wurden diese beiden Prüfungen zusammengefaßt und mit deren Durchführung die regionalen Sparkassen- und Giroverbände beauftragt. Diese Regelung hat sich als sehr zweckmäßig erwiesen, so daß auch heute die Prüfung der Sparkassen, einschließlich der Jahresabschluß- und Depotprüfungen, in den Händen der betreffenden Regionalverbände liegt.

Die *Girozentralen* sind – juristisch betrachtet – öffentlich-rechtliche Anstalten mit eigener Rechtspersönlichkeit[209]. Auf Grund ihrer Entstehungsgeschichte können wirtschaftlich zwei Typen unterschieden werden: reine Girozentralen und Gemeinschaftsbanken. Für die reinen Girozentralen ist charakteristisch, daß hier der jeweilige Sparkassen- und Giroverband allein das Kapital aufbringt und allein die Haftung übernimmt. Gemeinschaftsbanken entstanden aus dem Zusammenschluß von reinen Girozentralen und Landesbanken. An ihnen sind gewöhnlich die Sparkassen- und Giroverbände und die Länder hinsichtlich der Kapitalaufbringung unter der Haftung je zur Hälfte beteiligt. Die meisten Girozentralen besitzen das Pfandbriefprivileg, so daß sie

207 Vgl. v. Hippel Th. G. – Kord-Ruwisch, W. – Schmidt, Fr., Die öffentlich-rechtlichen Kreditinstitute, Berlin 1927, S. 194.
208 Gesetz vom 6. 4. 1933 (RGBl S. 161).
209 Vgl. Fries, K.: Die Girozentralen, Stuttgart 1959, S. 14 f.

sich über den Kapitalmarkt langfristige finanzielle Mittel beschaffen können. Außerdem sind ihnen häufig Bausparkassen angegliedert.

Der Aufgabenkreis der Girozentralen hat sich im Laufe der Zeit erweitert, und ihre Zusammenarbeit mit den Sparkassen hat sich immer enger gestaltet. Die Verflechtung zwischen Sparkassen und Girozentralen zeigt sich vor allem im traditionellen Verbundgeschäft: Zahlungsverkehr, Wertpapier- und Auslandsgeschäft[210].

Der *Zahlungsverkehr im Verbund der einzelnen Gironetze* ist zu einem Hauptfaktor einer bundeseinheitlichen Zahlungsverkehrsorganisation im Sparkassensektor geworden, insbesondere durch den beleglos abgewickelten Sektor, der innerhalb von zehn Jahren von 20 % auf 55 % in 1984 im Anteil an den bargeldlosen Verfügungen der Girokunden bei Sparkassen und Girozentralen angewachsen ist[211]:

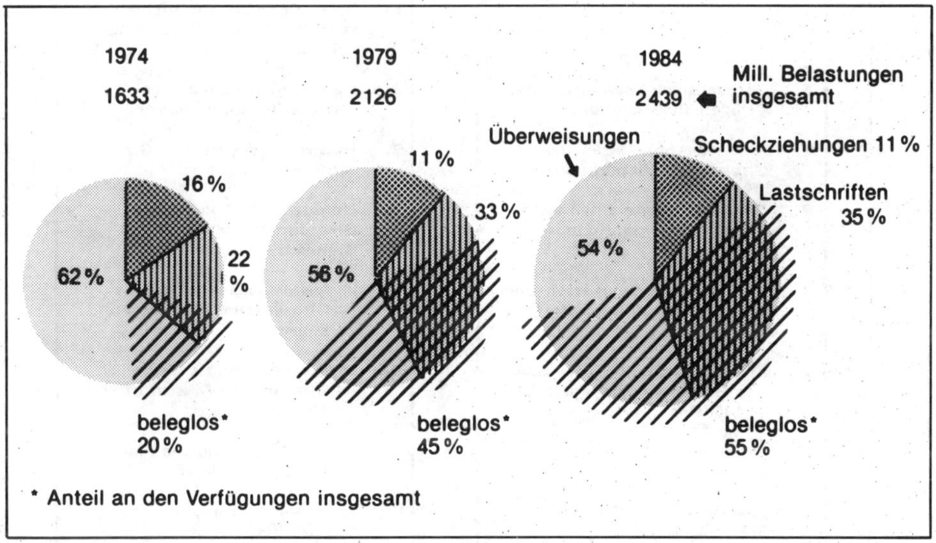

Abbildung 16: Die bargeldlosen Verfügungen der Girokunden bei Sparkassen und Girozentralen

Anfang 1984 haben die zuständigen Gremien der Sparkassenorganisation das EZÜ-Verfahren („Abkommen über die beleglose Weiterleitung beleghaft erteilter Überweisungsaufträge" zwischen Spitzenverbänden des Kreditgewerbes, der Deutschen Bundesbank und der Deutschen Bundespost, 1984) zum Primärleitweg erklärt. Dabei wurde organisationsintern eine Pflichtgrenze ab DM 1000 bei Überweisungen festgelegt[212].

210 Vgl. Deutscher Sparkassen- und Giroverband, Jahrbuch 1984, S. 19
211 Deutscher Sparkassen- und Giroverband, a.a.O., S. 34
212 Deutscher Sparkassen- und Giroverband, a.a.O., S. 37

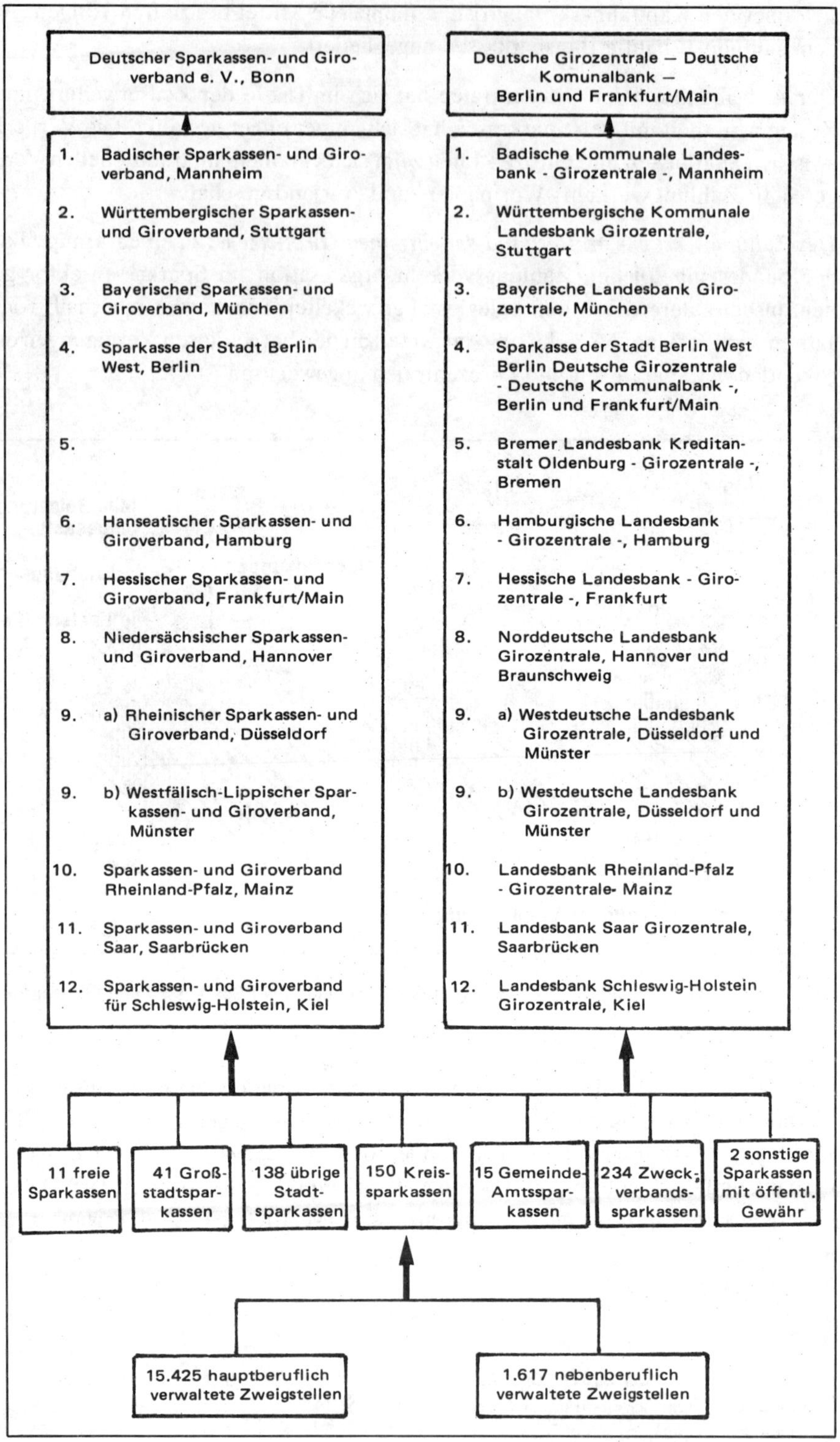

Abbildung 17: Der Aufbau des Spar- und Girowesens in der Bundesrepublik[213]

213 ebenda, S. 81, 85

Die *Verflechtung* zwischen *Sparkassen* und *Girozentralen* beruht ferner weitgehend auf gegenseitiger und gemeinsamer Kreditgewährung. Im Sparkassensektor ist es üblich, daß sich die einzelnen Institute nicht beim Zentralbanksystem refinanzieren, sondern ihren kurzfristigen Geldbedarf bei der betreffenden Girozentrale befriedigen. Dies kann hauptsächlich in drei Formen erfolgen: durch Rediskontierung von Wechseln, durch Verpfändung von Effekten und Wechseln und durch Inanspruchnahme von Krediten in laufender Rechnung. Aber auch im langfristigen Kreditgeschäft bestehen Beziehungen zwischen den einzelnen Sparkassen und Girozentralen[214]. Die Girozentralen können sich die langfristigen Mittel, die sie an die Sparkassen weitergeben, nicht durch die Hereinnahme von Spareinlagen beschaffen. Ihre Mittel stammen vielmehr aus der Emission von Kommunalobligationen, von zentralen Kreditinstituten und von öffentlichen Stellen im Wege zentraler Kreditaktionen.

Die Verflechtung der Sparkassen mit den Girozentralen erstreckt sich auch auf das Effekten- und Depotgeschäft. Sparkassen dürfen zwar Effektengeschäfte auf Rechnung ihrer Kunden durchführen, wenn eine satzungsgemäß ausreichende Deckung vorhanden ist bzw. die zu verkaufenden Wertpapiere vorher angeschafft sind; doch können sie solche Geschäfte durch Selbsteintritt nur insoweit ausführen, als es sich um Papiere handelt, bei denen auch ein Eigenerwerb gemäß der Mustersatzung gestattet ist. Alle übrigen Effektengeschäfte auf fremde Rechnung leiten die Sparkassen über ihre Girozentrale, die eventuell noch eine dritte Girozentrale einschaltet, wenn es sich um Effekten handelt, die nur an einem ganz bestimmten Börsenplatz gehandelt werden. In gleicher Weise werden die Girozentralen auch in das Eigengeschäft der Sparkassen eingeschaltet. Die Zusammenarbeit zwischen Sparkassen und Girozentralen erstreckt sich auch auf die Verwahrung von Wertpapieren, denn die Sparkassen geben die Papiere ihrer Kunden und auch ihre eigenen in der Regel zur Verwahrung an die Girozentralen weiter.

Schließlich arbeiten die Sparkassen bei der Abwicklung des Außenhandels- und Devisengeschäfts eng mit ihren Girozentralen zusammen.

Das zentrale Spitzeninstitut des deutschen Sparkassenwesens ist die Deutsche Girozentrale – Deutsche Kommunalbank.

2. Öffentlich-rechtliche Kreditinstitute mit Sonderaufgaben

Öffentlich-rechtliche Kreditinstitute mit Sonderaufgaben sind Bankbetriebe, die vom Staat zur Erfüllung bestimmter Aufgaben auf dem Gebiet des Kreditwesens errichtet wurden und sich bankbetrieblich nicht universell betätigen. Sie wurden bzw. werden geschaffen, wenn die Erfüllung besonderer Aufgaben im öffentlichen Interesse liegt und sich die übrigen Kreditinstitute dieser Aufgaben nicht annehmen können oder sich ihnen z. B. aus Risiko- oder Rentabilitätsgründen nicht zuwenden wollen.

214 Vgl. § 12 Hessische MuSa i.d.F. vom 2. 1. 1973

Heute gibt es in der Bundesrepublik folgende öffentlich-rechtliche Kreditinstitute mit Sonderaufgaben

(1) Bayerische Landesanstalt für Aufbaufinanzierung, München,
(2) Deutsche Siedlungs- und Landesrentenbank, Berlin/Bonn,
(3) Kreditanstalt für Wiederaufbau, Frankfurt am Main,
(4) Landwirtschaftliche Rentenbank, Frankfurt am Main,
(5) Deutsche Ausgleichsbank.

Die meisten dieser Institute wurden nach dem Zweiten Weltkrieg errichtet. Dafür gibt es zwei Gründe. Einmal konnten mehrere öffentlich-rechtliche Kreditinstitute, die vor 1945 gegründet worden waren, ihre Tätigkeit nicht mehr ausüben, und neue Institute mußten deren Aufgaben übernehmen. Zum anderen ergaben sich durch die Auswirkungen des Krieges eine Reihe von Aufgaben, deren Erfüllung nur speziell zu diesem Zweck errichteten öffentlich-rechtlichen Kreditinstituten möglich war.

Gemeinsam ist allen öffentlich-rechtlichen Kreditinstituten mit Sonderaufgaben, daß sie als Rechtsgrundlage besondere Gesetze haben. Darüber hinaus sind die Satzungen dieser Banken für deren Rechtsstellung von Bedeutung.

Die öffentlich-rechtlichen Kreditinstitute mit Sonderaufgaben gehören dem *„Verband öffentlich-rechtlicher Kreditanstalten e. V.“*, Bonn an. Bereits vor 1933 bestand ein ähnlicher Verband, der jedoch nach 1933 aufgelöst wurde. Die betreffenden Institute wurden damals in der „Wirtschaftsgruppe öffentlich-rechtliche Kreditanstalten“ und der „Wirtschaftsgruppe öffentliche Banken mit Sonderaufgaben“ zusammengefaßt.

Von den öffentlich-rechtlichen Kreditinstituten mit Sonderaufgaben sollen die Kreditanstalt für Wiederaufbau und die Deutsche Ausgleichsbank ausführlich behandelt werden, da diesen Zentralinstituten besondere Bedeutung zukommt.

a) Kreditanstalt für Wiederaufbau

Die durch Gesetz vom 5. 11. 1948 gegründete Kreditanstalt für Wiederaufbau hatte ursprünglich zwei Aufgaben zu erfüllen. Einmal sollte sie mittel- und langfristige Investitionskredite für solche Vorhaben gewähren, die dem Wiederaufbau der deutschen Wirtschaft dienten, soweit andere Kreditinstitute die erforderlichen Mittel nicht aufbringen konnten. Daneben sollte sie der deutschen Exportwirtschaft langfristige Kredite zur Verfügung stellen. Beide Aufgaben konnte die Bank auch durch die Übernahme von Bürgschaften erfüllen.

Durch das Gesetz zur Änderung des Gesetzes über die Kreditanstalt für Wiederaufbau vom 16. 8. 1961[215] wurde dem Institut zusätzlich die Aufgabe gestellt, „Darlehen zu gewähren, die der Finanzierung förderungswürdiger Vorhaben im Ausland, insbesondere im Rahmen der Entwicklungshilfe, dienen, zur Umschuldung von Verpflichtun-

[215] BGBl I S. 1339

gen ausländischer Schuldner gegenüber inländischen Gläubigern erforderlich sind oder im besonderen . . . Interesse der Bundesrepublik Deutschland liegen"[216].

Die inländische Wirtschaftsförderung wurde ab 1971 von der Kreditanstalt für Wiederaufbau wesentlich unterstützt. In diesem Jahr begann sie, aus Eigenmitteln die Kreditprogramme für mittlere Umternehmen der gewerblichen Wirtschaft zu intensivieren, kleine Unternehmen mit einem speziellen Kreditprogramm zu bedienen sowie sich in die Finanzierung des Regionalprogramms für den Wohnungsbau und des Umweltschutzes einzuschalten.

Die Kreditanstalt gewährt – in enger Zusammenarbeit mit der Bundesregierung – langfristige Darlehen und Zuschüsse an Entwicklungsländer „zur Finanzierung von Vorhaben, die geeignet sind, den wirtschaftlichen und sozialen Fortschritt in diesen Ländern nachhaltig zu fördern. Die Mittel stammen ausschließlich aus dem Bundeshaushalt."[217]

Die Kreditanstalt für Wiederaufbau ist eine Körperschaft des öffentlichen Rechts mit dem Sitz in Frankfurt am Main. Ihre Organe sind der Vorstand, dem die Geschäftsführung obliegt, und der Verwaltungsrat, welcher die Geschäftsführung überwacht. Die Befugnisse der Organe werden im einzelnen durch das Gesetz oder durch die Satzung des Instituts bestimmt. Die Kreditanstalt für Wiederaufbau unterliegt nicht den Bestimmungen des KWG und wird nicht in das Handelsregister eingetragen. Die Anstalt untersteht der Aufsicht der Bundesregierung.

Das ausgewiesene *Eigenkapital* der Kreditanstalt für Wiederaufbau setzt sich aus dem Grundkapital und verschiedenen Rücklagen zusammen.

Das Grundkapital beträgt DM 1 Mrd, wobei der Bund mit DM 800 Mio und die Länder mit DM 200 Mio beteiligt sind. Allerdings ist das Kapital nur zu 15 % eingezahlt, so daß auf der Aktivseite der Bilanz ein Korrekturposten „Nicht eingezahltes Kapital" in Höhe von DM 850 Mio erscheint. Die Einzahlung dieses ausstehenden Betrages kann vom Verwaltungsrat beschlossen werden.

Die offenen Rücklagen (gesetzliche Rücklage, Rücklage aus Mitteln des ERP-Sondervermögens und Sonderrücklage) betrugen Ende 1985 DM 2,1 Mrd.

„Die Bilanzsumme erreichte zum gleichen Zeitpunkt rund 86 Mrd DM. 1985 beliefen sich die Gesamtzusagen an Krediten, Avalen und Zuschüssen auf 15,5 Mrd DM. Auf die Förderung der deutschen Wirtschaft entfielen davon rund 13,1 Mrd DM (8,7 Mrd DM inländische Investitionskredite, 3,2 Mrd DM für Exportkredite, ungebundende Finanzkredite sowie Kredite für Auslandsinvestitionen deutscher Unternehmen, ferner Avalkredite und Zuschüsse von 1,3 Mrd DM). Für Vorhaben im Rahmen der Entwicklungshilfe und für die Umsetzung neuer Techniken in Entwicklungsländern sagte die

216 § 2 Abs. 2 Gesetz über die Kreditanstalt für Wiederaufbau i.d.F. vom 18. 10. 1961 (BGBl I S. 1877)

217 Götte, G.: Kreditanstalt für Wiederaufbau, in: Die öffentlichen Spezialbanken und ihre neuen Aufgaben, ZfgK 39. Jg. (6/86), S. 232

KfW Kredite und Zuschüsse in Höhe von 2,4 Mrd DM zu. Zur Refinanzierung der Kredite hat die Bank im abgelaufenen Jahr Schuldverschreibungen von nominal rund 3,5 Mrd DM ausgegeben und Schuldscheindarlehen von rund 4,7 Mrd DM aufgenommen. Gemessen am Bilanzvolumen ist die KfW das größte Kreditinstitut mit Sonderaufgaben und des langfristigen Kredits in der Bundesrepublik Deutschland; sie rangiert im gesamten deutschen Kreditwesen an zehnter Stelle."[218]

Die Kreditanstalt für Wiederaufbau ist gesetzlich verpflichtet, einen Jahresabschluß aufzustellen. Sie bilanziert nach einem selbstgewählten Schema, da das Bundeswirtschaftsministerium als zuständige Aufsichtsbehörde kein Formblatt vorgeschrieben hat. Der Abschluß muß durch einen Wirtschaftsprüfer geprüft werden und ist im Bundesanzeiger bekanntzumachen.

b) Deutsche Ausgleichsbank

Die Deutsche Ausgleichsbank wurde 1950 als „Vertriebenen-Bank AG" gegründet. Sie sollte als zentrales Institut die Kredite an Vertriebene verwalten und weiterleiten. 1952 wurde der Name der Bank in „Bank für Vertriebene und Geschädigte (Lastenausgleichsbank) AG" geändert, um den erweiterten Kreis der Kreditnehmer zum Ausdruck zu bringen. Durch das Gesetz vom 29. 10. 1954[219] wurde das Institut in eine Anstalt öffentlichen Rechts überführt und trug seitdem den Namen „Lastenausgleichsbank (Bank für Vertriebene und Geschädigte)".

Seit 27. 2. 1986 führt sie den Namen „Deutsche Ausgleichsbank"[220].

Damit hat der Gesetzgeber „der als staatliches Förderinstitut renommierten Lastenausgleichsbank einen neuen Rahmen für die Geschäftstätigkeit gegeben"[221].

Schwerpunkte des Geschäftes sind Finanzierungsaufgaben
(1) im Bereich des gewerblichen Mittelstandes als Form der Wirtschaftsförderung,
(2) im Bereich des Umweltschutzes,
(3) im sozialen Bereich (Eingliederung und Förderung der durch den Zweiten Weltkrieg und die Kriegsfolgen betroffenen Personen).

Im ersten Bereich liegt das klassische ERP-Existenzgründungsprogramm, erweitert durch die 1979 erfolgte Auflegung des Eigenkapitalhilfeprogramms der Bundesregierung.
Die Ausreichung der Mittel läuft über die Hausbank des Kreditnehmers.

Im Umweltschutzbereich liegen die ERP-Abfallbeseitungsprogramme (Kompostierungsanlagen, Deponien, Recycling), das ERP-Standortprogramm und – seit Sommer 1984 – das Ergänzungsdarlehensprogramm III für Umwelttechnologien.

218 Götte, G.: ebenda
219 Gesetz über die Lastenausgleichsbank (Bank für Vertriebene und Geschädigte) vom 28. 10. 1954 (BGBl I S. 293)
220 BGBl I vom 27. 2. 1986, S. 297 ff.
221 Hammer, K.: Die Deutsche Ausgleichsbank, in: „Die öffentlichen Spezialbanken und ihre neuen Aufgaben", a.a.O., S. 236

Im sozialen Bereich liegen die Aufgaben, die schon zur Gründungsidee führten: im wesentlichen das Kreditprogramm für Aussiedler und Zuwanderer.

Am *Kapital der Ausgleichsbank* von DM 120 Mio sind die Bundesrepublik Deutschland mit DM 70 Mio, das ERP-Sondervermögen mit DM 28 Mio und das Sondervermögen Ausgleichsfonds mit DM 22 Mio beteiligt.

„Das Gesetz über die Deutsche Ausgleichsbank läßt ausdrücklich zu, daß sich auch andere öffentliche Stellen an dem Institut beteiligen; gedacht ist hierbei in erster Linie an die Bundesländer, eine Teilprivatisierung ist ausgeschlossen. Der Bund hat sich die Kapitalmehrheit von mindestens 51 % vorbehalten. Die Deutsche Ausgleichsbank untersteht als Anstalt des öffentlichen Rechts der Aufsicht der Bundesregierung. Die Aufsicht wird durch den Bundesminister des Innern im Einvernehmen mit dem Bundesminister der Finanzen wahrgenommen. Organe der Bank sind der Vorstand, der Verwaltungsrat, der von 35 auf 23 Mitglieder verkleinert wurde, und die Anstaltsversammlung. Dabei wurde das Gewicht der Anstaltsversammlung gestärkt. Die Bank steht bei der Erfüllung ihrer Aufgaben nicht im Wettbewerb mit anderen Kreditinstituten. Kreditanträge sind, bis auf wenige Ausnahmen, stets über örtliche Kreditinstitute an die Deutsche Ausgleichsbank zu richten. Durch dieses ‚Hausbankprinzip', das die Subsidiarität öffentlicher Finanzierungshilfen unterstreicht, wird zugleich die Bindung der Kreditnehmer zu ihrem örtlichen Kreditinstitut gestärkt.“[222]

III. Realkreditinstitute

Realkreditinstitute sind private oder öffentlich-rechtliche Bankbetriebe, deren Hauptaktivgeschäft in der Gewährung von langfristigen, durch Grundstücksrechte gesicherte Krediten besteht, wobei die Beschaffung der Mittel durch die Ausgabe von Pfandbriefen erfolgt. Die meisten Realkreditinstitute geben darüber hinaus Darlehen an Gemeinden und Gemeindeverbände und beschaffen sich das Kapital dazu durch die Emission von Kommunalobligationen.

a) Klassifizierung und geschichtliche Entwicklung

Zur Gruppe der Realkreditinstitute gehören sowohl privatrechtliche als auch öffentlich-rechtliche Banken. Im einzelnen sind folgende Realkreditinstitute zu unterscheiden:

(1) *Private Realkreditinstitute:*
  a) Hypothekenbanken,
  b) Schiffspfandbriefbanken
(2) *öffentlich-rechtliche Realkreditinstitute:*
  a) Landschaften,
  b) Ritterschaften,

[222] Hammer, K.: a.a.O., S. 238

c) Stadtschaften,
d) sonstige Realkreditinstitute.

Hinzu kommen diejenigen Kreditinstitute, die das Hypothekarkredit- und Pfandbriefgeschäft neben sonstigen Bankgeschäften betreiben:
(3) *gemischte Hypothekenbanken*
(4) *öffentlich-rechtliche Institute:*
a) Landesbanken,
b) Girozentralen.

Die Gründung von Realkreditinstituten wurde im 18. Jahrhundert durch die Kreditnot der Landwirtschaft und den damit verbundenen Zinswucher angeregt. „Die Idee der Errichtung von Kreditinstituten durch Vereinigung kreditsuchender Grundbesitzer zum Zwecke der Vermittlung von Realkrediten stammt von einem Berliner Kaufmann namens Bühring, der im Jahre 1767 dem preußischen König eine Denkschrift hierüber vorlegte“[223]. Unmittelbarer Anlaß zur Schaffung derartiger Kreditinstitute waren die Schäden, die durch den Siebenjährigen Krieg in Schlesien entstanden waren. Als erstes Institut wurde 1770 die „Schlesische Landschaft“ in Breslau als juristische Person des öffentlichen Rechts gegründet. Ihr wurde die Aufgabe übertragen, den Kreditbedarf der in der Provinz Schlesien gelegenen Rittergüter zu befriedigen. Zur Durchführung ihrer Aufgaben erhielt sie das Recht, sich die nötigen Mittel durch die Ausgabe von Pfandbriefen zu beschaffen. Wenige Jahre später entstanden auch in anderen preußischen Provinzen und deutsche Staaten „Landschaften“ bzw. „ritterschaftliche Kreditinstitute“, z. B. in Pommern (1781), Westpreußen (1787) und Ostpreußen (1788). Charakteristisch für diese Notgemeinschaften des adligen Großgrundbesitzes war, daß der jeweiligen „Landschaft“ alle Rittergüter der betreffenden Provinz kraft öffentlich-rechtlicher Satzung angehörten und im Rahmen einer sogenannten Generalgarantie solidarisch für die Verbindlichkeiten der „Landschaft“ haften mußten, ohne Rücksicht darauf, ob das einzelne Rittergut Kredite der Landschaft in Anspruch genommen hatte oder nicht. Mit dieser Verpflichtung war allerdings auch ein „Recht auf Kredit“ verbunden.

Die Vorschrift, daß nur an adlige Rittergutsbesitzer Kredite gegeben werden durften, wurde Anfang des 19. Jahrhunderts aufgehoben, als auch nicht-adlige Personen Rittergüter erwerben konnten. Dementsprechend wurde auch die Generalgarantie abgeschafft und die solidarische Haftung auf diejenigen Rittergüter beschränkt, die tatsächlich Kredite erhalten hatten. Aber auch danach behielten die „*Landschaften*“ den Charakter einer ständischen Korporation, die auf genossenschaftlicher Grundlage die Deckung des langfristigen Kreditbedarfs ermöglichen sollte.

Eine ähnliche Organisation wiesen die *„ritterschaftlichen Kreditinstitute“*[224] auf. Im Gegensatz zu den „Landschaften“ standen sie von Anfang an sowohl adligen als auch

[223] Von Hippel, Th. G.-Kord-Ruwisch, W.-Schmidt, F., a.a.O., S. 273
[224] Das erste Institut dieser Art wurde 1777 unter dem Namen „Kur- und Neumärkisches Ritterschaftliches Kreditinstitut“ in Berlin als juristische Person des öffentlichen Rechts ins Leben gerufen.

nicht-adligen Gutsbesitzern offen, und die solidarische Haftung beschränkte sich auf diejenigen Güter, die in einem Kreditverhältnis zur „Ritterschaft“ standen.

Die Entwicklung in den ersten Jahrzehnten des 19. Jahrhunderts zeigte immer deutlicher die Notwendigkeit, auch den „Eigentümern bäuerlicher Grundstücke“ die Möglichkeit zur Kreditaufnahme zu verschaffen. Seit 1849 geschah dies zum Teil dadurch, daß bäuerlichen Grundbesitzern in Schlesien und Ostpreußen der Beitritt zur „Landschaft“ und dieser die Gewährung von Darlehen auch an solche Mitglieder gestattet wurde[225]; teilweise wurden zu diesem Zweck auch besondere Institute, sogenannte Rustikallandschaften[226], gegründet. Bei den in der zweiten Hälfte des 19. Jahrhunderts entstandenen sogenannten neueren Landschaften entfiel von Anfang an die ständische Grundlage[227]. Die Mitgliedschaft stand vielmehr allen Eigentümern landwirtschaftlich genutzter Grundstücke offen. Die einzige Bedingung für eine Mitgliedschaft bestand darin, daß die Grundstücke einen – realtiv niedrigen – Mindestwert bzw. Reinertrag aufweisen mußten.

Die Kredite wurden als Pfandbriefdarlehen gewährt, und der Kreditnehmer mußte sich durch Verkauf der Pfandbriefe die flüssigen Mittel beschaffen. Aus diesem Grunde erschien es angebracht, die Börsen einzuschalten für den Absatz landschaftlicher Pfandbriefe. Diese Überlegungen führten 1873 zur Errichtung der „Central-Landschaft für die Preußischen Staaten“.

Wie bei den Eigentümern landwirtschaftlicher Grundstücke bestand im 19. Jahrhundert auch bei den Haus- und Grundstückseigentümern in den Städten ein erheblicher Kreditbedarf. Angeregt durch die Tätigkeit der „Landschaften“, wurden zur Befriedigung des Kreditbedarfs der Eigentümer städtischer Grundstücke in der zweiten Hälfte des 19. Jahrhunderts sogenannte *Stadtschaften* als Körperschaften öffentlichen Rechts[228] errichtet, denen die Aufgabe übertragen wurde, im Rahmen einer genossenschaftlichen Selbstverwaltung den Eigentümern von bebauten oder in Bebauung befindlichen Hausgrundstücken Hypothekarkredite zu gewähren. Die erforderlichen Mittel beschafften sich die „Stadtschaften“ durch die Emission von Pfandbriefen. Um die vorhandenen Kapitalquellen besser erschließen zu können, gründeten sie im Jahre 1922 die „Preußische Zentralstadtschaft, Berlin“. Neben der unbeschränkten Haftung der Gebietskörperschaft, in deren Bereich die „Stadtschaft“ tätig war, hafteten sämtliche Hypothekenschuldner in Höhe eines Bruchteils ihrer Hypothek solidarisch für alle Verbindlichkeiten der „Stadtschaft“.

225 „Im Jahre 1849 wurde durch Kabinettsorder vom 4. Mai auch allen Eigentümern bäuerlicher Grundstücke im Werte von mindestens 500 Talern, die sich zum Betrieb einer selbständigen Akkernahrung eigneten, der Beitritt zur Landschaft ermöglicht.“ Von Hippel, Th. G. Kord-Ruwisch, W.-Schmidt, F., a.a.O., S. 275.

226 Z. B. Neues Brandenburgisches Kreditinstitut, Berlin (1869), Neue Pommersche Landschaft für den Kleingrundbesitz (1871) Vgl. Mössner, K. E., Das deutsche Bodenkreditsystem, Berlin 1934, S. 235.

227 Z. B. „Neuer Kreditverein für die Provinz Posen“, 1857 (später umbenannt in Posener Landschaft), Landschaft der Provinz Westfalen, Münster.

228 Z. B. Berliner Pfandbriefinstitut, Berlin (1868), Danziger Hypothekenverein, Danzig (1868).

Vor Errichtung von „Stadtschaften" waren bereits Realkreditinstitute (Hypothekenbanken), die städtische Grundstücke beliehen, gegründet worden, um den langfristigen Kreditbedarf aufgrund der wirtschaftlichen Entwicklung in nicht-landwirtschaftlichen Kreisen decken zu können. Als erste deutsche Hypothekenbank wurde 1835 die Bayerische Hypotheken- und Wechsel-Bank in München gegründet. „Sie war verpflichtet, Hypotheken bis zum Höchstbetrag von 12 Mio Gulden zu vergeben, und erhielt dafür das ausschließliche Recht zur Banknotenemission"[229]. Zu einer Hypothekenbank im heutigen Sinne wurde diese Bank jedoch erst im Jahre 1864, als ihr und der 1862 neugegründeten Preußischen Hypothekenversicherungs-AG, der späteren Deutschen Central-Bodenkredit-AG, das Pfandbriefprivileg verliehen wurde. Daher kann die Frankfurter Hypothekenbank, Frankfurt am Main, die 1862 gegründet wurde und sich von Anfang an das Fremdkapital durch Pfandbriefemissionen beschaffte, als die älteste reine Hypothekenbank bezeichnet werden.

Nach dem Zweiten Weltkrieg mußten zahlreiche Institute in Mittel- und Ostdeutschland ihre Tätigkeit einstellen. Außerdem waren durch die Kriegsereignisse erhebliche Teile des beliehenen Grundbesitzes verlorengegangen. Hinzu kam, daß die Währungsumstellung im Jahre 1948 keine besondere Behandlung der Pfandbriefe zuließ, so daß das ihnen anhaftende Kriterium der Sicherheit eine erhebliche Beeinträchtigung erfuhr.

Schiffspfandbriefbanken wurden in Holland bereits im 17. Jahrhundert gegründet. In Deutschland entstanden nach dem Ersten Weltkrieg nach dem Vorbild der privaten Hypothekenbanken Schiffshypothekenbanken in Hamburg, Berlin und Duisburg. Nach dem Zweiten Weltkrieg folgten Institute in Bremen und Lübeck. Beliehen werden Schiffe oder Schiffsbauwerke, die in ein deutsches Schiffsregister oder Schiffsbauregister eingetragen sind.

b) Gesetzliche Bestimmungen

Für die öffentlich-rechtlichen und privaten Realkreditinstitute bestehen verschiedene gesetzliche Bestimmungen. Die ersten öffentlich-rechtlichen Institute erhielten ihre rechtliche Grundlage durch „Reglements", „Verordnungen" o. ä. der betreffenden Landesherren. Seitdem die einzelnen Staaten und das Deutsche Reich Verfassungen bekommen hatten, bildeten besondere, für den Einzelfall erlassene Gesetze die rechtliche Grundlage der öffentlich-rechtlichen Realkreditinstitute.

Gemeinsame Rechtsgrundlage aller öffentlich-rechtlichen Realkreditinstitute ist das „Gesetz über die Pfandbriefe und verwandten Schuldverschreibungen öffentlich-rechtlicher Kreditanstalten"[230]. Dieses Gesetz enthält wie das Hypothekenbankgesetz Vorschriften über die Emission von Pfandbriefen usw. sowie über ihre Deckung durch Hypotheken bzw. eine sogenannte Ersatzdeckung durch bestimmte andere Vermögens-

229 Schulte, F., Die Hypothekenbanken, München und Leipzig 1918, S. 43.
230 In der Fassung vom 11. 3. 1974 (BGBl I S. 669)

werte. Im Gegensatz zu den Bestimmungen des Hypothekenbankgesetzes besteht für öffentlich-rechtliche Realkreditinstitute nicht die Vorschrift, daß die zur Deckung bestimmten Hypotheken nur den ersten Rang im Grundbuch einnehmen dürfen.

Auch das Recht der privaten Hypothekenbanken war in der zweiten Hälfte des 19. Jahrhunderts in den einzelnen Staaten Deutschlands unterschiedlich gestaltet. Insbesondere nach der Reichsgründung wurde die Notwendigkeit einer einheitlichen Regelung dringlicher. Das Ergebnis dieser Bestrebungen war der Erlaß des Hypothekenbankgesetzes vom 13. 7. 1899[231]. Heute hat die Neufassung dieses Gesetzes vom 5. 2. 1963 Geltung.

Zu den wichtigsten Bestimmungen des *Hypothekenbankgesetzes* gehört die Vorschrift, daß Hypothekenbanken nur in der Rechtsform der Aktiengesellschaft und der Kommanditgesellschaft auf Aktien betrieben werden dürfen[232] und der staatlichen Aufsicht unterliegen. Die entsprechenden Vorschriften des Hypothekenbankgesetzes[233] besagen u. a.,

(1) daß die Aufsicht vom Bundesaufsichtsamt für das Kreditwesen ausgeübt wird;
(2) daß die Aufsichtsbehörde befugt ist, alle Anordnungen zu treffen, welche erforderlich sind, um den Geschäftsbetrieb der Bank u. a. mit den Gesetzen und der Satzung in Einklang zu halten;
(3) daß bei jeder Hypothekenbank durch das Bundesaufsichtsamt ein Treuhänder zu bestellen ist, der u. a.
(4) darauf zu achten hat, daß jederzeit die vorschriftsmäßige Deckung für die Hypothekenpfandbriefe vorhanden ist.

Die Treuhänder ist sowohl von der Hypothekenbank, bei der er tätig ist, als auch von der Aufsichtsbehörde unabhängig. Er handelt lediglich im Interesse der Pfandbriefgläubiger. Im Gegensatz hierzu ist im Gesetz über die Pfandbriefe und verwandten Schuldverschreibungen für die öffentlich-rechtlichen Realkreditinstitute kein Treuhänder vorgeschrieben, da die Kontrolle dieser Institute durch die jeweiligen Aufsichtsbehörden für ausreichend angesehen wird. Trotzdem bestimmt in zahlreichen Fällen die Satzung der *öffentlich-rechtlichen Realkreditinstitute,* daß ein Treuhänder bestellt werden muß[234].

Weiterhin enthält das Hypothekenbankgesetz genaue Vorschriften über die Ausgabe von Hypothekenpfandbriefen, die Bedingungen über die Gewährung hypothekarischer Darlehen, das Hypothekenregister, die rechtliche Sicherung der Pfandbriefgläubiger sowie die Ausgabe von Kommunalobligationen.

231 RGBl I S. 375
232 Als einziges Institut ist von dieser Vorschrift befreit die 1816 gegründete Münchener Hypothekenbank eGmbH, München, da diese Bank bereits vor Inkrafttreten des Hypothekenbankgesetzes als Hypothekenbank in der Rechtsform der eGmbH tätig war. Alle übrigen z. Z. bestehenden Hypothekenbanken sind Aktiengesellschaften.
233 Vgl. §§ 3, 4, 29 und 30 HypBkG.
234 Z. B. bei der Deutschen Pfandbriefanstalt, Wiesbaden-Berlin.

Für die *Schiffspfandbriefbanken* wurde im Jahre 1943 ein besonderes Gesetz erlassen[235], das in seinen Grundzügen dem Hypothekenbankgesetz entspricht, in seinen einzelnen Paragraphen jedoch die Eigenart der Beleihung von Schiffen berücksichtigt. Z. B. bestimmt das Gesetz, daß die Beleihung nur durch die Einräumung von Abzahlungsdarlehen für in der Regel nicht länger als zwölf Jahre erfolgen darf.

Von besonderer Bedeutung für die Realkreditinstitute ist außerdem die „Verordnung über die Mündelsicherheit der Pfandbriefe und verwandten Schuldverschreibungen" vom 7. 5. 1940[236]. Durch diese Verordnung wurde auf dem Gebiet der Mündelsicherheit der Pfandbriefe ein einheitliches Recht für die öffentlich-rechtlichen und die privaten Realkreditinstitute geschaffen.

Eine bemerkenswerte Veränderung der gesetzlichen Regelungen für Realkreditinstitute erfolgte durch die KWG-Novellierung 1985. Waren bisher die Realkreditinstitute für Objektkredite von der Meldepflicht für Millionenkredite (§ 13) durch Ausnahmevorschrift § 20 befreit, so werden sie, sofern sie Bestandteil einer *Institutsgruppe* sind, nunmehr über § 13 a KWG indirekt meldepflichtig:
Gemäß § 13 a (4) muß das *übergeordnete Kreditinstitut* für die Gruppe melden und ist für die Einhaltung der Grenzen in der Gruppe verantwortlich. § 13 (4) Satz 3: „Es darf jedoch zur Erfüllung seiner Verpflichtungen . . . auf nachgeordnete Kreditinstitute nur einwirken, soweit dem das allgemein geltende Gesellschaftsrecht nicht entgegensteht." Damit können „aus § 13 a keine speziellen Weisungsrechte bezüglich der Kreditgewährung der nachgeordneten Institute hergeleitet werden."[237]

c) Eigene Mittel

Das *Eigenkapital der öffentlich-rechtlichen und privaten Realkreditinstitute* setzt sich aus dem Kapital bzw. Grundkapital sowie den Rücklagen zusammen.

Neben den üblichen Funktionen des Bankeigenkapitals hat das Eigenkapital der Realkreditinstitute noch besondere Aufgaben zu erfüllen. Einmal dient es dazu, die Dekkungshypotheken für die zuerst emittierten Pfandbriefe vorzufinanzieren. Die gesetzlichen Bestimmungen schreiben vor, daß die in Umlauf befindlichen Pfandbriefe jederzeit durch Hypotheken von mindestens gleicher Höhe und mindestens gleichem Zinsertrag (ordentliche Deckung) oder bestimmte Ersatzdeckungswerte hinsichtlich des Gesamtbetrages gedeckt sein müssen.

Zum anderen macht das Gesetz die Höhe des Pfandbriefumlaufs von der Höhe des Eigenkapitals abhängig.

Die Umlaufgrenzen wurden durch die Novelle zum Hypothekenbankgesetz vom 12. 12. 1973 geändert. Nach der Neufassung des Hypothekenbankgesetzes darf der „Ge-

235 Gesetz über die Schiffspfandbriefbanken (Schiffsbankgesetz) vom 8. 4. 1943 (RGBi I S. 241) in der Fassung vom 8. 5. 1968 (BGBl I. S. 302) mit nachfolgenden Änderungen

236 RGBi I S. 756

237 Szagunn, V./Wohlschieß, K.: a.a.O., S. 291

samtbetrag der im Umlauf befindlichen Pfandbriefe . . . den fünfundzwanzigfachen Betrag des eingebrachten Grundkapitals, der gesetzlichen Rücklage sowie anderer durch die Satzung oder durch Beschluß der Hauptversammlung ausschließlich zur Deckung von Verlusten oder zu einer Kapitalerhöhung aus Gesellschaftsmitteln bestimmter Rücklagen nicht übersteigen"[238]. Gewährt eine Hypothekenbank Kommunaldarlehen, so darf der Gesamtbetrag der zur Finanzierung dieses Geschäftes emittierten Kommunalschuldverschreibungen gemäß § 41 Abs. 2 HypBkG unter Hinzurechnung der im Umlauf befindlichen Pfandbriefe das Doppelte der in § 7 Hypothekenbankgesetz für Pfandbriefe allein genannten Höchstgrenze nicht übersteigen. Bei öffentlich-rechtlichen Realkreditinstituten sind die Umlaufsgrenzen durch den Grundsatz I (der vom Bundesaufsichtsamt für das Kreditwesen gem. §§ 10, 11 des KWG erlassenen „Grundsätze über das Eigenkapital und die Liquidität der Kreditinstitute") fixiert; danach sollen die in Umlauf befindlichen Schuldverschreibungen das 36fache des haftenden Eigenkapitals nicht übersteigen[239]. Von Wichtigkeit ist schließlich noch, daß für neu zu gründende Hypothekenbanken der Mindestnennbetrag des Grundkapitals auf DM 8 Mio festgelegt worden ist[240].

Ein wesentlich höheres Volumen an *haftenden Eigenmitteln* verlangt das BAK bei Neuzulassungen: DM 50 Mio.[241].

d) Geschäftstätigkeit

Die Geschäftstätigkeit der Realkreditinstitute wird durch gesetzliche Bestimmungen auf wenige Bankgeschäfte beschränkt. In erster Linie dürfen folgende Geschäfte betrieben werden[242]:
(1) Gewährung von Hypothekarkrediten,
(2) Beschaffung der dazu benötigten Mittel durch Emission von Pfandbriefen,
(3) Gewährung von nicht-hypothekarischen Darlehen an inländische Körperschaften und Anstalten des öffentlichen Rechts oder gegen Übernahme der vollen Gewährleistung durch eine solche Körperschaft oder Anstalt,
(4) Beschaffung der dazu notwendigen Mittel durch Ausgabe von Kommunalobligationen.

Zusätzlich dürfen die Hypothekenbanken das Auslandskommunalgeschäft betreiben. Sie können „Darlehen . . . an einen Mitgliedstaat der Europäischen Gemeinschaften oder gegen Übernahme der vollen Gewährleistung durch einen solchen Staat gewähren

238 § 7 HypBkG i. d. F. vom 5. 2. 1963 mit nachfolgenden Änderungen
239 Diese Umlaufsgrenze ist nur indirekt aus dem Grundsatz I abzuleiten; die hier entscheidenden Formulierungen dieser Vorschriften sind: Die Kredite . . . sollen das 18fache des haftenden Eigenkapitals nicht übersteigen. . . . Langfristige Kredite, die als Deckung für Schuldverschreibungen dienen . . ., sind nur zur Hälfte zu berücksichtigen.
240 Vgl. § 2 Abs. 2 HypBkG
241 § 33/§ 10 (1): vgl. Szagunn V./Wohlschieß, K.: a.a.O., S. 503
242 Vgl. Kittel, H.: Marktstrategien im Hypothekarkreditgeschäft, Berlin 1974

und die erworbenen Forderungen zur Deckung von Kommunalschuldverschreibungen verwenden"[243]. Der Gesamtbetrag dieser Darlehen darf 10 % der Kommunaldarlehen an inländischen Körperschaften nicht übersteigen.

Daneben ist den Realkreditinstituten die Abwicklung einiger risikoloser Geschäfte, wie Effektenkommissions- und -inkassogeschäfte, Depotgeschäfte, Wechselinkasso und die Hereinnahme von Depositeneinlagen, gestattet. Ferner ist es den Hypothekenbanken erlaubt, zum Zwecke der Gewährung von Hypothekendarlehen und Kommunaldarlehen verzinsliche und unverzinsliche Einlagen hereinzunehmen, Darlehen aufzunehmen sowie Inhaberschuldverschreibungen ohne die für Pfandbriefe und Kommunalschuldverschreibungen vorgesehene Deckung auszugeben[244]. Den Realkreditinstituten ist es nicht gestattet, andere als langfristige Kreditgeschäfte zu tätigen. Insbesondere dürfen sie keine Kontokorrentkredite gewähren.

Beteiligungen dürfen im Rahmen bestimmter Betragsgrenzen nur erworben werden, wenn sie dazu dienen, das Hypothekar- und Kommunalkreditgeschäft zu fördern.

Eine weitere wichtige Bestimmung besteht darin, daß die zur Deckung der Pfandbriefe bestimmten Hypotheken bzw. die Ersatzdeckung in ein „Register" eingetragen werden müssen. Über die Einhaltung dieser Vorschriften hat der Treuhänder, der bei jeder Hypothekenbank durch die Aufsichtsbehörde bestellt wird[245], zu wachen; er muß im einzelnen Fall seine schriftliche Zustimmung erteilen, wenn eine im Register eingetragene Hypothek oder ein Wertpapier der Ersatzdeckung in diesem gelöscht werden soll. Ferner hat der Treuhänder der Aufsichtsbehörde Auskunft über seine Feststellungen und Beobachtungen zu erteilen.

Einen Überblick der geschäftlichen Entwicklung im jüngsten Zehn-Jahreszeitraum (1976 – 1985) geben die Tabellen 33 und 34[246].

Tabelle 33: Bestand der von den Hypothekenbanken gewährten Deckungsdarlehen

	1976	1977	1978	1979	1980	1981	1982	1983	1984	1985
Bestand in Mio DM										
Deckungsdarlehen insgesamt	134.567	156.083	179.144	196.715	219.434	248.111	270.770	290.427	314.193	343.407
Hypothekendarlehen insgesamt	70.326	76.821	87.023	93.644	104.886	116.441	128.921	139.765	149.078	162.844
davon										
Wohngrundstücke	50.109	54.623	63.123	68.705	77.082	86.233	95.234	104.475	111.855	121.812
gewerbliche Grundstücke	18.366	20.403	22.056	23.052	25.813	27.804	30.563	32.934	34.667	38.264
Kommunaldarlehen insgesamt	64.241	79.262	92.121	103.071	114.548	131.670	141.849	150.662	165.114	180.563

e) Bilanzierung und Publizität

Die privaten Hypothekenbanken und Schiffspfandbriefbanken haben bei der Erstellung des Jahresabschlusses neben den betreffenden allgemeinen handelsrechtlichen

243 Vgl. § 5 Abs. 1 Ziff. 1 HypBkG
244 Vgl. § 5 Abs. 1 Ziff. 4 HypBkG
245 § 29 HypBkG
246 Verband deutscher Hypothekenbanken, Geschäftsbericht 1985, S. 54/55

Tabelle 34: Auszahlungen an Hypotheken und Kommunaldarlehen

in Mio DM	1976	1977	1978	1979	1980	1981	1982	1983	1984	1985
Auszahlungen insgesamt	27.410	29.729	37.674*	32.150	38.078	44.862	44.341	47.381	53.358	57.195
Hypothekendarlehen insgesamt	7.787	10.874	16.452*	12.355	15.522	16.760	20.888	23.430	21.115	26.280
davon										
Wohngrundstücke	5.371	7.490	12.350*	9.149	12.042	13.175	15.773	18.085	15.741	19.284
gewerbliche Grundstücke	2.406	3.228	3.829*	2.892	3.131	3.153	4.679	4.891	5.041	6.596
Kommunaldarlehen insgesamt	19.623	18.855	21.222	19.795	22.556*	28.102	23.453	23.951	32.243	30.915
davon										
an inländische öffentliche Haushalte	12.551	10.076	12.893	13.387	14.824*	20.143	17.365	16.697	21.383	18.305
an inländische öffentliche Unternehmen	1.541	965	982	1.059	1.111*	2.296	1.519	924	1.483	1.767
kommunalverbürgte Darlehen	1.606	1.431	1.266	1.062	1.062*	921	1.089	1.595	1.720	1.460
Kommunaldarlehen an Kreditinstitute	3.035	5.751	5.436	3.741	3.094*	3.367	1.725	3.584	6.535	8.294
Kommunaldarlehen an Ausland	–	–	–	–	2.376*	1.304	1.690	1.056	974	839

* *Zahlen wegen statistischen Umstellungen mit den Vorjahren nur eingeschränkt vergleichbar*

und aktienrechtlichen Vorschriften die Bestimmungen des Hypothekenbankgesetzes bzw. Schiffsbankgesetzes zu beachten.

Die Jahresabschlüsse der privaten Hypothekenbanken werden nach Formblättern, die für die Jahresbilanz und die Gewinn- und Verlustrechnung dieser Banken herausgegeben wurden, unter Berücksichtigung der entsprechenden Bilanzierungsrichtlinien aufgestellt.

Die öffentlich-rechtlichen Realkreditinstitute erstellen ihren Jahresabschluß unter Berücksichtigung der allgemeingültigen Bestimmungen, nach den Anordnungen, die in der Satzung bzw. dem der Errichtung zugrundeliegenden Gesetz niedergelegt sind, und unter Beachtung der von den zuständigen Staatsaufsichtsbehörden erlassenen Vorschriften.

In einer besonderen Situation befinden sich die „gemischten Hypothekenbanken", die sowohl das kurzfristige als auch das langfristige Kreditgeschäft pflegen und Pfandbriefe emittieren. Diese Institute müssen ihren Jahresabschluß nach den Vorschriften aufstellen, die für ihre nicht zum Betrieb einer Hypothekenbank gehörenden Geschäftszweige gelten, und ihn nach der für die Hypothekenbanken geltenden Gliederung ergänzen[247].

Keine Besonderheiten ergeben sich bei den Realkreditinstituten hinsichtlich der *Prüfungspflicht;* alle Institute haben sich einer Jahresabschlußprüfung zu unterziehen. Die *Publizitätspflicht der Realkreditinstitute* erstreckt sich auf die Veröffentlichung der Jahresbilanz und der Gewinn- und Verlustrechnung.

[247] Vgl. § 24 Abs. 1 HypBkG. Nach § 24 Abs. 2 wird der Bundesminister der Justiz aber „ermächtigt, im Einvernehmen mit dem Bundesminister für Wirtschaft durch Rechtsverordnung die in Absatz 1 bezeichneten Formblätter vorzuschreiben oder andere Vorschriften für die Gliederung der Jahresabschlüsse zu erlassen, soweit das Geschäft der Hypothekenbanken dies bedingt".

f) Verbandswesen

Sowohl die privaten Hypothekenbanken als auch die öffentlich-rechtlichen Realkreditinstitute strebten bereits vor dem Ersten Weltkrieg einen verbandsmäßigen Zusammenschluß an. Für die privaten Hypothekenbanken konstituierte sich innerhalb des „Centralverbandes des Deutschen Bank- und Bankiergewerbes" ein „Sonderausschuß für Hypothekenbankwesen".

Bei den öffentlich-rechtlichen Grundkreditanstalten schlossen sich im Jahre 1916 zunächst die preußischen Landesbanken zu einem „Verband der Landesbanken" zusammen. Diesem Verband, der sehr bald seinen Namen in „Verband öffentlich-rechtlicher Kreditanstalten" änderte, traten auch die Landschaften, Stadtschaften und sonstigen öffentlich-rechtlichen Bodenkreditinstitute bei.

In den Jahren nach 1933 wurde eine neue Standesorganisation geschaffen. Für die Realkreditinstitute kamen die „Fachgruppe private Hypothekenbanken", die „Wirtschaftsgruppe öffentlich-rechtliche Kreditanstalten" oder die „Wirtschaftsgruppe öffentliche Banken mit Sonderaufgaben" in Betracht. Da diese Organisationen nach dem Zweiten Weltkrieg ihre Tätigkeit einstellen mußten, war es erforderlich, ein neues Verbandswesen aufzubauen.

Nach regionalen Zusammenschlüssen in Süd- und Norddeutschland wurde bereits im September 1947 eine überregionale „Arbeitsgemeinschaft des privaten Hypothekenbankgewerbes" ins Leben gerufen. Diese Arbeitsgemeinschaft, die sich 1951 dem „Bundesverband des privaten Bankgewerbes" als Mitglied anschloß, wurde 1953 zum *„Verband privater Hypothekenbanken"* mit dem Sitz in Bonn-Bad Godesberg umgestaltet (heute: *Verband deutscher Hypothekenbanken)*. Die Aufgabe dieses Verbandes besteht darin, die Interessen der privaten Hypothekenbanken wahrzunehmen, seinen Mitgliedern sowie den zuständigen Behörden beratend zur Seite zu stehen, den Kontakt mit den anderen Verbänden des Kreditgewerbes aufrechtzuerhalten und insbesondere auf dem Gebiet der Rechtsetzung mitzuwirken. Der *„Verband deutscher Schiffsbanken"*, Bremen, nimmt entsprechende Aufgaben für seine Mitglieder wahr.

Die öffentlich-rechtlichen Realkreditinstitute gehören dem *„Verband öffentlich-rechtlicher Kreditanstalten e. V."*, Bonn bzw. dem „Verband öffentlich-rechtlicher Kreditinstitute in Bayern", München, an.

IV. Die Deutsche Bundesbank

Die Deutsche Bundesbank ist die Zentralbank (Notenbank) der Bundesrepublik Deutschland und hat am 1. 8. 1957 ihre Geschäftstätigkeit aufgenommen[248].

[248] Vgl. Gesetz über die Deutsche Bundesbank vom 26. 7. 1957 (BGBl I S. 745), abgedruckt in: Geschäftsbericht der Deutschen Bundesbank für das Jahr 1957, S. 121 ff.

a) Geschichtliche Entwicklung

Noch zu Beginn des 19. Jahrhunderts gab es in Deutschland über 300 souveräne, durch Zollgrenzen voneinander getrennte Länder, die vielfach eine eigene Währung besaßen. Diese politische Zersplitterung hemmte die Entwicklung des deutschen Bankwesens und ermöglichte erst relativ spät die Bildung einer einheitlichen Zentralbank[249].

Das erste Institut, das für einen kleineren Raum ähnliche Aufgaben zu erfüllen hatte wie heute die Deutsche Bundesbank, war die von Friedrich dem Großen 1765 ins Leben gerufene Königliche Giro- und Lehnbank, die im Jahre 1766 das Recht zur Notenausgabe erhielt.[250]

Aus der Königlichen Bank ging im Jahre 1847 die Preußische Bank hervor, die nach ihren Grundsätzen, Aufgaben und Geschäften schon ganz den Charakter einer zentralen Notenbank angenommen hatte. Zu diesem Zeitpunkt hatten fast alle deutschen Staaten Notenbanken errichtet (z. B. 1835 die Bayerische Hypotheken- und Wechsel-Bank, 1839 die Leipziger Bank), doch bestand keinerlei Übereinstimmung hinsichtlich ihrer Organisation, ihres Geschäftsgebarens, der Stückelung und der Währungsgrundlage der Noten. Der Norddeutsche Bund hatte durch das sogenannte Banknotengesetz versucht, eine weitere Zersplitterung des Notenwesens zu verhindern. Als 1871 die politische Einheit in Deutschland verwirklicht werden konnte, waren die Voraussetzungen für die Schaffung und das Tätigwerden einer Zentralnotenbank erfüllt. Durch das Münzgesetz vom 9. 7. 1873[251] wurde die „Mark"-Währung im gesamten Reichsgebiet eingeführt und damit die Silber- durch eine Goldwährung abgelöst. Im Anschluß daran wurde das Bankgesetz vom 13. 3. 1875[252] erlassen und die Geschäftstätigkeit und der Notenumlauf der 32 Privatnotenbanken eingeschränkt. In den folgenden Jahrzehnten verzichteten die meisten Privatnotenbanken auf ihre Notenemissionsrechte, und kurz nach 1900 betätigten sich nur noch die Bayerische Notenbank, die Württembergische Notenbank, die Sächsische Bank sowie die Badische Bank als Privatnotenbanken. Mit dem Gesetz zur Änderung des Privatnotenbankgesetzes vom 18. 12. 1935[253] wurde auch diesen Banken das Notenausgaberecht mit Wirkung vom 31. 12. 1935 entzogen.

Die Preußische Bank nahm ab 1. 1. 1876 den Namen „Reichsbank" an und dehnte ihre Organisation und ihre Geschäftstätigkeit auf das gesamte deutsche Reichsgebiet aus.

In § 12 des Bankgesetzes von 1875 wurde über den Charakter und die Aufgaben der Reichsbank bestimmt: „Unter dem Namen ‚Reichsbank' wird eine unter Aufsicht und Leitung des Reichs stehende Bank errichtet, welche die Eigenschaft einer juristischen Person besitzt und die Aufgabe hat, den Geldumlauf im gesamten Reichsgebiet zu regeln, die Zahlungsausgleichung zu erleichtern und für die Nutzbarmachung verfügbaren Kapitals zu sorgen."

249 Vgl. Veit, O., Grundriß der Währungspolitik, 3. Aufl., Frankfurt am Main 1969, S. 467 ff.
250 Vgl. Dierschke, K.-Müller, F., Die Notenbanken der Welt, Berlin 1926, S. 1.
251 RGBl S. 233; vgl. ferner Veit, O., a.a.O., S. 486 f.
252 RGBl S. 177; vgl. ferner Veit, O., a.a.O., S. 491 ff.
253 RGBl II S. 1034.

Zwar war die Reichsbank eine Körperschaft des öffentlichen Rechts, das Kapital wurde aber von privaten Anteilseignern aufgebracht (Reichsbankanteilscheine). Die Leitung der Reichsbank oblag dem Reichsbankdirektorium, das bis 1922 nach den Weisungen des Bankkuratoriums (Reichskanzler und vier Mitglieder) handelte. Tatsächlich hatte jedoch diese Einflußmöglichkeit bis zur Aufhebung der Goldeinlösungspflicht 1914 für die Geschäftspolitik der Bank wenig Bedeutung. Die Selbständigkeit der Reichsbank wurde durch das Bankgesetz von 1924 noch unterstrichen, denn es legte ihre Unabhängigkeit von der Regierung ausdrücklich fest[254]. Diese Situation änderte sich mit dem Gesetz vom 10. 2. 1937 und später der Neufassung des Reichsbankgesetzes vom 15. 6. 1939; die Reichsbank geriet in völlige Abhängigkeit von der Regierung.

An allen größeren Plätzen unterhielt die Reichsbank Zweigniederlassungen, sog. Reichsbankhaupt- und -nebenstellen. Dadurch konnte der Giroverkehr sehr schnell an Bedeutung gewinnen. Das wichtigste Geschäft war aber die Ausgabe von Banknoten. Außerdem durfte die Reichsbank Gold und Silber an- und verkaufen, Wechsel diskontieren, Lombarddarlehen gewähren und zur Abwicklung des Giroverkehrs unverzinsliche Depositeneinlagen annehmen. Ab 1933 waren ihr Offen-Markt-Geschäfte (An- und Verkauf festverzinslicher Wertpapiere am offenen Markt) gestattet.

Das Ende des Zweiten Weltkriegs brachte für die Reichsbank tiefgreifende Änderungen.

Weitgehend nach dem Vorbild des Federal-Reserve-Systems der USA wurde in den Jahren 1946 bis 1948 in den westlichen Besatzungszonen mit der Errichtung von Landeszentralbanken in den einzelnen Ländern[255] der Aufbau eines neuen, dezentralisierten Zentralbanksystems begonnen[256]. Abgeschlossen wurde diese Entwicklung am 1. 3. 1948 mit der Gründung der *Bank deutscher Länder* als Dachinstitut der Landeszentralbanken.

Von 1948 bis 1957 blieb der Aufbau des westdeutschen Zentralbanksystems durch diese Zweistufigkeit gekennzeichnet. Die beiden Stufen, nämlich die Landeszentralbanken, die als „Hausbanken" der einzelnen Bundesländer sowie als Reserve- und Refinanzierungsinstitute der Kreditinstitute des betreffenden Landes fungierten[257], und ihr Spitzeninstitut, die Bank deutscher Länder, wurden durch das oberste Organ, den

[254] Vgl. Veit, O., a.a.O., S. 196 f.

[255] Z. B. Verordnung 132 der Britischen Militärregierung (Amtsblatt der Militärregierung Nr. 28 S. 1067).

[256] Diese Landeszentralbanken übernahmen die Einrichtungen der Reichsbank, waren aber nicht ihre Rechtsnachfolger.

[257] Lt. LZB-Gesetz (MR-Gesetz Nr. 66) waren die Aufgaben der Landeszentralbanken: den Geldumlauf und die Kreditversorgung zu regeln, die Zahlungsfähigkeit und die Liquidität der Geldinstitute zu pflegen und die erforderlichen Mindestreserven zu unterhalten und zu verwalten, die Finanzgeschäfte des Landes durchzuführen und ihm kurzfristige Kredite zu gewähren sowie den Überweisungs- und Scheckverkehr innerhalb des Landes zu pflegen und den Zahlungsverkehr mit anderen Ländern und dem Ausland zu erleichtern. Zur Durchführung dieser Aufgaben waren den Landeszentralbanken bestimmte Geschäfte gestattet.

Zentralbankrat, miteinander verbunden. Dieser bestand aus einem Präsidenten, dem Präsidenten der Bank Deutscher Länder als Stellvertreter sowie den elf Landeszentralbank-Präsidenten. Der Zentralbankrat bestimmte über Notenausgabe und Kreditpolitik, entschied grundsätzliche Fragen der Währungspolitik und sicherte die Geld- und Kreditpolitik in den einzelnen Bundesländern. Die Aufgabe der Bank deutscher Länder bestand darin, „im allgemeinen Interesse die bestmögliche Verwendung der Geldmittel im Tätigkeitsbereich der angeschlossenen Landeszentralbanken herbeizuführen, die Währung sowie das Geldwesen zu festigen und die Geschäftstätigkeit der angeschlossenen Landeszentralbanken in Übereinstimmung zu bringen“[258]. Die Bank deutscher Länder emittierte z B. neue Banknoten, und die Landeszentralbanken brachten sie, da die Bank deutscher Länder selbst nur mit den Landeszentralbanken und ausländischen Zentralbanken in Geschäftsverbindung stehen durfte, in den Verkehr. Außerdem war die Bank deutscher Länder die Hausbank der Bundesregierung. Abgelöst wurde dieses zweistufige Zentralbanksystem am 1. 8. 1957 durch das einstufige System der Deutschen Bundesbank[259].

b) Rechtsstellung und Organisation

Artikel 88 des Grundgesetzes der Bundesrepublik Deutschland schreibt dem Bund die Errichtung einer „Währungs- und Notenbank als Bundesbank“ vor. Das führte dazu, daß die Deutsche Bundesbank auf Grund eines speziellen Gesetzes[260] durch Verschmelzung der Bank deutscher Länder mit der Berliner Zentralbank und den Landeszentralbanken entstand. Sie ist eine bundesunmittelbare juristische Person des öffentlichen Rechts, und ihr Sitz soll mit dem der Bundesregierung identisch sein. Solange dieser sich jedoch nicht in Berlin befindet, domiziliert die Deutsche Bundesbank in Frankfurt am Main[261].

Ebenso wie die Reichsbank in den Jahren 1922 bis 1937 und die Bank deutscher Länder ist die Deutsche Bundesbank bei der Ausübung der Befugnisse, die ihr nach dem Gesetz zustehen, von Weisungen der Bundesregierung unabhängig. Sie ist jedoch verpflichtet, unter Wahrung ihrer Aufgabe die allgemeine Wirtschaftspolitik der Bundesregierung zu unterstützen[262].

In jedem Bundesland unterhält die Deutsche Bundesbank eine Hauptverwaltung, die die Bezeichnung „Landeszentralbank“ trägt. Neben diesen elf Hauptverwaltungen bestehen Zweiganstalten (Hauptstellen und Zweigstellen). Dabei unterstehen die Haupt-

258 Militärregierungsgesetz Nr. 60.

259 Vgl. Gesetz über die Deutsche Bundesbank vom 26. 7. 1957 (BGBl I S. 745).

260 Vgl. Gesetz über die Deutsche Bundesbank vom 26. 7. 1957 (BGBl I S. 745).

261 Vgl. §§ 1 und 2 BBkG; vgl. die grundlegenden Kommentare: Beck, H., Gesetz über die Deutsche Bundesbank, Mainz-Gonsenheim-Düsseldorf 1959, S. 131 ff. mit ausführlichen Schrifttumshinweisen; v. Spindler, J.-Becker, W.-Starke, O., Die Deutsche Bundesbank, 4. Aufl., Stuttgart 1973, S. 167 ff.

262 § 12 BBkG; vgl. Rittershausen, H., Die Zentralnotenbank, Frankfurt am Main 1962, insbesondere S. 31, Fußnote 1

stellen der zuständigen Hauptverwaltung (Landeszentralbank) und die Zweigstellen der jeweils zuständigen Hauptstelle. Orte, in denen sich eine Landeszentralbank, Hauptstelle oder Zweigstelle befindet, werden als „Bankplätze" bezeichnet[263].

Die Organe der Deutschen Bundesbank sind:
(1) der *Zentralbankrat*,
(2) das *Direktorium*,
(3) die *Vorstände der Landeszentralbanken*.

Der Zentralbankrat ist das oberste willensbildende Organ[264]. Er besteht aus dem Präsidenten und dem Vizepräsidenten der Deutschen Bundesbank, den weiteren Mitgliedern des Direktoriums sowie den elf Präsidenten der Landeszentralbanken. Aufgabe des Zentralbankrates ist es, die Währungs- und Kreditpolitik der Bank zu bestimmen, allgemeine Richtlinien für die Geschäftsführung aufzustellen und die Zuständigkeit des Direktoriums sowie der Vorstände der Landeszentralbanken im Rahmen der Bestimmungen des Bundesbankgesetzes abzugrenzen. In Einzelfällen kann er dem Direktorium und den Vorständen der Landeszentralbanken Weisungen erteilen. Seine Beschlüsse faßt er mit einfacher Mehrheit der abgegebenen Stimmen. Exekutivorgane des Zentralbankrates sind das Direktorium und die Vorstände der Landeszentralbanken[265].

Das Direktorium besteht aus dem Präsidenten und dem Vizepräsidenten der Deutschen Bundesbank sowie bis zu acht weiteren Mitgliedern und ist für die Ausführung der Beschlüsse des Zentralbankrates verantwortlich. Sämtliche Mitglieder des Direktoriums werden – wie die Präsidenten der Landeszentralbanken – vom Bundespräsidenten bestellt[266]. Sofern nicht die Vorstände der Landeszentralbanken zuständig sind, leitet und verwaltet das Direktorium die Bank. Insbesondere sind ihm folgende Aufgaben gestellt:
(1) Geschäfte mit dem Bund und seinen Sondervermögen,
(2) Geschäfte mit Kreditinstituten, die zentrale Aufgaben im gesamten Bundesgebiet haben,
(3) Devisengeschäfte und Geschäfte im Verkehr mit dem Ausland,
(4) Geschäfte am offenen Markt.

Die Beschlüsse des Direktoriums werden – wie die des Zentralbankrates – mit einfacher Mehrheit der abgegebenen Stimmen gefaßt, sofern in der Satzung keine anderen Regelungen getroffen sind.

Der Vorstand der Landeszentralbanken besteht aus dem Präsidenten und dem Vizepräsidenten, kann jedoch durch ein oder zwei weitere Mitglieder erweitert werden. Diesem Vorstand obliegen die in den Bereich der betreffenden Hauptverwaltung fallenden Geschäfte und Verwaltungsangelegenheiten. Insbesondere sind dies:

[263] Ende 1973 bestanden rd. 230 Zweiganstalten der Deutschen Bundesbank.
[264] Vgl. § 6 BBkG.
[265] Vgl. §§ 7 und 8 BBkG.
[266] Die Mitglieder des Direktoriums auf Vorschläge der Bundesregierung, die Landeszentralbank-Präsidenten auf Vorschlag des Bundesrates.

(1) Geschäfte mit dem Land sowie mit öffentlichen Verwaltungen im Land,
(2) Geschäfte mit Kreditinstituten ihres Bereichs, soweit sie nicht nach § 7 Abs. 1 Nr. 2 BBkG dem Direktorium vorbehalten sind.

Der Landeszentralbank-Vorstand wird in Fragen der Währungs- und Kreditpolitik und über die Durchführung der ihm obliegenden Aufgaben von einem Beirat beraten[267]. Der Beirat besteht aus höchstens zehn Mitgliedern, die besondere Kenntnisse auf dem Gebiete des Bankwesens haben sollen. Höchstens die Hälfte der Mitglieder soll aus den einzelnen Zweigen des Bankgewerbes, die übrigen Mitglieder sollen aus der gewerblichen Wirtschaft, Handel, Landwirtschaft, Arbeiter- und Angestelltenschaft stammen. Die Mitglieder der Beiräte bei den Landeszentralbanken werden auf Vorschlag der zuständigen Landesregierungen und nach Anhörung der Vorstände der Landeszentralbanken durch den Präsidenten der Deutschen Bundesbank auf die Dauer von drei Jahren berufen.

c) Eigene Mittel

Bei der Debatte über den Entwurf des Bundesbankgesetzes erhob sich die Frage, ob die Bundesbank mit Mitteln der öffentlichen Hand oder mit privatem Kapital, wie es bei der Reichsbank in überwiegendem Maße der Fall gewesen war, ausgestattet werden sollte. Da man die Unabhängigkeit der Bundesbank in ihrer Geschäftstätigkeit wahren wollte, schied eine Kapitalaufbringung mittels Aktien wegen der Rechte der Aktionäre (Stimmrecht, Recht auf Dividende und Recht auf Anteil am Liquidationserlös) aus. Eine Lösung, wie sie bei der Reichsbank in den Reichsbankanteilscheinen bestand, fand keine Mehrheit, vielmehr wurde der Ausstattung der Bank mit Mitteln der öffentlichen Hand der Vorzug gegeben. Das *Grundkapital der Deutschen Bundesbank,* das der Summe der den Ländern gehörenden Grundkapitalien der ehemaligen Landeszentralbanken entspricht, beträgt DM 290 Mio und befindet sich in den Händen des Bundes. Außerdem wies die Bundesbank Ende 1985 DM 5,3 Mrd Rücklagen aus. Das gesamte Eigenkapital der Bundesbank beträgt somit rund DM 5,6 Mrd und stellt einen Anteil an der Bilanzsumme (DM 217 Mrd) von 2,6 % dar[268].

d) Währungspolitische Befugnisse und Geschäftstätigkeit

Im Zusammenhang mit der *Geschäftstätigkeit der Deutschen Bundesbank* ist zwischen Aufgaben, Mitteln und konkreten Maßnahmen der Zentralbank zu unterscheiden.

Eine rechtliche Fixierung der Aufgaben enthält § 3 des Gesetzes über die Deutsche Bundesbank: „Die Deutsche Bundesbank regelt mit Hilfe der währungspolitischen Befugnisse, die ihr nach diesem Gesetz zustehen, den Geldumlauf und die Kreditversorgung der Wirtschaft mit dem Ziel, die Währung zu sichern, und sorgt für die bankmäßige Abwicklung des Zahlungsverkehrs im Inland und mit dem Ausland."

[267] Vgl. § 9 BBkG
[268] Vgl. Geschäftsbericht der Deutschen Bundesbank für das Jahr 1985, S. 152/153

Als Hauptaufgabe wird durch das Gesetz die Währungssicherung herausgestellt, die eine bewußte Steuerung des Geldvolumens[269], eine Abstimmung zwischen wirksamer Geldmenge und vorhandenem Güterangebot, notwendig macht. Zur Steuerung der Zentralbankgeldmenge verfügt die Bundesbank über ein umfangreiches Instrumentarium, das unter „Währungspolitische Befugnisse" im vierten Abschnitt des Bundesbankgesetzes geregelt wurde.

Als *Mittel der Zentralbankpolitik* sind danach zu unterscheiden:
(1) *Notenausgaberecht* (§ 14),
(2) *Diskontpolitik* (§ 15),
(3) *Offenmarktpolitik* (§15),
(4) *Kreditpolitik* (§ 15),
(5) *Mindestreservepolitik* (§ 16),
(6) *Einlagenpolitik* (§ 17).

Die Bundesbank hat als alleinige Institution in der Bundesrepublik das Recht, Banknoten auszugeben. Die auf Deutsche Mark lautenden Noten sind das einzige unbeschränkte gesetzliche Zahlungsmittel.

Das klassische Instrument der Notenbanken ist die *Diskontpolitik.* Darunter ist die Festlegung des Satzes zu verstehen, zu dem die Deutsche Bundesbank bereit ist, bundesbankfähige Wechselforderungen von den Banken anzukaufen. Formal rechtlich unabhängig, jedoch de facto in Relation zum Diskontsatz steht der Lombardsatz der Deutschen Bundesbank, der in der Zeit vom 1. Juli 1948 bis 11. September 1969 im allgemeinen einen Prozentpunkt über der Rediskontrate lag; seit September 1969 variiert die Differenz.

Am Diskontsatz orientierten sich bis 1969 eine Reihe von Zinssätzen, insbesondere die Sollzinsen der Kreditinstitute unmittelbar. Die Kreditzusagen basierten auf diskontgebundenen Konditionen; d. h., die vereinbarten Zinsen im Kreditgeschäft bestanden aus dem aktuellen Diskontsatz als variabler Basis und einem festen Zuschlag zum Diskontsatz. Änderungen des Diskontsatzes verursachten automatisch eine Änderung der vereinbarten Zinssätze. Die Diskontsatzkoppelung im Kreditgeschäft der Banken hat seit Aufhebung der Zinsverordnung (1967) und verstärkt in den letzten Jahren wesentlich an Bedeutung verloren. An seine Stelle ist die baw-Kondition (bis auf weiteres) getreten.

Da der Wirksamkeit der Diskontpolitik Grenzen gesetzt sind, wurde dieses Instrument durch quantitativ wirkende Befugnisse ergänzt, die eine Kreditbeschränkung bzw. Kreditausweitung herbeiführen sollen. Als ein recht elastisches Mittel ist die *Offenmarktpolitik* anzusehen. Sie umfaßt den An- und Verkauf verzinslicher Wertpapiere (insbesondere von Staatspapieren) und Schuldbuchforderungen durch die Deutsche Bundesbank zur Beeinflussung des Geldmarktes[270]. Die Bundesbank setzt zur Zeit für Schatz-

[269] Durch den Zentralbankratsbeschluß vom 5. 12. 1974, die Zentralbankgeldmenge im Verlauf des Jahres 1975 um etwa 8 % ansteigen zu lassen, wurde erstmals ein Geldmengenziel zahlenmäßig fixiert. Vgl. Geschäftsbericht der Deutschen Bundesbank für das Jahr 1974, S. 21.

[270] Vgl. § 21 BBkG

wechsel und unverzinsliche Schatzanweisungen flexible Abgabesätze als Diskont fest. Ihre Ankaufssätze liegen 1/8 % über den Abgabesätzen.

Unmittelbaren Einfluß auf das Kreditpotential der Geschäftsbanken kann die Bundesbank durch eine Reihe quantitativer und qualitativer Kreditbeschränkungen bzw. -erleichterungen nehmen, die im Gesetz zusammenfassend als *Kreditpolitik* bezeichnet werden[271], Mittel einer quantitativen Kreditrestriktion sind die Kreditrichtsätze, die Rediskontkontingente, die Kreditsperre sowie die Kreditrückführung. Qualitative Kreditrestriktionen bedeuten eine Selektion bestimmter Kreditformen im Hinblick auf die Refinanzierung bei der Zentralbank.

Ein weiteres Instrument zur Beeinflussung des Geldumlaufs und der Kreditgewährung der Banken ist die *Mindestreservepolitik*. Darunter wird das Recht der Bundesbank verstanden, von den Kreditinstituten zu verlangen, daß sie in Höhe bestimmter Prozentsätze ihrer Verbindlichkeiten aus Sicht-, Termin-, Spareinlagen und aufgenommenen Geldern (unverzinslich) Sichtguthaben bei der Zentralbank unterhalten[272].

Das Instrument hat seine ursprünglich hohe Bedeutung weitgehend verloren; dies ist auch die Meinung von Dr. Leonhard Gleske, Mitglied des Direktoriums der Bundes bank[273].

Als jüngstes währungspolitisches Instrument ist die *Einlagenpolitik* für Gelder der Öffentlichen Hand gesetzlich verankert worden[274]. Sie verpflichtet die zentralen öffentlichen Verwaltungen (Bund, das Sondervermögen, Ausgleichsfonds, das ERP-Sondervermögen und die Länder), ihre Kassenmittel bei der Deutschen Bundesbank auf Girokonto einzulegen, und räumt der Zentralbank das Recht ein, über eine anderweitige Einlegung oder Anlage dieser Mittel zu bestimmen, wobei das Interesse der Länder an der Erhaltung ihrer Landesbanken zu berücksichtigen ist. Die Einlagenpolitik erlaubt eine Steuerung der verfügbaren Kassenbestände eines Sektors, der sich der Beeinflussung durch die Zentralbankpolitik sonst weitgehend entzieht.

Als Hilfsmittel der Bundesbank, das ihr den Überblick zur Anwendung der eigentlichen währungspolitischen Instrumente verschaffen soll, dienen statistische Erhebungen. Das Recht, Statistiken auf dem Gebiet des Bank- und Geldwesens bei allen Kreditinstituten anzuordnen und durchzuführen, ist ausdrücklich unter den währungspolitischen Befugnissen aufgeführt worden[275].

Zur Erreichung ihrer Ziele setzt die Deutsche Bundesbank in der Regel nicht ein einzelnes Instrument ein, sondern kombiniert die ihr zur Verfügung stehenden Befugnisse in der Weise, daß sie sich sinnvoll ergänzen[276]. Die Wirksamkeit der kreditpolitischen

271 § 15 BBkG; der Terminus „Kreditpolitik" wird hierbei im engeren Sinne verwendet
272 Vgl. § 16 BBkG
273 Vortrag an der Universität Mannheim, Handelsblatt 16. 6. 1986
274 Vgl. § 17 BBkG
275 Vgl. § 18 BBkG
276 Vgl. Irmler, H.: Möglichkeiten und Grenzen der Kreditpolitik, Tübingen 1971, S. 3–21

Maßnahmen wird durch Empfehlungen und Appelle der Bundesbank – *moral suasion* – unterstützt und gegebenenfalls durch freiwillige Vereinbarungen mit den Banken und der übrigen Wirtschaft – *gentlemen's agreements* – verstärkt.

Zwei wichtige gentlemen's agreements sind 1985 durch entsprechende gesetzliche Bestimmungen abgelöst worden:

(1) Meldung eines konsolidierten, die Auslandstöchter umfassenden, Kreditvolumens. Abgelöst durch § 10 a KWG.

(2) Emissionsgeschäft mit DM-Auslandsanleihen.
Abgelöst durch die Erklärung der Deutschen Bundesbank zur Begebung von DM-Auslandsanleihen (mit Wirkung vom 1. Mai 1986):[277]

„1. DM-denominierte Anleihen ausländischer Emittenten (DM-Auslandsanleihen) sollen nur unter der Konsortialführung eines deutschen Kreditinstituts (Kreditinstitute mit eigener Rechtspersönlichkeit, die ihren Sitz im Bundesgebiet einschließlich Berlin-West haben) aufgelegt werden. DM-Auslandsanleihen sind auch Optionsanleihen, Wandelanleihen und Währungs-Optionsanleihen. Bei der Emission von Valuta-Anleihen mit einer Option auf DM und bei Doppelwährungs-Anleihen mit Zins- oder Tilgungszahlung in DM genügt die Mitführung eines deutschen Kreditinstituts im Emissionskonsortium. Die Deutsche Bundesbank legt Wert darauf, daß der Markt für DM-Emissionen im Inland verankert bleibt.

2. Im Falle der Konsortialführung durch ein deutsches Kreditinstitut in Auslandsbesitz sollen im Heimatland des betreffenden Instituts für in deutschem Besitz befindliche Kreditinstitute die gleichen Möglichkeiten bestehen.

3. DM-Schuldverschreibungen, die den Charakter von Einlagen-Zertifikaten (DM-CDs) haben, sollen von ausländischen Schuldnern (einschl. ausländischer Tochterinstitute und Filialen deutscher Kreditinstitute) nicht begeben werden. Anteile an DM-Geldmarktfonds sollen von ausländischen und inländischen Instituten nicht begeben werden.
Für öffentlich angebotene DM-Auslandsanleihen gilt eine Laufzeituntergrenze von fünf Jahren, für DM-Privatplazierungen eine solche von drei Jahren.

4. Für Privatplazierungen von DM-Auslandsanleihen gelten die Regelungen (Ziffern 1. bis 3.) entsprechend.

5. Die Konsortialführer werden gebeten, die Deutsche Bundesbank über beabsichtigte DM-Auslandsanleihen (einschließlich Privatplazierungen von mehr als 20 Mio DM) und danach so bald wie möglich über die festgelegten Konditionen zu unterrichten; die Angaben sollen fernschriftlich gemacht werden und den Emittenten, den Betrag sowie Datum, Form und Plazierungsart der Anleihen enthalten."

Die Deutsche Bundesbank ist die Währungsbank der Bundesrepublik, der die Notenausgabe sowie die Stabilisierung unserer Währung obliegt. Sie ist ferner die Bank der Banken als Refinanzierungsquelle, Clearing-und Inkassostelle sowie infolge ihrer Aufgaben im bankmäßigen Auslandsgeschäft. Schließlich ist die Deutsche Bundesbank die

[277] Geschäftsbericht der Deutschen Bundesbank für das Jahr 1985, S. 118

Bank des Staates als Kreditgeber und Kassenhalter zentraler öffentlicher Verwaltungen. Im fünften Abschnitt des Bundesbankgesetzes sind die Geschäfte im einzelnen festgelegt worden, die die Bundesbank betreiben darf. Dabei werden Geschäfte mit Kreditinstituten (§ 19), Geschäfte mit öffentlichen Verwaltungen (§ 20), Geschäfte am offenen Markt (§ 21) sowie Geschäfte mit jedermann (§ 22) unterschieden.

Mit Kreditinstituten darf die Bundesbank folgende Geschäfte betreiben:
(1) An- und Verkauf von Wechseln und Schecks, die den Anforderungen der Bundesbank genügen (in der Regel drei Unterschriften; bei Wechseln außerdem: Laufzeit längstens drei Monate, gute Handelswechsel);
(2) An- und Verkauf von Schatzwechseln des Bundes, eines Sondervermögens des Bundes (z. B. Bundesbahn, Bundespost) oder eines Landes der Bundesrepublik, die innerhalb von drei Monaten fällig sind;
(3) Gewährung von Lombardkrediten für höchstens drei Monate bei Hereinnahme bestimmter Pfänder;
(4) Annahme von unverzinslichen Giroeinlagen;
(5) Verwahrung und Verwaltung von Wertgegenständen, insbesondere Wertpapieren;
(6) Einzug von Schecks, Wechseln, Anweisungen, Wertpapieren und Zinsscheinen;
(7) Ausführung anderer bankmäßiger Auftragsgeschäfte nach Deckung (z. B. Effektenkommissionsgeschäft);
(8) An- und Verkauf von Devisen und Sorten sowie Gold, Silber und Platin;
(9) Abwicklung aller Bankgeschäfte im Verkehr mit dem Ausland.

Außer den Geschäften mit Kreditinstituten darf die Bundesbank mit öffentlichen Verwaltungen folgende Geschäfte betreiben:
(1) Gewährung kurzfristiger Kredite in Form von Buch- und Schatzwechselkrediten (Kassenkredite) im Rahmen bestimmter Kreditplafonds an den Bund, besonders aufgeführte Sondervermögen des Bundes und die Länder;
(2) Durchführung des kostenlosen Giroverkehrs, Effekten-, Inkasso-, Auftrags-, Devisen- und Auslandsgeschäfts mit dem Bund, seinen Sondervermögen und den Ländern;
(3) Emission von Anleihen, Schatzanweisungen und Schatzwechseln des Bundes, der Bundesbahn, der Bundespost, des Ausgleichsfonds, des ERP-Sondervermögens und der Länder.

Mit jedermann, d. h. mit natürlichen und juristischen Personen im In- und Ausland, darf die Bundesbank folgende Geschäfte tätigen: Annahme unverzinslicher Giroeinlagen, Verwahrung und Verwaltung von Wertpapieren, Inkasso von Schecks und Wechseln, An- und Verkauf von Devisen, Auslandsgeschäfte[278].

Besonders im Gesetz erwähnt sind außerdem die Bestätigung von Schecks[279] sowie die Beleihung und der Ankauf von Ausgleichsforderungen der Kreditinstitute, Versicherungsunternehmen und Bausparkassen durch die Bundesbank[280].

278 Vgl. § 22 BBkG.
279 Vgl. § 23 BBkG.
280 Vgl. § 24 BBkG.

e) Bilanzierung und Publizität

Bilanz der Deutschen Bundesbank zum 31. Dezember 1985

Aktiva

		DM	
1 Gold			13.687.518.821,70
2 Reserveposition im internationalen Währungsfonds und Sonderziehungsrechte			
2.1 Ziehungsrechte in der Reservetranche		7.418.219.964,70	
2.2 Kredite aufgrund von besonderen Kreditvereinbarungen		1.955.062.523,22	
2.3 Sonderziehungsrechte		3.806.614.356,32	13.179.896.844,24
3 Forderungen an den Europäischen Fonds für währungspolitische Zusammenarbeit im Rahmen des Europäischen Währungssystems			
3.1 Guthaben in ECU	39.822.313.075,55		
abzüglich: Unterschiedsbetrag zwischen ECU-Wert und Buchwert der eingebrachten Gold- und Dollarreserven	22.636.810.854,95	17.185.502.220,60	
3.2 sonstige Forderungen		–	17.185.502.220,60
4 Guthaben bei ausländischen Banken und Geldmarktanlagen im Ausland			39.477.523.317,91
5 Sorten			24.263.656,34
6 Kredite und sonstige Forderungen an das Ausland			
6.1 Kredite im Rahmen des mittelfristigen EG-Währungsbeistands		–	
6.2 sonstige Kredite an ausländische Währungsbehörden		–	
6.3 Kredite an die Weltbank		2.448.960.750,--	2.448.960.750,--
7 Kredite an inländische Kreditinstitute			
7.1 Inlandswechsel		44.082.283.367,26	
7.2 Im Offenmarktgeschäft mit Rücknahmevereinbarung angekaufte Wertpapiere		41.627.008.278,07	
7.3 Auslandswechsel		17.301.270.501,64	
7.4 Lombardforderungen		2.314.806.800,--	105.325.368.946,97
8 Kassenkredite (Buchkredite)			
8.1 Bund		–	
8.2 Lastenausgleichsfonds		–	
8.3 Länder		178.917.465,--	178.917.465,--
9 Ausgleichsforderungen an den Bund und unverzinsliche Schuldverschreibung wegen Berlin			8.683.585.988,93
10 Kredite an Bundesbahn und Bundespost			
10.1 Kassenkredite (Buchkredite)		–	
10.2 Schatzwechsel und unverzinsliche Schatzanweisungen		–	–
11 Wertpapiere			4.134.644.224,81
12 Deutsche Scheidemünzen			983.785.048,16
13 Postgiroguthaben			201.816.781,11
14 Grundstücke und Gebäude			1.837.791.755,40
15 Betriebs- und Geschäftsausstattung			153.583.303,--
16 Schwebende Verrechnungen			6.421.386.402,29
17 Sonstige Vermögensgegenstände			2.934.727.093,23
18 Rechnungsabgrenzungsposten			37.202.549,12
Rückgriffsrechte aus Eventualverbindlichkeiten		75.000,--	
			216.896.475.168,81

Passiva

	DM	
1 Banknotenumlauf		105.416.043.935,--
2 Einlagen von Kreditinstituten		
2.1 auf Girokonten	55.809.583.899,89	
2.2 sonstige	14.466.711,35	55.824.050.611,24
3 Einlagen von öffentlichen Haushalten		
3.1 Bund	1.152.945.686,23	
3.2 Lastenausgleichsfonds und ERP-Sondervermögen	6.107.719,42	
3.3 Länder	1.052.313.725,52	
3.4 andere öffentliche Einleger	38.071.230,25	2.249.438.361,42
4 Einlagen von anderen inländischen Einlegern		
4.1 Bundesbahn	8.428.493,12	
4.2 Bundespost (einschl. Postgiro- und Postsparkassenämter)	699.442.516,65	
4.3 sonstige Einleger	859.600.287,44	1.567.471.297,21
5 Verbindlichkeiten aus abgegebenen Mobilisierungs- und Liquiditätspapieren		8.767.800.000,--
6 Verbindlichkeiten aus dem Auslandsgeschäft		
6.1 Einlagen ausländischer Einleger	14.594.603.194,57	
6.2 sonstige	25.790.168,26	14.620.393.362,83
7 Ausgleichsposten für zugeteilte Sonderziehungsrechte		3.273.338.090,40
8 Rückstellungen		
8.1 für Pensionsverpflichtungen	2.011.000.000,--	
8.2 sonstige Rückstellungen	3.781.200.000,--	5.792.200.000,--
9 Sonstige Verbindlichkeiten		411.240.642,50
10 Rechnungsabgrenzungsposten		439.118.040,88
11 Grundkapital		290.000.000,--
12 Rücklagen		
12.1 gesetzliche Rücklage	5.031.700.000,--	
12.2 sonstige Rücklagen	290.000.000,--	5.321.700.000,--
13 Bilanzgewinn		12.923.680.827,33
Eventualverbindlichkeiten	75.000,--	
		216.896.475.168,81

Gewinn- und Verlustrechnung der Deutschen Bundesbank für das Jahr 1985

Aufwand

	DM	
1 Verwaltungskosten		
1.1 persönliche	746.574.412,26	
1.2 sächliche	196.819.607,30	943.394.019,56
2 Notendruck		174.627.323,82
3 Abschreibungen		
3.1 auf Grundstücke und Gebäude	90.096.868,75	
3.2 auf Betriebs- und Geschäftsausstattung	64.827.990,48	154.924.859,23
4 Zuweisungen an Rückstellungen		
4.1 Pensionsverpflichtungen	80.218.117,80	
4.2 sonstige	–	80.218.117,80
5 Versorgungsleistungen wegen Reichsbank		24.125.346,26
6 Sonstige Aufwendungen		36.634.349,24
7 Jahresüberschuß (= Bilanzgewinn)		12.923.680.827,33
		14.337.604.843,24

Ertrag

	DM
1 Zinsen	13.893.289.501,99
2 Gebühren	18.750.323,69
3 Erträge aus An- und Verkauf von Fremdwährungen sowie aus Bewertung der Währungsreserven und sonstigen Fremdwährungspositionen	279.532.695,05
4 Sonstige Erträge	146.032.322,51
	14.337.604.843,24

Frankfurt am Main, den 12. Februar 1986

Vorschriften über das *Rechnungswesen* und den *Jahresabschluß der Deutschen Bundesbank* enthält § 26 BBkG[281]. Danach hat das Rechnungswesen der Bundesbank den Grundsätzen ordnungsmäßiger Buchführung zu entsprechen. Der Jahresabschluß ist nach Beendigung des Geschäftsjahres, das mit dem Kalenderjahr identisch ist, so bald wie möglich vom Direktorium aufzustellen. Dabei werden die Gliederung der Jahresbilanz und die Bezeichnung weitgehend dem Schema der Wochenausweise angepaßt, wie es für die Deutsche Bundesbank gesetzlich vorgeschrieben ist[282]. Für die Wertansätze gelten die aktienrechtlichen Vorschriften sinngemäß. Die Gewinn- und Verlustrechnung wird nach allgemeinen Grundsätzen aufgestellt, die den besonderen Erfolgsfaktoren der Bundesbank Rechnung tragen[283].

Die Bilanz und Erfolgsrechnung für 1985 geben einen Überblick der Gliederungsschemata.

Die Publizitätspflichten der Deutschen Bundesbank erstrecken sich neben der Veröffentlichung des Jahresabschlusses im Bundesanzeiger auf die Bekanntgabe ihrer Bilanzzahlen in wöchentlichen Abständen. Nach § 28 BBkG hat die Deutsche Bundesbank jeweils nach dem Stand vom 7., 15., 23. und Letzten jeden Monats einen Ausweis zu veröffentlichen, der folgende Angaben enthalten muß:

281 Vgl. Beck, H., a.a.O., S. 381 ff.: v. Spindler, J.-Becker, W.-Starke, O., a.a.O., S. 468ff.

282 Vgl. § 28 BBkG.

283 Unter den Aufwendungen fehlt der Zinsaufwand, da die Einlagen bei der Bundesbank unverzinslich sind; hinzu kommt der Aufwand für den Notendruck. Die Erträge setzen sich aus Zinsen, Gebühren und sonstigen Erträgen zusammen.

I. Aktiva

Gold

Guthaben bei ausländischen Banken und Geldmarktanlagen im Ausland

Sorten, Auslandswechsel und -schecks

Inlandswechsel

Lombardforderungen

Kassenkredite an
a) den Bund und die Sondervermögen des Bundes
b) die Länder

Schatzwechsel und unverzinsliche Schatzanweisungen
a) des Bundes und der Sondervermögen des Bundes
b) der Länder

Wertpapiere

Scheidemünzen

Postscheckguthaben

Ausgleichsforderungen

Sonstige Aktiva

II.Passiva

Banknotenumlauf

Einlagen von
1. Kreditinstituten
2. öffentlichen Einlegern
   a) Bund und Sondervermögen des Bundes
   b) Ländern
   c) anderen öffentlichen Einlegern
3. anderen inländischen Einlegern
4. ausländischen Einlegern

Verbindlichkeiten aus dem Auslandsgeschäft

Rückstellungen

Grundkapital

Rücklagen

Sonstige Passiva

Über die gesetzlichen Publizitätspflichten hinaus veröffentlicht die Deutsche Bundesbank jährlich einen Geschäftsbericht, der den Jahresabschluß mit Erläuterungen, allgemeine Ausführungen zur Wirtschaftsentwicklung und Notenbankpolitik, die jeweils gültigen kredit- und devisenpolitischen Regelungen sowie eine Aufstellung der Mitglieder des Zentralbankrats und des Direktoriums der Deutschen Bundesbank enthält.

Monatlich erscheinen die Monatsberichte der Deutschen Bundesbank mit einem statistischen Teil sowie statistische Beihefte zu den Monatsberichten in fünf Reihen: Reihe 1 – Bankenstatistik nach Bankengruppen: Reihe 2 – Wertpapierstatistik; Reihe 3 – Zahlungsbilanzstatistik; Reihe 4 – Saisonbereinigte Wirtschaftszahlen; Reihe 5 – Die Währungender Welt.Ferner gibt die Deutsche Bundesbank Auszüge aus Presseartikeln heraus, die in kurzen Abständen etwa zwei- bis dreimal pro Woche erscheinen. Sie enthalten in- und ausländische Stimmen zur Währungs-, Finanz- und Außenwirtschaftspolitik und über Probleme der Kreditwirtschaft.

Exkurs 2: Die Banken und ihre Kunden:
Die Allgemeinen Geschäftsbedingungen der Banken und Sparkassen[284]

An die Stelle von Satzung und Regularien der jeweils einzelnen Kreditinstitute trat 1912 für den normierten Teil des Bankgeschäfts das vom Generalverband des Bankiergewerbes entworfene Musterformular für Allgemeine Geschäftsbedingungen der Banken, dem Vorläufer der jüngsten Fassung vom 1. Januar 1986.

Die generelle Bedeutung von Allgemeinen Geschäftsbedingungen und die Gestaltungsfreiheit des Verwenders auf der einen Seite und die Schutzbedürftigkeit des Partners auf der anderen Seite haben den Gesetzgeber veranlaßt, ein Gesetz zur Regelung der Allgemeinen Geschäftsbedingungen mit Wirkung vom 1. 4. 1977 zu erlassen.

Dieses Gesetz führte zur Fassung der AGB Banken/Sparkassen vom 1. Januar 1984, die wegen offener Fragen des Bankauskunftsverfahrens und der Fristensetzung im Zahlungsverkehr zum 1. Januar 1986 bereits revidiert werden mußte und dessen – in der Auswirkung – wichtigster Bestandteil, die Schufa-Klausel, zum 1. Juli 1986 neu gefaßt wurde.

Die AGB[285] regeln das normierte Geschäft, zu dem alles zählt, was nicht in speziellen Bedingungen erfaßt ist. Spezielle Regelungen gelten beispielsweise im Scheck- und Wechselrecht, im Depotgesetz, in den Bedingungen für das Dokumentengeschäft; diese Regelungen sind durch die AGB nicht modifizierungsfähig. Individuelle Regelungen werden für einmalige Verträge, für das nicht normierte Geschäft, getroffen: Konsortialverträge etwa ebenso, wie Einzelkreditverträge, in denen jedoch auf die AGB als Vertragsbestandteil in der Regel verwiesen wird.

Der Aufbau der AGB:

Allgemeines

Dieser Teil beginnt mit einer bankpolitischen Deklaration, einer Darstellung der Nützlichkeit allgemeiner Regelungen für den Kunden. Deklarationen pflegen altruistisch formuliert zu werden.
Sie lautet:

„Das Geschäftsverhältnis zwischen Kunden und Bank ist ein gegenseitiges Vertrauensverhältnis. Die Bank steht ihren Kunden mit ihren Geschäftseinrichtungen zur Erledigung verschiedenartiger Aufträge zur Verfügung. Der Kunde darf sich darauf verlas-

284 Vgl. Hefermehl, H.: Allgemeine Geschäftsbedingungen der Banken, Frankfurt 1984

285 Im Folgendem für den Langtitel verwendet zitiert nach AGB Banken; inhaltlich mit den AGB Sparkassen identisch

sen, daß die Bank seine Aufträge mit der Sorgfalt eines ordentlichen Kaufmanns erledigt und dabei das Interesse des Kunden wahrt, soweit sie dazu im Einzelfall imstande ist. Die Mannigfaltigkeit der Geschäftsvorfälle, ihre große Zahl und die Schnelligkeit, mit der sie zumeist erledigt werden müssen, machen im Interesse der Rechtssicherheit die Aufstellung bestimmter Regeln erforderlich."

In den Punkten 1 bis 9 folgen sodann Regelungen des allgemeinen Geschäftsverkehrs zwischen Bank und Kunde wie Kontoeröffnung, Vertretung, Auftragserteilung und Auftragsdurchführung.

In diesem Bereich sind in 1986 drei einschneidende Eingriffe durch Rechtsprechung und Datenschutz erfolgt: *Fakultativklausel, Haftungsbeschränkungen* und *Auskunftsrecht.*

Nach Punkt 4 Abs. 3 nahmen bisher die Banken bei der Durchführung von Überweisungen – Gutschriftseingang – einen Ermessensspielraum für die Art der Ausführung in Anspruch: auf dem Überweisungsformular ist eine sogenannte Fakulativ- oder Alternativklausel abgedruckt, die der Bank/Sparkasse die Möglichkeit gibt, den Geldbetrag auch einem anderen Konto des Empfängers gutzuschreiben, als der Auftraggeber vorgeschrieben hat.
Durch Urteil vom 5. 5. 1986 (AZ II ZR 150/85) hat der BGH diese Klausel für unwirksam erklärt.

Diese zunächst revolutionär anmutende Entscheidung nimmt den Banken einen Ermessensspielraum, der praktisch nur in Fällen noch relevant war, die von der Höhe des Betrages her der Einzeldisposition unterliegen; die DV-mäßige Abwicklung des Überweisungsverkehrs erzwingt eine Vernachlässigung der Fakultativklausel, da als Leitdaten Bankleitzahl und Kontonummer gelten.
Hinsichtlich der einer Einzeldisposition unterliegenden Überweisungseingänge ist der Fortfall der Fakultativklausel jedoch in der Tat „revolutionär".

Die bisher in Punkt 4 Abs. 4 geregelte Haftungsbeschränkung für die verspätete Ausführung von Daueraufträgen ist mit § 9 Abs. 2 AGB-Gesetz nicht vereinbar und wurde zum 1. Januar 1986 gestrichen. Ebenso wurden die Haftung für Fehlleitungen bei Zahlungsaufträgen in Punkt 4 Abs. 3 sowie die Verpflichtung zum Ausgleich des entgangenen Zinsnutzens bei Verzögerungen in der Ausführung, Punkt 7, wesentlich zugunsten des Kunden mit Wirkung vom 1. Januar 1986 verstärkt.

In Punkt 10 wird das Auskunftsrecht definiert[286].

Hier ist eine Einigung zwischen den Spitzengremien der Kreditwirtschaft und den obersten Aufsichtsbehörden für den Datenschutz erfolgt, die ab 1. Juli 1986 gilt.
Für die Praxis ergeben sich folgende wesentliche Bestandteile:
- Die bisherige Schufa-Klausel wird ersetzt durch eine Neufassung, die ausführlich Zweck und Bedeutung des Schufa-Systems darlegt und eine ausdrückliche Einwilligungserklärung zur Datenübermittlung an die Schufa beinhaltet.

[286] Vgl. Schröter, J.: Die neuen Allgemeinen Geschäftsbedingungen II in: ZfgK 5/86, S. 182 ff.

– Für die Sachverhalte
  - Kontoeröffnung
  - Kreditaufnahme
  - Bürgschaftsübernahme

  wird je eine separate Schufa-Klausel eingesetzt.
– Bei Negativmerkmalen ist die Meldung grundsätzlich von einer „Interessenabwägung" abhängig, d. h. es ist zu prüfen, ob das Interesse der Kreditwirtschaft an einer Meldung des Tatbestandes zur Vermeidung von Verlusten oder schutzwürdige Belange des Kunden Vorrang haben. In bestimmten Fällen, z. B. bei Zahlungsunfähigkeit bzw. -unwilligkeit, wird eine Meldung erfolgen dürfen; bei einer von Kunden und Bank unterschiedlichen rechtlichen Beurteilung ist die Meldung in aller Regel zu unterlassen.
– Von der Meldung bestimmter Merkmale (Kontokündigung, Kreditkündigung, beantragter Mahnbescheid, Offenlegung Lohnabtretung, Scheckrückgabe mangels Deckung) ist der jeweilige Kunde zu informieren.
– Künftig wird im Rahmen einer angeforderten Selbstauskunft mitgeteilt, wer in den letzten zwölf Monaten die Daten abgefragt hat.

Daneben hat die Kreditwirtschaft ein doppelseitiges Merkblatt zur Unterrichtung des Kunden verfaßt: siehe Seite 204 f.

In diesen Maßnahmen spiegelt sich das essentielle Interesse, das die Kreditwirtschaft am Auskunftsverfahren hat und haben muß, wenn das normierte Kreditgeschäft funktionsfähig bleiben soll.

In den Punkten 11 bis 29 werden die Fragen der Kontoführung, des Abschlusses, des Zahlungsverkehrs, des Kreditgeschäftes und der Stellung und Verwertung von Sicherheiten sowie die Beendigung der Kundenbeziehung behandelt.

Der II. Teil ist dem Handel in Wertpapieren, Devisen und Sorten, Teil III ist dem Verwahrungsgeschäft, Teil IV dem Einzugs- und Diskontgeschäft, Wechsel- und Scheckverkehr gewidmet.

Allgemein formuliert, können die AGB als das Grundgesetz des Geschäftsverkehrs zwischen der Bank und ihren Kunden definiert werden.

SCHUFA-Merkblatt

Sehr verehrte Kundin, sehr geehrter Kunde,

die Schutzgemeinschaft für allgemeine Kreditsicherung, besser bekannt unter der Kurzbezeichnung SCHUFA, ist eine Gemeinschaftseinrichtung der kreditgebenden Wirtschaft. Es gibt in der Bundesrepublik insgesamt 13 regionale, rechtlich und wirtschaftlich selbständige SCHUFA-Gesellschaften in der Rechtsform der GmbH, die der Bundes-SCHUFA, Vereinigung der deutschen Schutzgemeinschaften für allgemeine Kreditsicherung e.V., angehören. Gesellschafter der regionalen SCHUFA-Gesellschaften sind Sparkassen, Banken, Volksbanken und Raiffeisenbanken, Teilzahlungsbanken sowie Einzel- und Versandhandelsunternehmen.

Aufgabe der SCHUFA

Aufgabe der SCHUFA ist es, ihren Vertragspartnern Informationen zu geben, um sie vor Verlusten im Konsumentenkreditgeschäft zu schützen und ihnen damit gleichzeitig die Möglichkeit zu eröffnen, die Kreditnehmer durch Beratung vor einer übermäßigen Verschuldung zu bewahren. Zu diesem Zweck übermitteln zum Beispiel Kreditinstitute der SCHUFA bestimmte Daten aus der Geschäftsverbindung mit ihren Privatkunden. Die SCHUFA speichert diese Daten, um daraus ihren Vertragspartnern Informationen zur Beurteilung der Kreditwürdigkeit von Kunden geben zu können. Die Zusammenarbeit der SCHUFA mit ihren Vertragspartnern unterliegt dem Bundesdatenschutzgesetz; die Grundsätze des Verfahrens sind mit den Datenschutzaufsichtsbehörden abgestimmt.

Vertragspartner der SCHUFA

Vertragspartner der SCHUFA können nur Unternehmen sein, die gewerbsmäßig Geld- oder Warenkredite an Konsumenten geben. Hierbei handelt es sich in erster Linie um Kreditinstitute, auf die über 80% der SCHUFA-Auskünfte entfallen. Außerdem sind Versandhandelsunternehmen sowie Waren- und Kaufhäuser Vertragspartner der SCHUFA. Auch kleinere Handelsunternehmen und vereinzelt Handwerker arbeiten mit der SCHUFA zusammen.

Die SCHUFA hat derzeit etwa 20.000 Vertragspartner, wobei Zweigstellen und Filialen von Kreditinstituten zumeist als selbständige Vertragspartner gelten.

SCHUFA-Verfahren

Die SCHUFA arbeitet nach dem Prinzip der Gegenseitigkeit. Danach kann nur selbst Auskunft von der SCHUFA erhalten, wer der SCHUFA auch Informationen gibt. Die Auskünfte, die ein Vertragspartner erhält, beruhen auf den Informationen, die andere Vertragspartner zuvor der SCHUFA gegeben haben oder die diese aus öffentlichen Verzeichnissen (z. B. Schuldnerverzeichnis) entnommen hat. Die Vertragspartner erhalten nur dann Daten von der SCHUFA, wenn sie ein **berechtigtes Interesse** an der Datenübermittlung glaubhaft darlegen. Ein Vertragspartner der SCHUFA darf daher nur über Personen eine Auskunft einholen, die einen Geld- oder Warenkredit aufnehmen oder eine Bürgschaftsverpflichtung eingehen wollen. Kreditinstitute dürfen außerdem vor der Eröffnung eines Girokontos eine SCHUFA-Auskunft einholen, weil den Kunden allgemein nach relativ kurzer Zeit ein Dispositionskredit und die Teilnahme am eurocheque-Verfahren angeboten wird. Anfragen zu anderen Zwecken, zum Beispiel Personalanfragen, sind unzulässig und führen in letzter Konsequenz zum Ausschluß des Vertragspartners aus der SCHUFA.

Neben den Auskünften aufgrund von Anfragen erhalten Vertragspartner, wenn das berechtigte Interesse fortbesteht (beispielsweise bei einem noch bestehenden Kredit), von der SCHUFA auch nachträglich bekanntgewordene Informationen, die die ursprüngliche Auskunft ergänzen (Nachmeldungen). Der Vertragspartner wird zum Beispiel informiert, wenn sich Unregelmäßigkeiten bei der Abwicklung eines Kredits ergeben, den der Kunde bei einem anderen Vertragspartner der SCHUFA aufgenommen hat.

Der Informationsbedarf der einzelnen Gruppen von Vertragspartnern der SCHUFA ist nicht einheitlich. Deshalb haben sie auch verschiedene SCHUFA-Anschlußverträge mit unterschiedlichen Informationsrechten und Meldepflichten.

Kreditinstitute übermitteln der SCHUFA Daten über

- die Beantragung, Aufnahme und vereinbarungsgemäße Abwicklung von Krediten (nicht jedoch von Dispositionskrediten),
- vorgesehene Bürgschaften, ihre Übernahme und Erledigung

bis zu einem Betrag von 50.000 DM. Kreditinstitute können auch Daten über die Beantragung, die Eröffnung und Beendigung einer Girokontoverbindung übermitteln. Sie melden außerdem Unregelmäßigkeiten bei der Vertragsabwicklung. Entsprechend dem Gegenseitigkeitsprinzip erhalten Kreditinstitute auf Anfrage auch Auskünfte über alle bei der SCHUFA vorhandenen Daten (Vollauskünfte). Diese Auskünfte enthalten jedoch keine Angabe darüber, wer die Daten eingemeldet hat.

Einzelhandels- und Versandhandelsunternehmen, Waren- und Kaufhäuser und sonstige **Unternehmen, die Warenkredite (z. B. durch Lieferung gegen Rechnung oder unter Einräumung von Zahlungszielen) an Privatpersonen geben,** übermitteln der SCHUFA nur Daten aufgrund nicht vertragsgemäßer Abwicklung (Negativmerkmale). Sie erhalten daher auch nur SCHUFA-Auskünfte über vorhandene Negativmerkmale, d. h. Merkmale aufgrund nicht vertragsgemäßen Verhaltens von Kunden, nicht jedoch über aufgenommene Kredite und bestehende Bürgschaftsverpflichtungen. Einige Warenhäuser geben aus eigenen Mitteln Kredite an Privatpersonen zur Finanzierung von Warenkäufen. Sie können mit Einwilligung des Kunden (SCHUFA-Klausel) ebenfalls Daten über die Aufnahme und Abwicklung dieser Kredite übermitteln; im Zusammenhang mit der Gewährung dieser Kredite erhalten sie dann auch Vollauskünfte.

Kreditinstitute übermitteln zur Zeit folgende Merkmale an die SCHUFA:

1. Merkmale über die **Beantragung, Aufnahme und vertragsgemäße Abwicklung einer Geschäftsbeziehung:**
   - Anfrage bei Einräumung eines Kredits
   - Anfrage bei Übernahme einer Bürgschaft
   - Anfrage bei Eröffnung eines Girokontos
   - Anfrage mit schriftlicher Begründung des berechtigten Interesses in anderen Fällen
   - Ratenkredit (mit Betrag, Ratenzahl, Ratenbeginn)
   - Nichtratenkredite und Kredite auf Girokonten

Bank Verlag Köln 40 404 (06/86)

- Rahmenkreditvertrag mit einem Kreditinstitut (mit Betrag, Laufzeitbeginn, Befristung)
- Mitverpflichtung für einen Kredit — Mitantragsteller —
- Bürgschaft (mit Betrag, Laufzeit, Ratenbeginn)
- Girokonto
- Erledigung einer Gesamtforderung
- Forderungsverkauf durch das Kreditinstitut
- Rückforderungsanspruch des Kreditinstituts wegen ungerechtfertigter Bereicherung bei unwirksamem Kreditvertrag

2. Merkmale über **nicht vertragsgemäßes Verhalten** des Kunden und die Einleitung gerichtlicher Maßnahmen:
   - Kündigung eines Kredits wegen Verzugs mit einem Betrag, der mindestens zwei vollen Raten entspricht oder bei Kreditverhältnissen ohne Ratenvereinbarung nach zwei vorausgegangenen fruchtlosen schriftlichen Zahlungsaufforderungen
   - Kündigung eines Girokontos wegen mißbräuchlicher Nutzung
   - Scheckrückgabe mangels Deckung
   - Scheckkartenmißbrauch durch den rechtmäßigen Karteninhaber
   - Wechselprotest
   - Beantragter Mahnbescheid bei unbestrittener Forderung
   - Erlassener Vollstreckungsbescheid
   - Inanspruchnahme einer vertraglich vereinbarten Lohnabtretung wegen Verzugs mit einem Betrag, der mindestens zwei vollen Raten entspricht, oder bei Kreditverhältnissen ohne Ratenvereinbarung nach zwei vorausgegangenen fruchtlosen schriftlichen Zahlungsaufforderungen
   - Suchauftrag: unter Hinterlassung von Verbindlichkeiten aus Geld- oder Warenkrediten mit unbekannter Anschrift verzogen
3. Merkmale **über gerichtliche Vollstreckungsmaßnahmen:**
   - Zwangsvollstreckung aufgrund eines gerichtlichen Titels
   - Lohnpfändung aufgrund eines gerichtlichen Pfändungs- und Überweisungsbeschlusses
   - Rückstand nach Zwangsmaßnahmen
   - Fruchtlose Pfändung
   - Uneinbringliche ausgeklagte Forderung
4. Merkmale aufgrund von **Kundenreaktionen**
   - Widerspruch zur SCHUFA-Klausel
   - Widerspruch/Einspruch gegen Mahnbescheid/Vollstreckungsbescheid
   - Zahlungsrückstand ausgeglichen (Teilausgleich)

Außerdem werden Daten aus **öffentlichen Verzeichnissen** entnommen. Hierzu gehören:

- Eidesstattliche Versicherung über ein dem Gericht vorzulegendes Vermögensverzeichnis
- Haftbefehl zur Erzwingung einer eidesstattlichen Versicherung über ein dem Gericht vorzulegendes Vermögensverzeichnis
- Eröffnung eines Konkursverfahrens
- Konkurseröffnung mangels Masse abgelehnt

Die Datenübermittlung durch Kreditinstitute an die SCHUFA setzt die Zustimmung des Kunden voraus. Die Übermittlung von Negativmerkmalen gemäß Ziffern 2 und 3 erfolgt nur dann, wenn die in § 24 Bundesdatenschutzgesetz genannten Voraussetzungen erfüllt sind, d. h. die Datenweitergabe zur Wahrung berechtigter Interessen des Kreditinstituts, eines Vertragspartners der SCHUFA oder der Allgemeinheit erforderlich ist und dadurch schutzwürdige Belange des Kunden nicht beeinträchtigt werden. Dies setzt in der Regel eine Prüfung des Einzelfalles voraus. Beruht das Verhalten des Kunden jedoch auf Zahlungsunfähigkeit bzw. Zahlungsunwilligkeit, so wird die Interessenabwägung allgemein dazu führen, daß das betreffende Merkmal übermittelt werden darf. Legt ein Kunde Widerspruch zur SCHUFA-Klausel ein, so wird dies ebenfalls der SCHUFA übermittelt. Eine Auskunft über dieses Merkmal erhalten Vertragspartner der SCHUFA, die Warenkredite geben, jedoch nur dann, wenn zuvor bereits Negativmerkmale über diesen Kunden in der SCHUFA-Datei enthalten waren.

Die übermittelten Daten werden bei der für den jeweiligen Wohnsitz zuständigen SCHUFA-Gesellschaft gespeichert. Im Falle eines Wohnsitzwechsels werden die Daten an die dann zuständige SCHUFA-Gesellschaft weitergeleitet, und der Kunde wird entsprechend informiert.

Was enthält die SCHUFA-Datei?

Die SCHUFA-Datei enthält **nur objektive Daten,** keine Werturteile. In der SCHUFA-Datei sind neben dem sogenannten Personenstammsatz (Vorname, Name, Geburtstag, Anschrift) nur Daten enthalten, die von Vertragspartnern übermittelt oder aus den öffentlich zugänglichen Verzeichnissen, z. B. den Schuldnerverzeichnissen der Gerichte, entnommen werden. Dies sind Daten, die ein Kunde in einem Kreditgespräch korrekterweise angeben müßte (zum Beispiel bestehende Verbindlichkeiten, Unregelmäßigkeiten bei der Abwicklung früherer Kredite). Informationen über den Familienstand, das Einkommen, Guthaben oder Depotwerte und über sonstige Vermögensverhältnisse enthält die SCHUFA-Datei nicht. Auskünfte werden von der SCHUFA nur erteilt, wenn bei einer Anfrage die Angaben zur Person des Kunden in allen Einzelheiten — also nicht nur Name und Vorname, sondern auch Anschrift und Geburtsdatum — mit den bei der SCHUFA gespeicherten Daten übereinstimmen.

Die in der SCHUFA-Datei gespeicherten Daten werden nach Ablauf bestimmter Fristen **gelöscht.** Kreditverpflichtungen bleiben zum Beispiel bis zur Rückzahlung im Datenbestand. Danach werden sie als erledigte Kredite für weitere drei Jahre gespeichert und anschließend gelöscht. Langjährige Erfahrungen bestätigen, daß Merkmale über erledigte Kredite den betreffenden Kunden als kreditwürdig ausweisen und damit die beste Empfehlung für einen neuen Kredit sind. Diese Merkmale werden im Interesse des Kunden drei Jahre gespeichert. Negativmerkmale werden am Ende des dritten Kalenderjahres nach ihrer Einspeicherung ebenfalls gelöscht. Haben sich Negativmerkmale vor Ablauf der Löschungsfrist erledigt, zum Beispiel weil ein Kunde nach Zwangsmaßnahmen eine offene Forderung ganz oder teilweise beglichen hat, so wird dies in der SCHUFA-Datei vermerkt. Besteht nach durchgeführten Zwangsmaßnahmen noch eine offene Forderung, so wird diese nach Ablauf der Löschungsfrist für die vorhandenen Negativmerkmale unter dem Merkmal „Rückstand nach Zwangsmaßnahmen" bei der SCHUFA gespeichert.

Die Daten der SCHUFA unterliegen **strengen Sicherheitsbestimmungen** und werden von der SCHUFA vertraulich behandelt. Die Mitarbeiter sind zu strengster Verschwiegenheit verpflichtet.

Jeder Kunde hat die Möglichkeit, bei der örtlich zuständigen SCHUFA eine **Auskunft über die zu seiner Person gespeicherten Daten** einzuholen. Diese Auskunft ist umfassender als die SCHUFA-Auskünfte an Vertragspartner, denn neben den gespeicherten Daten enthält sie auch Angaben darüber, wer diese Daten zur Speicherung übermittelt und wer in den letzten Monaten eine Anfrage an die SCHUFA gerichtet hat.

Das SCHUFA-Verfahren in der dargelegten Form ist eine **unverzichtbare Voraussetzung für ein schnelles, unbürokratisches und kostengünstiges Konsumentenkreditgeschäft.**

Für ergänzende Fragen stehen Ihnen unsere Mitarbeiter gerne zur Verfügung.

Zweiter Teil

Einlagen und Einlagensurrogate

Vorbemerkung

Bis zur vierten Auflage trug der Teil II des ersten Bandes den Titel „Kapitalbeschaffung der Kreditinstitute" und unterschied Eigen- und Fremdfinanzierung der Kreditinstitute.

Diese Gliederung wird der doppelseitigen Marktverbundenheit als Strukturmerkmal und dem ambivalenten Charakter der Passivgeschäfte nicht gerecht, sondern spiegelt die bilanzielle Wirkung dieser Geschäfte wider.

An die Stelle der bilanziellen tritt die markt- und produktbezogene Sicht, die innerhalb des Kunden- und Bankengeschäftes originäre und derivative, autonome und heteronome Einlagen zu unterscheiden hat.

Aus (kunden-) marktbezogener Sicht bietet die Bank das Produkt „Einlage" an, das zugleich Produktionsfaktor für Liquidität, Kredit-, Eigen- und Anlagegeschäft ist.

Als Produktarten sind im Nichtbankengeschäft Termin- und Spareinlagen, sowie Anleihen, Schuldverschreibungen und Pfandbriefe zu unterscheiden. Diese Einlagen sind *originäre Einlagen,* sind eigenständiges Produkt und unterliegen dem absatzpolitischen Instrumentarium in Form der Produkt-, Kundengruppen- und Preispolitik.

Im Gegensatz zu diesen Produktarten stehen die Einlagen, die Folge originärer Produkte der Bank sind: die Sichteinlagen, die aus dem Dienstleistungsgeschäft „Zahlungsverkehr" resultieren, die kein Produkt der Bank und daher auch nicht Gegenstand des absatzpolitischen Instrumentariums sind: sie sind *derivative Einlagen.*

Aus produktbezogener Sicht sind *autonome* und *heteronome* Einlagen zu unterscheiden:
Autonom sind Einlagen, die überwiegend auf Initiative der Bank entstehen: dies gilt für Geldmarkt- und geldmarktnahe Einlagen, heteronom sind Einlagen, die überwiegend auf Intiative des Kunden entstehen: dies gilt für alle Produkt- und produktnahen Einlagen.

Mit dieser Differenzierung ist eine historische, bilanzielle Sicht in neuem Inhalt wieder aufgenommen, die zwischen Einlagen und Nostroverpflichtungen unterschied.

Mit der Einführung der Formblätter für den Jahresabschluß der Kreditinstitute im Jahre 1950 (historische Fassung) mußten Einlagen und Nostroverpflichtungen („aufgenommene Gelder") getrennt ausgewiesen werden: In der Position 1 der Passivseite des Formblattes für Kreditinstitute in der Rechtsform der AG, KGaA und GmbH wurden die verschiedenen Arten der Einlagen erfaßt, in der Position 2 die aufgenommenen Gelder.

Die Richtlinien nannten folgende drei – in der Praxis stringent nachzuvollziehende – Abgrenzungskriterien:

(1) Stellt das Kreditinstitut Sicherheiten, handelt es sich um aufgenommene Gelder,

(2) werden höhere Zinsen als die Höchstsätze des Habenzinsabkommens gezahlt, handelt es sich um aufgenommene Gelder,
(3) geht die Initiative eindeutig von dem Kreditinstitut aus, handelt es sich um aufgenommene Gelder.

Die Differenzierung in Geldmarkt- und geldmarktnahe Einlagen einerseits und Produkt- und produktnahe Einlagen andererseits ist im einzelnen zu definieren und zu behandeln.

A. Die Einlagenstruktur im Kreditgewerbe

Für die Gesamtdarstellung bietet sich die traditionelle Sicht der „*Passivstruktur*" an, um das unterschiedliche Gewicht der Eigenmittel incl. durchlaufender Kredite und sonstiger Passiva zu zeigen.

Insoweit liegt für die folgende Darstellung ein bewußter und didaktisch notwendiger Bruch mit der markt- und produktbezogenen Betrachtungsweise vor.

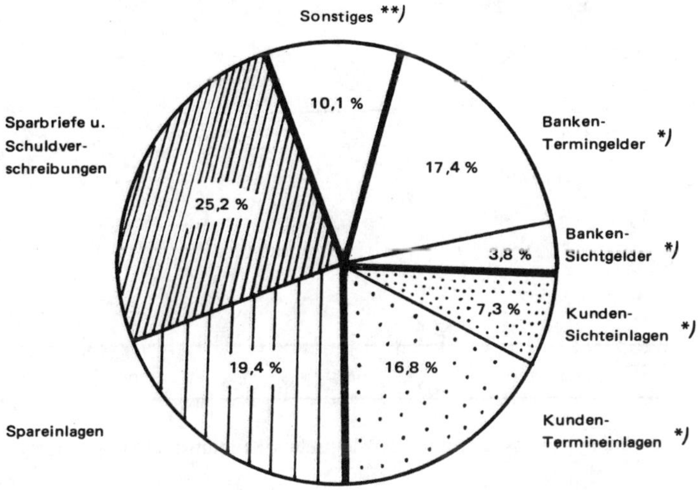

*) *inkl. aufgenommener Kredite*

**) *Sonstiges = Im wesentlichen Eigenmittel, Durchlaufende Kredite und Sonstige Passiva*

Quelle: Alle Daten aus: Monatsberichte der Deutschen Bundesbank (Stat. Beih. Mai 1986)

Abbildung 1: Passivstruktur der deutschen Kreditinstitute Ende 1985 (Gesamtmarkt DM 3.258 Mrd)

Dominierenden Anteil an der Passiv-Seite haben mit rd. 45 % die Spareinlagen sowie die Spareinlagen-Surrogate „Sparbriefe" und „Schuldverschreibungen".

Banken- und Kunden-Termingelder haben etwa identisches Gewicht, die Kundengelder liegen insgesamt bei 25 %.

Anfang der 60er Jahre lag der Anteil der Kunden-Sicht- und Termineinlagen noch über 30 %. Den allmählichen Bedeutungsrückgang gegenüber der Kategorie Spareinlagen/Sparbriefe/Schuldverschreibungen zeigt Abbildung 2.

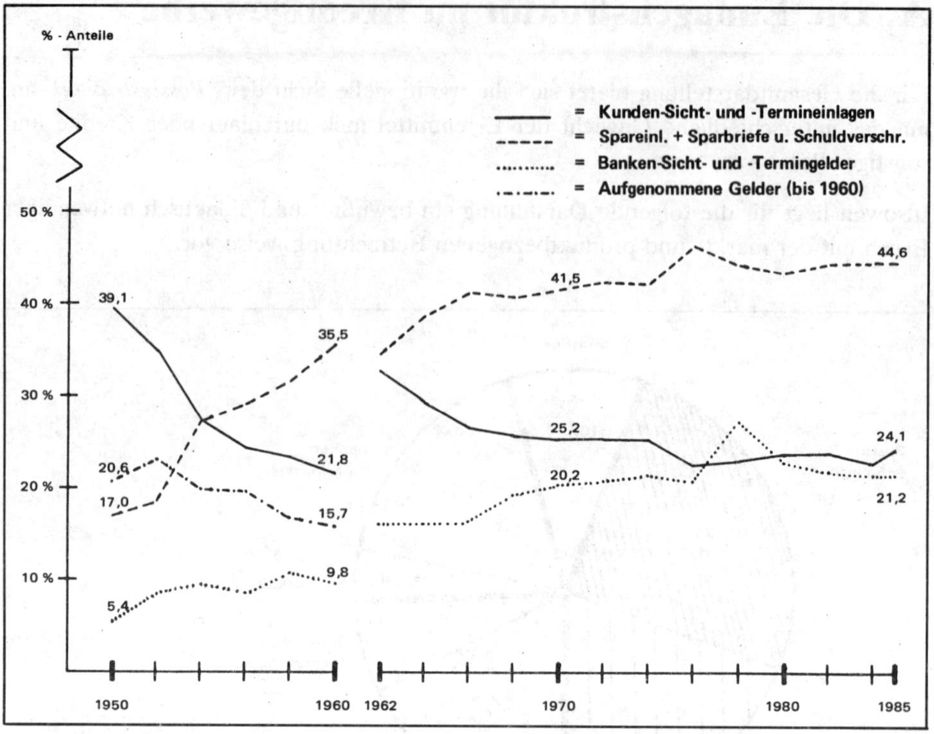

Abbildung 2: Langfristige Änderung der Passivstruktur der deutschen Kreditinstitute insgesamt

Unter dieser Globalsicht verbergen sich erhebliche Strukturunterschiede unter den einzelnen Gruppen des Kreditgewerbes:

– Sparkassen und Kreditgenossenschaften
– Großbanken und Regionalbanken
– Girozentralen und Zentralkassen
– Privatbanken und Zweigstellen ausländischer Banken.

Sparkassen und Kreditgenossenschaften

Diese beiden Gruppen vereinigen Ende 1985 mit über DM 1,1 Bill Bilanzsumme 33,5 % des Geschäftsvolumens aller Banken auf sich und mit DM 266 Mrd Kunden-Sicht und -Termineinlagen auch 33,8 % der Kunden-Einlagen.

Die Passiv-Struktur der beiden Bankengruppen weist infolge ihrer jeweils anderen historischen Entwicklung gewisse Unterschiede auf:
Der *Passiv-Struktur der Sparkassen* wird – der traditionellen Aufgabenstellung folgend – vom Spargeschäft geprägt: Spareinlagen 45,8 %, Sparbriefe und Schuldverschreibungen 14,9 %, insgesamt über 60 %. Bei den *Kreditgenossenschaften* dominiert ebenfalls das Spargeschäft die Passivseite, allerdings mit insgesamt knapp 53 % nicht so ausgeprägt.

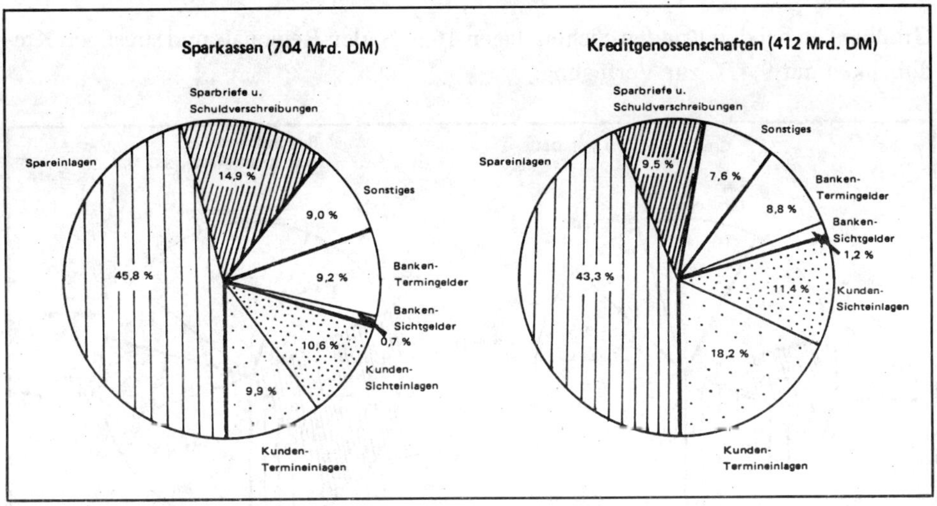

Abbildung 3: Passivstruktur der Sparkassen und Kreditgenossenschaften

Bei beiden Bankengruppen machen die Kunden-Sichteinlagen rund 11 % der Passivseite aus, damit liegen beide Gruppen um die Hälfte günstiger als der Durchschnitt aller Banken.

Ein erheblicher Unterschied zeigt sich bei den Bemühungen um Kunden-Termineinlagen. Hier liegt der Anteil der Kreditgenossenschaften um fast doppelt so hoch als bei den Sparkassen.

Bemerkenswert ist hierbei, das diese Termineinlagen nicht nur der Finanzierung des eigenen Kreditgeschäftes dienen, sondern auch – weit überwiegend – an die genossenschaftlichen Zentralkassen weitergegeben werden.

Großbanken sowie Regionalbanken und sonstige Kreditbanken

Vom Gesamtvolumen her (DM 270 Mrd bzw. DM 330 Mrd) sind diese beiden Bankengruppen noch vergleichbar, in der Struktur ihrer Passivseite weisen sie jedoch sowohl gegenüber den bereits dargestellten Verbund-Organisationen als auch untereinander erhebliche Unterschiede auf:

Das Spargeschäft macht bei beiden Gruppen etwa 30 % aus und liegt damit um ein Drittel unter dem Durchschnitt aller Banken. Während jedoch bei den Großbanken zwei Drittel dieser Mittel als Spareinlagen zur Verfügung stehen und nur ein Drittel über Spareinlagen-Surrogate hereingenommen wird, liegen bei den *Regional- und sonstigen Kreditbanken* die Relationen genau umgekehrt: nur etwa ein Drittel Spareinlagen, zwei Drittel Surrogate. Hier wirkt sich Pfandbrief-Refinanzierung der beiden auch im Hypotheken-Geschäft tätigen bayerischen Regionalbanken aus.

Auch bei den Kunden-Sicht- und -Termineinlagen sind die Strukturanteile divergent: während beide Gruppen ca. 20 % Kunden-Termingelder hereinnehmen, stehen den

Großbanken bei den Kunden-Sichteinlagen 16,9 %, den Regional- und sonstigen Kreditbanken nur 9,4 % zur Verfügung.

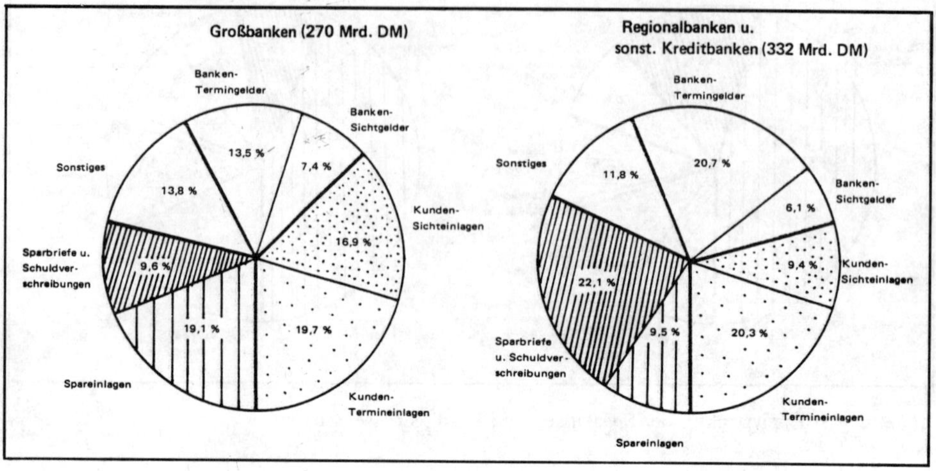

Abbildung 4: Passivstruktur der Groß- und Regionalbanken

Im Interbanken-Geschäft machen Sichtgelder bei beiden Gruppen 6,1 bzw. 7,4 % aus. Die Banken-Termingelder liegen bei Regional- und sonstigen Kreditbanken mit 20,7 % um etwa die Hälfte über dem entsprechenden Anteil bei den Großbanken. Hier dürfte sich das Gewicht der als „sonstige" Kreditbanken eingestuften deutschen Tochtergesellschaften ausländischer Bankkonzerne ausprägen, die sich weit überwiegend über Bank-Termingelder refinanzieren.

Girozentralen und genossenschaftliche Zentralkassen

Diese beiden Bankengruppen sind zwar von ihrer Funktion als Giro- und Geldausgleichszentralen her noch vergleichbar, in ihrer geschäftlichen Ausrichtung und damit auch in ihrer Passiv-Struktur weisen sie jedoch erhebliche Unterschiede sowohl zu allen vorgenannten Bankgruppen als auch untereinander auf. Außerdem zeigt sich in den Bilanzsummen ein erheblicher Bedeutungsunterschied im Rahmen der jeweiligen Verbund-Organisation:

- Girozentralen mit DM 513 Mrd etwa 73 % der Sparkassen-Bilanzsummen,
- Zentralkassen mit DM 141 Mrd nur etwa 34 % der Kreditgenossenschafts-Bilanzsummen.

Beherrschend bei den *Girozentralen* ist traditionell ihre Refinanzierung über Schuldverschreibungen. Hinzu kommt die Hereinnahme von Banken-Termingeldern (vornehmlich der Sparkassen) mit knapp 18 %.

Bei den *Zentralkassen* machen diese beiden Positionen insgesamt ebenfalls rd. 70 % aus. Auf Schuldverschreibungen entfallen jedoch nur knapp 11 %, mit fast 60 % der

Mittelherkunft dagegen der überwiegende Teil auf Banken-Termingelder, vornehmlich von Volks- und Raiffeisenbanken.

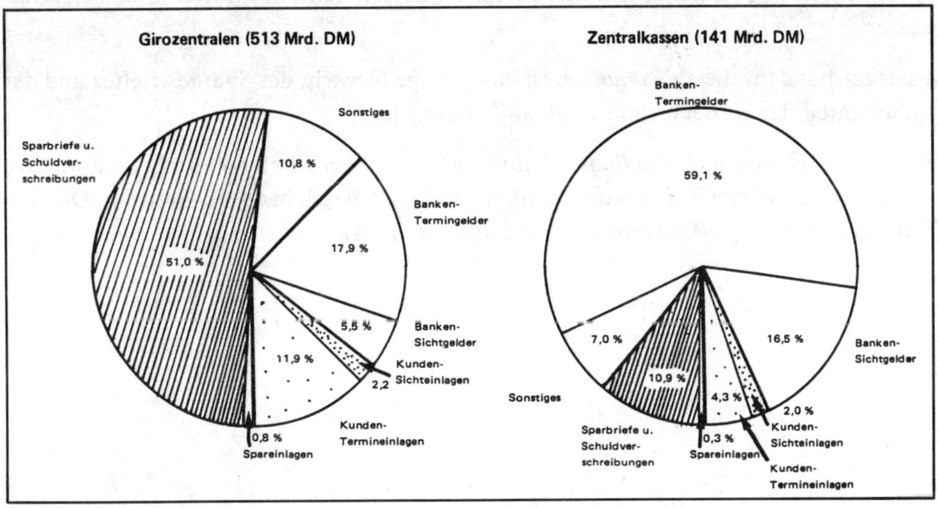

Abbildung 5: Passivstruktur der Girozentralen und Zentralkassen

Ihrer Geschäfts-Struktur entsprechend haben beide Gruppen mit rund 2 % nur wenig Kunden-Sichteinlagen, die Girozentralen mit rund 12 % fast den dreifachen Anteil der Zentralkassen an Kunden-Termineinlagen. Dafür steht den Zentralkassen der gegenüber den Girozentralen dreifache Anteil an Banken-Sichtgeldern zur Verfügung.

Privatbanken und Zweigstellen ausländischer Banken

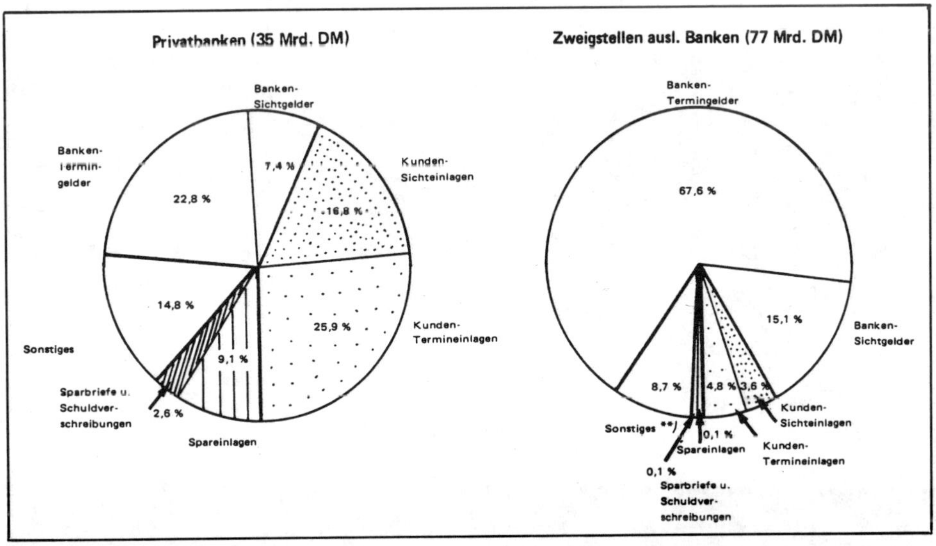

Abbildung 6: Passivstruktur der Privatbanken und Zweigstellen ausländischer Banken

Während die Passiv-Struktur der Privatbanken eine gewisse Ähnlichkeit mit der der Großbanken aufweist (bei erheblich kleinerem Volumen), zeigt die Struktur der Zweigstellen ausländischer Banken einige Parallelen zum Struktur-Bild der Zentralkassen.

Kennzeichend für die *Privatbanken* ist das geringe Gewicht des Spargeschäftes und der hohe Anteil der Kunden- und Banken-Termingelder.

Bei den *Zweigstellen ausländischer Banken* ist das Spargeschäft nahezu bedeutungslos. Aber auch die Kunden-Sicht- und Termingelder halten sich in engen Grenzen. Demzufolge dominieren die Bankengelder mit über 80 % Anteil.

B. Kundeneinlagen

I. Institutionelle Rahmenbedingungen: Die Mindestreserve

1. Der gesetzliche Rahmen

Seit dem 1. 8. 1957 bildet § 16 des Gesetzes über die Deutsche Bundesbank die rechtliche Grundlage für die geltenden Mindestreservevorschriften. Dieser § 16 BBkG hat folgenden Wortlaut:

„(1) Zur Beeinflussung des Geldumlaufs und der Kreditgewährung kann die Deutsche Bundesbank verlangen, daß die Kreditinstitute in Höhe eines Vom-Hundert-Satzes ihrer Verbindlichkeiten aus Sichteinlagen, befristeten Einlagen und Spareinlagen sowie aus aufgenommenen kurz- und mittelfristigen Geldern mit Ausnahme der Verbindlichkeiten gegenüber anderen mindestreservepflichtigen Kreditinstituten Guthaben auf Girokonto bei ihr unterhalten (Mindestreserve). Die Bank darf den Vom-Hundert-Satz für Sichtverbindlichkeiten nicht über dreißig, für befristete Verbindlichkeiten nicht über zwanzig und für Spareinlagen nicht über zehn festsetzen; für Verbindlichkeiten gegenüber Gebietsfremden (§ 4 Abs. 1 Nr. 4 des Außenwirtschaftsgesetzes) darf sie jedoch den Vom-Hundert-Satz bis zu hundert festsetzen. Innerhalb dieser Grenzen kann sie die Vom-Hundert-Sätze nach allgemeinen Gesichtspunkten, insbesondere für einzelne Gruppen von Instituten, verschieden bemessen sowie bestimmte Verbindlichkeiten bei der Berechnung ausnehmen. Als eine Verbindlichkeit aus Sichteinlagen im Sinne des Satzes 1 gilt bei einem Kreditinstitut im Sinne des § 63 des Gesetzes über das Kreditwesen auch ein passiver Verrechnungssaldo.

(2) Das monatliche Durchschnittsguthaben eines Kreditinstituts bei der Deutschen Bundesbank (Ist-Reserve) muß mindestens die nach Absatz 1 festgesetzten Vom-Hundert-Sätze des Monatsdurchschnitts seiner reservepflichtigen Verbindlichkeiten (Reserve-Soll) erreichen. Die Bank erläßt nähere Bestimmungen über die Berechnung und Feststellung der Ist-Reserve und des Reserve-Solls.

(3) Die Deutsche Bundesbank kann für den Betrag, um den die Ist-Reserve das Reserve-Soll unterschreitet, einen Sonderzins bis zu drei vom Hundert über dem jeweiligen Lombardsatz erheben. Der Sonderzins soll nicht erhoben werden, wenn die Unterschreitung aus nicht vorhersehbaren Gründen unvermeidlich war oder das Kreditinstitut in Abwicklung getreten ist. Die Deutsche Bundesbank hat eine erhebliche oder wiederholte Unterschreitung der Bankenaufsichtsbehörde mitzuteilen.

(4) Ländliche Kreditgenossenschaften, die einer Zentralkasse angeschlossen sind und kein Girokonto bei der Deutschen Bundesbank unterhalten, können die Mindestreserve bei ihrer Zentralkasse unterhalten; die Zentralkasse hat gleich hohe Guthaben bei der Deutschen Bundesbank zu unterhalten.

(5) Die nach diesem Gesetz zu unterhaltenden Mindestreserven sind auf die nach anderen Gesetzen zu unterhaltenden Liquiditätsreserven anzurechnen."

Ergänzend zu den Bestimmungen des Bundesbankgesetzes über die Mindestreserven trat die „Anweisung der Deutschen Bundesbank über Mindestreserven (AMR)" vom 11. November 1968. Diese Anweisung wurde auf Grund der §§ 6 und 16 BBkG vom Zentralbankrat beschlossen und enthält ergänzende allgemeine Bestimmungen über die reservepflichtigen Kreditinstitute, die reservepflichtigen Verbindlichkeiten sowie Ergänzungen über die Reservepflicht, die Berechnung des Reserve-Solls und der Ist-Reserve, den Sonderzins und die Reservemeldung.

2. Ausgestaltung

Im Zusammenhang mit der Liberalisierung des Kapitalmarktes hat der Zentralbankrat auf seiner Sitzung am 20. Febr. 1986 eine neue Regelung beschlossen:[1]
„Danach werden ab 1. Mai 1986 die Verbindlichkeiten der Kreditinstitute aus Inhaberschuldverschreibungen und Orderschuldverschreibungen, die Teile einer Gesamtemission sind, mit einer Befristung von weniger als zwei Jahren in die Mindestreservepflicht gemäß § 16 des Gesetzes über die Deutsche Bundesbank einbezogen. Gleichzeitig werden Fremdwährungsverbindlichkeiten gegenüber Gebietsfremden im Rahmen einer Kompensationsregelung weitgehend von der Mindestreserve befreit. Außerdem wird die Struktur der Reservesätze neu geordnet. Durch die genannten Maßnahmen wird das Mindestreserve-Soll um insgesamt rd. 8 Mrd. DM herabgesetzt.

Die Reservepflicht für Verbindlichkeiten der Kreditinstitute mit einer Befristung von weniger als zwei Jahren aus Inhaberschuldverschreibungen und Orderschuldverschreibungen, die Teile einer Gesamtemission sind, wurde in § 2 Abs. 1 der Anweisung der Deutschen Bundesbank über Mindestreserven (AMR) festgelegt. Nicht unter die Reservepflicht fallen Papiere, die sich nachweislich im Bestand von anderen reservepflichtigen Kreditinstituten befinden. Außerdem bleiben im Rahmen einer Übergangsregelung solche Papiere, für die vor dem 20. Dezember 1985 eine Emissionsgenehmigung gemäß §§ 795 bzw. 808 a BGB beantragt worden ist, von der Reservepflicht freigestellt.

Durch die Neufassung von § 2 Abs. 4 e AMR werden die Buchverbindlichkeiten der Kreditinstitute gegenüber Gebietsfremden in fremder Währung in Höhe der entsprechenden Buchforderungen mit einer Befristung von weniger als vier Jahren von der Reservepflicht befreit. Nach der derzeitigen Regelung sind nur solche Fremdwährungsgelder mindestreservefrei, die mit gleicher Laufzeit direkt in das Ausland weitergeleitet wurden. In diesem Zusammenhang wurde auch die Ermittlung der reservepflichtigen Sichtverbindlichkeiten der Kreditinstitute gegenüber Gebietsfremden technisch ver-

[1] Geschäftsbericht der Deutschen Bundesbank über das Geschäftsjahr 1985, a.a.O., S. 107 f.

einfacht. Solche Verbindlichkeiten müssen zur Zeit, sofern sie bei dem Kreditinstitut zwei Mio DM und mehr betragen, kalendertäglich ermittelt werden. In Zukunft dürfen auch diese Verbindlichkeiten wie alle anderen reservepflichtigen Verbindlichkeiten auf der Basis von vier Bankwochenstichtagen berechnet werden (§ 6 Abs. 1 AMR).

Außerdem wurde die Freistellungsregelung für aufgenommene Gelder zur Finanzierung eigener Waren- oder Dienstleistungsgeschäfte (§ 2 Abs. 4 c AMR), die kaum noch materielle Bedeutung hat, mit Wirkung vom 1. Mai 1986 aufgehoben.

Die Freistellungsregelung für Bauspareinlagen (§ 2 Abs. 4 d AMR) wurde bereits mit Wirkung vom 12. April 1985 auf Bauspareinlagen eingeschränkt, über die der Bausparer – unbeschadet des Rechts zur Kündigung des Bausparvertrages – vor Zuteilung der Bausparsumme nicht verfügen kann."

Diese Neuordnung ist Anlaß zu einem Gerichtsverfahren geworden, das die Hamburgische Landesbank am Verwaltungsgericht Frankfurt anhängig gemacht hat wegen der Einbeziehung der kürzer laufenden Bank-Inhaber-Schuldverschreibungen in die Mindestreservepflicht.[2]

Danach lautet die seit 20. Februar 1986 gültige Fassung der AMR:

Die Deutsche Bundesbank erläßt gemäß § 16 des Gesetzes über die Deutsche Bundesbank vom 26. Juli 1957 (BGBl. I S. 745), zuletzt geändert durch Art. 10 Abs. 17 des Bilanzrichtlinien-Gesetzes vom 19. Dezember 1985 (BGBl. I S. 2355), folgende Anweisung über Mindestreserven (AMR):

§ 1

Mindestreservepflichtig sind alle Kreditinstitute im Sinne von § 1 Abs. 1 und § 53 Abs. 1 des Gesetzes über das Kreditwesen – KWG – in der Neufassung vom 11. Juli 1985 (BGBl. I S. 1472), geändert durch Art. 7 des Bilanzrichtlinien-Gesetzes vom 19. Dezember 1985 (BGBl I. S. 2355), mit Ausnahme der

a) § 2 Abs. 1 Nr. 4 bis 8 KWG genannten Unternehmen,
b) Kapitalanlagegesellschaften nach dem Gesetz über Kapitalanlagegesellschaften in der Fassung der Bekanntmachung vom 14. Januar 1970 (BGBl. I S. 127), zuletzt geändert durch Art. 10 Abs. 10 des Bilanzrichtlinien-Gesetzes vom 19. Dezember 1985 (BGBl I S. 2355),
c) Wertpapiersammelbanken,
d) in Liquidation befindlichen Kreditinstitute, sonstigen Kreditinstitute, deren Tätigkeit sich auf die Abwicklung beschränkt, und der ruhenden Kreditinstitute,
e) Unternehmen, für die das Bundesaufsichtsamt für das Kreditwesen gemäß § 2 Abs. 4 KWG bestimmt hat, daß die dort genannten Vorschriften des Kreditwesengesetzes auf sie nicht anzuwenden sind.

2 Vgl. „Zentralbankratsbeschluß vor Gericht" in: Börsenzeitung vom 19. 2. 1986; „Mindestreserve-Prozeß ums ‚grobe Instrument':, in Börsen-Zeitung vom 3. 4. 1986

§ 2

(1) Mindestreserven sind zu halten für Verbindlichkeiten aus Einlagen und aufgenommenen Geldern, und zwar bei

a) Buchverbindlichkeiten einschließlich Verbindlichkeiten aus Schuldverschreibungen, die auf den Namen oder, wenn sie nicht Teile einer Gesamtemission darstellen, an Order lauten, mit einer Befristung von weniger als vier Jahren,

b) Verbindlichkeiten aus Schuldverschreibungen, die auf den Inhaber oder, wenn sie Teile einer Gesamtemission darstellen, an Order lauten, mit einer Befristung von weniger als zwei Jahren,

sofern die Verbindlichkeiten nicht gegenüber selbst reservepflichtigen Kreditinstituten bestehen (reservepflichtige Verbindlichkeiten).

(2) Zu den reservepflichtigen Verbindlichkeiten gemäß Absatz 1 gehören auch

a) ein auf der Passivseite der Bilanz auszuweisender Verrechnungssaldo eines Kreditinstituts im Sinne von § 53 KWG,

b) Verbindlichkeiten aus Pensionsgeschäften, bei denen der Pensionsnehmer zur Rückgabe des in Pension genommenen Vermögensgegenstandes verpflichtet und der Vermögensgegenstand weiterhin dem Vermögen des pensionsgebenden Kreditinstituts zuzurechnen ist.

(3) Für die Feststellung der reservepflichtigen Verbindlichkeiten können täglich fällige, keinerlei Bindungen unterliegende Verbindlichkeiten gegenüber einem Kontoinhaber mit

a) täglich fälligen Forderungen,

b) Forderungen auf Kreditsonderkonten (sog. englische Buchungsmethode)

gegen denselben Kontoinhaber kompensiert werden, sofern die Forderungen und Verbindlichkeiten für die Zins- und Provisionsberechnung nachweislich als Einheit behandelt werden. Die Kompensation ist nicht zulässig, sofern es sich bei dem Kontoinhaber um eine BGB-Gesellschaft oder um eine Gemeinschaft handelt, an denen juristische Personen und Personengesellschaften beteiligt sind, oder wenn für einen Kontoinhaber Unterkonten wegen Dritter geführt werden. Nicht kompensiert werden können Verbindlichkeiten und Forderungen in verschiedenen Währungen.

(4) Von der Reservepflicht sind freigestellt Verbindlichkeiten

a) gegenüber der Bundesbank

b) gegenüber Gebietsansässigen aus zweckgebundenen Geldern, soweit diese bereits an die Empfänger oder an ein zwischengeschaltetes Kreditinstitut weitergeleitet sind. Zweckgebundene Gelder im Sinne dieser Bestimmmung sind solche Gelder, die nach von vornherein festgelegten Weisungen des Geldgebers, vor allem bezüglich der Kreditbedingungen, an vom Geldgeber namentlich bezeichnete Kreditnehmer oder – soweit es sich um eine öffentliche oder öffentlich geförderte Kreditaktion handelt, an solche Kreditnehmer auszuleihen sind, welche die Voraussetzungen für die Teilnahme an dieser Kreditaktion erfüllen; die vereinbarte Laufzeit oder Kündigungsfrist sowohl der zweckgebundenen Gelder als auch der daraus zu gewährenden bzw. gewährten Kredite muß, soweit es sich nicht um eine öffentliche oder öffentlich geförderte Kreditaktion handelt, mindestens ein Jahr betragen,

c) (aufgehoben),

d) aus Bauspareinlagen nach § 1 Abs. 1 des Gesetzes über Bausparkassen vom 16. November 1972 (BGBl I. S. 2097. zuletzt geändert durch Art. 2 Abs. 22 des Gesetzes vom 29. März 1983 (BGBl. I S. 377), über die der Bausparer – unbeschadet des Rechts zur Kündigung des Bausparvertrages – vor Zuteilung der Bausparsumme nicht verfügen kann,

e) gemäß § 2 Abs. 1 Buchstabe a gegenüber Gebietsfremden in fremder Währung in Höhe der Buchforderungen an Gebietsfremde in fremder Währung mit einer Befristung von weniger als vier Jahren,

f) aus im Auftrag der gebietsansässigen Kundschaft bei Banken im Ausland aufgenommenen Krediten, sofern die Gegenwerte unmittelbar und unverzüglich zur Zahlung an Gebietsfremde und zur Erfüllung von Zahlungsverpflichtungen der gebietsansässigen Kundschaft aus im einzelnen nachzuweisenden, für sie von Gebietsfremden erbrachten oder noch zu erbringenden grenzüberschreitenden Warenlieferungen oder Dienstleistungen verwendet werden. Voraussetzung ist, daß das Kreditinstitut hierdurch gleichzeitig und mit gleicher Laufzeit sowohl zum Schuldner der ausländischen Bank als auch zum Gläubiger der Kundschaft geworden ist und daß die Verbindlichkeiten und die betreffenden Forderungen auf die gleiche Währung lauten. Ausgenommen von der Freistellung sind Verbindlichkeiten, die täglich fällig sind, für die eine Kündigungsfrist vereinbart wurde oder die prolongiert wurden.

g) gegenüber Kreditinstituten in den Zollanschlußgebieten Kleines Walsertal (Gemeinde Mittelberg) und Jungholz.

(5) Zweigstellen ausländischer Banken (§ 53 KWG) können Passivposten im Verhältnis zum eigenen Unternehmen, die bei einem rechtlich selbständigen Kreditinstitut Verbindlichkeiten gemäß Absatz 4 Buchstaben c oder f darstellen würden, für die Mindestreservehaltung von einem auf der Passivseite der Bilanz auszuweisenden Verrechnungssaldo absetzen.

(6) Sofern in Höhe eines bestimmten Aktivpostens eine Verbindlichkeit im Rahmen der Mindestreservebestimmungen freigestellt ist oder kompensiert wird, darf der betreffende Aktivposten nicht ein weiteres Mal zur Freistellung oder Kompensation von Verbindlichkeiten herangezogen werden. Dies gilt bei Zweigstellen ausländischer Banken (§ 53 KWG) auch für Aktivposten, soweit diese bei der Feststellung des auf der Passivseite der Bilanz auszuweisenden Verrechnungssaldos herangezogen werden.

§ 3

(1) Als Sichtverbindlichkeiten gelten täglich fällige und solche Verbindlichkeiten, für die eine Kündigungsfrist oder eine Laufzeit von weniger als einem Monat vereinbart ist, sowie bei einem Kreditinstitut im Sinne von § 53 KWG auch ein auf der Passivseite der Bilanz auszuweisender Verrechnungssaldo.

(2) Als befristete Verbindlichkeiten gelten Verbindlichkeiten, für die eine Kündigungsfrist oder eine Laufzeit von mindestens einem Monat vereinbart ist.

(3) Spareinlagen sind Einlagen im Sinne von §§ 21 und 22 KWG.

§ 4

Mindestreserven sind bei der Bundesbank als Guthaben auf Girokonto zu unterhalten. Ländliche Kreditgenossenschaften, die kein Girokonto bei der Bundesbank unterhalten, haben die Mindestreserven als täglich fällige Guthaben auf einem besonderen Konto bei ihrer Genossenschaftlichen Zentralbank zu unterhalten; die Genossenschaftliche Zentralbank hat in Höhe der Beträge auf diesen Konten Guthaben bei der Bundesbank zu unterhalten.

§ 5

(1) Das Reserve-Soll ergibt sich durch Anwendung der von der Bundesbank angeordneten Vom-Hundert-Sätze (Reservesätze) auf den gemäß § 6 festgestellten Monatsdurchschnitt der reservepflichtigen Verbindlichkeiten (§ 2) des Kreditinstuts.

(2) Von dem gemäß Absatz 1 errechneten Betrag können die Kreditinstitute den Durchschnitt der zum Geschäftsschluß sämtlicher Tage vom Ersten bis zum Ultimo des laufenden Monats festgestellten Bestände in inländischen gesetzlichen Zahlungsmitteln absetzen. Die Anrechnung des durchschnittlichen Bestandes an inländischen gesetzlichen Zahlungsmitteln ist auf 50 % des gemäß Absatz 1 errechneten Betrages begrenzt. Kreditgenossenschaften, die ihre Mindestreserven gemäß § 4 Satz 2 unterhalten, können den Durchschnitt aus den in der Zeit vom Ersten bis zum Ultimo des Vormonats unterhaltenen Beständen absetzen.

(3) Zur Erleichterung der Mindestreservedisposition am Monatsende kann bei der Berechnung des absetzbaren Durchschnittsbestandes gemäß Absatz 2 an Stelle des jeweiligen tatsächlichen Tagesbestandes an den letzten beiden Geschäftstagen der jeweilige Durchschnitt aus den Beständen der entsprechenden Geschäftstage der vorangegangenen zwölf Monate zugrunde gelegt werden. Die Kreditinstitute haben sich zu Beginn eines jeden Kalenderjahres für das Berechnungsverfahren nach dieser Vorschrift oder nach Absatz 2 zu entscheiden. Das gewählte Verfahren ist während des gesamten Kalenderjahres anzuwenden.

§ 6

(1) Der Monatsdurchschnitt der reservepflichtigen Verbindlichkeiten ist, vorbehaltlich der Regelung in Absatz 2, aus den Endständen der Geschäftstage und geschäftsfreien Tage in der Zeit vom 16. des Vormonats bis zum 15. des laufenden Monats (kalendertägliche Berechnungsweise) oder aus den Endständen folgender vier Stichtage zu errechnen:

23. Tag des Vormonats,
letzter Tag des Vormonats,
7. Tag des laufenden Monats,
15. Tag des laufenden Monats,

(2) Die kalendertägliche Berechnungsweise kann bei einzelnen Kreditinstituten ganz oder teilweise vorgeschrieben werden, wenn

a) Grund zu der Annahme besteht, daß das Kreditinstitut den Stand der reservepflichtigen Verbindlichkeiten an den vier Stichtagen beeinflußt hat, um ihn unter den Betrag herabzudrücken, der sich bei der kalendertäglichen Berechnungsweise ergeben würde,

b) der nach Stichtagen ermittelte Stand der reservepflichtigen Verbindlichkeiten nicht nur ausnahmsweise wesentlich unter dem kalendertäglich ermittelten Monatsdurchschnitt liegt.

(3) Kreditinstitute mit reservepflichtigen Verbindlichkeiten unter 10 Mio DM können an Stelle des Monatsdurchschnitts den Stand der reservepflichtigen Verbindlichkeiten am Ende des letzten Tages des Vormonats ansetzen. Absatz 2 gilt entsprechend.

§ 7

Als Ist-Reserve gilt der Monatsdurchschnitt des gemäß § 4 unterhaltenen Guthabens. Er wird aus dem Stand am Ende sämtlicher Tage des Monats errechnet und am Schluß des Monats von der Bundesbank (Genossenschaftlichen Zentralbank) dem Kreditinstitut mitgeteilt.

§ 8

Unterschreitet in einem Monat die Ist-Reserve eines Kreditinstituts sein Reserve-Soll, so hat das Kreditinstitut auf den Fehlbetrag für 30 Tage einen Sonderzins in der jeweils von der Bundesbank angeordneten Höhe zu entrichten. Für Fehlbeträge der Kreditgenossenschaften, welche die Mindestreserven gemäß § 4 Satz 2 unterhalten, hat die Genossenschaftliche Zentralbank den Sonderzins an die Bundesbank abzuführen.

§ 9

(1) Jedes reservepflichtige Kreditinstitut hat spätestens am 5. Geschäftstag nach dem 15. jedes Monats, soweit nicht in den Absätzen 2 und 3 etwas anderes bestimmt ist, der kontoführenden Stelle der Bundesbank die für die Berechnung des Reserve-Solls nach § 5 Abs. 1 erforderlichen Angaben unter Verwendung des Vordr. 1500 zu melden (Einzelmeldung).

(2) a) Bei Kreditinstituten mit mehreren Niederlassungen hat grundsätzlich jede Niederlassung eine Einzelmeldung zu erstatten. Jedoch kann für mehrere Niederlassungen eine zusammengefaßte Einzelmeldung mit Angabe der Zahl der einbezogenen Niederlassungen erstattet werden, sofern die Unterlagen des Instituts jederzeit eine Aufgliederung der Verbindlichkeiten nach den einzelnen Niederlassungen ermöglichen. Auf Verlangen der Landeszentralbank ist diese Aufgliederung für die von ihr bestimmte Zeit vorzunehmen.
Kreditinstitute mit Niederlassungen in mehreren Landeszentralbankbereichen haben die in zusammengefaßten Einzelmeldungen verzeichneten Verbindlichkeiten des Stichtages 30. September nach den einzelnen Niederlassungen, gegliedert nach Landeszentralbankbereichen, aufzuschlüsseln. Hierfür ist der Vordr. 1500 d zu verwenden, der bei der für die Hauptniederlassung des Kreditinstituts kontoführenden Stelle der Bundesbank spätestens bis zum 31. Oktober eines jeden Jahres einzureichen ist.

b) Werden von einem Kreditinstitut mehrere Einzelmeldungen erstattet, so hat die Hauptniederlassung unter Verwendung des Vordr. 1500 außerdem eine Sammelmeldung zu erstatten.

c) Die Sammelmeldung ist zusammen mit den Einzelmeldungen ebenfalls spätestens am 5. Geschäftstag nach dem 15. jedes Monats bei der für die Hauptniederlassung des Kreditinstituts kontoführenden Stelle der Bundesbank einzureichen.

d) Die zuständige Landeszentralbank kann in Ausnahmefällen Kreditinstituten mit zahlreichen Niederlassungen die bis zu zwei Geschäftstagen spätere Abgabe der Meldungen (Vordr. 1500) gestatten. Voraussetzung hierfür ist, daß die Kreditinstitute am 5. Geschäftstag nach dem 15. jedes Monats vorläufige Zahlen über die Höhe ihres Reserve-Solls, getrennt nach Verbindlichkeiten gegenüber Gebietsansässigen und Gebietsfremden, der Landeszentralbank telefonisch oder fernschriftlich mitteilen.

(3) Kreditgenossenschaften, die die Mindestreserven gemäß § 4 Satz 2 unterhalten, haben die für die Berechnung des Reserve-Solls in der Einzelmeldung geforderten Angaben ihrer Genossenschaftlichen Zentralbank zu machen. Die Genossenschaftliche Zentralbank hat für die bei ihr reservehaltenden Kreditgenossenschaften spätestens am 5. Geschäftstag jedes Monats für den abgelaufenen Monat bei der für sie zuständigen Stelle der Bundesbank eine besondere Sammelmeldung einzureichen; für jede der in der Sammelmeldung erfaßten Kreditgenossenschaften hat die Genossenschaftliche Zentralbank in einer Anlage die Monatsdurchschnitte (§ 6) der reservepflichtigen Verbindlichkeiten, getrennt nach den verschiedenen Arten und aufgegliedert nach Progressionsstufen, das Reserve-Soll und die Ist-Reserve anzugeben.

(4) Ferner hat jedes reservepflichtige Kreditinstitut mit Ausnahme der Kreditgenossenschaften, die die Mindestreserve gemäß § 4 Satz 2 unterhalten, spätestens am 5. Geschäftstag jedes Monats für den abgelaufenen Monat bei der kontoführenden Stelle der Bundesbank bzw. bei der für die Hauptniederlassung des Kreditinstituts kontoführenden Stelle der Bundesbank eine Erfüllungsmeldung (Vordr. 1501) einzureichen. Die Genossenschaftlichen Zentralbanken, denen Kreditgenossenschaften angeschlossen sind, welche die Mindestreserven gemäß § 4 Satz 2 unterhalten, haben in ihrer Erfüllungsmeldung die Ist-Reserve dieser Institute in einer Summe gesondert anzugeben.

(5) Die Bundesbank kann sich die Feststellung der reservepflichtigen Verbindlichkeiten in der Reservemeldung oder in einer Anlage hierzu erläutern lassen. Sie behält sich vor, sich der Ordnungsmäßigkeit der Feststellung zu vergewissern. Die Unterlagen über die Ermittlung des Reserve-Solls (z. B. Saldenaufstellungen, Kassenbestandsnachweise, Hilfsbogen) sollen daher wenigstens vier Jahre aufbewahrt werden.

§ 10

(1) Die Anweisung tritt mit Wirkung vom 1. April 1983 in Kraft. Gleichzeitig tritt die Anweisung der Deutschen Bundesbank über Mindestreserven (AMR) vom 11. November 1968 (Mitteilung Nr. 5008/68 – BAnz. Nr. 215 vom 15. November 1968), zuletzt geändert durch Bekanntmachung vom 18. Dezember 1980 (Mitteilung) Nr. 5014/80 – BAnz. Nr. 240 vom 24. Dezember 1980), außer Kraft.

(2) (aufgehoben).

II. Sichteinlagen

1. Funktionale Bedeutung für Kunde und Bank

Die Sichteinlagen („täglich fällige Einlagen") haben sowohl im Privat- wie im Firmenkundenbereich instrumentalen Charakter, sie sind ein diskret entstehender Saldo aus der Abwicklung des Zahlungsverkehrs auf dem Girokonto („laufendes Konto").

Das Girokonto ist die Transaktionskasse des privaten Haushalts und des Unternehmens: in der Disposition des Kunden über das Konto reflektiert seine Taktik in der Lenkung seiner Zahlungsströme[3].

Für diese Disposition ist es funktional irrelevant, ob die Zahlungsausgänge aus Guthaben (Sichteinlagen) oder Kredit (Kontokorrentkredit) erfolgen, Guthaben und Kredit sind in ihrer Funktion gleichwertig, lediglich in den Kosten der *Transaktionskasse* im Wertbereich (Zinsen) unterschiedlich. Auch in den Stückkosten der Transaktionen selbst (Kontoführungsgebühr) ist es gleichgültig, ob aus Guthaben oder Kredit disponiert wird.

Insoweit sind Sichteinlagen in Höhe und Bindungsdauer (Bodensatz) nicht gestaltungsfähig durch die Bank, kein eigenständiges Produkt, *derivative Einlage.*

Eine geschäftspolitische Beeinflussung des Sichteinlagen-Niveaus kann jedoch aus zwei unterschiedlichen Strategien erfolgen:

1. Nichteinräumung eines Dispositionslimits (Dispositions- oder Betriebsmittel-Kredit) und damit Zwang zur Haltung eines Mindestvolumens von Transaktionskassenmitteln,
2. Übernahme der Disposition der Transaktionskasse durch die Bank.

Während die erste Form eine Grenzsituation im Kreditgeschäft darstellt und generell ein Ausfluß mangelnder Bonität des privaten Haushalts oder des Unternehmens ist (daher ist die Auswahl derartiger Kunden zu minimieren), bekommt die zweite Form ein wachsendes Gewicht als Sonderform der Dienstleistungen im Zahlungsverkehr: Cash-Management-Systeme, die von nahezu allen Gruppen im Kreditgewerbe entwickelt worden sind und am Markt angeboten werden.

Als diskreter, zufälliger Saldo am jeweiligen Buchungsschluß eines Tages (= Zeitpunkt des Benutzungsendes der Transaktionskasse) ist der Kunde an der Minimierung dieses Saldos interessiert, sowohl als Guthabenminimum, wie als Minimierung eines Debetsaldos.

In der Optimierung müßte am Buchungsschluß ein Null-Saldo erscheinen. Für den Kunden ist dieses Optimum in zweifacher Form erreichbar:
Für die Kostenminimierung der Transaktionskasse ist der valutarische Null-Saldo ausreichend, der den Zinslauf bestimmt und unabhängig von einem Haben- oder Soll-Sal-

3 Vgl. Witte, E.: Die Liquiditätspolitik der Unternehmung, Tübingen 1963, S. 41 ff.

do gesteuert werden kann. Für die Erlösmaximierung aus Transaktionskassenmitteln dagegen ist darüber hinaus die Abdisposition eines Haben-Saldos zum Zeitpunkt des Buchungstagsschlusses Voraussetzung, und sei es nur in der Transformation in das Sichteinlagen-Surrogat: Tagesgeld.

Diese Optimierung bietet ein kundenbezogen optimal strukturiertes Cash-Management-System, das – als Zwei-Personen-Null-Summen-Spiel – zu Lasten des Kassenhalters, der Bank also, geht.

Das divergierende Interesse der Bank liegt bei der Transaktionskasse sowohl an einer optimalen Ausnutzung des Kunden seiner Dispositionsreserve = der eingeräumten Linie, als auch an einem hohen Restbestand nicht verbrauchten Transaktionskassenvolumens = der Sichteinlagen.

Die Bank ist daher als Kassenhalter zugleich Stillhalter, insofern der Kunde im Rahmen der zugelassenen Verwendung der Transaktionskasse disponiert.

Je höher der ökonomische Sachverstand des Kunden in der Dispositionsmöglichkeit ist, je geringer der Informationsvorsprung der Bank über die Höhe des Buchungstagssaldos ist, desto stärker wird das Volumen der Sichteinlagen sinken, umso wichtiger wird für die Bank ein differenziertes Kundengruppen-Marketing sowohl im Firmen- wie auch im Privatkundengeschäft; denn je nach spezifischer Kundengruppe ist die *Liquiditätspräferenz* unterschiedlich, und allein diese ist bei sonst intaktem homo oeconomicus die Vorbedingung zum Entstehen von Sichteinlagen einerseits und offenen Linien andererseits. Das Marketing-Instrument richtet sich also nicht auf die Sichteinlagen selbst, sondern auf die Kundengruppe, als deren Ergebnis Sichteinlagen und Kredite entstehen.

Diese Liquiditätspräferenz führt letztendlich zum Bodensatz der Sichteinlagen und damit zum Ursprung der Theorien von der Fristentransformation und der Giralgeldschöpfung der Banken.

2. Sichteinlagen-Bodensatz und Giralgeldschöpfung

Die unterschiedlichen Verhaltensweisen der Kunden und stärker homogenen Kundengruppen führen, entsprechend ihrer dominanten Motive[4] und ihrer inhomogenen strukturellen Liquiditätspräferenz zu einem Verweilen der täglich fälligen Einlagen in einem festen Anteil als Bodensatz über den Fälligkeitstermin hinaus. Die Höhe ist, entsprechend der derivativen Natur der Sichteinlagen, nicht planbar oder steuerbar, das Niveau ergibt sich als Erfahrungssatz für jedes einzelne Institut entsprechend seiner Kundengruppenstruktur. Der Bodensatz ist daher institutsindividuell, nicht branchenspezifisch für das Kreditgewerbe.

4 Vgl. Süchting, J.: Bankmanagement, a.a.O., S. 268

Dieser Bodensatz stellt sowohl die Qualität der *goldenen Bankregel* als statisches Erklärungsmodell infrage wie auch die Aussagekraft der *Kapitalfondstheorie* als dynamisches Erklärungsmodell.

Die im Ursprung von Hübner entwickelte Goldene Dispositionsregel besagt[5]: „Der Credit, welcher eine Bank geben kann, ohne Gefahr zu laufen, ihre Verbindlichkeiten nicht erfüllen zu können, muß nicht nur im Betrage, sondern auch in der Qualität dem Credite entsprechen, welchen sie genießt."

Qualitätsmerkmale sind Betragshöhe und Laufzeit.

Die Diskrepanz von de jure- und de facto-Laufzeiten, die für eine Bank auf beiden Seiten der Bilanz typisch ist – die im übrigen fristenverkürzend und fristenverlängernd sein kann –, definiert eine reale Fristigkeitenstruktur, die durch (statische) Bestandsgrößen (selbst vor dem Hintergrund von Restlaufzeiten befristeter Einlagen) nicht darstellbar ist.

Dieselbe Schwierigkeit ergibt sich für die Kapitalfondstheorie[6] für die reale Definition der Fristigkeits-Struktur, da auch hier die Anschlußfinanzierung fällig werdender Fondsteile auf die de facto-Verfügung zielen muß.

Der Bodensatz der Sichteinlagen widerspricht beiden Erklärungsmodellen.

Resultiert der Bodensatz aus einer Abweichung in dem Qualitätsmerkmal „Laufzeit", so folgt die Giralgeldschöpfung aus der Verfügungsqualität der Sichteinlage in Form der internen Verrechnungsfaktoren, auf denen Deppe sein bankbetriebliches Wachstumsmodell aufbaut[7].

Weder die Bodensatz-„Theorie" noch das auf internen Verrechnungsfaktoren beruhende Wachstums-„Modell" haben praktische Auswirkungen. Die Grenzen der Fristentransformation werden durch die Liquiditätsnormen des KWG gezogen, die Grenzen des Wachstums durch die limitationale Wirkung der Eigenmittel nach den Strukturnormen des KWG.

Von herausragender praktischer Bedeutung ist der Bodensatz an Sichteinlagen für die Gestaltung der Zinsspanne der Institute. Obwohl die Sichteinlagen derivative Einlagen sind, treten sie in der Erfolgsrechnung als Bestandteil des Zinsgeschäftes in Erscheinung und nicht als Komponente des Zahlungsverkehrs.

3. Kosten- und Erlösstrukturen

Grundsätzlich müssen wertbezogene und betriebsbezogene Kosten und Erlöse unterschieden werden.

5 Hübner, O.: Die Banken, Leipzig 1854, S. 28

6 Vgl. Gutenberg, E.: Grundlagen der Betriebswirtschaftslehre, Band III, Die Finanzen, Berlin-Heidelberg-New-York 1969, S. 296

7 Vgl. Deppe, H.: Bankbetriebliches Wachstum, a.a.O., S. 56 ff.

Die *wertbezogenen Kosten* der Sichteinlagen sind
- Zinsen nominal
- Zinsen valutarisch = real
- Mindestreserve.

Die *wertbezogenen Erlöse* der Sichteinlagen sind
- Zinsnutzen aus Anlage des Bodensatzes im Zahlungsverkehr
- Umsatzprovision im Zahlungsverkehr für kreditorische Konten.

Die *betriebsbezogenen Kosten* sind
- Kosten des Zahlungsverkehrs, kreditorische Konten
- Kosten der Schaltertechnik
- Kosten der Kundenbuchhaltung
- Kosten der Anlage des Bodensatzes.

a) Wertbezogene Kosten

Zinssätze – nominal – werden von jedem einzelnen Institut autonom festgesetzt und im Preisaushang veröffentlicht. Sie schwanken in der Realität beträchtlich, sowohl nach örtlichen Usancen – so werden am Bankplatz Hamburg Sichteinlagen erst ab einer bestimmten Höhe verzinst – als auch nach Instituten und Institutsgruppen.

Als Regelgröße kann ein Zinssatz von 0,5 % p. a. sowohl im Privat- wie Firmenkundengeschäft gelten.

Die Nominalsätze werden durch die Valutierungs-Usancen zu realen Zinssätzen, wie sie in die Zinsertragsbilanzen und damit in das Rechnungswesen generell eingehen.

Valutierung meint: der Beginn der zinsrelevanten Laufzeit des einzelnen Buchungspostens bzw. Geschäftsvorfalls, der zum Valutensaldo führt.

Die realen Sätze können durch die Valutierung nach beiden Seiten von den nominalen Sätzen abweichen.

Übliche Valutierungs-Usancen sind etwa:

– Barabhebung	– Tag der Abhebung
– Bareinzahlung	– nächster Geschäftstag
– Überweisungsausgang	– Buchungstag
– Überweisungseingang	– nächster Geschäftstag.

Ein Valutierungsgewinn für die Bank ergibt sich nur dann, wenn die Usance eine erfolgsneutrale Disposition durch die Bank überschreitet. Daraus kann eine Null-Linie der Valutierung ermittelt werden, als derjenige Valutierungszeitpunkt jedes Geschäftsvorfalles, bei dem die sich aus unterschiedlichen Verrechnungsmodalitäten ergebenden durchschnittlichen Laufzeiten erfolgsneutral sind.

Daraus folgt in der Praxis, daß die realen Zinssätze für Sichteinlagen der Privatkundschaft eng um den Nominalsatz schwanken, während – insbesondere durch den Einfluß der höherverzinslichen Tagesgelder, die in den Sichteinlagen enthalten sind – die realen Zinssätze im Firmenkundengeschäft regelmäßig stark nach oben von den nominalen abweichen.

In der Praxis liegen daher die durchschnittlichen realen Zinssätze für Sichteinlagen in der Nähe der 1 %-Marke, bei angenommener Grundlage von 0,5 % nominal.

Zu den realen Zinssätzen treten als wertbezogene Kosten die Mindestreservekosten hinzu, die sich in der Zinsertragsbilanz nicht zeigen, da das Mindestreservevolumen aktivisch zu verbuchen ist und damit zu einer Veränderung des Durchschnittszinssatzes der Aktivseite führt.

Kalkulatorisch sind sie jedoch dem realen Einstandszinssatz der Sichteinlagen hinzuzurechnen.

Die für diese Auflage aktuellen Sätze betragen seit 1. Mai 1986[8]:

	bis DM 10 Mio	6 %	der reservepfl. Sichtverbindlichkeiten
ab 10	bis DM 100 Mio	9 %	
über DM 100 Mio		11 %	

gegenüber Gebietsansässigen und 11 % generell gegenüber Gebietsfremden.

Je nach dem spezifischen Gewicht der Kundengruppen ergibt sich eine Mindestreservebelastung im Privatkundengeschäft von etwa 0,06 %-Punkten, im Firmenkundengeschäft von etwa 0,1 %-Punkt.

Der reale Zinssatz läge nach Mindestreserve daher für Sichteinlagen insgesamt bei rund 1,1 % p. a. bei angenommen nominal 0,5 % p. a.

b) Wertbezogene Erlöse

Da die Sichteinlagen Folgeprodukt sind, als Einlage derivativ, müssen den wertbezogenen Kosten die sich aus dem Zahlungsverkehr ergebenden wertbezogenen Erlöse gegenübergestellt werden: die sich aus der Abwicklung des Zahlungsverkehrs möglicherweise ergebenden Bodensatz- oder Floatnutzen und die Umsatzprovision im Firmenkundengeschäft als spezifische Form der Kontoführungs-„Gebühr".

Für den *Floatnutzen* gilt: er kann nur anfallen, wenn der Zahlungsverkehr in einem institutsspezifischen Gironetz abgewickelt wird; sofern die Abwicklung durch das LZB-Gironetz erfolgt, kann für das einzelne Institut ein Floatnutzen nicht anfallen, da der Float im LZB-Netz entsteht.

Spätestens mit *Fortfall der Fakultativklausel* wird der Floatnutzen im jeweils eigenen Netz – Filialverrechnungs-Verkehr – gegen Null gehen, da durch die DV-Abwicklung – belegloser Zahlungsverkehr etc. – „punktförmige" Zeitströme im Zahlungsverkehr bestehen.

8 Monatsberichte der Deutschen Bundesbank 38 Jg. Nr. 4, April 1986, S. 46*

Der Bodensatz-Nutzen im Zahlungsverkehr betrug 1977 bei der Dresdner Bank AG maximal 0,2 % des gesamten Zinsertrages[9] bei, im 10-Jahreszeitraum, vergleichsweise unterentwickelter Abwicklungstechnik im Zahlungsverkehr.

Unter den DV-technischen Realitäten des Jahres 1986 kann daher, wenn der Fortfall der Fakultativklausel und damit die letzte Verzögerung im Ablauf eingerechnet wird, mit Beendigung dieser Erlöskomponente im kalkulatorischen Rechenwerk der Banken ausgegangen werden.

Dasselbe kann von der Umsatzprovision konstatiert werden: sie ist in einzelnen Gebieten der Bundesrepublik zwar noch als Usance theoretisch vorhanden, hat aber in der Erlösstruktur der Institute kein Gewicht mehr.

Somit muß ab 1986 spätestens davon ausgegangen werden, daß wertbezogene Erlöse der Sichteinlagen der bankgeschichtlichen Vergangenheit zuzurechnen sind.

c) Betriebsbezogene Kosten

Die Kosten des Zahlungsverkehrs für kreditorische Konten – brutto und netto, d. h. vor Erlösen aus den Kontoführungs-„Gebühren“ und nach Zurechnung – sind mit Hilfe der DV als Akkumulation aus den maschinell durchgeführten Kontenkalkulationen der Kundengruppen unschwer zu ermitteln.

Der Deckungsgrad der Kosten durch Erlöse liegt im Privatkundenbereich leicht über 30 %, im Firmenkundenbereich leicht über 40 %.

Bezieht man die Nettokosten des kundenspezifischen Zahlungsverkehrs auf die Summe von Kontokorrentkredit und Sichteinlagen der Kundengruppe, so ergibt sich insgesamt eine derart transponierte quasi Zinsbelastung von etwa 1 %.

Unter der Annahme einer Verteilung von 2 : 1 zwischen debitorischer und kreditorischer Seite kann daher mit einer Belastung der Sichteinlagen aus Zahlungsverkehr, in dieser generellen Ableitung, von etwa 0,33 % gerechnet werden.

Die zurechenbaren Kosten der Schaltertechnik und der Kundenbuchhaltung („Arbeitskosten der Einlagenbeschaffung“) liegen pro Konto und Jahr im Privatkundengeschäft bei knapp DM 40, im Firmenkundengeschäft bei etwas mehr als DM 50.

Nach analogem Schlüssel beträgt die Belastung der Sichteinlagen daraus etwa 0,1 %.

Kosten aus der Anlage des Bodensatzes entstehen nicht mehr.

d) Nettokosten der Sichteinlagen

In der Summation ergibt sich nunmehr folgende Einstandskostenrechnung der Sichteinlagen, wie sie sich im finanzbuchhalterischen Rechnungswesen nicht findet, also aus der Sicht der Betriebsbuchhaltung:

[9] Vgl. Jacob, A.-F.: „Das Märchen von den Floatgewinnen“ in ZfgK 31. Jg. (1978), S. 426

realer Zins	1,0 %
Mindestreserve	0,1 %
Einstandszins	1,1 %
Betriebsbezogene Kosten Zahlungsverkehr netto	0,33 %
Betriebsbezogene Kosten Schaltertechnik/Kundenbuchhaltung	0,10 %
Betriebsbezogene Kosten	0,43 %
Gesamt-Einstandspreis netto	1,53 %

Gegenüber einem unterstellten Nominalzins von 0,5 % bedeutet der reale Einstandspreis eine Verdreifachung.

Eine Bewertung der Höhe kann nur in Relation zu den originären Einlagen erfolgen; sie muß auch die Auswirkungen auf die Liquiditätsnormen des KWG einschließen.

III. Termineinlagen

1. Funktionale Bedeutung für Kunde und Bank

Das Produkt „Termineinlage" hat für die einzelnen Kundengruppen höchst unterschiedliche Funktionen[10].

Für die Privatkundschaft ist die Termineinlage eine Alternative zu in Laufzeit konformen Vermögensanlagen.
Hier bietet die Bank eine *Anlageform* sowohl für das Geldvermögen als auch für das Kapitalvermögen der Privaten Haushalte.

Alternativen in der Anlage sind
- Spareinlagen und Spareinlagen-Surrogate
- Wertpapiere in Form von Rentenwerten und Aktien
- Bundesschatzbriefe
- Investmentzertifikate.

Wertpapiere und Investmentzertifikate sind laufzeitrelevant für den Privatkunden, da aus Gründen der Spekulationsteuer eine Mindestkapitalbindungszeit entscheidungsbestimmend ist.

Die Anlage-Initiative liegt bei dem Kunden, die Bank versucht über die Form der Beratung die Anlage-Entscheidung in der ihr günstig erscheinenden Form zu beeinflussen. Auf dem Boden des gegebenen Zinsniveaus ist die Form allein davon abhängig, ob

[10] Vgl. Jacob, A.-F.: „Planung und Steuerung der Zinsspanne in Banken", in: DBW, 38 Jg. (1978), S. 345

der Spareinlagenzins unter oder über der Termineinlage – unter Einrechnung der Mindestreserve – liegt. Sie wird nur im ersteren Falle entscheidungsbeeinflussend beraten. Sie wählt dazu regelmäßig das Mittel der Preispolitik im Bereich des Privatkundengeschäftes bei unelastischen Produktpreisen der Termineinlage durch Ausnutzung der Kreuz-Preiselastizität: die Anlagealternative „Spareinlage" wird durch Bonifizierung angeglichen und damit eine Abflußreaktion bestehender Spareinlagen aus Preisgründen verhindert (Bestandsschutz) oder die Spareinlage originär erhöht.

Für die Firmenkundschaft ist die Termineinlage gelagerte Liquidität, die Bank bietet in dem Produkt „Termineinlage" die Lagerfunktion, nicht die Transformationsfunktion an.

Die Termineinlage entsteht aus Sicht der Kunden aus den Einzahlungs- und Auszahlungsreihen der Finanzpläne und hat insoweit Überbrückungsfunktion.

Im Firmenkundenbereich sind zwei Anlegergruppen scharf zu trennen:

(1) Der produktnahe Anleger

Hier liegt eine unmittelbare Verknüpfung von Finanz- und Produktionsplan vor. Der Kunde erwartet von seiner Bank die Übernahme der Lagerfunktion auch zu einem Zeitpunkt, an dem die Bank an der Hereinnahme von Termingeldern nicht interessiert ist und über Abwehrkonditionen den Zufluß zu begrenzen versucht.

Da der produktnahe Anleger in der Termineinlage nur ein derivatives, kein eigenständiges „Produkt" sieht, verlangt er im Rahmen der Kundenverbindung einen marktkonformen Satz und stellt bei Zögern der Bank die gesamte Kundenverbindung infrage.

(2) Der geldmarktnahe Anleger

Hier liegt eine einseitige Disposition aus dem Finanzplan heraus vor, die Verknüpfung zum Produktionsplan ist nicht oder nur sehr lose vorhanden.
Dies ist die spezifische Gruppe der institutionellen Anleger, der Versicherungen im besonderen und der Industrie- und Handelskonzerne, die letztlich nur aus bankenaufsichtsrechtlichen Gründen auf die Ausübung der Bankenfunktion innerhalb des Konzerns verzichten müssen und keine eigene Konzernbank führen wollen.

Preisgestaltung und Kundenbeziehung stehen in keinem interdependenten Verhältnis, die Entscheidung, welches Institut die Einlage erhält, hängt von den unterschiedlich am Markt nach Höhe und Laufzeit abgegebenen Preisofferten ab; institutionelle Anleger verfügen über Mehrfach-Bankverbindungen und führen, wie die Banken auf der Kreditseite, Linien für die einzelnen Institute, in Abhängigkeit von deren Bonität am Geldmarkt.

Anlage-Alternativen sind
- Schuldscheindarlehen
- Rentenwerte mit konformen Restlaufzeiten
- Surrogate in Form von Certificates of Deposit oder Währungsanlagen im Ausland.

Die funktionale Bedeutung für die Bank liegt allein in der Einhaltung der Liquiditätsnormen des KWG, in Sonderheit des Grundsatzes III. Da sie regelmäßig die teuerste Einlage im Realzins zu sein pflegen, führt die Hereinnahme von Termineinlagen zu einer marginalen Erhöhung der Durchschnittsverzinsung der Passivseite und daher ceteris paribus zu einer Verengung der Zinsspanne.

In der Berichterstattung der Deutschen Bundesbank über die Einhaltung der Liquiditätsnormen des KWG kommt diese Bedeutung der Termineinlagen deutlich zum Ausdruck[11]: in der Hochzinsphase 1979/1981 waren es in der Spitze (1980) immerhin im Jahresdurchschnitt 170 Institute von 3.210 berichtspflichtigen Instituten, die den Grundsatz III nicht eingehalten haben – im Jahre 1985 waren es 50 Institute.

2. Kosten- und Erlösstrukturen

a) Wertbezogene Kosten

Die wertbezogenen Kosten müssen bei den Termineinlagen in unmittelbare und mittelbare getrennt werden:
Unmittelbar sind die Kosten, die sich im Nominalzins abbilden, der regelmäßig mit dem Realzins übereinstimmt, da es keine abweichende Valutierung gibt.

Zu diesem Realzins ist die Mindestreserve hinzuzurechnen, die ab 1. Mai 1986 einheitlich – ohne Größenklassengliederung, die bis dahin analog der Sichteinlagenregelung bestand – 4,5 % für Einlagen Gebietsansässiger und Gebietsfremder beträgt.

Mittelbar sind die Kosten, die im Rahmen der Steuerungsfunktion als Bonifikation für Spareinlagen entstanden sind, zu definieren. Nach dem Verursachungsprinzip müssen sie kalkulatorisch als Kostenbestandteil der Termineinlagen interpretiert werden.

b) Wertbezogene Erlöse

Zurechenbare wertbezogene Erlöse entstehen dann, wenn im Grenzfall aus Gründen der Grundsatz III-Heilung Termineinlagen hereingenommen werden müssen.

Nach der Methodik des Grundsatzes III sind nur 60 % der Termineinlagen (Laufzeit unter vier Jahre) anrechenbar, so daß ein Überschuß-Volumen aus der Grundsatz-Heilung entsteht, das grundsatzneutral angelegt werden muß: in Rentenwerten oder U-Schätzen.

Die Erlöse aus diesen Positionen müssen kalkulatorisch als (mittelbare) Erlöse der Termineinlage gesehen werden und vermindern entsprechend den Einstandspreis – unabhängig davon, ob zinssatzmäßig eine positive oder negative Marge entsteht.

11 Geschäftsbericht der Deutschen Bundesbank für das Jahr 1985, S. 99

c) Betriebsbezogene Kosten

Die betriebsbezogenen Kosten der Termineinlage sind aus der Technik heraus unbedeutend, treten nur als Umlagekosten in Erscheinung: Anteile aus den Kosten der Kundenbetreuung und der Liquiditätssteuerung, Anteile aus dem Hilfs- und Verwaltungsbereich.

Daraus folgt der Preisspielraum aus der Kreuz-Preiselastizität: da dieses Instrument nur angewendet wird, wenn kein grundsatzrelevanter Bedarf auf Seiten der Bank gegeben ist, liegt die erfolgsneutrale Preisobergrenze bei der Mindestreservedifferenz zwischen 4,5 % bei Termineinlagen und 3,75 % bei Spareinlagen, also in der Differenz von 0,75 %-Punkten. Eine Überschreitung dieser Differenz führt zu Erlöseinbußen durch Verengung der Zinsspanne.

IV. Spareinlagen

1. Der gesamtwirtschaftliche Aspekt: *Die Geldvermögensbildung privater Haushalte*

Bei einer längerfristigen Analyse der Geldvermögensbildung der privaten Haushalte in der Bundesrepublik können vier Zeitabschnitte unterschieden werden:

1950 bis 1959	Neubildung privater Geldvermögen[12]
1960 bis 1969	verstärkte Spartätigkeit breiter Bevölkerungsschichten[13]
1970 bis 1979	geändertes Sparverhalten durch Inflation und Wachstumsflaute[14]
ab 1980	Trend zu höherverzinslichen Geldanlageformen.

Aus dieser Einteilung wird bereits deutlich, daß die Spareinlage als Form der Geldvermögensbildung in den Jahren 1950 bis 1970 dominierte, ab 1970 durch andere Formen und Spareinlagensurrogate jedoch verdrängt wurde.

Als Formen der Anlage konkurrieren um das Geldvermögen privater Haushalte:

- Geldanlagen
  - Sichteinlagen
  - Spareinlagen
  - Termineinlagen
- Wertpapiere
  - festverzinsliche Wertpapiere
  - Aktien
- Bausparen
- Versicherungssparen.

[12] Vgl. Bub, N.: „Privates Sparen in der Bundesrepublik Deutschland" in: Der volkswirtschaftliche Sparprozeß, Beiheft zu Kredit und Kapital Nr. 9, Berlin 1985, S. 70

[13] ebenda, S. 78

[14] ebenda S. 81, jedoch mit Zeitraumdefinition 1970–1983

Eine auf die vier vorgestellten Zeitabschnitte abgestellte Strukturdarstellung der relativen Anteile verdeutlicht die Verhaltensänderungen[15]:

Tabelle 1: Die Struktur der Bruttogeldvermögensbildung der privaten Haushalte 1950–1983

	Durchschnittlicher Anteil an der Bruttogeldvermögensbildung in %			
Anlageform	1950 – 1959	1960 – 1969	1970 – 1979	1980 – 1983
Sichteinlagen	19,3	10,6	8,6	4,2
Spareinlagen	46,6	47,0	36,7	16,5
Termineinlagen	3,3	1,7	12,7	22,6
Festverzinsliche Wertpapiere	3,7	10,1	14,8	24,2
Aktien	1,4	4,3	1,0	0,3
Bausparen	8,7	9,3	8,3	4,9
Versicherungssparen	17,1	17,1	18,0	27,3
	100,0 %	**100,0 %**	**100,0 %**	**100,0 %**

Zu berücksichtigen ist bei dieser gravierenden Strukturänderung die Entwicklung des verfügbaren Einkommens und der *Sparquote*[16]*:*

Aus den Zeitreihen der Tabelle werden die zwei Phasen 1950 bis 1969, 1970 fortdauernd deutlich:
Bis 1969 hatten die Bestände an Geldvermögen das verfügbare Jahreseinkommen erreicht bzw. leicht überschritten. Das Wachstum dieser Größe flachte danach deutlich ab. Die Einkommen aus Geldvermögen waren in der ersten Phase unbedeutend, nähern sich nunmehr der 10 %-Quote des verfügbaren Jahreseinkommens: hieraus wird der Trend zu höherverzinslichen Anlagen sichtbar.

Die „reine" Spareinlage in Form der Geldanlage hat dramatisch an Boden verloren; insbesondere die *Spareinlagen-Surrogate* – Sparbriefe und Bankschuldverschreibungen – haben seit Ausgang der 60er Jahre den Anteil des Kontensparens schrumpfen lassen:

1970 betrugen die Spareinlagen bei den Kreditinstituten DM 203,5 Mrd, Sparbriefe waren mit DM 5,2 Mrd, Bankschuldverschreibungen mit DM 62,3 Mrd emittiert[17].

15 Vgl. Fricke, D.: „Der Einfluß unerwarteter Einkommensveränderungen auf das Spar- und Anlageverhalten", in: Kredit und Kapital, Beiheft 9, S. 441

16 Bub, N.: a.a.O., S. 68

17 „Zur längerfristigen Entwicklung des Mittelaufkommens der Kreditinstitute", in: Monatsberichte der Deutschen Bundesbank, 37. Jg. (Nr. 10), S. 33

Tabelle 2: Einkommen und Ersparnis der privaten Haushalte

Zeit	Verfügbares Einkommen	Laufende Ersparnis		Bestände an Geldvermögen 1)		Einkommen aus Geldvermögen 2)	
	Mrd. DM	Mrd. DM	in % des verfügbaren Einkommens (Sparquote)	Mrd. DM	in % des verfügbaren Einkommens	Mrd. DM	in % des verfügbaren Einkommens
1950	66	3	4,4	24	36,9	0	0,5
1951	76	3	4,1	29	38,0	0	0,6
1952	87	6	6,7	35	40,6	1	0,7
1953	96	7	7,8	44	46,0	1	0,9
1954	103	9	8,3	55	53,0	1	1,1
1955	115	9	7,6	64	55,8	1	1,3
1956	126	9	6,7	72	57,3	2	1,5
1957	141	13	8,9	85	60,0	2	1,6
1958	153	14	9,3	99	64,8	3	1,7
1959	163	16	9,6	115	70,7	3	1,9
1960	189	17	9,2	139	73,3	4	2,3
1961	209	21	9,9	159	76,1	5	2,4
1962	226	21	9,5	181	79,8	6	2,5
1963	243	26	10,7	205	84,5	6	2,7
1964	265	31	11,8	235	88,7	7	2,7
1965	296	38	12,9	272	91,9	9	3,0
1966	314	39	12,3	307	97,9	11	3,5
1967	320	38	11,8	341	106,5	12	3,8
1968	346	46	13,1	383	110,6	13	3,9
1969	384	53	13,8	435	113,3	15	4,0
1970	432	63	14,7	494	114,2	20	4,7
1971	478	69	14,4	561	117,4	23	4,8
1972	534	81	15,3	643	120,4	26	4,8
1973	581	85	14,7	722	124,3	33	5,7
1974	633	99	15,7	809	127,8	40	6,3
1975	699	113	16,2	914	130,9	40	5,8
1976	741	107	14,5	1.017	137,2	42	5,7
1977	785	104	13,2	1.118	142,5	44	5,6
1978	836	111	13,3	1.225	146,5	45	5,3
1979	905	126	13,9	1.346	148,8	53	5,8
1980	972	138	14,2	1.465	150,8	68	7,0
1981	1.032	153	14,8	1.594	154,4	81	7,9
1982	1.058	148	14,0	1.721	162,6	90	8,5
1983	1.083	136	12,5	1.835	169,4	85	7,8

*) Einschl. privater Organisationen ohne Erwerbszweck. –
1) Jahresendstände. –
2) Erträge aus Geldanlagen bei Banken, Bausparkassen und Versicherungen sowie in Wertpapieren; einschl. Dividenden aus dem Aktienbesitz. – Quelle: Gesamtwirtschaftliche Finanzierungsrechnung und Sonderrechnungen der Deutschen Bundesbank; Angaben für 1950 bis 1959 ohne Saarland und ohne Berlin (West).

In Relationen mithin: 75 % Spareinlagen, 2 % Sparbriefe, 23 % Sparobligationen.

1984 lauten diese Zahlen:

Spareinlagen	DM 568,8 Mrd =	53 %
Sparbriefe	DM 152,1 Mrd =	14 %
Sparobligationen	DM 355,5 Mrd =	33 %
	DM 1076,4 Mrd =	100 %

Die Surrogate haben dementsprechend fast das Volumen des Ursprungsproduktes erreicht.

So hat sich die Struktur der Geldanlagen der privaten Haushalte bei Kreditinstituten 1970/1984 in einer Gesamtbetrachtung nachhaltig verändert[18]:

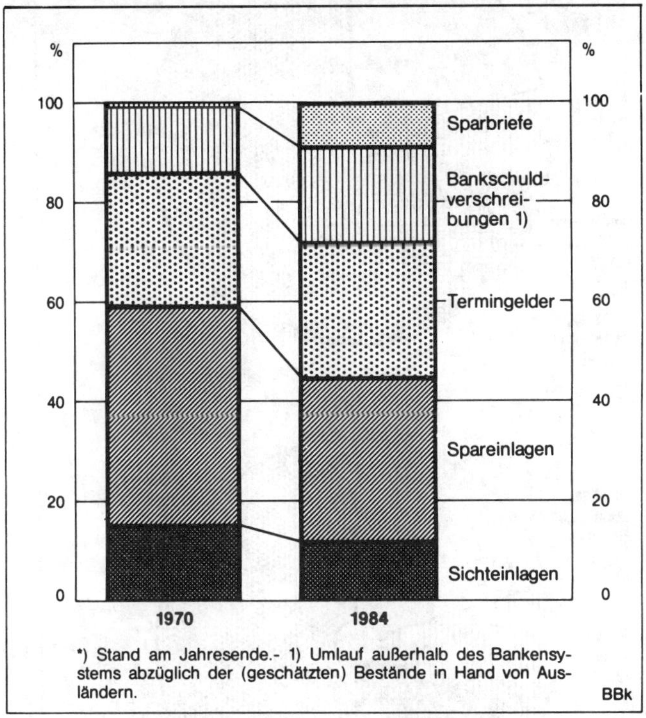

Abbildung 7: Struktur der Geldanlagen inländischer Nichtbanken bei den Kreditinstituten

Insgesamt hat das Kreditgewerbe seinen Anteil an der Geldvermögensbildung nicht halten können, wie Abbildung 8 zeigt[19]:

Selbst die Addition der Einlagen bei Banken mit den Rentenwerten – betriebswirtschaftlich wohl vertretbar – führt zu 64,2 % in 1970 und 62,2 % in 1984.

Die Gründe für diese Entwicklung sind[20]:
- Auswirkung der Aufhebung des *Habenzinsabkommens* am 1. 7. 1966
- Forcierung der Konsumneigung durch Werbung für Kleinkredite und persönliche Darlehen bei steigendem Preisniveau
- Spareinlagen-Surrogate als Antwort auf neue Konkurrenz durch Investmentsparen einerseits und Emission der Bundesschatzbriefe 1969 andererseits
- Wachstumsverlust und Arbeitslosenquote führen zu Verhaltensänderungen
- Auslaufen der staatlichen Sparförderung.

[18] ebenda, S. 34
[19] ebenda, S. 27
[20] Vgl. Jacob, A.-F.: „Zu Funktionswandel und Rentabilität von Spareinlagen“, in: Bank und Markt, 15. Jg. (1986), S. 6

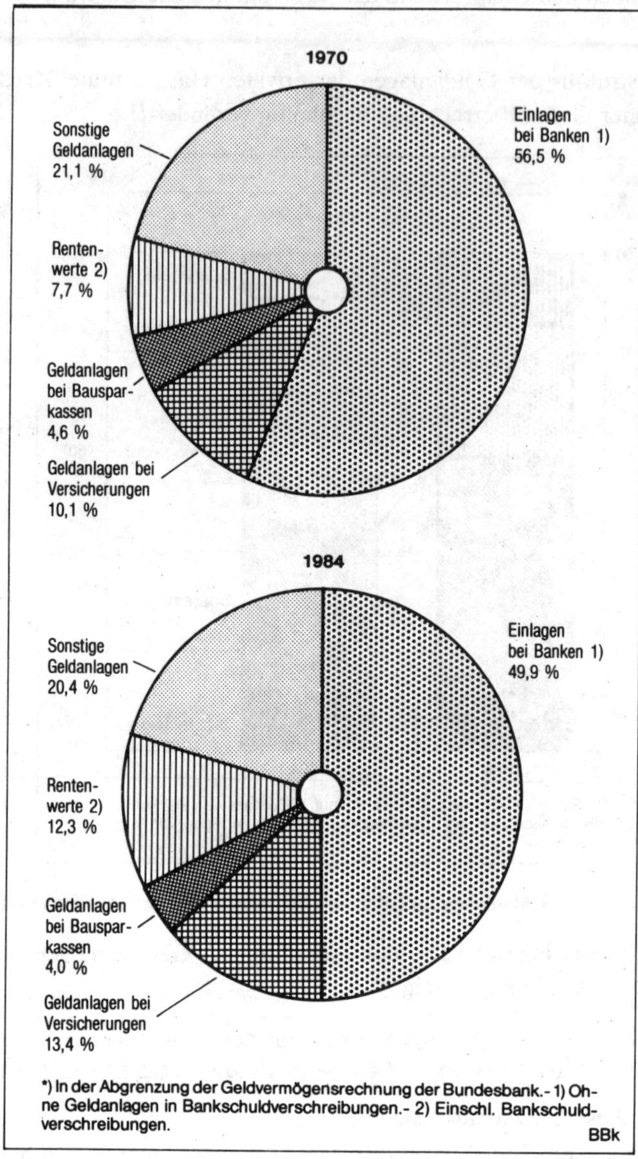

Abbildung 8: Struktur des Geldvermögens inländischer nichtfinanzieller Sektoren

Im Konkurrenzumfeld konzentriert sich das Interesse auf den dynamisch steigenden Anteil des Versicherungssparens und die Möglichkeiten, einen Teil des verlorenen Marktanteils zurückzuerobern.

Spektakulär war in diesem Zusammenhang der Versuch der Deutschen Bank AG, Sparen und Versicherung zu kombinieren. Dazu schreibt die Bank in ihrem Geschäftsbericht 1983, S. 45:

> „Verändertes Sparverhalten der Kundschaft
> Unser Spargeschäft war im Berichtszeitraum bei rückläufiger gesamtwirtschaftlicher Sparquote nur in Teilbereichen lebhaft. Die Gesamtsparleistung der Kunden der Deutschen Bank AG (Veränderungen von Spareinlagen und Sparbriefumlauf sowie der Saldo der über Sparkonten gebuchten Effektenkäufe und -verkäufe) hielt sich mit 3,1 Mrd DM auf dem Niveau des Vorjahres.
> Gefragt waren vor allem höherverzinsliche Sparbriefe und Wertpapieranlagen. Der Umlauf unserer Sparbriefe erhöhte sich um 29 % auf 4,2 Mrd DM. Die Effektensparleistung überstieg das bereits vergleichsweise hohe Volumen des Vorjahres um 0,3 Mrd DM.
> Dagegen verringerten sich die Spareinlagen um 180 Mio DM auf 20,9 Mrd DM, nicht zuletzt weil aus fälligen Sparverträgen Kredite zurückbezahlt wurden. Es zeigt sich – in der Tendenz schon seit längerem erkennbar –, daß Sparkonten zunehmend zum Ansparen für eine endgültige längerfristige Anlage benutzt werden. Entsprechend steigt der Anteil der Einlagen mit gesetzlicher Kündigungsfrist an den Gesamteinlagen; er lag Ende 1983 bei 63,2 % gegenüber 57,9 % zwei Jahre zuvor.
> Angesichts der Bedeutung langfristiger Spargelder für die Refinanzierung der Bank sind wir bestrebt, unsere Angebote an attraktiven langfristigen Sparformen für die Kunden zu erweitern.
> Im Berichtsjahr entwickelten wir einen Sparplan, bei dem das Sparziel durch eine Risikoversicherung abgesichert werden kann. Diese Verbindung von Sparen und Vorsorge, die wir zusammen mit der Versicherungswirtschaft entwickelt haben, stieß bei der Kundschaft auf lebhaftes Interesse."

2. Der rechtliche Aspekt:
Die Legaldefinitionen nach §§ 21, 22 KWG

Als letzte rechtliche, fossile Überbleibsel einer umfassenden Reglementierung des Spargeschäftes durch den Gesetzgeber sind die Vorschriften der §§ 21 und 22 KWG für das gesamte Kreditgewerbe zu sehen, deren Notwendigkeit und gar verfassungsrechtliche Zulässigkeit mindestens umstritten sind[21]; so dürfte den KWG-Kommentatoren wohl in ihrem Resümee zuzustimmen sein: „Die Spareinlagen haben zwar aufgrund ihrer Herkunft und Zweckbestimmung eine besondere Charakteristik, die eine Sonderbehandlung in den Bilanzen, den Liquiditätsvorschriften und der Mindestreserve rechtfertigen. Dafür Abgrenzungsmerkmale zu bestimmen, sollte jedoch eher den einschlägigen Spezialvorschriften vorbehalten werden."[22]

Diese rechtliche Abgrenzung zu den übrigen Kundeneinlagen nimmt der Gesetzgeber durch eine inverse Definition vor: § 21 Abs. 1 besagt „Spareinlagen sind Einlagen, die durch Ausfertigung einer Urkunde, insbesondere eines Sparbuches, als solche gekennzeichnet sind."

Dieser formalen Definition folgt in Abs. 2 die funktionale: Geldbeträge können nur dann in Spareinlagen transformiert werden, wenn sie „der Ansammlung oder Anlage von Vermögen dienen". Damit nun allerdings die Kreditinstitute nicht Gewissenserforschung bei den Kunden treiben oder vom Kunden die verbindliche Willenserklärung durch einen entsprechenden Revers verlangen müssen, grenzt der Gesetzgeber dieses funktionale Merkmal negativ in hilfreicher Form ab, „Geldbeträge, die zur Verwendung im Geschäftsbetrieb oder für den Zahlungsverkehr bestimmt sind, erfüllen diese Voraussetzungen nicht" (§ 21 Abs. 2 2. Halbsatz von Satz 1) und, darüber hinaus: „Geldbeträge, die von vornherein befristet angenommen werden, gelten nicht als Spareinlage" (§ 21 Abs. 2 Satz 2). Diese letzte Bestimmung ist inzwischen durch spezielle gesetzliche Regelungen – Sparprämiengesetz – durchbrochen und wird durch § 22 Abs. 2 KWG durch Kündigungsfristen in der Umgehung legalisiert. Zurecht sprechen die Kommentatoren daher in ihrer Wertung dieses 2. Satzes von einer leidigen, zwangsläufig unsinnigen Praxis[23].

Eine weitere Aufweichung dieser Reglementierung erfolgt, ebenfalls in legaler Umgehung der § 21, 22 KWG, durch die Spareinlagen-Surrogate, die Sparbriefe und die Sparobligationen, die in ihrer Funktion nahezu identisch, in der Form jedoch ein Aliud sind.

3. Funktionale Bedeutung für Kunde und Bank

Die funktionale Bedeutung für den Kunden ist durch vormundschaftsähnliche Regelung des § 21 KWG festgelegt: Spareinlagen dienen der Ansammlung oder Anlage von Vermögen.

Damit sind sie eine Anlage-Alternative der Geldvermögensbildung und stehen in Konkurrenz mit Alternativmöglichkeiten, je nach Zeit-, Zins-, Risiko- und Objektpräferenz des Anlegers:

21 Szagunn, V./Wohlschieß, K.: a.a.O., S. 383
22 ebenda
23 Szagunn, V./Wohlschieß, K.: a.a.O., S. 383

- Termineinlagen
- Wertpapiere
- Spareinlagen-Surrogate
- Bausparen
- Versicherungssparen.

Die funktionale Bedeutung für die Bank ist ambivalent: sie sind Produktionsfaktor für das Geschäft der Aktivseite, dies bedeutet eine Transformation der Einlage in das Zinsgeschäft. Sie sind aber zugleich auch Produktionsfaktor für das Dienstleistungsgeschäft. Dies bedeutet die Lagerhaltungsfunktion für das Effektengeschäft[24].

Den Kosten des Produktionsfaktors „Spareinlage", die sich aus wert- und betriebsbedingten sowie den systembedingten Mindestreserve-Kosten zusammensetzen, stehen also zwei Erlösseiten gegenüber: Zinserlöse und Dienstleistungserlöse.

Bei der Tranformation in das Kredit- und Anlagegeschäft der Bank sind die Sparkassen allerdings nicht völlig frei. Als systemkonformen Preis für die *Mündelsicherheit* müssen sie aufgrund der *Mustersatzungen* eine Einbuße an Handlungsfreiheit hinnehmen: So ist z. B. in den § 13, 14 der Hessischen Mustersatzung 1973 festgelegt, daß die Mittel der Sparkasse und damit auch die Spareinlagen nur zu ganz bestimmten, im allgemeinen mit einem geringen Risiko behafteten Aktivgeschäften verwendet werden dürfen. Zu diesen zählen in erster Linie die Gewährung von Hypotheken auf Grundstücke, die im Gebiet des Gewährsträgers gelegen sind, der Kommunalkredit und der Erwerb von mündelsicheren Wertpapieren. Über das Personalkreditgeschäft und insbesondere im Hinblick auf ungedeckte Kredite enthält die Mustersatzung einschränkende Bestimmungen, um zu verhindern, daß Forderungsverluste aus Großkrediten die Sicherheit der Spareinlagen gefährden. Grundsätzlich wird in der Mustersatzung vorgeschrieben, daß Kredite zu Spekulationszwecken mit den Aufgaben der Sparkasse unvereinbar und deshalb unzulässig sind. Es ist den Sparkassen auch grundsätzlich nicht gestattet, Aktien für eigene Rechnung anzukaufen.

Diese Anlagevorschriften gelten für einen wesentlichen Teil der Einlagen von Nichtbanken im Kreditgewerbe.
Ende 1985 bestanden[25]:

Sichteinlagen	DM 238,1 Mrd =	15 %
Termineinlagen	DM 549,4 Mrd =	35 %
Spareinlagen	DM 631,1 Mrd =	40 %
Sparbriefe	DM 168,1 Mrd =	10 %
	DM 1 586,7 Mrd =	100 %

Von diesen 40 % der Spareinlagen halten die Sparkassen allein 51,1 %, d. h., unter die Anlagevorschriften fallen DM 322 Mrd Einlagen oder 20,3 % der gesamten Nichtbankeneinlagen im Kreditgewerbe, vgl. Tabelle 3 und Abbildung 9.

24 Vgl. Jacob, A.-F.: „Zu Funktionswandel . . .", a.a.O., S. 6
25 Monatsberichte der Deutschen Bundesbank, Statischer Teil, III/6

Tabelle 3: Entwicklung der Marktanteile bei Spareinlagen

	1950	1960	1970	1980	1985
Sparkassen	67,0	63,5	59,4	52,0	51,1
Kreditgenossenschaften	15,9	14,0	18,1	25,2	28,2
Großbanken	6,1	9,1	9,8	9,2	8,2
Regionalbanken u. sonstige Kreditbanken	4,8	5,7	6,4	5,8	5,0
Postgiro u. Postsparkassenämter	3,5	6,2	4,7	5,8	5,5
Sonstige	0,8	1,0	2,1	1,9	2,0

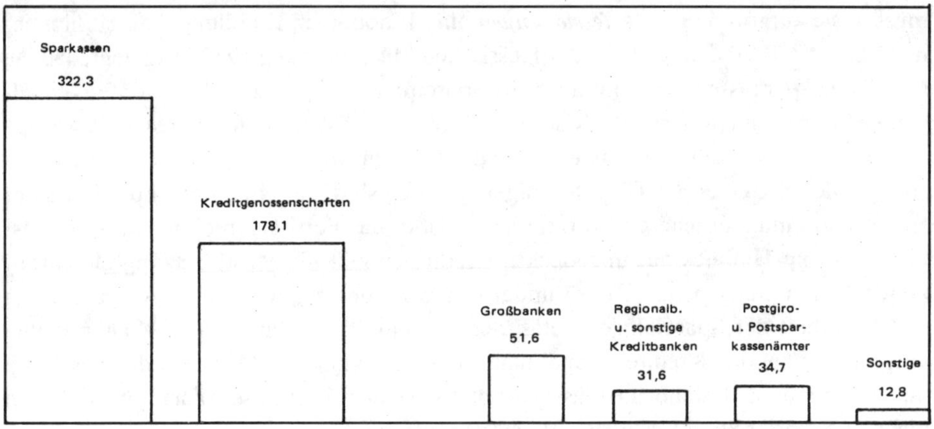

Abbildung 9: Marktstruktur nach Bankengruppen (Mrd DM) Stand: Dezember 1985

Die Qualität der Spareinlage liegt in der relativ geringen Umschlagshäufigkeit des Bestandes und damit der durchschnittlichen Verweildauer, einem spezifischen Bodensatz also. Die Verweildauer hat sich zwar in den Jahren 1950 bis 1985 mehr als halbiert auf etwa zehn Monate, ist aber dennoch bemerkenswert hoch. Der Deutsche Sparkassen- und Giroverband nennt im Jahresbericht 1984 die Umsatzzahlen im Sparverkehr bei den Sparkassen für 1984 mit DM 179,2 Mrd Gutschriften und DM 177,5 Mrd Lastschriften. Bei einem Durchschnittsbestand von DM 297,6 Mrd entspricht dies einem Bestandsumschlag vom 1,2-fachen, der Zugangssaldo aus Umsatz von DM 1,7 Mrd entspricht einem Floatnutzen von 0,48 % des Umsatzes, oder 15 % der in 1984 gezahlten Zinsen.

Aus diesen Zahlen und Relationen erhellt der Funktionswandel für Kunde und Bank der Spareinlage als Anlageform. Mitte der 60er Jahre wurde mehr als 50 % des Einlagenzuwachses aus Nettosparleistung gestellt – bei Zuwachsrelationen von über 10 % p.a. – und damit weniger als 50 % aus der Zinskapitalisierung. 1984 betrug die Nettosparleistung – vor Zinskapitalisierung – 13 % und 87 % flossen aus der Zinskapitalisierung als der nunmehr wichtigsten Zuwachskomponente. Das bedeutet: Das Spareinlagenvolumen wächst im wesentlichen aus dem Transformationsprozeß, nicht aus dem Anlageverhalten.

4. Kosten- und Erlösstrukturen

a) Wertbezogene Kosten

Die wertbezogenen Kosten ergeben sich aus den nach Spareinlagenkategorien unterschiedlich gestalteten Zinssätzen p. a. und der Mindestreserve von 3,75 % (ab 1. Mai 1986) auf Spareinlagen bei einer Laufzeit unter 4 Jahren (95 % der Spareinlagen Ende 1985).

Tabelle 4 zeigt diese Sätze für 1985/86 nach der Zinserhebung der Deutschen Bundesbank[26].

Tabelle 4: Zinssätze (Durchschnitt und Streubreite) von Spareinlagen

	Spareinlagen					
	mit gesetzlicher Kündigungsfrist		mit vereinbarter Kündigungsfrist: von 12 Monaten		von 4 Jahren und darüber	
Erhebungszeitraum	durchschnittlicher Zinssatz	Streubreite	durchschnittlicher Zinssatz	Streubreite	durchschnittlicher Zinssatz	Streubreite
1985 März	3,00	3,00 – 3,25	4,49	4,00 – 5,00	5,80	5,00 – 6,50
April	3,00	3,00 – 3,25	4,49	4,00 – 5,00	5,80	5,00 – 6,50
Mai	3,01	3,00 – 3,50	4,48	4,00 – 5,00	5,79	5,00 – 6,25
Juni	3,01	3,00 – 3,50	4,48	4,00 – 5,00	5,77	5,00 – 6,25
Juli	3,01	3,00 – 3,50	4,47	4,00 – 5,00	5,74	5,00 – 6,25
Aug.	3,00	2,50 – 3,50	4,40	4,00 – 5,00	5,67	5,00 – 6,00
Sept.	2,85	2,50 – 3,25	4,18	3,50 – 4,75	5,45	5,00 – 6,00
Okt.	2,62	2,50 – 3,00	4,04	3,50 – 4,50	5,34	4,75 – 6,00
Nov.	2,53	2,50 – 3,00	4,00	3,50 – 4,50	5,31	4,75 – 5,75
Dez.	2,53	2,50 – 3,00	4,00	3,50 – 4,50	5,31	4,75 – 5,75
1986 Jan.	2,52	2,50 – 3,00	4,00	3,50 – 4,50	5,31	4,75 – 5,75
Febr.	2,52	2,50 – 3,00	3,99	3,50 – 4,50	5,30	4,75 – 5,75
März	2,51	2,50 – 3,00	3,84	3,50 – 4,50	5,13	4,50 – 5,50

Kalkulatorisch als kostenmindernd sind die Zinsaufwendungen aus Bonifikation einzusetzen, die kalkulatorisch Kostenbestandteil der Termineinlagen sind.

b) Wertbezogene Erlöse

Bei Spareinlagen, die originär als Produktionsfaktor für das Dienstleistungsgeschäft eingesetzt sind, können kalkulatorisch die Erlöse aus der Anlage des Bodensatzes im Aktivgeschäft (derivatives Zinsgeschäft) den Spareinlagen zugerechnet werden.

26 Monatsberichte der Deutschen Bundesbank, Statischer Teil, V/7

Diese Zurechnung setzt sachgemäß die interne statistische Trennung der Spareinlagen-Bestände = zinsgeschäftsrelevante/dienstgeschäftsrelevante Spareinlagen voraus.

Nach dem gegebenen Stand der Datenverarbeitung steht einer derartigen Trennung technisch nichts entgegen.

c) *Betriebsbezogene Kosten*

Aus vier Bereichen fließen die betriebsbezogenen Kosten der Spareinlagen:

- Kundenbetreuung/Beratung
- Verkaufsförderung/Werbung
- Schaltertechnik
- Sparkontenbuchhaltung.

Hinzu kommen spezifische Kosten spezifischer Einlagenkategorien: Spareinlagen nach dem Sparprämiengesetz mit hohen Kosten der Sparprämienbearbeitung, Spareinlagen nach dem Vermögensbildungsgesetz.

Die Kosten der Kundenbetreuung/Beratung sowie die Kosten der Verkaufsförderung/Werbung können – konkurrenzumfeld-mitbestimmt – im wesentlichen institutsindividuell, autonom festgelegt, gesteuert werden.

Die Kosten der Schaltertechnik und der Sparkontenbuchhaltung sind zum Teil autonom steuerbar durch den Einsatz der Technik, zum andern Teil vom Verhalten der Kunden, d. h. der Anzahl und der Struktur der Geschäftsvorfälle abhängig.

Bis zur Einführung der Automation – maschinelle Bearbeitung einschließlich Sparbuchaktualisierung – Ende der 70er Jahre betrugen die Arbeitskosten pro Jahr, auf den Bestand gerechnet, knapp unter 1 %. Durch die Automation ist eine Senkung um etwa 20 % dieser Kosten auf etwa 0,80 % p. a. auf den Bestand gerechnet, eingetreten.

Hinzu kommen die Kosten der Bestandspflege = Kosten der Sparkontenverwaltung, die bei etwa 0,5 % auf den Bestand gerechnet liegen.

Für ein „normales“ Sparkonto mit gesetzlicher Kündigung ergeben sich danach etwa folgende Relationen:

wertbezogene Kosten	
= Nominalzins	2,50 %
Mindestreserve	0,10 %
insgesamt	2,60 %
Arbeitskosten	0,80 %
Bestandskosten	0,50 %
Einstandskosten	3,90 %.

Hinzu kommen die Kosten aus Kundenberatung und Werbung, d. h., der Belastungsfaktor auf den Nominalzins beträgt etwa 1,6.

C. Kundeneinlagen-Surrogate

„Neuartige" *Kundeneinlagen-Surrogate* sind in stärkerem Umfang entweder als Produktinnovation entwickelt worden – dies gilt für die *Spareinlagen-Surrogate* – oder als Ausnutzung von Möglichkeiten auf internationalen Finanzmärkten, etwa des Euro-Marktes. Dies gilt für *Termineinlagen-Surrogate.*

Das dagegen altehrwürdige Instrument der Sichteinlagen-Surrogate: die Nichtbanken-Tagesgelder, bedarf keiner gesonderten Ausführungen.

I. Die Termineinlagen-Surrogate

Hierzu zählen
- *Einlagen-Zertifikate*
- *Floating-Rate-Notes.*

Beides sind Instrumente des institutionalisierten Geld- und Kapitalmarktes.

1. Einlagen-Zertifikate

Certificates of Deposit – CDs – sind ein auf den internationalen Geldmärkten seit langem bekanntes Instrument zur Refinanzierung der Banken. Auf den Finanzplätzen London und New York gibt es einen von Wertpapierhäusern organisierten Markt für diese CDs.

Seit 1. Mai 1986 gibt es auch am inländischen Finanzmarkt die Möglichkeit, DM-Schuldverschreibungen, die den Charakter von CDs haben, von inländischen Schuldnern zu begeben (Erklärung der Deutschen Bundesbank zur Begebung von DM-Auslandsanleihen).

Diese von Banken begebenen Einlagen-Zertifikate werden meist mit festem Zins für 90 Tage begeben, d. h., das Zinsrisiko für den Erwerber ist in relativ engen Grenzen gehalten.

Eine Erweiterung dieser Palette sind die Floating-Rate-CDs, die eine Laufzeit zwischen drei und fünf Jahren haben, bei denen aber der Zins drei- oder sechs-monatlich unter Bezugnahme auf den Londoner-Interbanken-Satz („LIBOR") zusätzlich eines Spreads von 1/8 bis 1/4 %-Punkt, festgelegt wird. Das Emissionsvolumen liegt normalerweise je Zertifikat bei US-$ 30 bis 50 Mio.
Der Vorteil gegenüber einer Termineinlage liegt für den Kunden in der Fungibilität seiner Einlage, er hat den Vorteil, sich jederzeit durch Verkauf des Zertifikats Geld zu beschaffen. Dafür ist er bereit, vergleichbar einen Zinsabschlag hinzunehmen.

Die Bank hat den Vorteil, Mindestreservekosten zu sparen und sich im Passivmanagement eine optimale Laufzeiten- und Zinsstruktur im Refinanzierungsfonds zu schaffen.

2. Floating-Rate-Notes

Ursprünglich sind diese Wertpapiere ein Instrument des Euro-Bonds-Marktes gewesen.

Es handelt sich um börsennotierte Wertpapiere, bei denen der Zinssatz variabel, viertel- oder halbjährlich in der Laufzeit festgelegt wird, traditionell aus Libor + Spread (allerdings ist der Spread äußerst gering: 1/16 %-Punkt, entfällt sogar häufig, so daß sich die Rendite über den Marktkurs ergibt). Daher wird zumeist eine Mindestverzinsung garantiert.

Währungen sind US-$, £ , ECU, sfrs, seit Mai 1985 auch DM.

Auf dem Inlandsmarkt haben danach die Landesbanken und die DG-Bank DM-FRN-Emissionen plaziert mit Refinanzierungssatz FIBOR (Frankfurter Interbankensatz).

Eine Variante der FRNs sind FRNs with Warrants: die Optionsscheine geben ein Recht auf Bezug von festverzinslichen Anleihen (Debt Warrants) zu einem bei Emission der FRNs festgelegten Coupon, der unter den jeweiligen Marktsätzen liegt.
FRNs mit Optionsscheinen auf Aktien (Equity Warrants) wurden am Euro-Markt von der Dresdner Bank AG aufgelegt.

Die FRNs am Euro-Bonds-Markt werden in der Regel von Tochtergesellschaften der Banken emittiert. Der Gegenwert der Emission wird als Kundentermingeld bei der Mutter angelegt, da die Finanztöchter als „Nicht-Bank" gelten.

So berichtet die Dresdner Bank AG in ihrem Geschäftsbericht 1985 über diese Termineinlagen-Surrogate und deren Beschaffung:

(1) Unter Passivmanagement/Geld und Devisengeschäft (S. 59)

„Unsere holländische Tochtergesellschaft hat auch 1985 ihre Emissionstätigkeit fortgesetzt und vier Anleihen im Gegenwert von rund 1,1 Mrd DM begeben. Die hieraus resultierenden zinsgünstigen Mittel sind in der Refinanzierung unseres internationalen Kreditgeschäfts eingesetzt. Nach der Zulassung neuer Instrumente am deutschen Kapitalmarkt eröffnete die Dresdner Bank Finance B. V. am 1. Mai 1985 den neuen Emissionskalender mit einer 500 Mio DM Floating Rate Notes-Emission. Im weiteren Verlauf des Jahres hat sie drei Festsatz-Anleihen über 70 Mio ECU, 90 Mio australische Dollar und 100 Mio US-$ begeben. Die Erlöse aus den letztgenannten Anleihen, bei der Dresdner Bank AG angelegt, haben wir durch Zins- und Währungsswap in US-Dollar mit kürzeren Zinsbindungs-Perioden umgewandelt."

(2) Unter „Kundengelder" (S. 85)

„Im einzelnen erhöhten sich die täglich fälligen Gelder um 1,0 Mrd DM auf 15,3 Mrd DM und die Termineinlagen von 3,4 Mrd DM auf 29,6 Mrd DM, letztere auch aufgrund der Anlage des Gegenwertes von Emissionen unserer Tochtergesellschaft Dresdner Finance B. V., Amsterdam."

Auch in diesem Instrument kommen die einheitlich struktuierten Zinsbindungspräferenzen von Bank und Kunden sich entgegen, zum andern schlagen sich die Mittel als langfristige Kundentermineinlagen mit Mindestreserve-Fortfall und Anrechnungsmodalitäten im Grundsatz II nieder.

Die Funktion der Spareinlagen im Grundsatz II wird also zu einem bemerkenswerten Teil neuerdings von spezifischen Termineinlagen übernommen, deren Transformation aus börsennotierten Anleihen strukturell in der Bilanz nicht mehr erkennbar und sichtbar wird.

II. Die Spareinlagen-Surrogate

Als Spareinlagen-Surrogate können die Sparbriefe, Sparkassenbriefe, Zinsbriefe, Volksbank-Sparbriefe, Raiffeisen-Sparbriefe und ähnliche aufgefaßt werden.

Sie treten in zwei Formen auf:
- *als Inhaberschuldverschreibung*
- *als Namensschuldverschreibung.*

Sparbriefe wurden erstmals 1964 von den Kreditgenossenschaften emittiert und erst im Zuge der Defensiv-Strategie gegen die Bundesschatzbriefe in stärkerem Maße im Kreditgewerbe eingesetzt.

1969 wandte sich die Bundesschuldenverwaltung an den breiten Markt und emittierte DM 280 Mio Bundesschatzbriefe mit publikumsfreundlicher Stückelung (DM 10.000) und Direktverbuchung als Wertrecht bei der Bundesschuldenverwaltung – damit nicht mehr in der Depotstatistik des Kreditgewerbes enthalten. Ende 1985 betrug das umlaufende Volumen knapp DM 26 Mrd.

1970 betrug das Volumen der vom Kreditgewerbe emittierten Sparbriefe noch DM 5,2 Mrd, Ende 1985 waren es DM 168 Mrd.

Auch hier hat der Sparkassensektor den beherrschenden Marktanteil.

Als Beispiel für einen Sparbrief die Namensschuldverschreibung der Dresdner Bank AG. (siehe Seite 248)

In den Konditionen können die Institute den Vorteil aus den geringeren betriebsbezogenen Kosten zum Teil an den Käufer weitergeben, wie aus dem Konditionenvergleich unschwer abzulesen ist (s. Tabelle 5).

Während bei den Sparbriefen als Namensschuldverschreibung der Einlagencharakter erhalten bleibt, nur der Ausweis nicht als Spareinlage – aufgrund mangelnder Definitionseinhaltung § 21 KWG –, sondern als Termineinlage erfolgt, verliert durch das Institut der Inhaberschuldverschreibung der Sparbrief den Einlagencharakter und schlägt sich in einer artfremden Position der Bilanz „Schuldverschreibungen im Umlauf" nieder.

6% Sparobligation **(U)4** Emission 455 **10 000,- DM**

MUSTER

Dresdner Bank
Aktiengesellschaft

Emission 455 Nr.
DM 10 000,-

Sparobligation (U)

mit vierjähriger Laufzeit

über 10 000 Deutsche Mark

Schuldverschreibung auf den Inhaber
Zinssatz 6%
Rückzahlungsbetrag DM 12 626,87

Wir verpflichten uns,
dem Inhaber dieser Sparobligation den Betrag von zehntausend Deutsche Mark zuzüglich Zinsen gemäß den umstehenden Bedingungen zu zahlen.

Ausgegeben im:

Dresdner Bank
Aktiengesellschaft

Dresdner Bank

GIESECKE & DEVRIENT MÜNCHEN

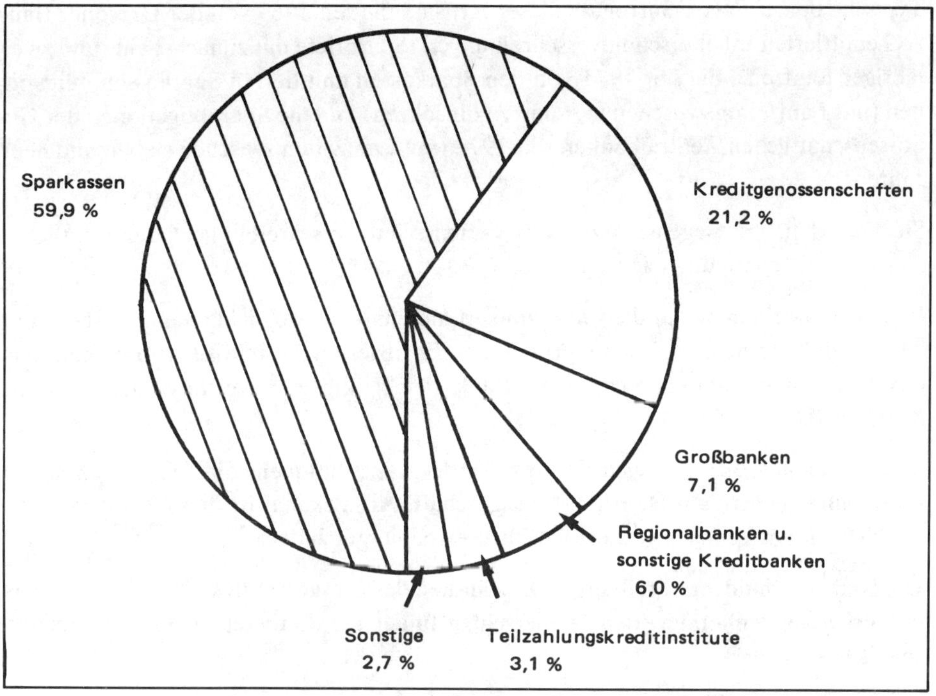

Abbildung 10: Marktanteile bei Sparbriefen (Stand: Ende 1985)

Tabelle 5: Zinssätze (Durchschnitt und Streubreite) von Spareinlagen und Sparbriefen
Quelle: Monatsberichte der Deutschen Bundesbank, Statistischer Teil V/7

Erhebungszeitraum	Spareinlagen mit vereinbarter Kündigungsfrist von 4 Jahren und darüber		Sparbriefe mit laufender Zinszahlung: vierjährige Laufzeit		Sparbriefe mit laufender Zinszahlung: fünfjährige Laufzeit	
	durchschnittlicher Zinssatz	Streubreite	durchschnittlicher Zinssatz	Streubreite	durchschnittlicher Zinssatz	Streubreite
1985 März	5,80	5,00 – 6,50	6,88	6,50 – 7,25	7,06	6,50 – 7,50
April	5,80	5,00 – 6,50	6,78	6,50 – 7,00	6,92	6,50 – 7,25
Mai	5,79	5,00 – 6,25	6,58	6,25 – 7,00	6,72	6,50 – 7,00
Juni	5,77	5,00 – 6,25	6,41	6,25 – 6,75	6,56	6,25 – 7,00
Juli	5,74	5,00 – 6,25	6,23	6,00 – 6,75	6,41	6,20 – 6,75
Aug.	5,67	5,00 – 6,00	5,97	5,50 – 6,50	6,13	5,75 – 6,50
Sept.	5,45	5,00 – 6,00	5,76	5,50 – 6,25	5,96	5,75 – 6,25
Okt.	5,34	4,75 – 6,00	5,79	5,50 – 6,25	6,00	5,75 – 6,25
Nov.	5,31	4,75 – 5,75	6,01	5,50 – 6,25	6,17	5,75 – 6,50
Dez.	5,31	4,75 – 5,75	6,02	5,50 – 6,25	6,19	5,75 – 6,50
1986 Jan.	5,31	4,75 – 5,75	5,92	5,50 – 6,25	6,12	5,75 – 6,50
Febr.	5,30	4,75 – 5,75	5,81	5,50 – 6,00	6,01	5,75 – 6,25
März	5,13	4,50 – 5,50	5,48	5,00 – 6,00	5,68	5,25 – 6,25

Typische Spareinlagen-Surrogate dieser Art sind die seit 1969 von der Dresdner Bank AG emittierten Inhaberschuldverschreibungen (Sparbriefe mit zunächst ein- und zweijähriger Laufzeit), die seit 1971 von den Sparkassen emittierten Sparkassenobligationen (mit Laufzeiten zwischen vier und zwölf Jahren) und die Sparobligationen der Genossenschaftlichen Zentralbanken seit 1972 (mit Laufzeiten zwischen sieben und neun Jahren).

Sie bedürfen, im Gegensatz zu den Namensschuldverschreibungen, der staatlichen Emissionsgenehmigung nach § 808 a BGB.

In den Auswirkungen auf die Liquiditätsnormen und die Möglichkeiten der Steuerung von Zinsinkongruenzen und kongruenter Refinanzierung besteht funktional kein Unterschied. Funktional kann es für die Bank gleichgültig sein, welche Anlageform der Kunde wählt.

Die Aufhebung dieser Gleich-Gültigkeit erfolgt institutionell: die Inhaberschuldverschreibung gehört zum Dienstleistungsgeschäft, Absatzkanal ist der Wertpapierberater, der Aktivitätennachweis erfolgt im Wertpapiergeschäft.

Die Namensschuldverschreibung ist Bestandteil des Zinsgeschäftes. Ihr Absatzkanal ist der Privatkundenberater, den Niederschlag findet die Aktivität im Privatkundengeschäft.

Der innerbetriebliche Konflikt ist dann gegeben, wenn die Surrogatform zu Lasten vorhandener Spareinlagen geht und das Surrogat „Inhaberschuldverschreibung" gewählt wird: das Wertpapiergeschäft profitiert, die Spareinlagen bilanzieller Natur nehmen ab, das Spareinlagenvolumen insgesamt bleibt allerdings konstant.

Unabhängig von der bilanziell vorgeschriebenen Position wird die Inhaberschuldverschreibung, genauso als Quasi-Spareinlage, also als Spareinlagen-Surrogat verstanden und nicht als Wertpapier, wie auch die Namensschuldverschreibung, die in wirtschaftlicher Betrachtungsweise keine Termineinlage (oder Termineinlagen-Surrogat), sondern ein Spareinlagen-Surrogat ist.

Mehr als ein Hinweis auf das Gesamtsparvolumen im Einlagenbereich ist daher die kommentierende Umgruppierung im Geschäftsbericht, beispielsweise der Dresdner Bank AG für 1985 (S. 85):

Kundengelder
    täglich fällig . . . .
    befristet (ohne Sparbriefe) . . . .
→ Sparvolumen . . . .
      Spareinlagen . . . .
      Sparobligationen und Sparbriefe,
      auszuweisen unter
        → befristeten Kundeneinlagen . . . .
        → Schuldverschreibungen . . . .
Summe

Bankeneinlagen
täglich fällig . . . .
befristet . . . .
von der Kundschaft bei Dritten
benutzte Kredite . . . .

Summe

Schuldverschreibungen (ohne Sparobligationen), ...

Eigene Akzepte und Solawechsel im Umlauf, ...

Sonstige Verbindlichkeiten . . . .

Fremde Gelder insgesamt . . . .

D. Bankeneinlagen

Einlagen von Banken – ohne Einlagen für von Kunden bei Dritten (KfW) benutzte Kredite – sind autonome Einlagen, sie unterliegen in Höhe und Struktur dem Ermessen der Bank, wobei die maximale Höhe sich nach Standing und Standingstruktur bankindividuell und bankgruppen-individuell bemißt.

In der Fristigkeit werden sie nach Sichtgeldern (täglich fällig bis 29 Tage), Termingeldern (ein bis unter drei Monate, drei Monate bis unter vier Jahre, langfristige über vier Jahre) unterteilt.

Als Geldmarkt-Einlage gelten Tagesgeld, Monatsgeld und Dreimonatsgeld.

Die darüber hinausgehenden Einlagen im Bindungstermin werden dem Kapitalmarkt zugeordnet.

I. Funktionale Bedeutung

Abgesehen von Teilzahlungsbanken und genossenschaftlichen Zentralbanken, wo die Bankeneinlagen institutionell als Einlagenart dominieren, sind sie bei den übrigen Institutsgruppen Grenzeinlagen, die unter zwei Hauptursachen entstehen:

(1) Kein am Geldmarkt operierendes Institut kann es sich ohne erheblichen Standingverlust leisten, nur als Geldgeber aufzutreten.
Insoweit entstehen hier die Einlagen marktinstitutionell.

(2) Regelmäßig werden Bankeneinlagen als Ersatz für mangelndes Kundeneinlagenvolumen aufgenommen, um kurzfristig Spitzen für die Mindestreservehaltung oder der Einhaltung der Liquiditätsnorm nach Grundsatz II und III zu decken.
Insoweit haben die Einlagen eine Überbrückungsfunktion.

Sofern die Einlagen zur Heilung von Mindestreserveverpflichtungen und zum Ausgleich im Grundsatz II hereingenommen werden, ist ihre Höhe mit dem Verwendungszweck identisch. Dies ist nicht der Fall, wenn sie zur Heilung der sonst überschrittenen Liquiditätsnorm im Grundsatz III dienen:
hier werden sie dem Verwendungszweck nur mit 10 % (mit Fristigkeit unter drei Monaten) bzw. 50 % (mit Fristigkeit drei Monate bis unter vier Jahre) zugerechnet, so daß die darüber hinausgehenden Teile grundsatzneutral angelegt werden müssen: verzinslich in U-Schätzen und festverzinslichen Wertpapieren in konformer Laufzeit.

II. Kosten- und Erlösstruktur

1. Wertbezogene Kosten

Die wertbezogenen Kosten sind die Nominalzinssätze, die valutarisch in der Regel nicht abweichen: Nominal- und Realzins sind identisch.

Die Bundesbank veröffentlicht in ihren Monatsberichten die Geldmarktsätze am Frankfurter Bankenplatz – Statistischer Teil V/6 –.

Tabelle 6: Geldmarktsätze am Frankfurter Bankenplatz
a) in hektischer Zeit

% p.a.	Tagesgeld		Monatsgeld		Dreimonatsgeld	
Zeit	Monatsdurchschnitte	Niedrigst- und Höchstsätze	Monatsdurchschnitte	Niedrigst- und Höchstsätze	Monatsdurchschnitte	Niedrigst- und Höchstsätze
1979 März	4,32	4,0 – 5,3	4,34	4,0 – 5,2	4,47	4,2 – 5,4
April	5,24	5,0 – 5,5	5,41	5,1 – 5,5	5,54	5,3 – 5,7
Mai	5,16	5,0 – 5,5	5,59	5,4 – 5,8	5,92	5,7 – 6,2
Juni	5,60	5,5 – 5,8	5,79	5,5 – 6,1	6,46	6,2 – 6,6
Juli	5,73	4,8 – 6,3	6,20	5,9 – 6,4	6,84	6,6 – 7,0
Aug.	6,36	3,0 – 9,0	6,73	6,4 – 7,3	7,09	6,9 – 7,5
Sept.	6,50	4,5 – 7,5	7,63	7,1 – 7,9	7,89	7,3 – 8,1
Okt.	7,87	0,5 – 8,8	8,28	7,6 – 8,8	8,76	8,0 – 9,6
Nov.	7,86	6,8 – 8,7	8,42	8,1 – 8,8	9,65	9,4 – 9,8
Dez.	9,02	7,0 – 15,0	9,79	9,6 – 9,9	9,58	9,4 – 9,8
1980 Jan.	8,25	6,00 – 9,20	8,73	8,40 – 8,85	8,86	8,60 – 9,00
Febr.	8,06	7,00 – 8,70	8,55	8,35 – 8,80	8,97	8,80 – 9,50
März	8,61	8,45 – 8,90	9,14	8,70 – 9,30	9,64	9,20 – 9,90
April	9,05	8,50 – 9,60	9,40	9,10 – 9,60	10,22	9,90 – 10,60
Mai	9,80	8,50 – 10,70	10,08	9,80 – 10,35	10,26	10,10 – 10,50
Juni	10,04	9,70 – 10,50	10,02	9,80 – 10,20	10,11	9,90 – 10,35
Juli	9,80	9,50 – 10,60	9,79	9,30 – 10,30	9,70	9,20 – 10,05
Aug.	8,92	7,50 – 9,60	9,16	8,70 – 9,60	8,98	8,60 – 9,40
Sept.	9,27	8,85 – 9,50	9,09	8,55 – 9,30	8,97	8,65 – 9,20
Okt.	9,01	8,85 – 9,15	9,07	8,85 – 9,30	9,08	8,85 – 9,30
Nov.	8,76	6,00 – 9,20	9,13	8,95 – 9,30	9,45	9,20 – 9,75
Dez.	9,16	7,00 – 10,00	10,37	9,80 – 10,80	10,20	9,70 – 10,50
1981 Jan.	9,09	9,00 – 9,20	9,39	9,10 – 9,60	9,47	9,40 – 9,65
Febr.	10,38	9,00 – 20,00	10,01	8,90 – 15,00	10,67	9,50 – 15,00
März	11,97	10,00 – 30,00	13,25	12,50 – 15,00	13,60	13,00 – 15,25
April	11,31	7,75 – 12,25	12,58	12,20 – 13,20	13,19	12,90 – 13,60
Mai	11,83	11,50 – 12,10	12,94	12,70 – 13,60	13,20	12,90 – 13,70
Juni	11,93	11,60 – 12,00	12,74	12,50 – 13,00	13,09	12,80 – 13,30
Juli	11,98	11,85 – 12,00	12,74	12,60 – 12,85	12,96	12,85 – 13,10
Aug.	11,97	11,70 – 12,00	12,71	12,60 – 12,80	12,90	12,80 – 13,00
Sept.	12,00	11,90 – 12,10	12,31	11,80 – 12,75	12,50	12,15 – 12,95
Okt.	11,30	11,00 – 12,00	11,67	11,30 – 12,40	11,78	11,40 – 12,50
Nov.	10,81	9,50 – 11,15	10,94	10,60 – 11,30	11,08	10,65 – 11,70
Dez.	10,58	7,00 – 13,00	11,24	10,70 – 12,00	10,82	10,55 – 11,20

Tabelle 7: Geldmarktsätze am Frankfurter Bankenplatz
b) in normaler Zeit

% p.a.						
	Geldmarktsätze am Frankfurter Bankplatz					
	Tagesgeld		Monatsgeld		Dreimonatsgeld	
Zeit	Monats-durch-schnitte	Niedrigst- und Höchstsätze	Monats-durch-schnitte	Niedrigst- und Höchstsätze	Monats-durch-schnitte	Niedrigst- und Höchstsätze
1984 April	5,49	3,50 – 5,60	5,64	5,60 – 5,70	5,84	5,75 – 5,90
Mai	5,54	5,50 – 5,60	5,84	5,70 – 6,00	6,10	5,80 – 6,30
Juni	5,52	5,40 – 5,60	5,71	5,65 – 5,80	6,13	6,05 – 6,25
Juli	5,56	5,50 – 5,60	5,85	5,80 – 5,90	6,13	6,05 – 6,20
Aug.	5,52	5,30 – 5,60	5,80	5,65 – 5,90	6,02	5,85 – 6,15
Sept.	5,55	5,50 – 5,65	5,69	5,60 – 5,75	5,82	5,75 – 5,90
Okt.	5,61	5,50 – 5,75	5,87	5,70 – 6,00	6,07	6,00 – 6,15
Nov.	5,51	5,35 – 5,60	5,61	5,45 – 5,80	5,96	5,80 – 6,10
Dez.	5,62	5,40 – 9,00	5,91	5,85 – 6,00	5,83	5,75 – 5,90
1985 Jan.	5,52	5,30 – 5,70	5,82	5,70 – 6,00	5,87	5,70 – 6,05
Febr.	5,78	5,40 – 6,10	5,64	5,50 – 5,80	6,16	6,00 – 6,25
März	5,85	5,40 – 6,15	6,21	6,05 – 6,50	6,39	6,20 – 6,60
April	5,70	5,25 – 6,00	5,80	5,60 – 5,90	6,02	5,85 – 6,20
Mai	5,67	5,30 – 6,05	5,77	5,70 – 5,90	5,84	5,75 – 6,00
Juni	5,52	4,85 – 5,75	5,56	5,45 – 5,70	5,68	5,60 – 5,80
Juli	5,13	4,45 – 6,00	5,31	5,00 – 5,65	5,34	5,05 – 5,70
Aug.	4,77	4,40 – 5,50	4,80	4,60 – 5,10	4,79	4,60 – 5,10
Sept.	4,59	4,30 – 5,50	4,66	4,55 – 4,75	4,69	4,60 – 4,75
Okt.	4,54	3,90 – 4,85	4,76	4,65 – 4,90	4,81	4,65 – 5,05
Nov.	4,61	4,45 – 5,60	4,63	4,55 – 4,75	4,84	4,75 – 5,00
Dez.	4,64	3,00 – 6,00	4,87	4,80 – 5,00	4,83	4,75 – 4,95
1986 Jan.	4,58	4,20 – 5,20	4,72	4,60 – 4,90	4,67	4,60 – 4,80
Febr.	4,59	4,25 – 6,00	4,28	4,20 – 4,40	4,49	4,40 – 4,60
März	4,90	4,00 – 5,60	4,66	4,45 – 4,95	4,54	4,40 – 4,75

2. Wertbezogene Erlöse

Kalkulatorisch können den Kosten als kostenmindernde Faktoren diejenigen Erlöse zugerechnet werden, die bei Hereinnahme für die Heilung des Grundsatzes III über den originären Verwendungszweck hinausgehen und grundsatzneutral angelegt worden sind.
Dies wird regelmäßig in einer spartenbezogenen Ergebniskalkulation geschehen.

3. Betriebsbezogene Kosten

Zu den betriebsbezogenen Kosten zählen Kosten des Geldhandels und der Liquiditätsdisposition sowie des Passivmanagements. Hinzu kommen die Kosten der technischen Abwicklung, also Zahlungsverkehrskosten und Kosten der Buchung und Kontoführung.

In Relation zum Volumen der Bankeneinlagen sind diese Kosten ohne besonderes Gewicht.

E. Originäre Einlagen in verbriefter Form: Pfandbriefe

I. Geschichtliche Entwicklung

Wegen der besonderen Bedeutung des Pfandbriefes für den Kapitalmarkt soll kurz die Entwicklung dargestellt werden.

Die Geschichte des *Pfandbriefgeschäfts* ist auf das engste mit der Entstehung und Entwicklung der Realkreditinstitute sowie der übrigen das Pfandbriefgeschäft betreibenden Banken verbunden.

Um die Ende des 18. Jahrhunderts bestehende Kapitalnot der Landwirtschaft zu beheben, wurde mit Hilfe eigens zu diesem Zweck gegründeter Spezialinstitute (Landschaften u. ä.) eine neue Finanzierungsform entwickelt. Diese bestand darin, daß die genannten Banken Pfandbriefe emittierten und auf diese Weise zunächst den kreditsuchenden Gutsbesitzern ermöglichten, sich durch den Verkauf der Pfandbriefe Fremdkapital zu beschaffen[27].

Charakteristisch für das Pfandbriefgeschäft ist, daß es nahezu ein Jahrhundert ausschließlich von öffentlich-rechtlichen Bodenkreditinstituten betrieben wurde und fast ebenso lange der Kreis der Darlehensnehmer auf die Besitzer von Rittergütern beschränkt blieb. Erst ab 1849 wurde das Pfandbriefgeschäft zur Kapitalquelle für den gesamten landwirtschaftlichen Sektor, denn in diesem Jahr wurde den in Preußen ansässigen Bodenkreditinstituten gestattet, Darlehen auch an Besitzer bäuerlicher Grundstücke zu gewähren[28].

Seine heutige Bedeutung erlangte das Pfandbriefgeschäft erst mit der Gründung privater Hypothekenbanken[29] und der Errichtung öffentlich-rechtlicher Stadtschaften in der zweiten Hälfte des 19. Jahrhunderts, als es dadurch auch auf die Kapitalsammlung für den städtischen Bodenkredit, d. h. auf die Wohnungsfinanzierung, ausgedehnt wurde. Ein weiteres Anwachsen erfuhr das Pfandbriefgeschäft nach dem Ersten Weltkrieg durch die Errichtung von Schiffspfandbriefbanken. Diese Spezialinstitute emittierten Schiffspfandbriefe und leihen die auf diesem Weg hereingenommenen Gelder gegen Hypotheken auf fertige oder im Bau befindliche Schiffe langfristig aus[30]. Im Gegensatz dazu schlug der Versuch, das Pfandbriefgeschäft auch als Kapitalquelle für den langfristigen Industriekredit einzusetzen, fehl. Die von der nach dem Ersten Weltkrieg als „Industrieschaft" errichteten Sächsischen Landespfandbriefanstalt ausgegebenen Industriepfandbriefe konnten sich nicht durchsetzen.

27 Hinsichtlich der geschichtlichen Entwicklung vgl. Jessen, H., Das landschaftliche Kreditwesen, Wiesbaden 1962, S. 33 ff.

28 Vgl. v. Hippel, Th. G.-Kord-Ruwisch, W.-Schmidt, F., a.a.O., S. 273

29 Im Jahre 1862 wurde z. B. von privaten Bankhäusern als erste mit dem Pfandbriefprivileg ausgestattete Hypothekenbank die Frankfurter Hypothekenbank gegründet.

30 Vgl. Bohnhoff, R., Die deutschen Schiffspfandbriefbanken, Entwicklung und wirtschaftliche Bedeutung. Diss. Hamburg 1961.

Gewisse Schwierigkeiten ergaben sich im Pfandbriefgeschäft vor allem auf dem öffentlich-rechtlichen Sektor durch die im Laufe der Jahre in größerer Zahl errichteten Realkreditinstitute und eine dadurch bedingte Vielzahl von Pfandbriefen. Diesen Problemen traten zunächst die preußischen Landschaften und nach dem Ersten Weltkrieg auch die Stadtschaften dieses Landes durch die Gründung von Zentralinstituten entgegen. Zur Schaffung eines einheitlichen Pfandbriefmarktes und zur Förderung des Pfandbriefabsatzes nahm im Jahre 1873 die „Central-Landschaft für die Preußischen Staaten" ihre Tätigkeit auf; diesem Beispiel folgend, wurde 1922 auch eine „Preußische Zentralstadtschaft" geschaffen. Während die Stadtschaften generell auf die Ausgabe eigener Pfandbriefe verzichteten und ausschließlich Pfandbriefe der Zentralstadtschaft emittierten, wurden von den Landschaften nebeneinander Pfandbriefe des jeweiligen Einzelinstituts und der Central-Landschaft in Umlauf gebracht[31].

Eine Ergänzung fand das Pfandbriefgeschäft bereits im vorigen Jahrhundert durch die Ausgabe von Kommunalobligationen. Als Deckung für diese dienen nicht Hypothekenforderungen, sondern Forderungen aus Darlehen an Körperschaften öffentlichen Rechts oder aus Darlehen, für die eine derartige Körperschaft die Bürgschaft übernommen hat.

Als eine vorübergehend in Erscheinung getretene Sonderform des Pfandbriefgeschäfts kann die während der Inflation nach dem Ersten Weltkrieg erfolgte Ausgabe von Sachwertanleihen angesehen werden. Da in der damaligen Zeit auf „Mark" lautende Pfandbriefe nicht unterzubringen waren, gaben u. a. die Realkreditinstitute auf Roggen, Weizen, Kali u. ä. lautende Schuldverschreibungen aus, bei denen Kauf- bzw. Verkaufswert, Zinsen und Tilgungsbeträge an Hand des betreffenden Warenpreises ermittelt wurden[32]. Ein bekanntes Beispiel für derartige „wertbeständige Anleihen" sind Roggenrentenbriefe der aus diesem Anlaß gegründeten und als Hypothekenbank bestätigten Roggenrentenbank AG, Berlin[33]. Den gleichen Zwecken dienten auch die von der Süddeutschen Festwertbank, Stuttgart, im Jahre 1923 emittierten Goldobligationen[34]. Durch die Währungsstabilisierung verloren diese Papiere jedoch sehr bald ihre Funktion. Die Sachwertanleihen konnten darüber hinaus infolge beträchtlicher Preisschwankungen bei den Waren ihre Wertbeständigkeit nicht behaupten[35].

Auch nach dem Zweiten Weltkrieg war die Wiederaufnahme des Pfandbriefgeschäfts mit zahlreichen Schwierigkeiten verbunden, da sich nur sehr langsam ein funktionsfähiger Kapitalmarkt entwickelte[36]. Das Publikum war neuen Pfandbriefemissionen gegenüber zurückhaltend, zumal die Pfandbriefgläubiger im Gegensatz zu den Eigentümern

[31] Vgl. Mössner, K. E., a.a.O., S. 290.
[32] Vgl. u. a. Wohlfarth, K., Die Wertpapiere und ihre Technik, Stuttgart 1956, S. 34.
[33] Vgl. Auler, W., Das Pfandbriefgeschäft als Kapitalquelle der deutschen Hypothekenbanken, Berlin – Wien 1926, S. 76.
[34] Vgl. Auler, W., a.a.O., S. 80 f.
[35] Vgl. Wohlfarth, K., a.a.O., S. 34.
[36] Vgl. Rieger, K., Die Hypothekarkredit- und Pfandbriefinstitute im Gebiet der Bundesrepublik Deutschland 1948-1959, Tübingen 1960, S. 78 ff.

von Aktien in vollem Umfang von den Auswirkungen der Währungsreform betroffen worden waren. Diese Schwierigkeiten wurden jedoch – nicht zuletzt durch die Maßnahmen des Kapitalmarktförderungsgesetzes[37] – bis Mitte der 50er Jahre überwunden, wie die Marktdaten zeigen werden.

Die Hauptarten der Papiere sind
- Pfandbriefe
- Kommunalobligationen.

II. Marktdaten

Bemerkenswert ist die Marktentwicklung in der Bundesrepublik verlaufen: Während bis Ende der 60er Jahre im Zusammenhang mit der Wohnungsbauentwicklung das Pfandbriefgeschäft dominierte, hat seit Beginn der 70er Jahre mit dem Ende des Wohnungsbaubooms und der immer stärker werdenden Verschuldung der Öffentlichen Hand das Kommunalobligationengeschäft stark expandiert.

Tabelle 8: Umlauf an festverzinslichen Wertpapieren Neugeschäft nach der Währungsreform

Jahresende	Pfandbriefe (einschl. Schiffspfandbriefe) – in Mio DM –	Kommunalobligationen – in Mio DM –
1948	6	2
1950	418	135
1956	7.201	3.500
1960	14.945	9.914
1970	48.368	50.788
1980	103.885	204.011
1985	138.588	346.565

Quelle: Monatsberichte der Deutschen Bundesbank, Statistischer Teil VI/4

Das Volumen des Marktes hat dann in der Periode ab 1970 zu einer gewissen Eigendynamik des Absatzes geführt: der Nettoabsatz ist in den 80er Jahren unter die 30 %-Marke gesunken, mehr als 70 % des Bruttoabsatzes dienen dem Ersatz fällig gewordener Pfandbriefe. (s. Tabelle 9 und Abbildung 12 und 13)

37 Vgl. Erstes Gesetz zur Förderung des Kapitalmarktes vom 15. 12. 1952 (BGBl I S. 793) und Gesetz zur Ergänzung des Ersten Gesetzes zur Förderung des Kapitalmarktes vom 15. 5. 1953 (BGBl I S. 190).

Die Abnehmer sind im wesentlichen die Kreditinstitute mit 41 %, Privatpersonen mit 17 % und die Versicherungsunternehmen mit 12 %. Dies ergibt sich aus der Depot-Statistik, die die Depotanteile an Schuldverschreibungen inländischer Emittenten ausweist.

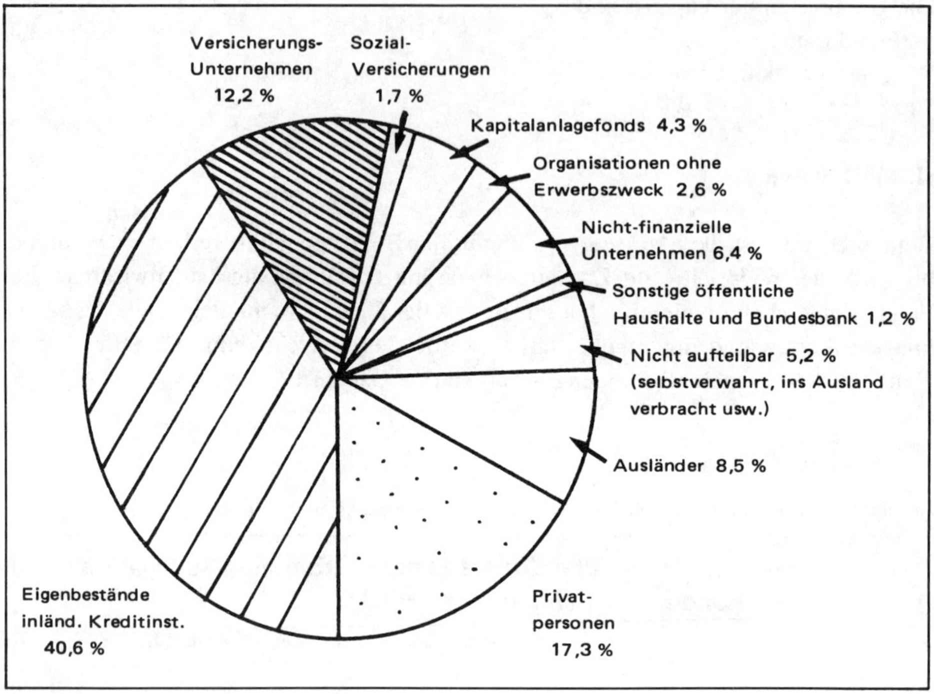

Abbildung 11: Depotanteile an Schuldverschreibungen inländischer Emittenten (Stand: Dezember 1985)

Tabelle 9: Absatz von Bankschuldverschreibungen 1950 bis 1985

	brutto Gesamtperiode Mrd. DM	brutto Gesamtperiode Ø p.a.	netto *) Gesamtperiode Mrd. DM	netto *) Gesamtperiode Ø p.a.	Nettoabsatz in %
1950 - 1959	25	2,5	24	2,4	96,0
1960 - 1969	105	10,5	85	8,5	81,0
1970 - 1979	472	47,2	266	26,6	56,4
1980 - 1985	980	163,3	283	47,2	28,9

Den Markt der Inhaberschuldverschreibungen teilen sich vor allem die Girozentralen und die Realkreditinstitute:

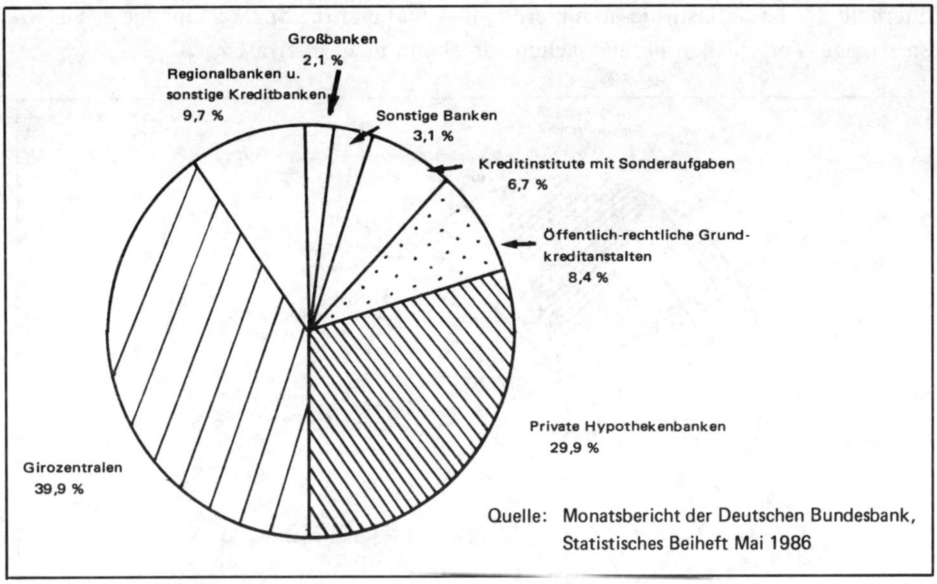

Abbildung 12: Markt der Inhaberschuldverschreibungen (Stand: 31. 12. 1985)

Hinsichtlich der Laufzeiten bestehen nur für knapp 4 % Sondervereinbarungen zur Fristenverkürzung; für den Rest gilt die Laufzeit gemäß Emissionsbedingungen. Diese wiederum beträgt für rund 80 % über vier Jahre.

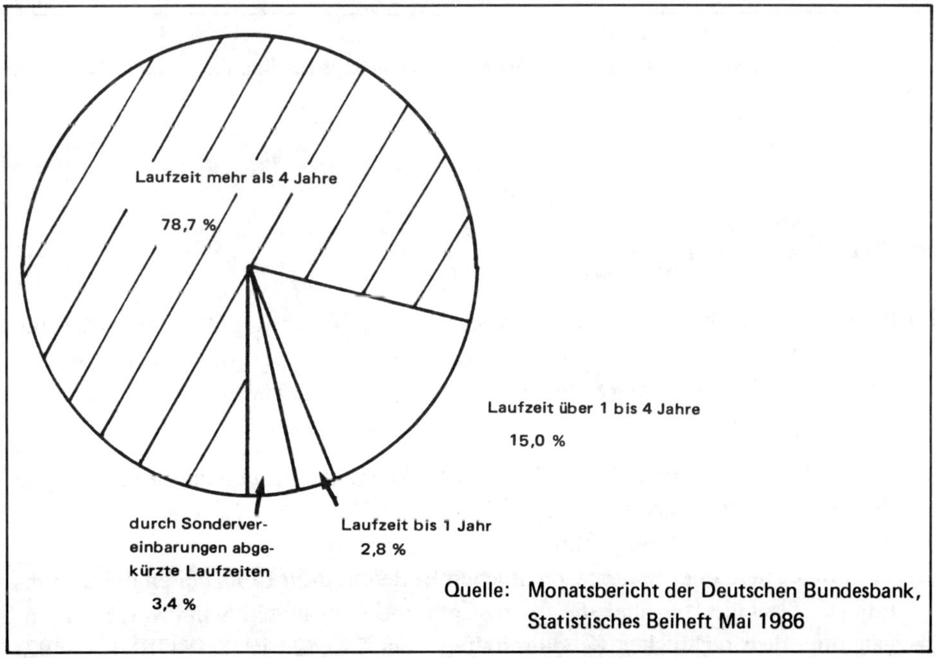

Abbildung 13: Laufzeiten von Schuldverschreibungen (Stand: 31. 12. 1985)

Innerhalb der Kreditinstitute dominieren als Abnehmer die Sparkassen, wie es aus ihren Anlage-Vorschriften heraus sachentsprechend nicht überrascht.

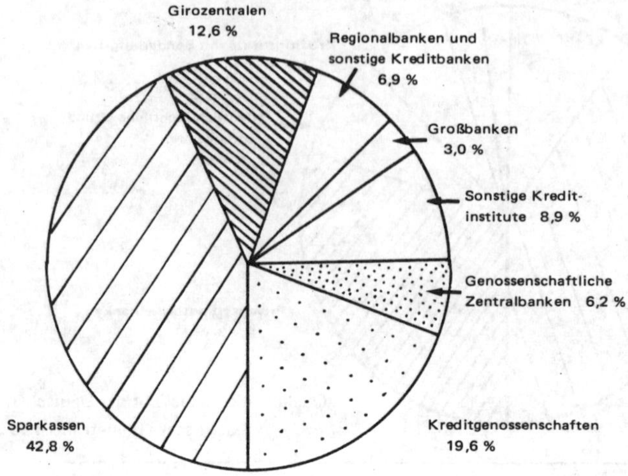

Quelle: Monatsbericht der Deutschen Bundesbank, Statistisches Beiheft Mai 1986

Abbildung 14: Bank-Schuldverschreibungen in den Aktiva anderer Kreditinstitute (Stand: Dezember 1985)

III. Rechtliche Grundlagen

Im Interesse der ordnungsgemäßen Abwicklung des Pfandbriefgeschäfts wurden besondere, nach den einzelnen Gruppen von Realkreditinstituten differenzierte Gesetze erlassen. Die *rechtlichen Vorschriften für die Ausgabe von Pfandbriefen* befinden sich vor allem in drei Gesetzen:

(1) Für die Hypothekenpfandbriefe der Hypothekenbanken gelten die Bestimmungen des Hypothekenbankgesetzes vom 13. 7. 1899 (RGBl S. 375) i. d. F. vom 5. 2. 1963 (BGBl I S. 81) mit nachfolgenden Änderungen.

(2) Für Pfandbriefe der öffentlich-rechtlichen Bodenkreditinstitute gelten die Bestimmungen des Gesetzes über die Pfandbriefe und verwandten Schuldverschreibungen öffentlich-rechtlicher Kreditanstalten vom 21. 12. 1927 (RGBl I S. 492) i. d. F. vom 11. 3. 1974 (BGBi I S. 669).

(3) Die Schiffspfandbriefe unterliegen den Bestimmungen des Gesetzes über Schiffspfandbriefbanken (Schiffsbankgesetz) vom 8. 4. 1943 (RGBl I S. 241) i. d. F. vom 8. 5. 1968 (BGBl I S. 302) mit nachfolgenden Änderungen.

Durch die genannten Gesetze wird die Bezeichnung „Pfandbrief" geschützt[38]. Dadurch wird gewährleistet, daß der Begriff „Pfandbrief" nur von bestimmten Kreditinstituten und nur für eine bestimmte Art von Wertpapieren verwendet wird. Öffentlich-rechtliche Kreditanstalten dürfen Schuldverschreibungen nur dann als „Pfandbriefe" ausgeben, wenn zu deren Deckung Hypotheken – und zwar nach Maßgabe des Gesetzes über die Pfandbriefe und verwandten Schuldverschreibungen öffentlich-rechtlicher Kreditanstalten (Pfandbriefgesetz) – bestimmt sind. Daneben dürfen nur Hypothekenbanken und Schiffspfandbriefbanken Schuldverschreibungen unter dem Namen „Pfandbrief" emittieren. Nur die Pfandbriefe privater Hypothekenbanken werden im Gesetz als „Hypothekenpfandbriefe" bezeichnet[39].

Weitere wichtige Rechtsgrundlagen für das Pfandbriefgeschäft sind ferner die Verordnung über die Mündelsicherheit der Pfandbriefe und verwandten Schuldverschreibungen vom 7. 5. 1940 (RGBl S. 756) und die Verordnung über die Mündelsicherheit der Schiffspfandbriefe vom 18. 3. 1941 (RGBl I S. 156). Auf Grund dieser Verordnungen sind sämtliche Pfandbriefe und Kommunalobligationen aller öffentlich-rechtlichen und privaten Realkreditinstitute zur Anlage von Mündelgeld geeignet.

Für das Pfandbriefgeschäft bzw. für den Pfandbriefabsatz ist außerdem von großer Wichtigkeit, daß den Pfandbriefen und Kommunalobligationen die Deckungsstockfähigkeit nach den Vorschriften des Gesetzes über die Beaufsichtigung der privaten Versicherungsunternehmungen und Bausparkassen vom 6. 6. 1931 zuerkannt wurde.

IV. Technik des Pfandbriefgeschäfts

1. Ausstattung

Unter *Ausstattung der Pfandbriefe* bzw. Kommunalobligationen sind die wesentlichen Bestandteile der Anleihebedingungen zu verstehen, aus denen sich die Effektivverzinsung (Rendite) des in den betreffenden Effekten angelegten Kapitals ergibt. Zur Ausstattung der Pfandbriefe und Kommunalobligationen sind im weiteren Sinne folgende Faktoren zu rechnen:

(1) Nominalverzinsung und Zinszahlungstermine,
(2) Ausgabekurs,
(3) Rückzahlungsbedingungen,
(4) Stückelung der Anleihe
(5) Sicherstellung des Kapitalbetrages und der Zinsen,

[38] Vgl. § 1 ÖffPfandG; § 5a HypBkG.
[39] Vgl. § 1 HypBkG.

(6) Erklärung des Treuhänders über die bestehende vorschriftsmäßige Deckung und erfolgte Eintragung der Deckung ins Deckungsregister.

2. Sicherheit

a) Wesentliche quantitative Merkmale

Der *Sicherstellung der* finanziellen Ansprüche der *Pfandbriefgläubiger* dient primär das Eigenkapital der betreffenden Banken und bei öffentlich-rechtlichen Instituten außerdem die Haftung des Gewährträgers.

Zum Schutze der Pfandbriefgläubiger privater Realkreditinstitute (Hypothekenbanken, Schiffspfandbriefbanken) wurde in den entsprechenden Gesetzen festgelegt, daß der Pfandbriefumlauf bzw. das Geschäftsvolumen nur ein bestimmtes Vielfaches des Eigenkapitals betragen darf. Der Gesamtbetrag der ausgegebenen Hypothekenpfandbriefe darf bei den reinen Hypothekenbanken das 25fache[40] und bei den gemischten Hypothekenbanken das 20fache[41] des eingezahlten Grundkapitals, der gesetzlichen Rücklage sowie anderer durch die Satzung oder durch Beschluß der Hauptversammlung ausschließlich zur Deckung von Verlusten oder zu einer Kapitalerhöhung aus Gesellschaftsmitteln bestimmter Rücklagen nicht übersteigen. Der Gesamtbetrag der im Umlauf befindlichen Kommunalschuldverschreibungen darf bei den reinen und bei den gemischten Hypothekenbanken unter Hinzurechnung der im Umlauf befindlichen Pfandbriefe das Doppelte des Höchstbetrages nicht übersteigen, der für den Pfandbriefumlauf allein gilt[42]. Bei den Schiffspfandbriefbanken ist der Pfandbriefumlauf auf das 30fache der gleichen Bezugsgrößen wie bei den reinen Hypothekenbanken begrenzt[43].

Um die Kapitalansprüche der Pfandbriefgläubiger zu sichern, wurden eingehende Vorschriften darüber erlassen, in welcher Weise die umlaufenden Pfandbriefe durch Hypothekenforderungen und andere Vermögenswerte gedeckt sein müssen. Für alle Realkreditinstitute gilt, daß der Gesamtbetrag der in Umlauf befindlichen Pfandbriefe jederzeit in Höhe des Nennwertes durch Hypotheken von mindestens gleicher Höhe gedeckt sein muß[44]. Dabei bilden sämtliche Hypotheken eine einheitliche Deckungsmasse, die der Gesamtheit aller Pfandbriefgläubiger gegenübersteht. Entsprechendes gilt für die Kommunalobligationen.

Reichen die vorhandenen Hypotheken nicht zur Deckung der in Umlauf befindlichen Pfandbriefe aus, so hat das betreffende Realkreditinstitut in Höhe der fehlenden Hypothekendeckung für eine „Ersatzdeckung" zu sorgen. Als Ersatzdeckung nennt das

[40] Vgl. § 7 HypBkG
[41] Vgl. § 46 HypBkG
[42] Vgl. §§ 41 und 46 HypBkG
[43] Vgl. § 7 SchiffBkG
[44] Vgl. § 6 HypBkG § 6 SchiffBkG § 3 ÖffPfandbG

Hypothekenbankgesetz Schuldverschreibungen, Schuldbuchforderungen, Schatzwechsel und Schatzanweisungen des Bundes, eines Sondervermögens des Bundes und der Länder sowie Schuldverschreibungen, für deren Verzinsung und Rückzahlung eine dieser Stellen die Gewährleistung übernommen hat, Guthaben bei der Deutschen Bundesbank und bei geeigneten Kreditinstituten, Bargeld und Ausgleichsforderungen.

Zur Sicherheit der Pfandbriefe wurde weiterhin die Vorschrift erlassen, daß sämtliche zur Deckung der Pfandbriefe bestimmten Werte in ein sogenanntes Hypotheken- oder *Deckungsregister* eingetragen werden müssen und daß der Treuhänder – sofern ein solcher vorhanden ist – zu überwachen hat, ob die zur Deckung bestimmten Vermögenswerte ordnungsgemäß in das Hypothekenregister eingetragen werden[45]. Die im Hypothekenregister eingetragenen Werte sowie Urkunden über solche Werte hat der Treuhänder unter Mitverschluß der Bank zu verwahren, und er darf diese Gegenstände nur gemäß den Vorschriften des Hypothekenbankgesetzes herausgeben[46]. Eine weitere Schutzmaßnahme zugunsten der Pfandbriefinhaber ist darin zu sehen, daß bei allen privaten Realkreditinstituten durch die Aufsichtsbehörde ein Treuhänder bestellt werden muß[47], der seiner Funktion nach, als Vertreter der Pfandbriefgläubiger bezeichnet werden kann und der die Interessen der Pfandbriefgläubiger wahrzunehmen hat. Außerdem unterliegen die privaten Realkreditinstitute der staatlichen Aufsicht durch das Bundesaufsichtsamt für das Kreditwesen[48]. Auch bei den öffentlich-rechtlichen Realkreditinstituten, für die derartige gesetzliche Vorschriften nicht bestehen, sind in einigen Fällen Treuhänder und Staatskommissare tätig. Die Tätigkeit des Treuhänders findet ihren besonderen Ausdruck darin, daß dieser – bei privaten Realkreditinstituten auf Grund gesetzlicher Vorschriften[49] – auf jedem Pfandbrief bestätigt, daß die vorschriftsmäßige Deckung für die Pfandbriefe vorhanden ist und daß die zur Deckung bestimmten Vermögenswerte in das Deckungsregister eingetragen sind; dabei genügt eine Nachbildung der eigenhändigen Unterschrift. Nach § 41 HypBkG gelten die Vorschriften über das Deckungsregister und über den Treuhänder auch hinsichtlich der Kommunalkredite und -obligationen.

b) Wesentliche qualitative Merkmale

Die Sicherheit der Pfandbriefe und Kommunalobligationen beruht aber nicht nur auf quantitativen Deckungsvorschriften, sondern in wesentlichem Maße auch auf der Qualität der zur Deckung verwendeten Vermögenswerte. Hinsichtlich der Kommunalobligationen bestehen in dieser Beziehung keine Probleme, da diesen Schuldverschreibungen Darlehen an öffentlich-rechtliche Institutionen bzw. von solchen Institutionen verbürgte Darlehen an Dritte gegenüberstehen. Bei den Pfandbriefen wird durch gesetzliche, satzungsmäßige und aufsichtsbehördliche Bestimmungen erreicht, daß die quali-

45 Vgl. § 30 HypBkG.
46 Vgl. § 31 Abs. 1 HypBkG.
47 Vgl. § 29 HypBkG.
48 Vgl. § 3 HypBkG.
49 Vgl. § 30 Abs. 3 HypBkG, § 29 Abs. 3 SchiffBkG.

tativen Eigenschaften der Deckungswerte – insbesondere der Hypotheken – gewissen Mindestanforderungen entsprechen. In diesen Vorschriften ist folgendes festgelegt:

(1) Die Beleihung der Grundstücke darf höchstens 60 % des Grundstückswertes betragen.
(2) Der einer Beleihung zugrundegelegte Wert des Grundstücks darf den durch sorgfältige Ermittlung festgestellten Verkaufswert nicht übersteigen.
(3) Bei der Feststellung dieses Wertes sind nur die dauernden Eigenschaften des Grundstücks und der dauernde Ertrag, welchen das Grundstück bei ordnungsgemäßer Wirtschaft nachhaltig gewähren kann, zu berücksichtigen.

3. Emission

Die Ausgabe von Pfandbriefen und Kommunalobligationen erfolgt regelmäßig unter Einschaltung anderer Banken, möglichst solcher mit einem großen Kundenkreis. Diese Banken verkaufen die Pfandbriefe und Kommunalobligationen in der Regel in offener Stellvertretung oder kommissionsweise für das Emissionsinstitut und erhalten für ihre Tätigkeit eine Bonifikation (Verkaufsprovision).

4. Börsenzulassung und Kurspflege

Um die uneingeschränkte Fungibilität der Pfandbriefe und Kommunalobligationen zu gewährleisten, ist es erforderlich, daß die Papiere an einer oder mehreren Börsen eingeführt werden. Die Zusicherung der späteren Börseneinführung ist für den Pfandbriefabsatz eine wichtige Voraussetzung, weil dadurch die Pfandbriefgläubiger die Möglichkeit besitzen, ihre Effekten jederzeit über die Börse zu veräußern.

Die Zulassung von Pfandbriefen, Kommunalobligationen und verwandten Schuldverschreibungen öffentlich-rechtlicher und privater Realkreditinstitute kann in einem vereinfachten Verfahren erfolgen. Die zuständige Landesregierung kann auf Antrag des betreffenden Emissionsinstituts anordnen, daß es für die Börsenzulassung bestimmter Papiere eines Realkreditinstituts der Einreichung eines Prospektes nicht bedarf[50]. Mit dieser Anordnung gilt zugleich die Zulassung zum Börsenhandel als erfolgt. In der Anordnung über die prospektfreie Börseneinführung erteilt die Landesregierung dem Emissionsinstitut in der Regel bestimmte Auflagen, die von der betreffenden Bank zu erfüllen sind. Das Emissionsinstitut muß im allgemeinen im Bundesanzeiger und in dem Pflichtblatt der betreffenden Börse eine Bekanntmachung veröffentlichen, aus der die wichtigen Einzelheiten der emittierten Wertpapiere hervorgehen:

a) Nennbetrag der zugelassenen Werte nebst Merkmalen (Betrag, Reihe, Nummern der Stücke),
b) Verzinsung,

50 Vgl. § 40 BörsG.

c) Tilgung und Kündigung,
d) Art der Sicherstellung
e) Angaben über die beauftragten Zahlstellen.

Bei dieser Veröffentlichung handelt es sich somit um eine prospektähnliche Bekanntmachung.

5. Rückzahlung

Die Rückzahlung (Tilgung) der Pfandbriefe, Kommunalobligationen und ähnlicher Papiere kann in verschiedener Form vorgenommen werden. Einmal kann bereits bei der Emission einer Anleihe ein bestimmter Termin festgelegt werden, an dem die gesamte Anleihe zurückzuzahlen ist. In dieser Form kommt eine Anleihetilgung allerdings für Emissionen der Realkreditinstitute in der Regel nicht in Betracht. Jedoch in etwas abgewandelter Art wird diese Rückzahlung praktiziert, indem nämlich eine Gesamtanleihe in Serien aufgeteilt wird, die dann in regelmäßigen, meist jährlichen Abständen zur Rückzahlung fällig werden.

Außerdem besteht die Möglichkeit, daß sich das Emissionsinstitut verpflichtet, die Anleihe innerhalb eines bestimmten Zeitraumes, der vom Zeitpunkt des Ablaufs der Unkündbarkeitsfrist und der Höchstlaufzeit begrenzt wird, zurückzuzahlen. Die Tilgung kann auf Grund eines in den Anleihebedingungen enthaltenen Tilgungsplanes in bestimmten jährlichen Raten erfolgen, oder das Emissionsinstitut behält sich das Recht vor, die Anleihe innerhalb des Rückzahlungszeitraumes ohne einen festen Tilgungsplan nach eigenem Belieben in Teilbeträgen oder in einer Summe zur Rückzahlung zu kündigen. Außerdem enthalten die Anleihebedingungen in der Regel die Vereinbarung, daß die emittierende Bank berechtigt ist, zusätzlich zur Rückzahlung der gekündigten Anleihebeträge die Anleihe durch freihändigen Rückkauf von Anleihestücken verstärkt zu tilgen.

V. Kosten

1. Wertbezogene Kosten

(1) Auf die im Umlauf befindlichen Pfandbriefe sind Zinsen zu zahlen. Der Zinssatz liegt in der Regel erheblich über dem Zinssatz für Spareinlagen mit gesetzlicher Kündigungsfrist und im allgemeinen auch über dem für Spareinlagen mit vereinbarter Kündigungsfrist. Dadurch sind die wertbedingten Kapitalbeschaffungskosten der Realkreditinstitute höher als die der Sparkassen. Infolgedessen können die Sparkassen, die ebenfalls im Hypothekarkreditgeschäft im großem Umfang tätig sind, in dem Wettbewerb mit den Realkreditinstituten zwar mit niedrigeren Zinskosten eintreten, sie müssen jedoch höhere Betriebskosten für ihre Kapitalbeschaffung tragen. Außerdem ist zu berücksichtigen, daß die Pfandbriefzinsen in der

Vergangenheit überwiegend halbjährlich gezahlt wurden; daraus resultierte im Verhältnis zum Spareinlagengeschäft, bei dem die Zinsgutschriften generell am Jahresschluß erfolgen, ebenfalls eine – auch geringe – Kostenerhöhung.

(2) Ein weiterer Kostenfaktor ist das Emissionsdisagio.

(3) Die Emission der Pfandbriefe und ähnlicher Papiere ist mit der Zahlung einer Bonifikation an andere Banken und Kapitalsammelstellen verbunden.

(4) Während der Umlaufzeit entstehen Kosten durch etwa notwendige Kurspflege.

2. Betriebsbezogene Kosten

(1) Werden Pfandbriefe vom emittierenden Institut direkt im Publikum untergebracht, so entstehen durch die Bearbeitung der Geschäftsvorfälle Kosten.

(2) Weitere Kosten ergeben sich durch die Herstellung der Pfandbriefe bzw. Kommunalobligationen, durch die Verwahrung und den Transport und durch die Werbung.

(3) Die Einführung der Pfandbriefe an der Börse verursacht weitere Kosten.

(4) Kosten entstehen durch die technische Abwicklung des Zinsendienstes.

(5) Kosten entstehen durch die zum Schutz der Gläubiger vorgeschriebenen Sicherheitsmaßnahmen, insbesondere aus der Bestellung eines Treuhänders und der Führung des Deckungsregisters.